高等学校经济与工商管理系列教材

财务管理学

（第 4 版）

主编 隋 静 纪玲珑

清 华 大 学 出 版 社

北京交通大学出版社

·北京·

内 容 简 介

　　本书从企业财务管理的基本要求出发，内容涵盖财务管理的基本理论知识，企业资金的筹集、投资、营运管理、分配，以及国际财务管理基础。本书既反映了我国在财务管理方面的实践和教学方面的优秀理论、方法和经验，也反映了国际上最新的财务管理理论和技术方法，做到理论和实务相结合。为了便于学习，每章都配有学习目标、小结、一定数量的习题和案例分析。

　　本书既适合高等院校会计、财务和企业管理等本科专业学生作为教材使用，也适合高职高专、各类管理人员和财会人员作为学习财务管理知识的参考资料使用。

图书在版编目（CIP）数据

　财务管理学/隋静，纪玲珑主编. —4 版. —北京：北京交通大学出版社；清华大学出版社，2020.8

　高等学校经济与工商管理系列教材

　ISBN 978-7-5121-4232-9

　Ⅰ. ① 财⋯　Ⅱ. ① 隋⋯ ② 纪⋯　Ⅲ. ① 财务管理-高等学校-教材　Ⅳ. ① F275

　中国版本图书馆 CIP 数据核字（2020）第 102822 号

财务管理学

CAIWU GUANLIXUE

责任编辑：黎　丹

出版发行：清 华 大 学 出 版 社　　邮编：100084　　电话：010-62776969　　http://www.tup.com.cn

　　　　　北京交通大学出版社　　邮编：100044　　电话：010-51686414　　http://www.bjtup.com.cn

印 刷 者：北京时代华都印刷有限公司

经　　销：全国新华书店

开　　本：185 mm×260 mm　　印张：21.5　　字数：537 千字

版 印 次：2004 年 11 月第 1 版　　2020 年 8 月第 4 版　　2020 年 8 月第 1 次印刷

印　　数：1~3 000 册　　定价：59.00 元

本书如有质量问题，请向北京交通大学出版社质监组反映。对您的意见和批评，我们表示欢迎和感谢。

投诉电话：010-51686043，51686008；传真：010-62225406；E-mail：press@bjtu.edu.cn。

前　　言

　　财务管理是关于资金的筹集、投资、营运和分配等一系列管理活动的总称。现代企业有四大基本管理职能，即市场营销、财务管理、生产管理和人力资源管理。其中，财务管理是四大基本管理职能之一，在企业管理中占据重要地位。

　　《财务管理学》是会计学科和财务管理学科的主干课程。财务管理知识是会计人员和管理人员应掌握的基本知识。为了适应新世纪我国经济发展对财务管理人才的迫切需要，贯彻教育部关于培养高等院校实用人才的有关精神，按照教育部制定的人才培养方案编写了本书。本书既继承了我国传统的财务管理理论，又吸收了国际上最新的财务管理研究成果，充分考虑了学科体系的完备性、系统性和科学性，突出了实践应用特色，并邀请企业界有实践经验的财务人员参与教材的编写，力求在教材的体系和内容上突出起点高、立意新、资料全、注重应用能力培养的特点。同时，本教材附有学习目标、案例链接、知识链接、复习思考题、练习题和案例分析，特别适用于高等院校学生和自学者的教学要求。

　　本书由太原师范学院隋静和山西大学商务学院纪玲珑担任主编。具体分工如下：隋静执笔第2、5、6章，陈增寿执笔第1章，纪玲珑执笔第3、4章，李娜执笔第7、8、9章，师芬菲执笔第10章。全书由隋静修改、总纂和定稿。

　　此次修订再版，由于时间紧、任务重，加之编者的水平有限，不妥之处，恳请读者给予批评指正。

编　者

2020 年 7 月

目　　录

第1章　财务管理总论 ……………………………………………………………… 1

1.1　财务管理的内容 ……………………………………………………………… 1

1.2　财务管理的目标 ……………………………………………………………… 5

1.3　企业的组织形式与财务管理环境 …………………………………………… 11

1.4　财务管理的环节 ……………………………………………………………… 19

本章小结 …………………………………………………………………………… 23

复习思考题 ………………………………………………………………………… 23

练习题 ……………………………………………………………………………… 23

第2章　财务管理的价值观念 …………………………………………………… 27

2.1　货币时间价值 ………………………………………………………………… 27

2.2　风险与报酬 …………………………………………………………………… 39

本章小结 …………………………………………………………………………… 55

复习思考题 ………………………………………………………………………… 55

练习题 ……………………………………………………………………………… 56

第3章　财务分析 ………………………………………………………………… 60

3.1　财务分析概述 ………………………………………………………………… 60

3.2　财务指标分析及综合分析 …………………………………………………… 68

3.3　财务分析报告 ………………………………………………………………… 93

本章小结 …………………………………………………………………………… 95

复习思考题 ………………………………………………………………………… 95

练习题 ……………………………………………………………………………… 95

第4章　财务预测与财务预算 …………………………………………………… 102

4.1　财务预测 ……………………………………………………………………… 102

4.2　财务预算 ……………………………………………………………………… 110

4.3　财务预算的编制方法 ………………………………………………………… 120

本章小结 …………………………………………………………………………… 126

复习思考题 ………………………………………………………………………… 126

练习题 ……………………………………………………………………………… 126

第5章　企业筹资方式 …………………………………………………………… 132

5.1　筹资概述 ……………………………………………………………………… 132

5.2　权益性筹资 …………………………………………………………………… 135

5.3　债权性筹资 …………………………………………………………………… 143

5.4　混合性筹资 …………………………………………………………………… 157

本章小结 …………………………………………………………………………… 159

复习思考题 ………………………………………………………………………… 159

练习题 ·· 159

第6章 资本成本、杠杆原理、资本结构 ·········· 164

6.1 资本成本 ····································· 164

6.2 杠杆原理 ····································· 175

6.3 资本结构 ····································· 186

6.4 资本结构理论* ································ 194

本章小结 ·· 200

复习思考题 ·· 200

练习题 ·· 200

第7章 内部长期投资的管理 ···················· 208

7.1 内部长期投资概述 ······························ 208

7.2 现金流量分析 ·································· 210

7.3 投资决策评价方法 ······························ 215

7.4 投资决策指标的运用 ···························· 223

本章小结 ·· 228

复习思考题 ·· 228

练习题 ·· 229

第8章 证券投资管理 ·························· 233

8.1 证券投资概述 ·································· 233

8.2 债券投资 ····································· 239

8.3 股票投资 ····································· 243

8.4 基金投资 ····································· 248

8.5 认股权证和可转换债券投资 ······················ 253

本章小结 ·· 258

复习思考题 ·· 259

练习题 ·· 259

第9章 营运资金管理 ·························· 261

9.1 营运资金管理概述 ······························ 261

9.2 现金管理 ····································· 266

9.3 应收账款管理 ·································· 276

9.4 存货管理 ····································· 286

本章小结 ·· 297

复习思考题 ·· 298

练习题 ·· 298

第10章 利润分配管理 ·························· 305

10.1 利润分配 ···································· 305

10.2 股利政策 ···································· 308

10.3 股利政策的实施 ······························ 316

本章小结 ·· 322

复习思考题 ·· 323

练习题 ·· 323

附录 A　1 元复利终值、现值表和 1 元年金终值、现值表 ·· 327

参考文献 ·· 336

第1章 财务管理总论

学习目标

通过本章学习，了解和掌握财务管理的概念和内容、财务管理的目标、财务管理的环节，以及财务管理的经济、法律和金融环境，对财务管理有一个总括的认识，为学好以后各章打下业务理论基础。

1.1 财务管理的内容

1.1.1 财务管理的概念

企业财务是指企业在生产经营过程中客观存在的资金运动及其所体现的经济利益关系。财务管理是基于企业生产经营过程中客观存在的财务活动和财务关系而产生的，它是利用价值形式对企业生产经营过程进行的管理。因此，财务管理是企业组织财务活动、处理各种财务关系的一项综合性管理工作。

在商品经济条件下，社会产品是使用价值和价值的统一体。企业生产经营过程也表现为使用价值的生产和交换过程及价值的形成和实现过程的统一。在这个过程中，劳动者将生产中所消耗的生产资料的价值转移到产品中去，并且创造出新的价值，通过实物商品的出售，使转移价值和新创造的价值得以实现。企业资金的实质是生产经营过程中运动着的价值。在企业生产经营过程中，实物商品不断地运动，其价值形态也在不断地发生变化，由一种形态转化为另一种形态，周而复始，形成了资金运动。实物商品价值的运动是通过资金运动的形式表现出来的。因此，企业的生产经营过程，一方面表现为实物商品的运动过程，另一方面也表现为资金的运动过程或资金运动。资金运动不仅以资金循环的形式而存在，而且伴随生产经营过程的不断进行，因此资金运动也表现为一个周而复始的周转过程。资金运动是企业生产经营过程的价值方面，它以价值形式综合地反映着企业的生产经营过程。企业的资金运动，构成企业生产经营活动的一个独立方面，具有自己的运动规律，这就是企业的财务活动。企业的资金运动，从表面上看是钱和物的增减变动。其实，钱和物的增减变动都离不开人与人之间的经济利益关系。

1.1.2 企业的财务活动

企业财务活动是以现金收支为主的企业资金收支活动的总称，包括资金的筹集、投放、使用、收入及分配等一系列行为。从整体上讲，财务活动包括以下 4 个方面。

1. 企业筹资引起的财务活动

企业组织商品生产，必须以占有或能够支配一定数额的资金为前提。企业通过筹资可以形成两种不同性质的资金来源：一是企业权益资金，企业可以通过向投资者吸收直接投资、发行股票、用留存收益转增资本等方式取得，其投资者包括国家、法人、个人等；二是企业债务资金，企业可以通过向银行借款、发行债券、利用商业信用等方式取得。企业通过发行股票、债券、银行借款筹集到的资金，表现为企业资金的流入。企业偿还债务，支付利息、股利及付出各种筹资费用等，则表现为企业资金的流出。这种因为资金筹集而产生的资金收支，便是由企业筹资而引起的财务活动。

在筹资过程中，企业一方面要确定筹资的总规模，以保证投资所需要的资金；另一方面，通过筹资渠道、筹资方式或工具的选择，合理确定筹资结构，以降低筹资成本和风险，增加企业的价值。

2. 企业投资引起的财务活动

企业取得资金后，必须将资金投入使用，以谋求最大的经济效益。企业投资可以分为广义投资和狭义投资两种。广义投资是指企业将筹集的资金投入使用的过程，包括企业内部使用资金的过程（如购置流动资产、固定资产、无形资产等）和对外投放资金的过程（如投资购买其他企业的股票、债券或与其他企业联营等）。狭义投资仅指对外投资。无论企业购买内部所需资产，还是购买各种证券，都需要支付资金。而当企业变卖其对内投资形成的各种资产或收回其对外投资时，则会产生资金的收入。这种因企业投资而产生的资金收付，便是由投资而引起的财务活动。

企业在投资过程中，必须考虑投资规模，即为确保获取最佳投资效益，企业应投入资金数额的多少；同时，企业还必须通过投资方向和投资方式的选择，来确定合理的投资结构，以提高投资效益，降低投资风险。所有这些投资活动都是财务管理的内容。

3. 企业经营引起的财务活动

企业在日常生产经营过程中会发生一系列的资金收付。首先，企业要采购材料或商品，以便从事生产和销售活动，同时，还要支付工资和其他营运费用；其次，当企业把产品或商品售出后，便可取得收入，收回资金；再次，如果企业现有资金不能满足企业经营的需要，还要采取短期借款方式来筹集所需资金。上述各方面都会产生企业资金的收付。这种因企业日常生产经营而引起的财务活动，称为资金运营活动。

企业的营运资金主要是为满足企业日常营业活动的需要而垫支的资金，涉及流动资产与流动负债，营运资金的周转与生产经营周期具有一致性。在一定时期内，资金周转越快，资金的利用效率越高，就可能生产出更多的产品，取得更多的收入，获得更多的报酬。因此，如何加速资金周转，提高资金利用效果，是财务管理的主要内容。

4. 企业分配引起的财务活动

企业通过投资或资金营运活动可以取得相应的收入，并实现资金的增值。企业取得的各种收入在补偿成本、缴纳税金之后，还应依据现行的行政法规及部门规章对剩余收益予以分配。广义的分配是指对企业各种收入进行分割和分派的过程；而狭义的分配仅指对企业净利润的分配。

企业通过生产经营活动取得的收入（如销售收入），首先要弥补生产经营耗费，缴纳流转税，其余部分成为企业的营业利润；营业利润和投资净收益、营业外收支净额等构成企业的利润总额。利润总额首先要按国家规定缴纳所得税，净利润要提取公积金，分别用于扩大规模和弥补亏损，其余利润作为投资者的收益分配给投资者或暂时留存企业或作为投资者的追加投资。需要说明的是，企业筹集的资金归结为所有者权益和负债两个方面，在对这两种资金分配报酬时，前者是通过利润分配的形式进行的，属于税后分配；后者是通过将利息等计入成本费用的形式进行分配的，属于税前分配。

另外，随着分配过程的进行，资金或者退出企业或者留存企业，必然会影响企业的资金运动，这不仅表现在资金运动的规模上，而且表现在资金运动的结构上，如筹资结构。因此，如何依据一定的法律原则，合理确定分配规模和分配方式，确保企业取得最大的长期利益，也是财务管理的主要内容之一。

上述财务活动的 4 个方面，并非相互割裂、互不相关，而是相互联系、相互依存的。正是上述互相联系又有一定区别的 4 个方面，构成了完整的企业财务活动，这 4 个方面也就是企业财务管理的基本内容。

企业的资金运动过程和财务活动的关系可用图 1-1 来表示。

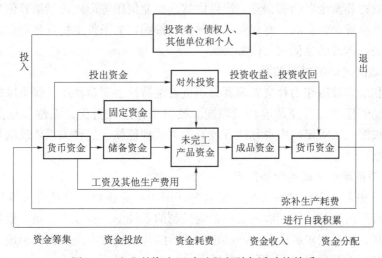

图 1-1　企业的资金运动过程和财务活动的关系

1.1.3　企业的财务关系

企业财务关系是指企业在组织财务活动过程中与有关各方所发生的经济利益关系。企业资金的筹集、投放、使用、回收和分配，与企业各方面有着广泛的联系，从而形成以下各种财务关系。

1. 企业与所有者之间的财务关系

它是指企业的所有者向企业投入资金，企业向其所有者支付投资报酬所形成的经济关系。企业的所有者要按照投资合同、协议、章程的约定履行出资义务以便及时形成企业的资本。企业利用资本进行运营，实现利润后，应该按照出资比例或合同、章程的规定，向其所有者支付投资报酬。如果同一企业有多个投资者，他们的出资比例不同，就决定了他们各自对企业所承担的责任不同，相应地对企业享有的权利和利益也不相同。企业同其所有者之间的财务关系体现的是所有权的性质，反映的是经营权与所有权的关系。

2. 企业与债权人之间的财务关系

它是指企业向债权人借入资金，并按借款合同的规定按时支付利息和归还本金所形成的经济关系。企业除利用资本进行经营活动外，还要借入一定数量的资金，以便降低企业资金成本，扩大企业经营规模。企业的债权人主要有本企业发行的公司债券的持有人、贷款机构、商业信用提供者、其他出借资金给企业的单位和个人。企业利用债权人的资金，要按约定的利息率，及时向债权人支付利息；债务到期时，要合理调度资金，按时向债权人归还本金。企业同其债权人的财务关系在性质上属于债务与债权关系。

3. 企业与受资者之间的财务关系

它是指企业以购买股票或直接投资的形式向其他企业投资所形成的经济关系。随着市场经济的不断深入发展，企业经营规模和经营范围不断扩大，这种关系将会越来越广泛。企业向其他单位投资，应按约定履行出资义务，并依据其出资份额参与受资者的经营管理和利润分配。企业与受资者的财务关系是体现所有权性质的投资与受资的关系。

4. 企业与债务人之间的财务关系

它是指企业将其资金以购买债券、提供借款或商业信用等形式出借给其他单位所形成的经济关系。企业将资金借出后，有权要求其债务人按约定的条件支付利息和归还本金。企业同其债务人的关系体现的是债权与债务关系。

5. 企业与政府之间的财务关系

中央政府和地方政府作为社会管理者，担负着维持社会正常秩序、保卫国家安全、组织和管理社会活动等任务，行使政府行政职能。政府依据这一身份，无偿参与企业利润的分配。企业必须按照税法规定向中央和地方政府缴纳各种税款。这种关系体现的是一种强制和无偿的分配关系。

6. 企业内部各单位之间的财务关系

它是指企业内部各单位之间在生产经营各环节中相互提供产品或劳务所形成的经济关系。企业在实行厂内经济核算制和内部经营责任制的条件下，企业产、供、销各个部门及各个生产单位之间，相互提供的劳务和产品也要计价结算。这种在企业内部形成的资金结算关系，体现了企业内部各单位之间的利益关系。

7. 企业与职工之间的财务关系

它是指企业向职工支付劳动报酬过程中所形成的经济关系。职工是企业的劳动者，他们以自身提供的劳动作为参加企业分配的依据。企业根据劳动者的劳动情况，用其收入向职工支付工资、津贴和奖金等，体现着职工个人和集体在劳动成果上的分配关系。

案例链接

华为是中国最优秀的企业之一，在华为的组织架构中，财经体系是一个独立的部门，集中管理公司所有财务人员。华为实行财务集中管理，打破了法人实体概念，重新建构了公司的运行逻辑。这是华为财务管理最大的特色。华为财务可分为四大职能：会计核算、资金管理、财经管理、审计监控。只有同时保障账务和内审的财务数据是足够准确的，财经管理的决策才值得信任。全球统一的会计核算与审计监控如同长江的堤坝，保证了财经管理的有效开展。华为的财务管理独到、深刻、细致，是其核心竞争力之一。

财务管理的目标是什么？教科书的答案是实现企业价值最大化。这一答案在理论层面无比正确，但要运用于企业的财务管理当中，不易落地。因为企业的价值不好衡量，在企业管理实践中不好量化，也难以直接考核。要让企业价值最大化目标落地，就需要对这一目标进行分解。企业的财务活动有很多，归总起来，总会有主线条作为脉络。华为把财务活动牵引的导向分解为三个方面：第一，增长与盈利；第二，现金流；第三，资产结构。这三个方面需各加一个定语作为强调："可持续的"增长与盈利、"强劲的"现金流、"健康的"资产结构。财务管理的目标体现在财务金三角的平衡。一方面，及时、准确、合规的会计核算、资金管理是进行财务管理，有效达成财务目标的基础。另一方面，企业的主要财务管理活动如年度预算、KPI考核、经营分析都需要找出"金三角"之间的短木板，加以牵引，实现均衡，最终提升公司的整体价值。譬如，在绩效考核时KPI选取应围绕财务金三角选取切合公司实际的指标，而不应偏颇于单一方面。另外，"三角"自身构成要尽可能多元、细化。增长性、盈利性、流动性指标的选择要有代表性、总括性、典型性，需体现公司价值增长点和管理改进的方向。

1.2　财务管理的目标

由系统论可知，正确的目标是系统良性循环的前提条件，企业财务管理目标对企业财务管理系统的运行也具有同样的意义。财务管理目标又称理财目标，是指企业在特定的内、外环境中，通过有效地组织各项财务活动，正确地处理好各项财务关系所要达到的最终目标。企业财务管理的最终目标与经营管理目标是一致的，并受经营管理目标的制约。

研究财务管理目标问题，既是建立科学的财务管理理论结构的需要，也是优化我国财务管理行为的需要，在理论和实践上都有重要意义。

1.2.1　财务管理的总体目标

在财务管理理论的发展过程中，关于财务管理目标的理论性描述最具有代表性的是：利润最大化、每股收益最大化和企业价值最大化。每种表述都有其合理的一面，但是，从深入的财务理论研究、财务评价的相关性和可行性来看，将企业价值最大化（或股东财富最大化）作为财务管理目标，是大多数财务理论和实务工作者普遍认同的最科学、合理和可行的目标。

1. 利润最大化

利润最大化是西方微观经济学的理论基础。西方经济学家最早都是以利润最大化这一标准来分析和评价企业的行为和业绩。这种观点认为，利润是衡量企业经营和财务管理水平的标志，利润越多则企业的财富增加得越多，就越能满足投资人对投资回报的要求。因此，利润最大化就是财务管理的目标。

以利润最大化作为财务管理的目标，其主要原因有以下几个方面：

（1）人类从事生产经营活动的目的是创造更多的剩余产品，在商品经济条件下，剩余产品的多少可以用利润这个价值指标来衡量；

（2）在自由竞争的资本市场中，资本的使用权最终属于获利最多的企业；

（3）只有每个企业都最大限度地获得利润，整个社会的财富才可能实现最大化，从而带来社会的进步和发展。

在社会主义市场经济条件下，企业作为自主经营的主体，所创利润是企业在一定期间全部收入和全部费用的差额，是按照收入与费用配比原则加以计算的。它不仅可以直接反映企业创造剩余产品的多少，而且也从一定程度上反映出企业经济效益的高低和对社会贡献的大小。同时，利润是企业补充资本、扩大经营规模的源泉。因此，以利润最大化为理财目标是有一定道理的。

利润最大化目标在实践中存在以下问题：

（1）利润是指企业一定时期实现的利润总额，它没有考虑资金时间价值；

（2）没有反映创造的利润与投入的资本之间的关系，因而不利于不同资本规模的企业或同一企业不同期间之间的比较；

（3）没有考虑风险因素，高额利润往往要承担较大的风险，片面追求利润最大化，可能导致企业短期行为，如忽视产品开发、人才开发、生产安全、技术装备水平、生活福利设施和履行社会责任等。

可见将利润最大化作为财务管理目标具有一定的片面性，是对财务管理的一种浅层次的认识，而且这种表述所存在的缺陷是无法克服的。因此，现代财务管理研究认为，利润最大化不是财务管理目标的最优选择。

2. 每股收益最大化（或资本利润率最大化）

每股收益是净利润额与发行在外的普通股股数的比值，它说明了投资者每股股本的盈利能力，主要用于上市公司。对于非上市公司，主要采用资本利润率，它是净利润额与资本额的比率，说明了资本的盈利能力。这两个指标本质上是相同的，所有者作为企业的投资者，其投资目标是取得资本收益，具体表现为净利润与出资额或股份数（普通股）的对比关系。这个目标的优点是把企业实现的利润额同投入的资本或股本数进行对比，采用相对数来反映公司的盈利能力，可以更清楚地揭示出投资与收益的报酬率水平，可以在不同资本规模的企业或同一企业不同期间之间进行比较，揭示其盈利水平的差异，便于财务分析与预测。

但该指标是以净利润为基础，仍然没有考虑资金的时间价值和风险因素，也不能避免企业的短期行为。

可见，每股收益最大化（或资本利润率最大化）也有许多不完善之处，同样不能作为最优的财务管理目标。

3. 企业价值最大化

投资者建立企业的重要目的在于创造尽可能多的财富。这种财富首先表现为企业的价值。企业的价值在于它给所有者带来未来报酬，包括获得股利和出售其股权获取现金。企业价值不是账面资产的总价值，而是企业全部财产的市场价值，它反映了企业潜在或预期获利能力。投资者在评价企业价值时，是以投资者预期投资时间为起点，以未来现金流量贴现的现值来计算的。可见，这种计算办法考虑了资金的时间价值和风险问题。以企业价值最大化作为财务管理的目标，其优点有以下几个方面：

（1）该目标考虑了资金的时间价值和投资的风险价值，它们都体现在未来现金流量的折现因素之中。企业未来现金流量越多，则企业的价值就越大。而折现率的高低主要由风险的大小来决定。

（2）该目标反映了对企业资产保值、增值的要求，从某种意义上说，股东财富越多，企业市场价值就越大，追求股东财富最大化的结果可促使企业资产保值或增值。

（3）该目标有利于克服管理上的片面性和短期行为。

（4）该目标有利于社会资源合理配置，社会资金通常流向企业价值最大化或股东财富最大化的企业或行业，有利于实现社会效益最大化。

以企业价值最大化作为财务管理的目标也存在以下几个问题：

（1）概念比较抽象，不容易被人所接受，也不像利润和每股收益指标那样，在日常会计核算中经常被揭示。

（2）对于上市公司，虽可通过股票价格的变动揭示企业价值，但是股价是受多种因素影响的结果。公司股票的上市比例及公司间相互参股、控股和间接持股等情况的存在，也会影响股票价格。

（3）对于非股票上市企业，只有对企业进行专门的评估才能真正确定其价值。而在评估企业的资产时，由于受评估标准和评估方式的影响，这种估价不易做到客观和准确，这也导致企业价值确定的困难。

可见，企业价值既是一个最抽象的概念，又是一个能用于最终评价的最实际可行的概念。企业价值涵盖了企业所有内部、外部和经营、财务等各方面的综合因素，看似抽象，却又是最实际性的市场性概念。对任何企业来说，都可以用未来现金流量贴现的现值来反映企业价值。

4. 企业目标和社会责任

企业目标和社会责任在许多方面是一致的。企业在追求自己的目标时，自认为会使社会受益。例如，企业为了生存，必须要生产出符合顾客需要的商品，满足社会的需要；企业为了发展，要扩大规模，自然会增加职工人数，解决社会的就业问题；企业为了获利，必须提高劳动生产率，改进产品质量，改善服务，从而提高社会生产效率和公众的生活质量。

企业目标和社会责任也有不一致的地方。例如，企业为了获得收益，可能生产伪劣产品，可能不顾及工人的健康和利益，可能造成环境污染，可能损害其他企业的利益等。

股东只是社会上的一部分人，他们在谋求自己利益的时候，不应当损害他人利益。政府要保证所有公民的正当权益。为此，政府颁布了一系列保护公众利益的法律。如公司法、反家庭暴力法、反不正当竞争法、环境保护法、合同法、消费者权益保护法和有关产品质量的法规等，通过这些法律法规调节股东和社会公众的利益。一般来说，企业要遵守这些法律法规，在谋求自己利益的同时就会使公众受益。但是，法律不可能解决所有问题，况且目前我国法律尚不够健全，企业有可能在合法的情况下从事不利于社会的事情。因此，企业还要受到道德的约束，要接受政府有关部门的行政监督，以及社会公众的舆论监督，进一步协调企业和社会的矛盾。

社会责任是一个在美国法学界已经讨论了 70 多年的话题：早在 20 世纪 30 年代，多德就率先提出，公司对雇员、消费者和公众负有社会责任，尽管这些责任未必见诸法律而成为公司的法定义务，但应成为公司管理者恪守的职业道德。

从 20 世纪 80 年代开始，又出现了强调公司社会责任的"利益相关者"学说。"利益相关者"学说认为，企业在其经营活动中，之所以能够存在，除了股东和经理人以外，还存在与诸多相关人的利益关系，包括与消费者、债权人、供应商、员工和政府等紧密相关。企业是利益相关者结成的关系契约，这些利益相关者与企业息息相关。企业必须体现并保护他们的利益，而不得损害他们的利益。

利益相关者学说避免了孤立、静止地看待企业的社会责任，注意到了企业与社会的互动关系。将企业放在整个社会链条中，从企业运作这个动态的视角，不仅明确指出了企业对利益相关者负有责任，而且还指出了与其利益相关的具体团体和个人，在一定程度上使企业社会责任的内容得以具体化并清晰表述。按照这一理论，公司作为法律承认的具有独立人格的法人，以营利为目的；公司作为社会人，占据了社会资源，也应当承担相应的社会责任。一个对社会负责的企业需要同时关注所有适当的利益。

1.2.2 财务管理的具体目标

财务管理的具体目标取决于财务管理的具体内容。据此，财务管理的目标可以概括为以下几个方面。

1. 企业筹资管理目标

任何企业为了保证生产的正常进行和扩大再生产的需要，都必须具有一定数量的资金。企业的资金可以从多种渠道、用多种方式来筹集。不同来源的资金，其可使用时间的长短、附加条款的限制、资金成本的大小及资金的风险等都不相同。因此，企业筹资的具体目标就是在满足生产经营需要的情况下，以较低的筹资成本和较小的筹资风险获取同样多的资金或较多的资金。

2. 企业投资管理目标

投资是企业资金的投放和使用，包括对企业自身投资和对外投资两个方面。企业对自身投资和对外投资都是为了获取利润，取得投资收益。但企业在进行投资的同时，也必然面临各种情况：投资项目可能成功或失败，投资既可能收回也可能收不回，投资既可能赚较多的钱，也可能赚较少的钱等，投资会产生投资风险。因此，企业投资的具体目标就是：以较低的投资风险与投资投放获取同样多的投资收益，或者较多的投资收益。

3. 企业营运资金管理目标

企业的营运资金是为满足企业日常营业活动要求而垫支的资金。营运资金的周转与生产经营周期具有一致性。在一定时期内资金周转越快，就可以利用相同数量的资金，生产出更多的产品，取得更多的收入，获得更多的报酬。因此，企业营运资金管理的目标就是：合理使用资金，加速资金周转，不断提高资金利用效果。

4. 企业利润分配管理目标

分配就是将企业取得的利润，在企业与相关利益主体之间进行分割。这种分割不仅涉及各利益主体的经济利益，而且涉及企业的现金流出量，从而影响企业财务的稳定性和安全性。同时，由于这种分割涉及各利益主体经济利益的多少，不同的分配方案也会影响企业的价值。具体而言，企业当期分配较多的利润给投资者将会提高企业的即期市场评价，但由于利润大部分被分配，企业或者即期现金不够，或者缺乏发展或积累资金，从而影响企业未来的市场价值。由此，利润分配管理的目标就是：企业合理确定利润的留分比例及分配形式，以提高企业的潜在收益能力，从而提高企业总价值。

1.2.3　财务管理目标与利益冲突

股东和债权人都为企业提供了财务资源，但是他们处在企业之外，只有经营者即管理当局在企业里直接从事财务管理工作。股东、经营者和债权人之间构成了企业最重要的财务关系。企业是所有者即股东的企业，财务管理的目标是指股东的目标。股东委托经营者代表他们管理企业，为实现他们的目标而努力，但经营者和股东的目标并不完全一致。债权人把资金借给企业，并不是为了"股东财富最大化"，与股东的目标也不一致。企业必须协调这三方面的冲突，才能实现"股东财富最大化"的目标。

1. 股东和经营者的冲突与协调

股东和经营者的矛盾主要是由于在所有权与经营权相分离的情况下，产生了委托代理的关系。股东为委托人，经营者为代理人，两者的目标效用函数不一样，所获得的企业信息也不对称，这必然导致两者的利益冲突。

1）经营者的目标

在股东和经营者分离以后，股东的目标是使企业财富最大化，千方百计要求经营者以最大的努力去完成这个目标。经营者是最大合理效用的追求者，其具体行为目标与委托人不一致。他们的目标包括以下几个方面。① 增加报酬，包括物质的报酬和非物质的报酬，如工资、奖金，提高荣誉和社会地位等。② 增加闲暇时间，包括较少的工作时间、工作时间里较多的空闲和有效工作时间中较小的劳动强度等。上述两个目标之间有矛盾，增加闲暇时间可能减少当前或将来的报酬，努力增加报酬会牺牲闲暇时间。③ 避免风险。经营者努力工作可能得不到应有的报酬，他们的行为和结果之间有不确定性，经营者总是力图避免这种风险，希望付出一份劳动便得到一份报酬。

2）经营者对股东目标的背离

经营者的目标和股东不完全一致，经营者有可能为了自身的目标而背离股东的利益。这种背离表现在两个方面。① 道德风险。经营者为了自己的目标，不是尽最大努力去实现企业财务管理的目标。他们没有必要为提高股价而冒险，股价上涨的好处将归于股东，如若失败，他们的"身价"将下跌。他们没有做什么错事，只是不够卖力。这样做，不构成法律和行政责任问题，只是道德问题，股东很难追究他们的责任。② 逆向选择。经营者为了自己的目标而背离股东的目标。例如，装修豪华的办公室、买高档汽车等；借口工作需要乱花股东的钱；或者蓄意压低股票价格，以自己的名义借款买回，导致股东财富受损，自己从中渔利。

3）防止经营者背离股东目标的方法

为了防止经营者背离股东的目标，一般有以下两种方法。

（1）监督。经营者背离股东的目标，其条件是双方的信息不一致。避免"道德风险"和"逆向选择"的方法是股东获取更多的信息，对经营者进行监督，在经营者背离股东目标时，减少其各种形式的报酬，甚至解雇他们。但是，全面监督在实际上是行不通的。股东是分散的或者远离经营者，得不到充分的信息；经营者比股东有更大的管理优势，比股东更清楚什么是对企业更有利的行动方案；全面监督管理行为的代价是很高的，很可能超过它所带来的收益。因此，股东支付审计费聘请注册会计师，往往仅审计财务报表，而不要求全面审查所有管理行为人。股东对于情况的了解和对经营者的监督总是必要的，但受到合理成本的限制，不可能事事都监督。监督可以减少经营者违背股东意愿的行为，但不能解决全部问题。

（2）激励。防止经营者背离股东利益的另一个方法是采用激励报酬计划，使经营者分享企业增加的财富，鼓励他们采取符合企业最大利益的行动。例如，企业盈利率提高或股票价格提高后，给经营者以现金、股票奖励。支付报酬的方式和数量大小，有多种选择。报酬过低，不足以激励经营者，股东不能获得最大利益；报酬过高，股东付出的激励成本过大，也不能实现自己的最大利益。因此，激励可以减少经营者违背股东意愿的行为，但也不能解决全部问题。

通常，股东同时采取监督和激励两种方法来协调自己和经营者的目标。尽管如此仍不可能使经营者完全按股东的意愿行动，他们可能仍然采取一些对自己有利而不符合股东最大利益的决策，并由此给股东带来一定的损失。监督成本、激励成本和偏离股东目标的损失之间此消彼长，相互制约。股东要权衡轻重，力求找出能使三项之和最小的解决办法，它就是最佳的解决办法。

2. 股东和债权人的冲突与协调

当公司向债权人借入资金后，两者也形成一种委托代理关系。债权人把资金交给企业，其目标是到期时收回本金，并获得约定的利息收入；公司借款的目的是用它扩大经营，投入有风险的生产经营项目，两者的目标并不一致。债权人事先知道借出资金是有风险的，并把这种风险的相应报酬纳入利率。通常要考虑的因素包括：公司现有资产的风险、预计新添资产的风险、公司现有的负债比率、公司未来的资本结构等。

但是，借款合同一旦成为事实，资金到了企业，债权人就失去了控制权，股东可以通过经营者为了自身利益而伤害债权人的利益。其常用方式有以下几种。① 股东不经债权人的同意，投资于比债权人预期风险要高的新项目。如果高风险的计划侥幸成功，超额的利润归股东独有；如果计划不幸失败，公司无力偿债，债权人与股东将共同承担由此造成的损失。尽管债权人先于股东分配破产财产，但多数情况下，破产财产不足以偿债。因此，对债权人来说，超额利润肯定拿不到，发生损失却有可能要分担。② 股东为了提高公司的利润，不征得债权人的同意而迫使管理当局发行新债，致使旧债券的价值下降，使旧债权人蒙受损失。旧债券价值下降的原因是发新债后公司负债比率加大，公司破产的可能性增加，如果企业破产，旧债权人和新债权人要共同分配破产后的财产，使旧债券的风险增加、价值下降。尤其是不能转让的债券或其他借款，债权人没有出售债权来摆脱困境的出路，处境更加不利。

债权人为了防止其利益被伤害，除了寻求立法保护，如除在破产时优先接管、优先于股东分配剩余财产等外，通常采取以下措施。① 在借款合同中加入限制性条款，如规定资金的用途，规定不得发行新债或限制发行新债的数额等。② 发现公司有剥夺其财产意图时，拒绝进一步合作，不再提供新的借款或提前收回借款。

3. 社会责任与利益冲突

企业在实现价值最大化的同时，需要承担必要的社会责任。然而，承担社会责任需要花费一定的成本，为了补偿这部分成本支出，企业就要提高产品的价格，这必然使企业在与同行业其他公司的竞争中处于不利地位。而且，如果企业将大量的资源贡献给社会公益活动，也会受到来自资本市场的压力。因为在资本市场上，投资者更青睐那些专注利润和股价上升的企业，而不是那些将大量的资源贡献给社会公益活动的企业。

这是否意味着股东利益与承担社会责任之间存在矛盾，企业就不需要承担社会责任呢？实际上，实现股东财富最大化与其承担社会责任是息息相关的。企业要为员工提供合理的薪酬和安全的工作环境，否则员工没有积极性，劳动生产率就会下降，影响企业的盈利，最终将损害股东的利益；企业要为顾客提供合格的产品和优质的服务，否则就会面临失去顾客和遭遇诉讼的危险，这必然会提高企业的成本，最终也将损害股东的利益；企业在满足自身利益的同时，也要维护供应商的利益，否则供应商将会提高供货价格，或者取消对企业的赊销；企业还要承担必要的社会公益责任，因为良好的社会形象有利于企业长远的发展，许多消费者也更愿意从对社会负责的企业那里购买产品。

在要求企业自觉承担大部分社会责任的同时，也要通过法律等强制命令规范企业的社会责任，并让所有企业均衡地分担社会责任成本，以维护那些自觉承担社会责任的企业利益。强制命令包括劳动法、产品安全、消费者权益保护、污染防治等法案，另外还要有行为和道德评判促使企业维护社会的利益。

1.3　企业的组织形式与财务管理环境

1.3.1　企业的组织形式

企业是市场经济的主体，企业的组织形式按投资主体主要分为独资企业、合伙企业和公司制企业 3 种。

1. 独资企业

个人独资企业是指依法设立，由一个自然人投资，财产为投资人个人所有，投资人以其个人财产对公司债务承担无限责任的经营实体。个人独资企业具有以下几个特点。① 只有一个出资者。② 出资人对企业债务承担无限责任。在个人独资企业中，独资人直接拥有企业的全部资产并直接负责企业的全部负债，也就是说独资人承担无限责任。③ 独资企业不作为企业所得税的纳税主体。其收益纳入所有者的其他收益一并计算缴纳个人所得税。

独资企业具有结构简单、容易开办、利润独享、限制较少等优点。但也存在无法克服的缺点，一是出资者负有无限偿债责任；二是筹资困难，个人财力有限，企业往往会因信用不足、信息不对称而存在筹资障碍。

2. 合伙企业

合伙企业是依法设立，由各合伙人订立合伙协议，共同出资，合伙经营，共享收益，共担风险，并对合伙企业债务承担无限连带责任的营利性组织。合伙企业的法律特征是：① 有两个以上合伙人，并且都是具有完全民事行为能力、依法承担无限责任的人；② 有书面合伙协议，合伙人依照合伙协议享有权利，承担责任；③ 有各合伙人实际缴付的出资，合伙人可以用货币、实物、土地使用权、知识产权或者其他属于合伙人的合法财产及财产权利出资，经全体合伙人协商一致，合伙人也可以用劳务出资，其评估作价由全体合伙人协商确定；④ 有关合伙企业改变名称、向企业登记机关申请办理变更登记手续、处分不动产或财产权利、为他人提供担保、聘任企业经营管理人员等重要事务，均须经全体合伙人一致同意；⑤ 合伙企业的利润和亏损由合伙人依照合伙协议约定的比例分配和分担，合伙协议未约定利润分配和亏损分担比例的，由各合伙人平均分配和分担；⑥ 各合伙人对合伙企业债务承担无限连带责任。

合伙企业具有开办容易、信用相对较佳的优点，但也存在责任无限、权力不易集中、有时决策过程过于冗长等缺点。

3. 公司制企业

公司是指依照《公司法》登记设立，以其全部法人财产，依法自主经营、自负盈亏的企业法人。公司享有由股东投资形成的全部法人财产权，依法享有民事权利，承担民事责任。公司股东作为出资者按投入公司的资本额享有所有者的资产受益、重大决策和选择管理者等权利，并以其出资额或所持股份为限对公司承担有限责任。我国《公司法》所称公司是指有限责任公司和股份有限公司。

（1）有限责任公司。是指由 50 人以下股东共同出资，每个股东以其所认缴的出资额为限对公司承担有限责任，公司以其全部资产对其债务承担责任的企业法人。其特征有：公司的资本总额不分为等额的股份；公司向股东签发出资证明书，不发行股票；公司股份的转让有较严格的限制；限制股东人数，不得超过一定限额；股东以其出资比例享受权利、承担义务；股东以其出资额为限对公司承担有限责任。

（2）股份有限公司。是指其全部资本分为等额股份，股东以其所持股份为限对公司承担责任，公司以其全部资产对公司的债务承担责任的企业法人。其特征有：公司的资本划分为股份，每一股的金额相等；公司的股份采取股票的形式，股票是公司签发的证明股东所持股份的凭证；同股同权，同股同利；股东出席股东大会，所持每一股份有一表决权；股东可以依法转让持有的股份；股东不得少于规定的数目，但没有上限限制；股东以其所持股份为限对公司债务承担有限责任。

与独资企业和合伙企业相比，股份有限公司的特点如下。一是有限责任。股东对股份有限公司的债务承担有限责任，倘若公司破产清算，股东的损失以其对公司的投资额为限。而对独资企业和合伙企业，其所有者可能损失更多，甚至个人的全部财产。二是永续存在。股份有限公司的法人地位不受某些股东死亡或转让股份的影响，所以，其寿命较之独资企业或合伙企业更有保障。三是可转让性。一般而言，股份有限公司的股份转让比独资企业和合伙企业的权益转让更为容易。四是易于筹资。就筹集资本的角度而言，股份有限公司是最有效的企业组织形式。因其永续存在及举债和增股的空间大，股份有限公司具有更大的筹资能力和弹性。五是对公司的收益重复纳税。作为一种企业组织形式，股份有限公司也有不足，最大的缺点是对公司的收益重复纳税：公司的收益先要缴纳企业所得税；税后收益以现金股利分配给股东后，股东还要缴纳个人所得税。

公司这一组织形式，已经成为西方大企业所采用的普遍形式，也是我国建立现代企业制度过程中选择的企业组织形式之一。本书所讲的财务管理，主要是指公司的财务管理。

案例链接

瓦沦汀商店企业组织形式选择

马里奥·瓦沦汀拥有一家经营得十分成功的汽车经销商店——瓦沦汀商店。25 年来，瓦沦汀一直坚持独资经营，身兼所有者和管理者两职。现在他已经 70 多岁了，打算从管理岗位上退下来，但是他希望汽车经销商店仍能掌握在家族手中，他的长远目标是将这份产业留给自己的儿孙。

瓦沦汀正在考虑是否应该将他的商店转为公司制经营。如果他将商店改组为股份公司，那么他就可以给自己的每个儿孙留下数目合适的股份。另外，他可以将商店整个留给儿孙们让他们进行合伙经营。为了能够选择正确的企业组织形式，瓦沦汀制定了下列目标。

（1）所有权。瓦沦汀希望他的两个儿子各拥有 25% 的股份，5 个孙子各拥有 10% 的股份。

（2）存续能力。瓦沦汀希望即使发生儿孙死亡或放弃所有权的情况也不会影响经营的存续性。

（3）管理。当瓦沦汀退休后，他希望将产业交给一位长期服务于商店的雇员乔·汉兹来管理。虽然瓦沦汀希望家庭保持产业的所有权，但他并不相信他的家庭成员有足够的时间和经验来完成日常的管理工作。事实上，瓦沦汀认为他有两个孙子根本不具有经济头脑，所以他并不希望他们参与管理工作。

（4）所得税。瓦沦汀希望产业采取的组织形式尽可能减少他的儿孙们应缴纳的所得税。他希望每年的经营所得都可以尽可能多地分配给商店的所有人。

（5）所有者的债务。瓦沦汀知道经营汽车商店会出现诸如对顾客汽车修理不当而发生车祸之类的意外事故，这要求商店有大量的资金。虽然商店已投了保，但瓦沦汀还是希望能够确保在商店发生损失时他的儿孙们个人财产不受任何影响。

思考：该企业应采用公司制还是合伙制？公司制或合伙制对企业财务管理会产生哪些影响？

1.3.2　财务管理环境

财务管理环境又称理财环境，是指对企业财务活动和财务管理产生影响作用的企业内外各种条件的统称。企业财务活动在相当大程度上受理财环境制约，如生产、技术、供销、市场、物价、金融、税收等因素，对企业财务活动都有重大的影响。只有在理财环境的各种因素作用下实现财务活动的协调平衡，企业才能生存和发展。研究理财环境，有助于正确地制定理财策略。本书主要讨论对企业财务管理影响比较大的经济环境、法律环境和金融市场环境等因素。

案例链接

俏江南立志于做餐饮业中的 LV，期望在全球范围内成为中式餐饮的代名词，也渴望做成百年老店。作为高端餐饮品牌，俏江南要想实现扩张必定是需要大量资金的，因为每家店面的前期硬件投入都十分巨大，只有通过资本运作，实现迅速扩张、形成规模效应之后，经营成本才会降下来。除了可以通过加盟等方式扩张以外，更多的还是需要成功的直营店来带动。从资本市场角度看，中国餐饮企业坐拥十多亿人的大市场。2008 年俏江南引入鼎晖创投，鼎晖注资约 2 亿元人民币，占有前者 10.526% 的股份，但对赌协议中要求，俏江南最晚在 2012 年年底之前必须上市，若非鼎晖方面的原因造成俏江南无法在 2012 年年底前上市，鼎晖有权以回购方式退出俏江南。

2011 年 3 月，俏江南向中国证监会递交了 A 股上市申请，但在 2012 年 1 月份证监会披露的终止审查企业名单中，俏江南赫然在列。俏江南试图 A 股上市，遭遇创业板整肃，未能成行。2012 年年底以来，在中央"八项规定""六项禁令"等政策的冲击下，国内餐饮市场遭遇了前所未有的困境，行业陷入了 20 年以来的冰点。

A 股上市的尝试失败后，2012 年在明知港股估值更低的情况下，俏江南还是不得已开始转战 H 股，但俏江南又碰到了新壁垒"10 号文"。在"10 号文"颁布前，中国国籍人士在中国所经营的企业，将股权从境内转入自己成立的境外公司，比较容易通过审批。2012 年年中，俏江南通过了香港联交所聆讯，获准于香港上市。可就在此时，因偶然披露的张兰移民事件（为了上市，张兰放弃了中国国籍），让她陷入声誉危机，鼎晖退出计划也不得已搁置。

由于餐饮企业一直不是国家政策重点关注的对象，且在财务管理方面普遍不够透明，所以证监部门对餐饮企业的上市不"感冒"，再加上政策对"三公消费"的打压，使得整个高端餐饮行业瞬间步入"寒冬"，全聚德、小南国等原来如鱼得水的企业均出现业绩和利润下滑，湘鄂情更是出现严重的亏损。可见，当企业非常依赖经营环境时，要时刻有危机感和转型的思考。

---

1. 经济环境

影响财务管理的经济环境因素主要有经济周期、经济发展水平、经济政策和通货膨胀等。

1）经济周期

市场经济条件下，经济发展与运行带有一定的波动性，大体上经历复苏、繁荣、衰退和萧条几个阶段的循环，这种循环叫作经济周期。在不同的经济周期，企业应相应采用不同的财务管理策略。资本主义经济周期是人所共知的现象，西方财务学者曾探讨了经济周期中的经营理财策略。我国的经济发展与运行也呈现其特有的周期特征，带有一定的经济波动性。过去曾经历过若干次从投资膨胀、生产高涨到控制投资、紧缩银根和正常发展的过程，从而促进了经济的持续发展。企业的筹资、投资和资产运营等理财活动都要受这种经济波动的影响，比如在治理紧缩时期，社会资金十分短缺，利率上涨，会使企业的筹资非常困难，甚至影响到企业的正常生产经营活动。相应企业的投资方向会因为市场利率的上涨而转向本币存款或贷款。此外，由于国际经济交流与合作的发展，西方的经济周期影响也不同程度地波及我国。因此，企业财务人员必须认识到经济周期的影响，掌握在经济发展波动中的理财本领。

2）经济发展水平

改革开放以来，我国的国民生产总值以很高的速度增长，各项建设方兴未艾。这就给企业扩大规模、调整方向、打开市场及拓宽财务活动的领域带来了机遇。同时，由于高速发展中的资金短缺将长期存在，又给企业财务管理带来了严峻的挑战。因此，企业财务管理工作者必须积极探索与经济发展水平相适应的财务管理模式。

3）经济政策

我国经济体制改革的目标是建设社会主义市场经济体制，以进一步解放和发展生产力。在这个总目标的指导下，我国已经并正在进行财税体制、金融体制、外汇体制、外贸体制、计划体制、价格体制、投资体制、社会保障制度等多项改革。所有这些改革措施，深刻地影响着我国的经济生活，也深刻地影响着我国企业的发展和财务活动的运行。如金融政策中货币的发行量、信贷规模都能影响企业投资的资金来源和投资的预期收益；财税政策会影响企业的资金结构和投资项目的选择等；价格政策能影响资金的投向和投资的回收期及预期收益等。可见，经济政策对企业财务的影响是非常大的。这就要求企业财务人员必须把握经济政策，更好地为企业的经营理财活动服务。

4）通货膨胀

通货膨胀不仅降低了消费者的购买力，也给企业理财带来了很大困难。通货膨胀对企业财务活动的影响通常表现在以下几个方面：① 引起资金占用的大量增加，从而增加企业的资金需求；② 引起企业的利润虚增；③ 引起利率上升，加大企业的资金成本；④ 引起有价证券价格下降；⑤ 引起资金供应紧张，增加企业的筹资难度。

企业对通货膨胀本身无能为力，只有政府才能控制通货膨胀的速度。企业财务人员需要分析通货膨胀对资金成本及投资报酬率的影响。为了实现预期的报酬率，企业应该调整收入和成本。

2. 法律环境

市场经济的重要特征就在于它是以法律规范和市场规则为特征的经济制度。法律为企业经营活动规定了活动空间，也为企业在相应空间内自由经营提供了法律上的保护。影响财务管理的主要法律环境因素有企业组织法律规范、税收法律规定和财务法律规范等。

1）企业组织法律规范

企业组织必须依法成立。组建不同的企业，要依照不同的法律规范。包括《中华人民共和国公司法》《中华人民共和国全民所有制工业企业法》《中华人民共和国外资企业法》《中华人民共和国中外合资经营企业法》《中华人民共和国中外合作经营企业法》《中华人民共和国个人独资企业法》《中华人民共和国合伙企业法》等。这些法律规范既是企业的组织法，又是企业的行为法。

例如，《中华人民共和国公司法》（以下简称《公司法》）对公司企业的设立条件、设立程序、组织机构、组织变更及终止的条件和程序等都做了规定，包括股东人数、法定资本的最低限额、资本的筹集方式等。只有按其规定的条件和程序建立的企业，才能称为"公司"。《公司法》还对公司生产经营的主要方面做出了规定，包括股票的发行和交易、债券的发行和转让、利润的分配等。公司一旦成立，其主要的活动，包括财务管理活动，都要按照《公司法》的规定来进行。因此，《公司法》是公司企业财务管理最重要的强制性规范，公司的理财活动不能违反该法律，公司的自主权不能超出该法律的限制。

2）税收法律规定

税法是国家立法机关颁布的征税人与纳税人应当遵循的税收法律规范的总称，是世界各国法律体系的重要组成部分。任何企业都有法定的纳税义务。税负是企业的一种费用，会增加企业的现金流出，对企业理财有重要影响。企业无不希望在不违反税法的前提下减少税务负担。

3）财务法律规范

财务法律规范主要是会计法律、会计制度、财务制度和会计准则。《企业财务通则》是各类企业进行财务活动、实施财务管理的基本规范。经国务院批准由财政部发布的《企业财务通则》对以下问题做出了规定：建立资本金制度、固定资产的折旧、成本的开支范围、利润的分配等。

除上述法律规范外，与企业财务管理有关的其他经济法律规范还有许多，包括各种证券法律规范、结算法律规范、合同法律规范等。财务人员要熟悉这些法律规范，在守法的前提下完成财务管理的职能，实现企业的财务目标。

3. 金融市场环境

金融市场环境是指资金的供求双方借助某种形式融通资金的场所。人们常说的有价证券市场，即股票和债券的发行和买卖市场，是狭义的金融市场。而广义的金融市场是指一切资本流动的场所，包括实物资本和货币资本的流动，其交易对象包括货币借贷、票据承兑和贴现、有价证券的买卖、黄金和外汇的买卖、办理国内外保险和生产资料的产权交换等。这里指的是广义的金融市场。

1）金融市场的分类

（1）按融通资金的期限划分为短期金融市场和长期金融市场。短期金融市场，又称货币市场，是指以期限一年以内的金融工具为媒介，进行短期资金融通的市场。其主要特点有：交易期限短；交易的目的是满足短期资金周转的需要；所交易的金融工具有较强的货币性。长期金融市场是指以期限一年以上的金融工具为媒介，进行长期性资金交易活动的市场，又称资本市场。其主要特点有：交易的主要目的是满足长期投资性资金的供求需要；收益较高而流动性较差；资金借贷量大；价格变动幅度大。

（2）按市场交易过程的性质划分为发行市场和流通市场。发行市场是指从事新证券买卖的转让市场，这类市场使预先存在的资产交易成为可能，也称一级市场或初级市场。流通市场是指从事已上市的旧证券买卖的转让市场，也称二级市场或次级市场。

（3）按市场的交易对象划分为货币借贷市场、票据承兑和贴现市场、有价证券市场、黄金市场和外汇市场。

（4）按市场的交割时间划分为现货市场和期货市场。现货市场是指买卖双方成交后，当场或几天内买方付款、卖方交出证券的交易市场。期货市场是指买卖双方成交后，在双方约定的未来某一特定的时日才交割的交易市场。

（5）按市场融通资金的范围划分为区域性金融市场和国际性金融市场。区域性金融市场是指资金融通仅限于区域内各经济组织、经济实体的货币和有价证券的市场。国际金融市场是指在国际范围内进行不同货币的资金和有价证券的融通活动的市场。

2）金融市场的构成

金融市场主要由主体、客体和参加人构成。主体是指银行和非银行金融机构，它们是金融市场的中介机构，是连接筹资人和投资人的桥梁。客体是金融市场上的买卖对象，即股票、债券等金融工具。参加者是指客体的供给者和需求者，即公司、事业单位、政府部门和个人等。

（1）金融机构。社会资金从资金供应者手中转移到资金需求者手中，大多要通过金融机构。金融机构包括银行业金融机构和其他金融机构。银行业金融机构是指经营存款、放款、汇兑、储蓄等金融业务，承担信用中介的金融机构。银行的主要职能是充当信用中介、充当企业之间的支付中介、提供信用工具、充当投资手段和充当国民经济的宏观调控手段。银行业金融机构包括中国人民银行、政策性银行和商业银行。其他金融机构包括保险公司、信托投资公司、证券机构、财务公司和金融租赁公司等。

中国人民银行是我国的中央银行，它代表政府管理全国的金融机构和金融活动，经理国库。中国人民银行的主要职责是制定和实施货币政策，保持货币币值稳定；依法对金融机构进行监督管理，维持金融业合法、稳健地运行；维护支付和清算系统的政策运行；持有、管理、经营国家外汇储备和黄金储备；代理国库和其他与政府有关的金融业务；代表政府从事有关的国际金融活动。

政策性银行是指由政府设立，以贯彻国家产业政策、区域发展政策为目的，不以营利为目的的金融机构。政策性银行的特点在于：不面向公众吸收存款，而以财政拨款和发行政策性金融债券为主要资金来源，其资本主要由政府拨付，不以营利为目的，经营时主要考虑国家的整体利益和社会效益。政策性银行的服务领域主要是对国民经济发展和社会稳定有重要意义的经济实体。政策性银行一般不普遍设立分支机构，其业务由商业银行代理。但是，政策性银行的资金并不等同于财政资金，也必须有偿使用，对贷款也要进行严格审查，并且要求还本付息，周转使用。我国现在有三家政策性银行，均成立于 1994 年，分别是中国国家开发银行、中国进出口银行和中国农业发展银行。

商业银行是以经营存款、贷款，办理转账结算为主要业务，以营利为主要经营目的的金融机构。在我国，商业银行分为国有商业银行（如中国工商银行、中国农业银行、中国银行、交通银行和中国建设银行）和其他商业银行（如广东发展银行、招商银行、光大银行等）。

（2）金融工具。金融工具是在信用活动中产生的、能够证明债权债务关系并据以进行货币资金交易的合法凭证，它对于债权债务双方所应承担的义务与享有的权利均具有法律效力。金融工具一般分为两类：一类是金融市场参加者为筹资、投资而创造的工具，如各种股票、债券、票据、可转让存单、借款合同等；另一类是金融市场参加者为保值、投机等目的而创造的工具，如期货合同、期权合同等。

金融工具一般具有期限性、流动性、风险性和收益性 4 个基本特征。期限性是指金融工具一般规定了偿还期，也就是规定债务人必须全部归还本金之前所经历的时间。流动性是指金融工具在必要时迅速转变为现金而不致遭受损失的能力。流动性高的金融工具通常容易变现，且市场价格波动较小。各种金融工具的流动性从强到弱依次为各种存款、政府债券、公司债券、股票。风险性是指购买金融工具的本金和预定收益遭受损失的可能性。一般包括信用风险和市场风险两个方面。收益性是指持有金融工具所能带来的一定收益。一般分为当期收益和到期收益两种。通常股票、公司债券为高收益金融工具，而政府债券、金融债券及各种存款为低收益金融工具。

3）金融市场的功能

（1）提高资金使用效益。金融市场的存在，首先扩大了资金供给者和资金需求者接触的机会，便利了金融交易，降低了融资成本，提高了资金使用效率。其次，金融市场为筹资人和投资人开辟了更广阔的融资途径，投资人可以选择最适合自己的投资工具，而筹资人也可以选择最适合自己的筹资形式，双方都在谋求最佳经济效益，将资金投向最有利的投资项目，使社会资金的配置得到优化。

（2）实现借贷资金的转换功能。这一功能首先表现在金融资产的流动性上；其次可以把短期资金转为长期资金。

（3）引导储蓄转向生产。金融市场是资金供求的中心，是储蓄转为投资的桥梁。它把储蓄与企业所需资金联结起来，有利于资本的形成和经济的发展。就个人来说，一个小的金额不能当作资本来运用；但就社会来说，这些小的金额集中起来后就形成一个巨大的货币资本，将其投入生产，可以扩大社会总资本，有利于促进经济的发展。

（4）为经济活动提供信息。在金融市场上，资金的供求决定利率的水平；证券在市场上价格的变动与企业的经济活动和经营利润密切相关；汇率变动也在一定程度上影响公司特别是外贸公司的理财活动。这些都是公司经营和投资的重要依据。

（5）调节国民经济的功能。健康的国民经济必须有合理的产业结构、产品结构、技术结构，这些合理结构在市场经济中，不是通过人为的行政行为，而是通过市场机制，通过合理的资源配置达到的。金融市场是形成资源合理配置的重要场所，这种功能一方面是自发形成的，另一方面是由于中央银行运用经济手段进行宏观调控形成的。

4）金融市场利率的构成

利率也称利息率，是利息占本金的百分比指标。从资金的借贷关系看，利率是一定时期运用资金资源的交易价格，其既是借款人所付出的代价，也是贷款人所得到的收益。利率作为资金的使用权的价格，依资金供求关系的变动而变动。假如其他条件不变，资金供大于求（银根放松），则利率趋于下降；资金求大于供（银根紧缩），则利率趋于上升。资金供求是影响利率高低的最重要因素。除此之外，经济周期、通货膨胀、国家货币政策和财政政策、国际经济政治关系、国家利率管制程度等对利率的变动均有不同程度的影响。

（1）利率的类型。利率可按照不同的标准进行以下分类。第一，按利率之间的变动关系，分为基准利率和套算利率。基准利率又称基本利率，是指在多种利率并存的条件下起决定作用的利率。所谓起决定作用，是说这种利率变动，其他利率也相应变动。因此，了解基准利率水平的变化趋势，就可了解全部利率的变化趋势。基准利率在西方发达国家通常是中央银行的再贴现率，在我国是中国人民银行对商业银行贷款的利率。套算利率是指在基准利率确定后，各金融机构根据基准利率和借贷款项的特点而换算出的利率。例如，某金融机构规定，贷款 AAA 级、AA 级、A 级企业的利率，应分别在基准利率基础上加 0.5%、1%、1.5%，加总计算所得的利率便是套算利率。第二，按利率与市场资金供求情况的关系，分为固定利率和浮动利率。固定利率是指在借贷期内固定不变的利率。受通货膨胀的影响，实行固定利率会使债权人利益受到损害。浮动利率是指在借贷期内可以调整的利率。在通货膨胀条件下采用浮动利率，可使债权人减少损失。第三，按利率形成机制不同，分为市场利率和法定利率。市场利率是指根据资金市场上的供求关系，随着市场而自由变动的利率。法定利率是指由政府金融管理部门或者中央银行确定的利率。

（2）利率的一般计算公式。利率作为借贷资金的价格通常由 3 部分组成：纯利

率、通货膨胀补偿率（或称通货膨胀贴水）、风险收益率。利率的一般计算公式可表示为

$$利率＝纯利率+通货膨胀补偿率+风险收益率$$

纯利率是指没有风险和通货膨胀情况下的平均利率。在没有通货膨胀时，国库券的风险为零，这时的国库券利率被看做是纯利率。

通货膨胀补偿率是指由于持续的通货膨胀会不断降低货币的实际购买力，为补偿其购买力损失而要求提高的利率。在现实生活中，通货膨胀有时是无法避免的，通货膨胀会使货币贬值，使实际购买力下降。因此，为了弥补通货膨胀造成实际购买力下降的损失，必须提高利率。

风险收益率包括违约风险收益率、流动性风险收益率和期限风险收益率。其中，违约风险收益率是指为了弥补因债务人无法按时还本付息而带来的风险，由债权人要求提高的利率；流动性风险收益率是指为了弥补因债务人资产流动不好而带来的风险，由债权人要求提高的利率；期限风险收益率是指为了弥补因偿债期长而带来的风险，由债权人要求提高的利率。

1.4　财务管理的环节

财务管理环节是指财务管理工作的各个阶段。财务管理的基本环节包括：财务预测、财务决策、财务计划、财务控制、财务分析。这些管理环节互相配合、紧密联系，形成了周而复始的财务管理循环过程，构成了完整的财务管理工作体系。

1. 财务预测

财务预测是根据财务活动的历史资料，考虑现实的要求和条件，对企业未来的财务活动和财务成果做出科学的预计和测算。现代财务管理必须具备预测这个"望远镜"，以便把握未来，明确方向。财务预测环节的作用在于：测算各项生产经营方案的经济效益，为决策提供可靠的依据；预计财务收支的发展变化情况，以确定经营目标；测定各项定额和标准，为编制计划、分解计划指标服务。财务预测环节是在前一个财务管理循环基础上进行的，运用已取得的规律性的认识指导未来。它既是两个管理循环的联结点，又是财务决策环节的必要前提。财务预测环节的工作步骤如下。

1）明确预测对象和目的

预测的对象和目的不同，则预测资料的搜集、预测模型的建立、预测方法的选择、预测结果的表现方式等也有不同的要求。为了达到预期的效果，必须根据管理决策的需要，明确预测的具体对象和目的，如降低成本、增加利润、加速资金周转、安排设备投资等，从而规定预测的范围。

2）搜集和整理资料

根据预测的对象和目的，要广泛搜集有关的资料，包括企业内部和外部资料、财务和生产技术资料、计划和统计资料、本年和以前年度资料等。对资料要检查其可靠性、完整性和典型性，排除偶然性因素的干扰；还应对各项指标进行归类、汇总、调整等加工处理，使资料符合预测的需要。

3）选择预测模型

根据影响预测对象的各个因素之间的相互联系，选择相应的财务预测模型。常见的财务预测模型有时间序列预测模型、因果关系预测模型、回归分析预测模型等。

4）实施财务预测

将经过加工整理的资料进行系统的研究，代入财务预测模型，采用适当预测方法，进行定性、定量分析，确定预测结果。

财务预测的方法有许多种，常用的有定性预测法和定量预测法，前者可分为经验判断法和调查研究法，后者可分为趋势预测法和因果预测法。

2. 财务决策

财务决策是根据企业经营战略的要求和国家宏观经济政策的要求，从提高企业经济效益的理财目标出发，在若干个可以选择的财务活动方案中，选择一个最优方案的过程。在财务活动预期方案只有一个时，决定是否采用这个方案也属于决策问题。在市场经济条件下，财务管理的核心是财务决策。在财务预测基础上所进行的财务决策，是编制财务计划、进行财务控制的基础。决策的成功是最大的成功，决策的失误是最大的失误，决策关系着企业的成败兴衰。财务决策环节的工作步骤如下。

1）确定决策目标

根据企业经营目标，在调查研究财务状况的基础上，确定财务决策所要解决的问题，如发行股票和债券的决策、设备更新和购置的决策、对外投资的决策等，然后搜集企业内部的各种信息和外部的情报资料，为解决决策面临的问题做好准备。

2）拟订备选方案

在预测未来有关因素的基础上，提出各种为达到财务决策目标而考虑的各种备选的行动方案。拟订备选方案时，对方案中决定现金流出、流入的各种因素，要做周密的查定和计算；拟订备选方案后，还要研究各方案的可行性，各方案实施的有利条件和制约条件。

3）评价各种方案，选择最优方案

备选方案提出后，根据一定的评价标准，采用有关的评价方法，评定出各方案的优劣或经济价值，从中选择一个预期效果最佳的财务决策方案。经择优选出的方案，如涉及重要的财务活动（如筹资方案、投资方案等），还要进行一次鉴定，经过专家鉴定认为决策方案切实可行，方能付诸实施。

财务决策的方法主要有优选对比法和数学模型法，前者有总量对比法、差量对比法、指标对比法等，后者有数学微分法、线性规划法、概率决策法、损益决策法等。

3. 财务计划

财务计划工作是运用科学的技术手段和数学方法，对目标进行综合平衡，制订主要计划指标，拟定增产节约措施，协调各项计划指标。它是落实企业奋斗目标和保证措施的必要环节。财务计划是以财务决策确定的方案和财务预测提供的信息为基础来编制的，它是财务预测和财务决策的具体化、系统化，又是控制财务收支活动、分析生产经营成果的依据。

企业财务计划主要包括资金筹集计划、固定资产投资和折旧计划、流动资产占用和周转计划、对外投资计划、利润和利润分配计划。除了各项计划表格以外，还要附列财务计划说明书。编制财务计划要做好以下工作。

1）分析主客观条件，确定主要指标

按照国家产业政策和企业财务决策的要求，根据供、产、销条件和企业生产能力，运用各种科学方法，分析与所确定的经营目标有关的各种因素，按照总体经济效益的原则，确定出主要的计划指标。

2）安排生产要素，组织综合平衡

要合理安排人力、物力、财力，使之与经营目标的要求相适应，在财力平衡方面，要组织流动资金同固定资金的平衡、资金运用同资金来源的平衡、财务支出同财务收入的平衡等。还要努力挖掘企业潜力，从提高经济效益出发，对企业各方面生产经营活动提出要求，制定好各单位的增产节约措施，制定和修订各项定额，以保证计划指标的落实。

3）编制计划表格，协调各项指标

以经营目标为核心，以平均先进定额为基础，计算企业计划期内资金占用、成本、利润等各项计划指标，编制出财务计划表，并检查、核对各项有关计划指标是否密切衔接、协调平衡。

常见的财务计划编制方法有固定计划法、弹性计划法和滚动计划法。

4. 财务控制

财务控制是在生产经营活动的过程中，以计划任务和各项定额为依据，对资金的收入、支出、占用、耗费进行日常的核算，利用特定手段对各单位财务活动进行调节，以便实现计划规定的财务目标。财务控制是落实计划任务、保证计划实现的有效措施。

财务控制要适应管理定量化的需要，抓好以下几项工作。

1）制定控制标准，分解落实责任

按照责、权、利相结合的原则，将计划任务以标准或指标的形式分解落实到车间、科室、班组以至个人，即通常所说的指标分解。这样，企业内部每个单位、每个职工都有明确的工作要求，便于落实责任，检查考核。通过计划指标的分解，可以把计划任务变成各单位和个人控制得住、实现得了的数量要求，在企业形成一个"个人保班组、班组保车间、车间保全厂"的经济指标体系，使计划指标的实现有坚实的群众基础。对资金的收付、费用的支出、物资的占用等，要运用各种手段（如限额领料单、费用控制手册、流通券、内部货币等）进行事先控制。凡是符合标准的，就予以支持，并给予机动权限；凡是不符合标准的，则加以限制，并研究处理。

2）确定执行差异，及时消除差异

按照"干什么，管什么，算什么"的原则，详细记录指标执行情况，将实际同标准进行对比，确定差异的程度和性质。要经常预计财务指标的完成情况，考察可能出现的变动趋势，及时发出信号，揭露生产经营过程中发生的矛盾。此外，还要及时分析差异形成的原因，确定造成差异的责任归属，采取切实有效的措施，调整实际过程（或调整标准），消除差异，以便顺利实现计划指标。

3）评价单位业绩，搞好考核奖惩

在一定时期终了，企业应对各责任单位的计划执行情况进行评价，考核各项财务指标的执行结果，把财务指标的考核纳入各级岗位责任制，运用激励机制，实行奖优罚劣。财务控制环节的特征在于差异管理，在标准确定的前提下，应遵循例外原则，及时发现差异，分析差异，采取措施，调节差异。

常见的财务控制方法有防护性控制、前馈性控制和反馈性控制。

5. 财务分析

财务分析是以核算资料为主要依据，对企业财务活动的过程和结果进行评价和剖析的一项工作。借助于财务分析，可以掌握各项财务计划指标的完成情况，有利于改善财务预测、决策、计划工作；还可以总结经验，研究和掌握企业财务活动的规律性，不断改进财务管理。企业财务人员要通过财务分析提高业务工作水平，搞好业务工作。进行财务分析的一般程序如下。

1）搜集资料，掌握情况

开展财务分析首先应充分占有有关资料和信息。财务分析所用的资料通常包括财务报告等实际资料、财务计划资料、历史资料及市场调查资料。

2）指标对比，揭露矛盾

对比分析是揭露矛盾、发现问题的基本方法。先进与落后、节约与浪费、成绩与缺点，只有通过对比分析才能辨别出来。财务分析要在充分占有资料的基础上，通过数量指标的对比来评价业绩，发现问题，找出差异，揭露矛盾。

3）因素分析，明确责任

为了说明产生问题的原因，还需要进行因素分析。影响企业财务活动的因素，有生产技术方面的，也有生产组织方面的；有经济管理方面的，也有思想政治方面的；有企业内部的，也有企业外部的。进行因素分析，就是要查明影响财务指标完成的各项因素，并从各种因素的相互作用中找出影响财务指标完成的主要因素，以便分清责任，抓住关键。

4）提出措施，改进工作

要在掌握大量资料的基础上，去伪存真，去粗取精，由此及彼，由表及里，找出各种财务活动之间及财务活动同其他经济活动之间的本质联系，然后提出改进措施。提出的措施应当明确具体，切实可行。要实现措施，应当确定负责人员，规定实现的期限。措施一经确定，就要组织各方面的力量认真贯彻执行。要通过改进措施的落实，完善经营管理工作，推动财务管理发展到更高水平的循环。

财务分析的方法很多，主要的有对比分析法、比率分析法和因素分析法。

研究财务管理环节，需要明确它的以下特征。

（1）循环性。各个财务管理环节在每个经营周期内进行着从预测到分析的周而复始的循环，在企业长期经营过程中定期或在某一时期进行的某些基础性工作，不属于财务管理环节，如制定财务制度、建立基础工作。

（2）顺序性。每个管理环节都处在财务管理循环的一定阶段，具有一定的先后顺序，财务预测、决策、计划属于事前管理，财务控制属于事中管理，财务分析属于事后管理，管理环节的顺序不能颠倒或交叉。

（3）层次性。财务管理循环中，每个管理环节又分为若干工作步骤或程序，属于步骤或程序方面的工作不宜列为管理环节，如制定控制标准、进行指标分解就不属于管理环节。

（4）专业性。列为财务管理环节的应该是财务管理本身的业务手段，在财务管理中所运用的一些其他管理方面的业务手段，一般不列为财务管理环节。

本 章 小 结

　　企业财务是指企业在生产经营过程中的资金运动及所体现的经济利益关系，企业财务管理是指企业组织财务活动、处理财务关系的一项经济管理工作。财务管理的内容包含两部分：一是组织财务活动，包括筹资、投资、资金营运和分配活动；二是处理财务关系，即处理企业与投资人、债权人、政府、受资者、债务人、内部各部门及职工之间的财务关系。企业财务目标是企业进行财务活动所要达到的根本目的。企业财务管理的目标主要有3种观点：利润最大化、每股利润最大化和企业价值最大化。财务管理的环节包括财务预测、财务决策、财务计划、财务控制、财务分析。财务管理环境是指对企业财务管理活动产生影响的企业内部和外部各种作用因素的集合，主要包括经济环境、法律环境和金融市场环境。

复习思考题

1. 什么是财务管理？财务管理包括哪些基本内容？
2. 财务管理的目标是什么？
3. 企业的组织形式有哪些？简述它们的优缺点。
4. 企业财务管理的环境对财务管理活动有何影响？

练 习 题

一、单项选择题

1. 按利率变动与市场的关系，利率可分为法定利率和（　　）。
   A. 固定利率　　　　　B. 市场利率　　　　　C. 浮动利率　　　　　D. 纯利率
2. 以企业价值最大化作为财务管理的目标存在的问题有（　　）。
   A. 没有考虑资金的时间价值　　　　B. 没有考虑投资的风险价值
   C. 容易引起企业的短期行为　　　　D. 企业的价值难以确定
3. 企业的财务活动是（　　）。
   A. 资金运动　　　　B. 产品运动　　　　C. 实物商品运动　　　D. 金融商品运动
4. 没有风险和通货膨胀下的均衡点利率是指（　　）。
   A. 纯利率　　　　B. 固定利率　　　　C. 基准利率　　　　D. 名义利率
5. 下列不属于资金营运活动的是（　　）。
   A. 购置固定资产
   B. 销售商品收回资金

C. 采购材料所支付的资金

D. 采取短期借款方式筹集资金以满足经营需要

6. 下列关于财务管理目标的说法，（　　）观点反映了对企业资产保值增值的要求，并克服了管理上的片面性和短期行为。

A. 利润最大化　　　　　　　　　　　B. 每股利润最大化

C. 企业价值最大化　　　　　　　　　D. 资本利润率最大化

7. 企业与受资者之间的财务关系是（　　）。

A. 债权关系　　B. 债务关系　　C. 所有权关系　　D. 资金结算关系

8. 下列各项中，能反映企业价值最大化目标实现程度的指标是（　　）。

A. 利润额　　　B. 总资产报酬率　　C. 每股市价　　D. 市场占有率

二、多项选择题

1. 财务活动主要包括（　　）。

A. 筹资活动　　　B. 投资活动　　　C. 资金营运活动　　D. 分配活动

2. 可上市流通的国债，决定其票面利率的主要因素有（　　）。

A. 纯利率　　　B. 通货膨胀附加率　　C. 到期风险附加率　　D. 变现风险附加率

3. 经营者的目标与股东不完全一致，有时为了自身的目标而背离股东的利益，这种背离表现在（　　）。

A. 道德风险　　　B. 公众利益　　　C. 社会责任　　　D. 逆向选择

4. 债权人为了防止其利益不受伤害，可以采取（　　）保护措施。

A. 提前收回借款

B. 拒绝提供新的借款

C. 在借款合同中规定资金的用途

D. 取得立法保护，如优先于股东分配剩余财产

5. 利润最大化目标的缺点是（　　）。

A. 容易产生追求短期利润的行为

B. 没有考虑获取利润和所承担风险的大小

C. 没有考虑利润的取得时间

D. 没有考虑所获利润和投入资本额的关系

6. 下列各项中，属于企业筹资引起的财务活动有（　　）。

A. 偿还借款　　　B. 购买国库券　　　C. 支付股票股利　　D. 利用商业信用

三、判断题

1. 以企业价值最大化作为财务管理的目标考虑了资金的时间价值但没有考虑投资的风险价值。　　　　　　　　　　　　　　　　　　　　　　　　　　　（　　）

2. 企业价值就是账面资产价值。　　　　　　　　　　　　　　　　　（　　）

3. 企业资金运动的实质反映的是经济利益关系。　　　　　　　　　　（　　）

4. 在金融市场上，资金被当作一种特殊的商品来交易，其交易价格表现为利率。

（　　）

5. 在风险相同时，提高投资报酬率能够增加股东财富。　　　　　　　（　　）

案例分析

世界上最好的商业模式——贵州茅台

所谓商业模式，无非是指企业的购、销、存，或者说生产、销售、储存各个环节。商业模式的特点，就是指企业在这些方面的经济特征。

1. 贵州茅台的商业特征

1）从生产端来看

茅台酒是大自然的作品。贵州茅台的主要生产要素并不是厂房、机械、设备，而是自然要素，包括：赤水河的水、云贵高原的地形、茅台镇的气候和微生物。贵州茅台人，按照天人合一的古训，端午采曲，重阳下沙，借助大自然的神力，生产出优质的茅台酒。这样生产出来的产品，其实是大自然的作品，不仅质优，而且价廉，放在经济学里研究，就是三个字：成本低。不仅成本低，这些河水、地形、气候、微生物还永远不涨价。

总结：贵州茅台生产端的商业特点是成本低，而且成本控制能力强，成本稳定。

2）从销售端来看

酒，对人民群众来说是什么？对有些人来说，酒是健康、养生、长寿；对有些人来说，酒是交情、友情、亲情。总之，喝酒是一种精神享受（详见李白、杜甫、白居易、陶渊明等的诗）。酒，用于什么场合？用于自斟自乐，用于庆祝、用于感恩、用于接待……计较价格真的会显得很俗气。消费者，重视的不是价格，而是品牌。在这里，打价格战等于自毁长城，消费者不仅不会多喝，可能还会不喝。相反人人都认同一个道理：少喝酒，喝好酒。

价格最终由供求关系确定。白酒的需求，具有刚性特征，长期稳定；而茅台酒的供应，受地形、气候限制（离开了贵州茅台镇生产不出贵州茅台酒，浓香白酒没有这个特征），也具有相对稳定的特征。那么，最终影响茅台酒需求的就是消费能力。由于钞票的供应总是不断增长的，消费者的消费能力长期来看是不断提高的。随着水涨船高，能消费得起茅台的人是不断增加的，茅台酒的供求关系是越趋紧张的，那么价格一定是逐年上升的。这就是茅台酒 60 多年来不断涨价的原因，从最初的 8 元涨到了 1 500 元。

总结：贵州茅台销售端的商业特点是客户对价格不敏感。白酒需求长期稳定，茅台需求不断增长，长期供不应求，价格稳中有升。

3）从库存端来看

很多企业都担心产品积压，因为一旦积压，产品就可能跌价，企业需要提取跌价损失准备。有些产品有保质期，比如蔬菜、水果、牛奶、医药，过期必须销毁；有些产品会更新换代，比如手机、汽车等，一旦淘汰，价值就大打折扣；有些产品受流行影响，比如时装、鞋帽，一旦积压，企业可能面临灭顶之灾。

"酒是存的香"，茅台酒更是必须长期存酿。茅台酒，并不是生产出来生产过程就完成了，其生产过程一直延续到储存。可以这样理解，茅台没有储存，因为储存的时候也是在生产加工，存得越久，酒质越好，价格越高。

总结：贵州茅台库存端的商业特点是没有跌价风险，而且还会升值。茅台把储存也变成了生产、加工的一部分。

2. 贵州茅台的行业特征

1）医药行业属性

酒乃百药之长，这句话出自《汉书·食货志》。中医宝典《黄帝内经》也充分肯定了酒对健康的作用。

2）健康产业属性

酒不仅能治疗百病，还能预防百病。酒不仅是医药产品，还是健康产品。2015 年版的《美国膳食指南》建议适量饮酒，认为适量饮酒比完全不饮酒的人更健康。《中国居民膳食指南》也建议健康饮酒：建议成年男性一天饮酒量不超过高度白酒 50 克（1 两），成年女性一天饮酒量不超过白酒 50 克（1 两）。

3）垄断行业属性

垄断行业的特点是：一个好的生意，只有我能做，你不能做。

第2章

财务管理的价值观念

学习目标

本章属于基础性章节，学好本章，有利于以后各章节的学习。通过本章的学习，掌握时间价值的概念、复利终值和现值的计算、各种年金终值和现值的计算；掌握风险和报酬的含义、单项资产的风险和报酬的计算、组合资产风险和报酬的计算及资本资产定价模型。

为了有效地组织财务管理工作，实现财务管理目标，企业财务管理人员必须树立一些基本的财务管理观念，时间价值和风险价值是现代财务管理的两个基本观念。不论是企业资金筹集、投放还是收益分配，都必须考虑货币时间价值和投资风险价值两个问题。

2.1 货币时间价值

货币时间价值是客观存在的经济范畴，任何企业的财务活动都是在特定的时空中进行的，如果离开货币时间价值这一因素，就无法正确计算不同时期的财务收支，也不能正确评价企业盈亏。时间价值原理揭示了不同时点货币资金之间的换算关系，是财务决策的基本依据。

2.1.1 货币时间价值的概念

从经济学的角度看，即使在没有风险和通货膨胀的情况下，一定数量的货币资金在不同时点上也具有不同的价值。假如某人将 100 元存入银行，年利率为 10%，1 年后连本带利可得 110 元。这 100 元经过 1 年时间的投资增加了 10 元，这多出的 10 元就是货币的时间价值。因此，这里将货币时间价值定义为货币经历一定时间的投资和再投资所增加的价值，也称为资金的时间价值。

获得时间价值的前提是把货币作为资金投资在生产经营中。如果货币的持有者把货币闲置在家中，脱离流通领域，显然是不能带来增值的。企业资金循环和周转的起点是投入货币资金，企业用它来购买所需的原料，然后生产出新的产品，产品出售后得到的货币量大于最初投入的货币量。因此，随着时间的延续，货币总量在循环和周转中按几何级数增长，使得货币具有时间价值。从量的规定性看，货币的时间价值是在没有风险和通货膨胀下的社会平均资金利润率。在市场经济条件下，各部门投资项目的资金，利润率有高有低，由于存在竞争，各部门的投资利润率必将趋于平均化，只是每个企业的投资项目至少要取得社会平均利润率，否则不如投资于另外的项目和行业。因此，时间价值也就成为评价投资项目的基本标准。

货币时间价值可以用绝对数表示，也可以用相对数表示，即利息额和利息率（利率）。在实际工作中，通常以利息率来计量，利息率的经济意义是社会的平均资金利润率。银行存款利率、贷款利率、各种债券利率、股票的股利率都可以看作是投资报酬率，但它们与时间价值是有区别的，只有在没有风险和通货膨胀的情况下，时间价值才与上述各报酬率相等。

综上所述，由于资金在不同时点上具有不同的价值，必须换算到相同的时点上才能比较。因此，掌握货币时间价值的计算方法就显得尤为重要。

案例链接

田纳西镇居民的账单

如果你突然收到一张事先不知道的 1 260 亿美元的账单，你一定会大吃一惊。而这样的事情却发生在美国田纳西镇的居民身上。纽约布鲁克林法院判决田纳西镇应向美国某一投资者支付这笔钱。最初，田纳西镇的居民以为这是一件小事，但当他们收到账单时，被这张巨额账单吓呆了。他们的律师指出，若高级法院支持这一判决，为偿还债务，所有的田纳西镇的居民在其余生中不得不靠吃麦当劳等廉价快餐度日。

田纳西镇的问题源于 1966 年的一笔存款。斯兰黑不动产公司在内部交换银行（田纳西镇的一家银行）存入一笔 6 亿美元的存款，存款协议要求银行按每周 1% 复利付息（难怪该银行第二年破产）。1994 年，纽约布鲁克林法院做出判决：从存款日到田纳西镇对该银行进行清算的 7 年中，这笔存款应按每周 1% 的复利计算，而在银行清算的 21 年中，每年按8.54% 的复利计息。

2.1.2 货币时间价值的计算

由于货币在不同时点上的价值不同，因而货币时间价值的表现形式有两种：现值（present value）和终值（future value）。现值是指未来一定时间特定货币按一定利率计算到现在的价值，又称为本金。终值则是指现在一定数额的货币按一定利率计算到一定时间后的价值。利息的计算通常包括单利和复利。在单利方式下，本能生利，而利息不能生利。在复利方式下，本能生利，利息在下期则转为本金，与原有的本金一起计算利息，即通常所说的"利滚利"。

在实际工作中，货币的增值额一般都作为追加资本，继续留在企业使用。因此，货币时间价值的计算方法一般采用复利计算。

1. 单利终值和现值的计算

单利是指仅按本金计算利息，不论时间长短，其所生利息不再并入本金重复计算利息的方法。

1) 单利终值的计算

单利终值的计算公式为

$$F_n = P \cdot (1 + i \times n)$$

式中：F_n——n 期后的单利终值；

P——单利现值；

n——计算期数（指相邻两次计息的时间间隔，如年、月、日等。除非特别指明，计算期数一般为年）；

i——利率（除非特别指明，一般为年利率。与计算期数口径一致）。

【例 2-1】现将 10 000 元存入银行，年利率为 6%，3 年到期后，能从银行拿到多少钱？

$$F = 10\,000 \times (1 + 6\% \times 3) = 11\,800\,(元)$$

11 800 元是由 10 000 元现值按年利率 6%、3 年期单利计算得出的终值。

2) 单利现值的计算

单利现值的计算公式为

$$P = \frac{F_n}{1 + i \times n}$$

【例 2-2】假定年利率为 6%，3 年后要从银行取出 10 000 元，现在需要存入多少钱？

$$P = \frac{10\,000}{1 + 6\% \times 3} = 8\,475\,(元)$$

8 475 元是 10 000 元终值按年利率 6%、3 年期单利计算得出的现值。

事实上，单利现值的计算与单利终值的计算互为逆运算。

2. 复利终值和现值的计算

1) 复利终值的计算

复利终值是指若干期后包括本金和利息在内的未来价值。复利终值的计算公式为

$$F_n = P \times (1 + i)^n$$

式中，$(1+i)^n$ 称为复利终值系数或 1 元复利终值，通常用符号 $(F/P, i, n)$ 来表示。可以通过查阅 1 元复利终值表（附录 A 中的表 A-1）得出。

【例 2-3】假设某人将 1 000 元存入银行，存款年利率为 10%，经过一年后的终值（本利和）为多少？

$$F_1 = P + P \times i = P \times (1 + i) = 1\,000 \times (1 + 10\%) = 1\,000 \times 1.100\,0 = 1\,100\,(元)$$

若一年后此人并不提走现金，将 1 100 元继续存在银行，到第二年末的本利和为

$$F_2 = [P \times (1 + i)] \times (1 + i) = P \times (1 + i)^2 = 1\,000 \times (1 + 10\%)^2 = 1\,000 \times 1.210\,0 = 1\,210\,(元)$$

同理，第三年的本利和为

$$F_3 = P \times (1+i)^3 = 1\,000 \times (1+10\%)^3 = 1\,000 \times 1.331\,0 = 1\,331（元）$$

1 331 元是 1 000 元现值按年利率 10%、3 年期复利计算的终值。

2）复利现值的计算

复利现值是指以后年份一定量的货币资金现在的价值，是复利终值的逆运算。由终值求现值叫作贴现，在贴现时使用的利息率叫贴现率。其计算公式为

$$P = \frac{F_n}{(1+i)^n} = F_n \times (1+i)^{-n}$$

式中，$(1+i)^{-n}$ 称为复利现值系数或 1 元复利的现值，通常用符号 $(P/F, i, n)$ 来表示。可以通过查阅 1 元复利现值表（附录 A 中的表 A-2）得出，其结构及使用方法与复利终值系数表相同。

【例2-4】某项投资 4 年后可得到 40 000 元，按年利率 6% 计算，问现在应投入多少钱？

$$P = 40\,000 \times (1+6\%)^{-4} = 40\,000 \times (P/F, 6\%, 4)$$
$$= 40\,000 \times 0.792\,1 = 31\,684（元）$$

31 684 元是 40 000 元终值按年利率 6%、4 年期复利计算的现值。

知识链接

"72 法则"

"72 法则"就是以 1% 的复利来计息，经过 72 年以后，本金会变成原来的一倍。这个公式好用的地方在于它能以一推十。例如，利用 8% 的年报酬率的投资工具，经过 9 年（72/8）本金就变成一倍；利用 12% 的投资工具，则要 6 年左右（72/12），就能让 1 元钱变成 2 元钱。之所以选用 72，是因为它有较多因数，容易被整除，更方便计算。它的因数有 1、2、3、4、6、8、9、12 和它本身。

3. 年金终值与现值的计算

年金是指在一定时期内，每隔相同的时间，发生相同数额的系列收款（或付款）。年金具有连续性和等额性的特点。在经济生活中，年金的首付方式应用比较广泛，如分期等额发生的折旧费、利息、租金、养老金、保险费、零存整取业务中的零存数均为年金的形式。

年金按每次收款（或付款）发生的时点不同，可分为普通年金（后付年金）、预付年金（即付年金）、递延年金和永续年金。

1）普通年金终值和现值的计算

普通年金是指每期期末收到（或付出）相等金额的年金。普通年金的应用最为广泛，以后凡涉及年金的问题，如不做特殊说明，均指普通年金。

（1）普通年金终值的计算。

普通年金终值是指一定时期内每期期末等额收款（或付款）的复利终值之和。若年金

用符号 A 来表示，普通年金终值的计算可用图 2-1 来说明。

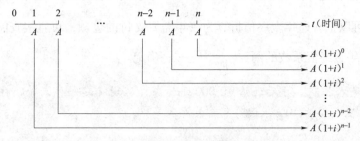

图 2-1　普通年金终值计算示意图

如图 2-1 所示，普通年金终值的计算公式为

$$F=A(1+i)^0+A(1+i)^1+A(1+i)^2+\cdots+A(1+i)^{n-2}+A(1+i)^{n-1}$$

等式两边同乘以（$1+i$）得

$$F(1+i)=A(1+i)+A(1+i)^2+A(1+i)^3+\cdots+A(1+i)^{n-1}+A(1+i)^n$$

两式相减可得

$$F(1+i)-F=A(1+i)^n-A$$

$$F=A\cdot\frac{(1+i)^n-1}{i}$$

式中，$\dfrac{(1+i)^n-1}{i}$ 称为普通年金终值系数，通常用符号（F/A，i，n）来表示，可通过查阅 1 元年金终值表（附录 A 中的表 A-3）得出。

【例 2-5】 某人 5 年中每年年底存入银行 100 元，存款年利率为 8%，问此人在第 5 年末可一次取出本利和为多少？

$$F=A\times\frac{(1+i)^n-1}{i}=100\times\frac{(1+8\%)^5-1}{8\%}=100\times\frac{1.4693-1}{8\%}=586.63\approx587(元)$$

或

$$F=A(F/A,i,n)=100\times(F/A,8\%,5)=100\times5.8666=586.66\approx587(元)$$

587 元是 100 元的年金按年利率 8%、5 年期复利计算的终值。

（2）偿债基金的计算。

在普通年金终值的计算中，已知的是年金，求终值。如果已知终值来求年金，这就是偿债基金。偿债基金是指为使年金终值达到既定金额每年应支付的年金数额，实质上是年金终值的逆运算，计算公式为

$$F=A\cdot\frac{(1+i)^n-1}{i}=A\cdot(F/A,i,n)$$

$$A=F\times\frac{i}{(1+i)^n-1}=\frac{F}{(F/A,i,n)}$$

式中，$\dfrac{i}{(1+i)^n-1}$是普通年金终值系数的倒数，称为偿债基金系数，通常用符号 $(A/F, i, n)$ 来表示，它可以把普通年金终值折算为每年需要支付的金额，可直接查阅偿债基金系数表，也可以根据年金终值系数的倒数$\dfrac{1}{(F/A, i, n)}$确定。

【例2-6】 某人拟在 5 年后还清 10 000 元债务，从现在起每年末等额存入银行一笔款项，假设银行存款利率为 10%，问每年需要存入多少元？

$$A = 10\,000 \times \frac{10\%}{(1+10\%)^5-1} = 10\,000 \times \frac{1}{(F/A, 10\%, 5)} = 10\,000 \times \frac{1}{6.105\,1} = 1\,638(元)$$

（3）普通年金现值的计算。

普通年金现值是指为在每期期末取得相等金额的款项，现在需要投入的金额。普通年金现值的计算可用图 2-2 来说明。

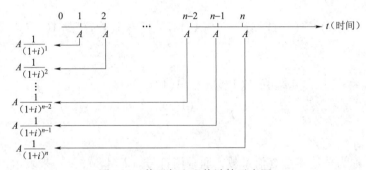

图 2-2　普通年金现值计算示意图

如图 2-2 所示，普通年金现值的计算公式为

$$P = A(1+i)^{-1} + A(1+i)^{-2} + \cdots + A(1+i)^{-(n-1)} + A(1+i)^{-n}$$

等式两边同乘以 $(1+i)$ 得

$$P(1+i) = A + A(1+i)^{-1} + A(1+i)^{-2} + \cdots + A(1+i)^{-(n-2)} + A(1+i)^{-(n-1)}$$

两式相减可得

$$P(1+i) - P = A - \frac{A}{(1+i)^n}$$

$$P = A \times \frac{1-(1+i)^{-n}}{i}$$

式中，$\dfrac{1-(1+i)^{-n}}{i}$称为普通年金现值系数，通常用符号$(P/A, i, n)$来表示，可直接查阅 1 元年金现值表（附录 A 中的表 A-4）得出。

【例2-7】 某人打算连续 3 年每年末取出 100 元，设银行存款年利率为 10%，那么此人现在应当存入银行多少钱？

$$P=100\times\left[\frac{1-(1+10\%)^{-3}}{10\%}\right]=100\times(P/A,10\%,3)=100\times2.4869=248.69\approx249(元)$$

248.69 元是 100 元年金按年利率 10%、3 年期复利计算的现值。

【例 2-8】租入某设备，每年年末需支付租金 1 200 元，年利率为 10%，5 年内应支付租金总额的现值是多少？

$$P=1\,200\times\left[\frac{1-(1+10\%)^{-5}}{10\%}\right]=1\,200\times(P/A,10\%,5)=1\,200\times3.7908=4\,548.96\approx4\,549(元)$$

（4）资本回收额的计算。

在普通年金现值的计算中，已知的是年金，求现值。如果已知现值来求年金，这就是资本回收额。资本回收额是指在给定的年限内，等额回收初始投入的资本或清偿初始所欠的债务。资本回收额实际上就是考虑了时间价值的平均数，是年金现值的逆运算。其计算公式为

$$P=A\times\frac{1-(1+i)^{-n}}{i}=A\cdot(P/A,i,n)$$

$$A=P\times\frac{i}{1-(1+i)^{-n}}=\frac{P}{(P/A,i,n)}$$

式中，$\dfrac{i}{1-(1+i)^{-n}}$ 或 $\dfrac{1}{(P/A,i,n)}$ 是普通年金现值系数的倒数，称为投资回收系数。通常用符号 $(A/P,i,n)$ 来表示，它可以把普通年金现值计算为以后每年需要支付的金额，可直接查阅投资回收系数表，也可以根据年金现值系数的倒数 $\dfrac{1}{(P/A,i,n)}$ 确定。

知识链接

贷款买房

房屋贷款的还款方式有两种：一种是等额本息法，另一种是等额本金法，前者是先偿还利息而且每月还款金额相同，后者是先偿还本金，开始时偿还的金额比较大，后来余额越来越少的还款方式。例如，林先生向银行贷款买房，贷款年限为 20 年，林先生从今年起每年年底必须还款 8 万元。由于林先生近期财务状况不佳，拟延长贷款年限为 25 年，假设银行贷款利率为 10%，则在新的还款年限下，林先生每年年底应偿还的金额为多少？

【例 2-9】某人欲贷款 100 000 元购房，银行贷款利率为 10%，偿还期为 10 年。问每年偿还额为多少？

$$A=100\,000\times\frac{10\%}{1-(1+10\%)^{-10}}=\frac{100\,000}{(P/A,10\%,10)}=\frac{100\,000}{6.1446}=16\,274(元)$$

2）预付年金终值和现值的计算

预付年金是指在每期的期初有等额收付款项的年金，又称即付年金或预付年金。预付年

金和普通年金的现金流次数相同，区别在于收付款项发生的时间不同，所以终值和现值的计算有所差异。预付年金的终值、现值可以分别通过普通年金终值、现值的计算公式调整得出。

（1）预付年金终值的计算。

预付年金终值是指一定时期内每期期初等额收付款项最后一期期末复利终值的和。预付年金终值的现金流与普通年金终值的现金流的比较如图2-3所示。

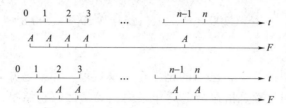

图2-3　预付年金终值与普通年金终值的现金流的比较

从图2-3可以看出，n期预付年金比n期普通年金的收付款提前一个时点，即预付年金多计算一期利息，故在金额上比普通年金大，在普通年金终值的基础上乘以（$1+i$）就是预付年金的终值。其计算公式为

$$F = A \cdot (F/A, i, n)(1+i)$$
$$或 = A \cdot \left[\frac{(1+i)^{n+1}-1}{i} - 1 \right] = A \cdot \left[(F/A, i, n+1) - 1 \right]$$

式中，$\dfrac{(1+i)^{n+1}-1}{i} - 1$ 或 $(F/A, i, n+1) - 1$ 称为预付年金终值系数。它和普通年金终值系数相比，期数加1，而系数减1，可利用普通年金终值系数表查得$(n+1)$期的值，再减去1，得出1元预付年金终值，也可以直接在普通年金终值系数的基础上乘以$(1+i)$求得。

【例2-10】 若现在以零存整取方式于每年年初存入银行10 000元，银行存款利率为4%，第三年末的终值是多少？

$$F = 10\,000 \times \left[\frac{(1+4\%)^4-1}{4\%} - 1 \right] = 10\,000 \times \left[(F/A, 4\%, 4) - 1 \right] = 10\,000 \times 3.246\,5 = 32\,465（元）$$

$$或 = 10\,000 \times (F/A, 4\%, 3) \times (1+4\%) = 32\,465（元）$$

（2）预付年金现值的计算。

预付年金现值是指一定时期内每期期初等额收付款项复利现值的和。预付年金现值的现金流与普通年金现值的现金流的比较如图2-4所示。

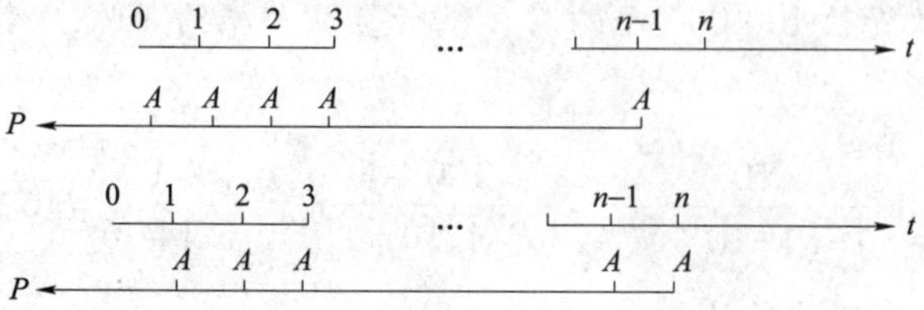

图2-4　预付年金现值与普通年金现值的现金流的比较

从图 2-4 可以看出，n 期预付年金比 n 期普通年金少贴现一期，在普通年金现值的基础上乘以 $(1+i)$ 就是预付年金的现值。其计算公式为

$$P = A \cdot (P/A, i, n)(1+i)$$

$$或 = A\left[\frac{1-(1+i)^{-(n-1)}}{i} + 1\right] = A \cdot [(P/A, i, n-1) + 1]$$

式中，$\frac{1-(1+i)^{-(n-1)}}{i} + 1$ 或 $(P/A, i, n-1) + 1$ 称为预付年金现值系数。它和普通年金现值系数相比，期数减 1，而系数加 1，可利用普通年金现值系数表查得 $(n-1)$ 期的值，然后加 1，得出 1 元预付年金现值，也可以直接在普通年金现值系数的基础上乘以 $(1+i)$ 求得。

【例 2-11】6 年分期付款购物，每年年初付 200 元，银行利率为 10%，则该项分期付款相当于一次性付款多少？

$$P = 200 \times \left[\frac{1-(1+10\%)^{-5}}{10\%} + 1\right] = 200 \times [(P/A, 10\%, 5) + 1] = 200 \times 4.790\ 8 = 958.16(元)$$

$$或 = 200 \times (P/A, 10\%, 6) \times (1+10\%) = 958.16(元)$$

3）递延年金的计算

递延年金是指最初的现金流不是发生在当期，而是隔若干期后才发生。递延年金是普通年金的特殊形式，凡不是从第一期开始的普通年金都是递延年金。一般用 m 表示递延期，表示 m 期没有发生过现金流，第一次支付在 $(m+1)$ 期期末，n 表示连续支付次数。递延年金现金流如图 2-5 所示。

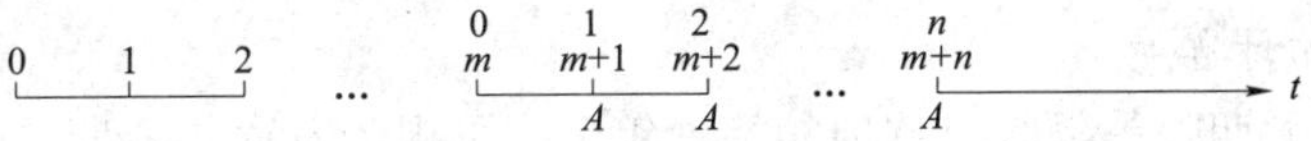

图 2-5　递延年金现金流

从图 2-5 可以看出，递延年金终值的大小与递延期无关，其计算与普通年金的计算相同。而递延年金的现值的计算通常有两种方法。

第一种方法是：先把递延年金视为 n 期普通年金，求出递延年金在 n 期期初（m 期期末）的现值，然后将它作为终值，求出到 m 期期初的复利现值，也就是递延年金的现值。其计算公式为

$$P = A \cdot \left[\frac{1-(1+i)^{-n}}{i}\right] \cdot (1+i)^{-m}$$

$$= A \cdot (P/A, i, n)(P/F, i, m)$$

第二种方法是：假定递延期间也有收付款项，先求出 $(m+n)$ 期普通年金的现值，然后再扣除没有付款的递延期 m 的年金现值。其计算公式为

$$P = A \cdot \left[\frac{1-(1+i)^{-(m+n)}}{i} - \frac{1-(1+i)^{-m}}{i}\right]$$

$$= A \cdot [(P/A, i, m+n) - (P/A, i, m)]$$

【例2-12】 假定在年初存入一笔资金，以便能在第6年年末起每年取出1 000元，至第10年年末取完。若银行存款利率为10%，最初一次存入银行的资金数额是多少？

$$P = 1\,000 \times \left[\frac{1-(1+10\%)^{-5}}{10\%} \right] \times (1+10\%)^{-5} =$$
$$1\,000 \times (P/A, 10\%, 5)(P/F, 10\%, 5) =$$
$$1\,000 \times 3.790\,8 \times 0.620\,9 = 2\,354(\text{元})$$

或

$$P = 1\,000 \times \left[\frac{1-(1+10\%)^{-10}}{10\%} - \frac{1-(1+10\%)^{-5}}{10\%} \right] =$$
$$1\,000 \times \left[(P/A, 10\%, 10) - (P/A, 10\%, 5) \right] =$$
$$1\,000 \times (6.144\,6 - 3.790\,8) = 2\,354(\text{元})$$

由此可见，采用两种计算方法计算出的递延年金现值相等。

【例2-13】 有一项年金，前3年无流入，后5年每年年初流入500元，假设年利率为10%，其现值是多少？

$$P = 500 \times \left[(P/A, 10\%, 4) + 1 \right] \times (P/F, 10\%, 3) =$$
$$500 \times 4.169\,9 \times 0.751\,3 = 1\,566(\text{元})$$

或

$$P = 500 \times (P/A, 10\%, 5) \times (P/F, 10\%, 2) =$$
$$500 \times 3.790\,8 \times 0.826\,4 = 1\,566(\text{元})$$

4）永续年金的计算

永续年金是指无期限等额收付款项的特种年金，可视为普通年金期限趋于无穷的特殊情况。存本取息是永续年金的典型例子；西方有些债券为无期限债券，这些债券的利息可视为永续年金；优先股因为有固定的利率，而无到期日，优先股的股利也可视为永续年金。此外，也可将利率较高、持续期限较长的年金视同永续年金。

永续年金因为没有终止的时间，也就没有终值。永续年金的现值可以通过普通年金现值的计算公式推导出

$$P = A \cdot \frac{1-(1+i)^{-n}}{i}$$

当$n \to \infty$时，$(1+i)^{-n}$的极限为零，故上式可写成

$$P = A \cdot \frac{1}{i}$$

【例2-14】 某企业要建立一项永久性科研奖励基金，每年计划颁发10 000元，若银行存款利率为8%，现在应存入多少钱？

$$P = \frac{10\,000}{8\%} = 125\,000(\text{元})$$

那么 125 000 元是 10 000 元永续年金利率为 8% 时的现值, 也是企业为每年颁发 10 000 元永久性科研奖励, 现在应存入的资金数额。

4. 货币时间价值计算中的几个特殊问题

1) 不等额现金流现值的计算

年金是指每次收入或付出相等金额的系列款项。而在经济生活中, 往往要发生每次收付款项不相等的系列款项, 这就需要计算不等额的系列款项现值之和。

不等额系列款项现值的计算公式为

$$P = \frac{A_1}{(1+i)} + \frac{A_2}{(1+i)^2} + \cdots + \frac{A_{n-1}}{(1+i)^{n-1}} + \frac{A_n}{(1+i)^n} =$$

$$\sum_{i=1}^{n} \frac{A_t}{(1+i)^t}$$

式中: A_1 ——第 1 年年末的收付款项;

A_n ——第 n 年年末的收付款项。

思考: 不等额现金流终值如何计算?

2) 名义利率和实际利率的换算

在以上讨论中, 始终假定利率 (贴现率) 是年利率, 即每年复利一次。但在实际生活中, 有些款项在一年内不只复利一次。如银行之间的拆借资金有的为每年计息一次, 有的为每月计息一次, 有的则一季度计息一次还有些债券每半年计息一次。当利息在一年内要复利几次时, 给出的年利率叫名义利率, 此时的实际利率要比名义利率高。

实际利率和名义利率的换算关系为

$$1+i = \left(1+\frac{r}{M}\right)^M$$

$$i = \left(1+\frac{r}{M}\right)^M - 1$$

式中: i ——实际利率;

r ——名义利率;

M ——每年复利次数。

【例 2-15】假定某人用 10 000 元购买年利率为 10%, 期限为 10 年的公司债券, 该债券每半年复利一次, 问此人到期将得到多少本利和?

$$i = \left(1+\frac{10\%}{2}\right)^2 - 1 = 10.25\%$$

$$F = P(1+i)^n = 10\ 000 \times (1+10.25\%)^{10} = 26\ 533\ (元)$$

此题也可以不计算实际利率, 而是直接调整有关指标求终值。

$$F = P\left(1+\frac{r}{M}\right)^{Mn} = 10\ 000 \times \left(1+\frac{10\%}{2}\right)^{2 \times 10} = 10\ 000 \times (F/P, 5\%, 20) = 26\ 533(元)$$

3）利率（贴现率）或期数问题

在前面计算现值和终值时，都假定利息率、期数是给定的。但是在财务管理中，经常会遇到已知计息期数、终值、现值或年金求利息率（贴现率）；或已知利息率、终值、现值或年金求期数的问题。一般来说，求贴现率或期数分为两步：

第一步，根据已知条件求出换算系数；

第二步，根据换算系数和有关系数求贴现率。

【例 2-16】某公司有资金 120 000 元，拟投入报酬率为 8% 的投资项目。问经过多少年才能使现有的资金增加一倍？计算过程如下：

$$F_n = 120\ 000 \times (1+8\%)^n$$

$$240\ 000 = 120\ 000 \times (1+8\%)^n$$

$$(F/P, 8\%, n) = 2$$

查复利终值系数表，在 $i=8\%$ 的项中寻找 2，最接近值为 $(F/P, 8\%, 9) = 1.999\ 0$，所以 $n=9$，即在 9 年后，可使现有资金增加一倍。

如果上例中投入数额相同，公司欲在 9 年后使其达到原来资金的两倍。问选择投资机会时最低可接受的报酬率？计算过程就变为

$$F_n = 120\ 000 \times (1+i)^9$$

$$240\ 000 = 120\ 000 \times (1+i)^9$$

$$(F/P, i, 9) = 2$$

同理查复利终值系数表，在 $n=9$ 的行中寻找 2 对应的 i 为 8%。

【例 2-17】某人现在向银行存入 5 000 元，按复利计算，在利率为多少时，才能保证在以后 10 年中每年得到 750 元？

根据已知 $P=5\ 000$ 元，$n=10$ 年，$A=750$ 元列出如下关系式：

$$5\ 000 = 750 \times (P/A, i, 10)$$

$$(P/A, i, 10) = \frac{5\ 000}{750} = 6.666\ 7$$

查阅年金现值系数表，当期数为 10 年，利率为 8% 时，系数为 6.710 1；利率为 9% 时，系数为 6.417 7。没有与 6.666 7 一致的，所以，利率应在 8% ~ 9% 之间，可用插值法计算所要求的利率。

假设所要求的贴现率为 i，则利用插值法计算如下：

利率	年金现值系数
8%	6.710 1
i	6.666 7
9%	6.417 7

则

$$i = 8\% + \frac{6.710\ 1 - 6.666\ 7}{6.710\ 1 - 6.417\ 7} \times (9\% - 8\%) = 8.148\%$$

上述关于时间价值计算的方法，在财务管理中有着广泛的用途，如养老金决策、租赁决策、长期投资决策等。随着财务问题日益复杂化，时间价值的应用也将日益增加。

2.2　风险与报酬

财务活动经常是在有风险的情况下进行的，承担了风险，就要求得到相应的额外收益，否则就不值得去冒险。投资者由于承担风险进行投资而获得的超过资金时间价值的额外收益，称为投资的风险价值，或风险收益、风险报酬。企业理财时，必须研究风险、计量风险并设法控制风险，以求最大限度地扩大企业财富。

2.2.1　风险及风险报酬

风险是一个比较难掌握的概念，其定义和计量也有很多争议。但是，风险广泛存在于重要的财务活动中，并且对企业实现其财务目标有着重要影响，使得人们无法回避和忽视。

1. 风险的概念

如果企业的一项行动有多种可能的结果，其将来的财务后果是不确定的，则存在风险。如果这项行动只有一种结果，就没有风险。例如，现在将一笔款项存入银行，可以确知一年后将得到的本利和是多少，几乎没有风险。这种情况在企业投资中是很罕见的，它的风险固然小，但是报酬也很低，很难称为真正意义上的投资。

一般来说，风险是在一定条件下和一定时期内可能发生的各种结果的变动程度，是事件本身的不确定性，具有客观性。在财务管理中，风险被定义为出现财务损失的可能性，或者定义为特定资产实现收益的不确定性。例如，在预计一个投资项目的报酬时，不可能十分精确，也没有百分之百的把握，有些事情的未来发展我们事先不能确知。比如价格、数量、成本等都可能会发生预想不到并且无法控制的变化。

严格来说，风险和不确定性是有区别的。风险是指事前可以知道所有可能的结果及每种结果的概率。不确定性是指事前不知道所有可能的结果，或者虽然知道可能结果但不知道它们出现的概率。例如，在一个新区找矿，事前知道只有找到和找不到两种结果，但不知道两种结果的可能性各占多少，属于"不确定性"问题而非风险问题。但是，在面对实际问题时，两者很难区分，风险问题的概率往往不能准确知道，不确定性问题也可以估计一个概率。因此在实务领域对风险和不确定性不做严格区分，都视为"风险"问题对待，把风险理解为可测定概率的不确定性。

2. 风险的特点

风险具有以下几方面特点。

（1）风险具有两面性。风险可能给投资人带来超出预期的收益，也可能带来超出预期的损失。一般来说,投资人对意外损失的关切,比对意外收益的关切要强烈得多。因此,人们研究风险时侧重减少损失,经常把风险看成是不利事件发生的可能性。从财务的角度看,风险主要指无法达到的预期报酬的可能性。

(2)风险具有客观性。不管投资者愿意与否,风险都存在,一旦投资者作出投资决策,就必须承担相应的风险。

(3)风险具有时间性。风险的大小随时间的变化而变化,随着时间的延续,事件的不确定性在缩小,事件完成,其结果完全肯定,风险也就消失了。

(4)风险具有收益性。高风险通常要求有高回报,否则就不会有人去投资。即所谓的高风险高报酬。

3. 风险报酬

风险的概念一般在财务决策时使用,任何财务决策的确定都应尽可能回避风险,以减少损失。但是,为什么还会有人进行风险投资呢?这是因为风险投资可获得额外的报酬——风险报酬。风险报酬有两种表示方法:风险报酬额和风险报酬率。所谓"风险报酬额",是指投资者因冒风险进行投资而获得的超过时间价值的那部分额外报酬;所谓"风险报酬率",是指投资者因冒风险进行投资而获得的超过时间价值率的那部分额外报酬率,即风险报酬额与原投资额的比率。在财务管理中,风险报酬通常用相对数——风险报酬率来加以计量。

在不考虑通货膨胀的情况下,投资报酬率包括两部分:一部分是时间价值,即无风险报酬率;另一部分是风险价值,即风险报酬率。因此,时间价值和风险价值便成为财务管理中的两项基本因素。

案例链接

霍英东炒楼市

第二次世界大战结束后,霍英东先生审时度势,认定香港房地产业势必大有发展。1953年初,他拿出自己的120万港元,另向银行贷款160万港元,开始经营房地产业。此时,英国、美国、加拿大及香港地产商都是整栋房屋出售的,除非有巨额资金,一般很难购买到房屋,因而房屋不易脱手,霍英东先生也和别人一样,自己花钱买旧楼,拆除后建成新楼出售,从买地、规划、建楼,到建成收租,资金周转期限很长,发展较慢。

他开始思索改革房地产经营的问题,终于想到房产预售的办法,利用购房者的定金盖新房。这个办法不但能为他积累资金,更重要的是还能大大推动销售。这种新办法是,购房者只要先交付10%的定金,以后分期付款,就可以购得即将破土动工兴建的新楼的所有权。对于房地产商来说,可以利用购房者交付的定金去盖房子,原来只够盖一栋楼的钱,现在就可以同时动手盖10栋楼,发展速度大大加快。对于购房者来说,也是有利的,先付一小笔钱,就可以取得所有权,待楼房建成时,很可能地价、房价都已上涨,而已付定金的买方只要把房子卖掉,就有可能赚一大笔钱。因此,很快就有一批人变成了专门买卖楼房所有权的商人,这就是后来香港盛行的"炒楼花"。霍英东先生使香港房地产业顿时兴隆起来,打破了香港房地产生意的最高纪录。

2.2.2　单项资产的风险和报酬

在财务管理中，任何决策都是根据对未来事件的预测做出的，而未来的情况往往是不确定的，由于不确定性的存在，将来出现的实际结果可能与我们期望的结果不一致，这种实际结果与期望结果的偏离程度往往被用来衡量风险。风险的衡量需要使用概率和统计的方法。

1. 确定概率分布

在经济活动中，某一事件在相同的条件下可能发生也可能不发生，这类事件称为随机事件。概率就是用来表示随机事件发生可能性大小的数值，通常，把必然发生的事件的概率定为1，把不可能发生的事件的概率定为0，而一般随机事件的概率是介于0与1之间的一个数。概率越大就表示该事件发生的可能性越大。

如果概率以 P_i 表示，n 表示可能出现结果的个数，一般认为概率必须符合以下两条规则：① $0 \leq P_i \leq 1$；② $\sum\limits_{i=1}^{n} P_i = 1$。

【例2-18】某企业投资项目有A、B两个方案，投资额相同，收益的概率分布如表2-1所示。

表2-1　A项目和B项目预期收益概率分布表　　　　单位：元

经济情况	发生概率 P_i	预期收益（随机变量）K_i	
		A方案	B方案
繁荣	0.2	2 000	3 500
一般	0.5	1 000	1 000
较差	0.3	500	-500
合计	1.0	—	—

以上表明，未来经济出现市场需求较高时的可能性有0.2，假如这种情况真的出现，A方案的预期收益为2 000元，B方案的预期收益为3 500元；市场需求一般时的可能性有0.5，A方案的预期收益为1 000元，B方案的预期收益为1 000元；市场需求较差时的可能性有0.3，A方案的预期收益为500元，B方案的预期收益为-500元。

2. 期望值

期望值就是随机变量的各个取值，以相应的概率为权数的加权平均数，它反映随机变量取值的平均化，又称期望报酬率。其计算公式为

$$期望值(\overline{K}) = \sum_{i=1}^{n} P_i K_i$$

式中：P_i——第 i 种结果出现的概率；

$\quad K_i$——第 i 种结果出现后的预期报酬；

$\quad n$——所有可能结果的数目。

下面根据例2-18，分别计算A、B两项投资方案的期望报酬率。

A 方案预期收益的期望值为

$$\overline{K} = 2\ 000 \times 0.\ 2 + 1\ 000 \times 0.\ 5 + 500 \times 0.\ 3 = 400 + 500 + 150 = 1\ 050(\text{元})$$

B 方案预期收益的期望值为

$$\overline{K} = 3\ 500 \times 0.\ 2 + 1\ 000 \times 0.\ 5 + (-500) \times 0.\ 3 = 700 + 500 - 150 = 1\ 050(\text{元})$$

两个方案的期望值都是 1 050 元，但其概率分布是不同的。本题中只有 3 个取值，如果随机变量（如投资报酬率）只取有限个数，并且对应于这些值有确定的概率，则称随机变量是离散型分布。如上例就属于离散型分布，如图 2-6 所示。

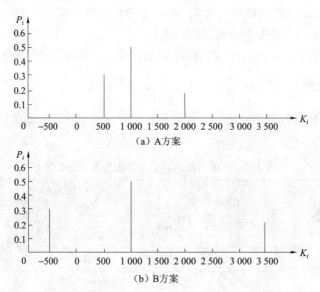

图 2-6　A、B 方案预期收益不连续的概率分布

实际上，出现的经济情况远不止以上 3 种，有无数可能的经济情况会出现。如果对每一种情况都赋予一个概率，并分别测定其报酬率，则可用连续型分布描述，如图 2-7 所示。

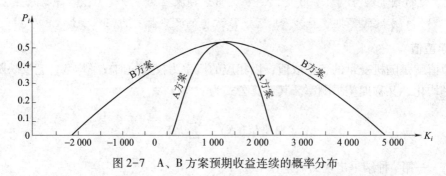

图 2-7　A、B 方案预期收益连续的概率分布

从图 2-7 中可以看出，两个投资项目的期望值虽然都是 1 050 元，但两个项目不同情况下的预期收益与期望值的离散程度却不同。A 方案各种情况下的预期收益比较集中，变动范

围在 500~2 000 之间；B 方案的预期收益比较分散，变动范围在 -500~3 500 之间。这说明两个项目的期望值相同，但风险不同。一般认为，概率分布越集中，实际可能的结果就会越接近期望报酬率，则实际报酬率低于期望报酬率的可能性越小，风险就越小；相反，实际报酬率低于期望报酬率的可能性越大，风险就越大。为了定量地衡量风险大小，还要使用统计学中衡量概率分布离散程度的指标。

3. 离散程度

表示随机变量离散程度的指标，最常用的是方差和标准差。方差是用来表示随机变量与期望值之间离散程度的一个量。其计算公式为

$$方差(\sigma^2) = \sum_{i=1}^{n} (K_i - \overline{K})^2 P_i$$

标准差也叫均方差，是方差的平方根。其计算公式为

$$标准差(\sigma) = \sqrt{\sum_{i=1}^{n} (K_i - \overline{K})^2 P_i}$$

以例 2-17 中的数据计算 A 方案预期收益与期望收益的标准离差为

$$\sigma = \sqrt{(2\,000-1\,050)^2 \times 0.2 + (1\,000-1\,050)^2 \times 0.5 + (500-1\,050)^2 \times 0.3} = \sqrt{180\,500+1\,250+90\,750} = 522.02(元)$$

计算 B 方案预期收益与期望收益的标准离差为

$$\sigma = \sqrt{(3\,500-1\,050)^2 \times 0.2 + (1\,000-1\,050)^2 \times 0.5 + (-500-1\,050)^2 \times 0.3} = \sqrt{1\,200\,500+1\,250+720\,750} = 1\,386.54(元)$$

通过计算表明，A 方案的标准差小于 B 方案，由于两个方案的期望值相同，因此可以认为 A 方案的风险小于 B 方案。

标准差是以均值计算出来的，所以利用标准差的大小来比较不同投资风险大小的前提条件是不同投资的期望报酬率相同。但在实际投资决策中，常常要比较期望报酬率不同的投资项目的风险大小。为了解决这个问题，引入标准离差率的概念。

4. 标准离差率

标准离差率是标准差与期望报酬率的比值，也叫变异系数。其计算公式为

$$标准离差率(q) = \frac{\sigma}{\overline{K}} \times 100\%$$

根据公式可求得 A 方案的标准离差率为

$$q = \frac{522.02}{1\,050} \times 100\% = 49.72\%$$

可得 B 方案的标准离差率为

$$q = \frac{1\,386.54}{1\,050} \times 100\% = 132.05\%$$

标准离差率反映了不同投资方案或项目间相对风险的大小，或每单位收益面临的风险大小。标准离差率越小，风险越小；反之，风险越大。计算结果表明 A 方案的标准离差率比 B 方案小，故 A 方案的风险比 B 方案小。当然，上例中两个方案的期望报酬率相等，可以直接根据标准差来比较风险程度，但如果两个方案的期望报酬率不等，则必须计算标准离差率才能对比风险程度。

5. 风险报酬率

标准离差率虽然能正确评价投资项目的风险程度，但并不能表示其风险报酬程度。要将风险程度转换为风险报酬率，还必须借助于风险报酬系数。风险报酬率、风险报酬系数和标准离差率之间的关系可用公式表示为

$$R_R = bq$$

式中：R_R——风险报酬率；

　　　b——风险报酬系数；

　　　q——标准离差率。

那么，投资的总报酬率可表示为

$$R = R_F + R_R = R_F + bq$$

式中：R——投资报酬率；

　　　R_F——无风险报酬率。

图 2-8 表示了投资报酬率与风险程度之间的关系。无风险报酬率就是无通货膨胀时的货币时间价值，常用政府公债利率作为无风险报酬率。风险报酬系数就是把标准离差率转化为风险报酬的一种系数或倍数，它可以根据同类项目的历史数据加以确定，也可以由企业组织有关专家确定。如果大家都愿意冒险，斜率就小，风险溢酬不大；反之，斜率就大，风险溢酬就比较大。

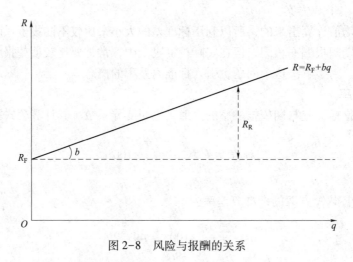

图 2-8　风险与报酬的关系

承接例 2-17，假设 A 方案的风险报酬系数为 5%，B 方案的风险报酬系数为 8%，则两个方案的风险报酬率如下。

A 方案：$R_R = bq = 5\% \times 49.72\% = 2.49\%$；

B 方案：$R_R = bq = 8\% \times 132.05\% = 10.56\%$。

如果无风险报酬率为 10%，则两个项目的投资报酬率如下。

A 方案：$R = R_F + R_R = 10\% + 2.49\% = 12.49\%$；

B 方案：$R = R_F + R_R = 10\% + 10.56\% = 20.56\%$。

A 方案风险小，风险报酬率低；B 方案风险大，投资者所要求的风险报酬率就高。企业是否会冒大的风险追逐较高的风险报酬，最终还由投资决策者根据对风险的态度权衡利弊后做出决定。

2.2.3　投资组合的风险度量

投资者在进行投资时，一般并不把其所有的资金都投资于一种证券，而是同时持有多种证券，这种同时投资于多种证券的方式叫证券的投资组合，简称证券组合或投资组合。由于投资组合能降低风险，因此绝大多数法人投资者如工商企业、保险公司和其他金融机构一般都持有多种有价证券。即使个人投资者，也不是只投资于一个公司的股票或证券。因此，必须了解证券组合的风险与报酬。

这里的"证券"是"资产"的代名词，它可以是任何产生现金流的东西，如一项生产性实物资产、一条生产线或者是一个企业。

1. 投资组合的收益率

投资组合的收益率是投资组合中各单项资产预期收益率的加权平均数。其计算公式为

$$R_P = \sum_{i=1}^{n} W_i R_i$$

式中：R_P——投资组合的期望收益率；

　　　W_i——第 i 项证券在投资组合总体中所占比重；

　　　R_i——第 i 项证券的期望收益率；

　　　n——投资组合中证券的种类。

【例 2-19】假如某投资组合由两个证券组成，证券 A 的期望收益率分别为 10%，证券 B 的期望收益率分别为 20%，若投资者将其资金一半投入 A，另一半投入 B，则投资组合的期望收益率为

$$R_P = 50\% \times 10\% + 50\% \times 20\% = 15\%$$

2. 投资组合的风险

投资组合理论认为，若干种证券组成的投资组合，其收益率是组合中各单项资产预期收益率的加权平均数，但是风险不是这些证券风险的加权平均风险。在理论上投资组合能降低风险。

1）标准差与相关性

投资组合的标准差并不是单个证券标准差的简单加权平均。证券组合的风险不仅取决于组合内各证券的风险，还取决于组合内各个证券之间的关系。

【例 2-20】假设某公司投资 A 和 B 两种股票，投资总额为 1 000 万元，且各占 50%。如果 A 和 B 完全负相关，组合的风险被全部抵消。如表 2-2 所示。

表 2-2 完全负相关的两种股票组合数据

年　　度	股票 A 的实际报酬率/%	股票 B 的实际报酬率/%	组合的实际报酬率/%
20×1	40	−10	15
20×2	−10	40	15
20×3	35	−5	15
20×4	−5	35	15
20×5	15	15	15
平均报酬率	15	15	15
标准差	22.6	22.6	0

表 2-2 的报酬率可用图 2-9 来说明。如果未来相关因素不变，投资者分别持有股票 A 和 B 的风险均为 22.6%，分别按 50% 的比例持有股票 A 和 B，则投资组合的风险为 0。这是因为在这一投资组合中，两种股票的报酬率具有互补性。当股票 A 的报酬率下降时，股票 B 的报酬率会上升，反之亦然，这时股票 A 和 B 完全负相关。

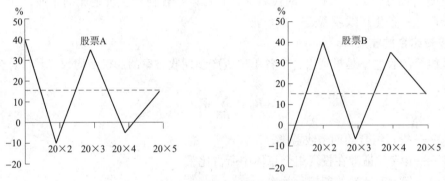

图 2-9　完全负相关的两种股票的报酬率

若投资组合中两种股票报酬的变动方向正好相同，就具有完全正相关的关系。表 2-3 和图 2-10 就反映了这种完全正相关的情况。如果 A 和 B 完全正相关，组合的风险不减少也不扩大。如表 2-3 所示。

表 2-3 完全正相关的两种股票组合数据

年　　度	股票 A 的实际报酬率/%	股票 B 的实际报酬率/%	组合的实际报酬率/%
20×1	−10	−10	−10
20×2	40	40	40
20×3	−5	−5	−5
20×4	35	35	35
20×5	15	15	15
平均报酬率	15	15	15
标准差	22.6	22.6	22.6

以上是两个极端的例子，假设 A 和 B 完全正相关或负相关。事实上许多股票之间是正相关的，但并非完全正相关。平均而言，如果随机选择两种股票，它们之间的相关系数约为

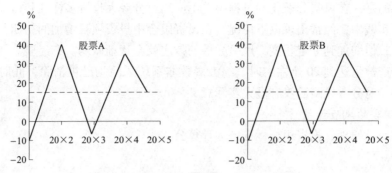

图 2-10　完全正相关的两种股票报酬率

+0.6，但大多数情况下股票间的相关系数在 0.5~0.7。这样，投资组合可以在一定程度上降低风险，但不能完全消除风险。

2）非系统风险和系统风险

有些风险可以通过上述投资组合消除或分散，而有些风险则仍保持不变。因此，我们有必要根据风险的这种特性进行分类并分别予以研究。

（1）非系统风险。非系统风险是指发生于个别公司的特有事件造成的风险。如罢工、新产品开发失败、没有争取到重要合同、诉讼失败等。这类事件是随机发生的，它只影响一个或少数公司，不会对整个市场产生太大影响。这种风险可以通过多角化投资来分散，即发生于一家公司的不利事件可以被其他公司的有利事件所抵消。由于非系统风险是个别公司或个别资产所特有的，因此也称为公司特有风险或可分散风险。

（2）系统风险。系统风险是指那些影响所有公司的因素引起的风险。如战争、经济衰退、通货膨胀、高利率等发生意外的、非预期的变动，这些风险涉及所有的投资对象，不能通过多角化投资来分散。由于系统风险是影响整个资本市场的风险，所以又称市场风险或不可分散风险。例如，在经济衰退时，各种股票的价格都会有不同程度的下跌。

由于非系统风险可以通过分散投资来消除，因此一个充分的投资组合几乎没有非系统风险。假设投资人都是理性的，都会选择充分的投资组合，非系统风险将与资本市场无关。而系统风险将会影响整个资本市场，任何投资组合都不会分散。系统风险和非系统风险可以通过图 2-11 来说明。

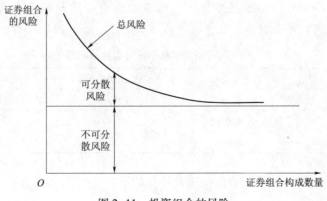

图 2-11　投资组合的风险

值得注意的是，在风险分散化的过程中，不应当过分夸大投资多样性和增加投资项目的作用。在投资实践中，经常出现以下情况：在投资组合中投资项目增加的初期，风险分散的效应比较明显，但增加到一定程度，风险分散的效应就会逐渐减弱。有经验数据显示，当投资组合中的资产数量达到 20 个左右时，绝大多数非系统风险均已被消除，此时，如果继续增加投资项目，对分散风险已没有多大实际意义。

3）投资组合的风险计量

根据概率统计原理，投资组合标准差的计算公式为

$$\sigma_P = \sqrt{\sum_{i=1}^{n}\sum_{j=1}^{n} W_i W_j \sigma_{i,j}}$$

式中：σ_P——投资组合的标准差；

W_i——第 i 种证券在投资组合总体中所占的比重；

W_j——第 j 种证券在投资组合总体中所占的比重；

$\sigma_{i,j}$——两种证券的协方差。

协方差是用来反映两个随机变量之间线性关系的一种指标，如果已知两个随机变量的相关系数，则协方差可按下面公式计算

$$\sigma_{i,j} = \rho_{i,j}\sigma_i\sigma_j$$

式中：$\rho_{i,j}$——两种证券的相关系数；

$\sigma_i\sigma_j$——第 i 种证券和第 j 种证券的标准差。

相关系数的变化范围在 −1 和 +1 之间。如果两种证券的相关系数等于 +1，表明它们之间具有完全正相关关系，即两种证券的变动方向完全一致；如果两种证券的相关系数等于 −1，表明它们之间具有完全负相关关系，即两种证券的变动方向完全相背离；如果两种证券的相关系数等于 0，表明它们之间不存在任何关系，即两种证券的变动方向没有规律。

假如投资组合有两种证券（资产）组成，那么投资组合标准差的计算公式可以写为

$$\sigma_P = \sqrt{W_A^2\sigma_A^2 + 2W_A W_B \sigma_{AB} + W_B^2\sigma_B^2}$$

【例 2-21】某投资组合有 A、B 两种证券，A 证券期望收益率为 12%，标准差为 0.09；B 证券期望收益率为 8%，标准差为 0.09。假设投资者等比例投资于两种证券，即各占 50%。那么，在不同相关系数下，投资组合的标准差可汇总如表 2-4 所示。

表 2-4   不同相关系数下投资组合的标准差

相关系数	投资组合风险	相关系数	投资组合风险
+1	0.09	0	0.064
+0.5	0.078	−0.5	0.045
+0.1	0.067	−1	0

当相关系数为 +1 时，投资组合的标准差计算如下：

$$\sigma_P = (0.5^2 \times 0.09^2 + 2 \times 0.5 \times 0.5 \times 1.0 \times 0.09 \times 0.09 + 0.5^2 \times 0.09^2)^{1/2} = 0.09$$

上述计算表明了当相关系数 $\rho_{A,B}=+1,\rho_{A,B}=+0.5,\rho_{A,B}=+0.1,\rho_{A,B}=0,\rho_{A,B}=-0.5,\rho_{A,B}=-1$ 时投资组合的收益与风险的关系。当投资组合中各单项证券期望收益率之间存在完全正相关时，这些证券的组合不会产生任何风险分散效应，风险仍为 0.09；当投资组合中各单项证券期望收益率之间存在完全负相关时，这些证券的组合可使其总体的风险分散趋于零，使其单项证券内含的风险全部分散掉。随着它们之间相关系数的减少，其相关程度越来越小，其组合可产生的风险分散效应就越大。

从上述分析可知，无论证券之间相关系数如何，证券组合的收益都不低于单个证券的最低收益，同时证券组合的风险却不高于单个证券的最高风险，而且只要证券之间不存在完全正相关的关系，证券组合的风险往往要小于单个证券的最高风险。

3. 有效投资组合的构成

通过上面的学习，已经知道什么是风险，如何测量风险，以及如何利用投资组合来减少风险。因此可以得出，投资者为了降低风险、实现收益最大化，必将依据两条标准来选择投资组合：① 在给定预期收益的情况下选择风险最小的组合进行投资；② 在给定风险的情况下选择预期收益最大的组合进行投资。

依据上述标准选取的投资项目组成的投资组合，即为一个有效投资组合。所谓有效，就是此投资组合在某一风险水平下，预期收益最高；在某一预期收益下，风险最小。因此，有效投资组合正是投资者所追求的。下面以一个实例来说明投资者如何确定有效投资组合。

【例 2-22】假定现有 8 个投资组合，其风险和报酬资料如表 2-5 所示。

表 2-5　各投资组合的风险与报酬

投资组合	预期报酬率 R_P/%	组合风险 σ_P/%
A	10	1.8
B	10	2.1
C	12	3.0
D	13	4.2
E	13	5.0
F	14	5.0
G	14	5.8
H	15	7.2

根据表 2-5，可以将每组投资组合的风险与报酬用图 2-12 来表示。

在图 2-12 中，虽然只有 8 个投资组合，但可以看出有效的投资组合是 ACFH。假设市场上存在着无数的投资组合，体现在风险与报酬坐标图上，就是无数个诸如 F、D、E 的点。此时，有效投资组合的集合将会变成一条光滑的曲线，如图 2-12 中的 AH 线，这条线称为有效前沿（有效边界）。这条线之所以有效是因为此线包含着所有符合投资组合的两条标准。因此，线上的投资组合在承担相同风险的情况下，能获得最高的报酬率；或在给定收益率的情况下，承担的风险最小。高于此线的投资组合将不存在，低于此线的投资组合不如线上的好。比如，在 5% 的相同风险条件下，F 比 E 的收益高。同样在 10% 的相同报酬率下，A 比 B 的风险小。那么 A、F 就是有效投资组合。

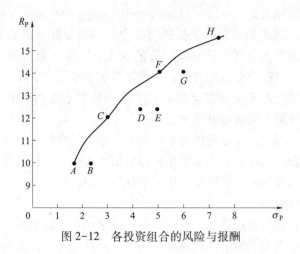

图 2-12   各投资组合的风险与报酬

4. 投资组合的选择

从以上分析可知，投资者应选择有效边界上的证券组合进行投资，以保证其投资的有效性。但究竟应选择哪一个特定的投资组合，则主要取决于投资者对风险的态度。可以寻找一定的方法来描述投资者对投资的选择方式，并考察这种选择方式的规律。这就是无差别曲线。

所谓无差别曲线，是指能给投资者带来相同预期效用的证券组合点的轨迹，它反映了投资者对风险的态度。同一投资者可能有若干条无差别曲线，称为无差别曲线族，如图 2-13 所示。

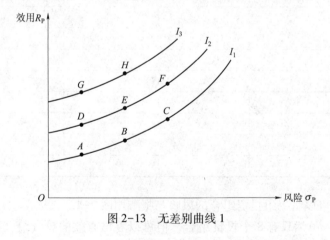

图 2-13   无差别曲线 1

图 2-13 中是一组无差别曲线，每条曲线可以有若干投资方案，但同一无差别曲线上的每一点的效用期望值是相同的，即可获得相同的满足感。比如，在曲线 I_1 上的 A、B、C 三个投资组合对该投资者而言是等效用的；曲线 I_2 上的 D、E、F 投资组合可使他获得相同的满足感；同样，曲线 I_3 上的 G、H 投资组合也是无差别的。

当然，这三条曲线之间是有差别的。曲线 I_2 上的投资组合肯定优于曲线 I_1 上的组合，比如 C、D 投资组合的期望收益率相同，但由于 D 组合的标准差较低而优于 C 组合；而曲线 I_3 上的投资组合又优于曲线 I_2 上的组合，比如 D、G 投资组合的标准差相同，但由于 G 组合的期望收益率较高而优于 D 组合。可见，无差别曲线越高，投资效率或满意程度就越大。

由于投资者对风险偏好的不同，故不同的投资者会有不同的无差别曲线。一般而言，风险偏好型的投资者为了追求高收益率而不会太计较风险（标准差）的增大，其无差别曲线通常比较平缓；而风险厌恶型的投资者只愿意以较少的风险（标准差）而要求更高的收益率，故无差别曲线通常较为陡峭。如图 2-14 所示，投资者 B 比投资者 A 更厌恶风险，其曲线斜率大。这表明，当风险增加一个单位时，投资者 B 需要更多的报酬作为补偿。

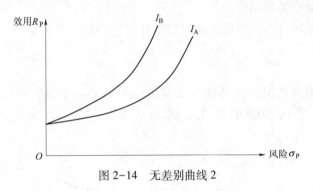

图 2-14　无差别曲线 2

通过以上分析可知，有效投资确定了有效投资组合集合，而无差别曲线反映了投资者对风险的态度。将两种曲线相结合，便可确定最优投资组合，如图 2-15 所示。

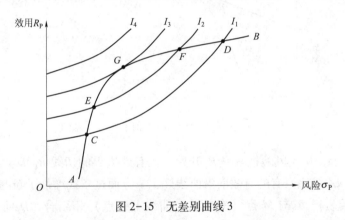

图 2-15　无差别曲线 3

在图 2-15 中 I_i（$i=1$，2，3，4）为投资者的无差别曲线，曲线 AB 为有效边界。从效用值来看，投资者更偏好 I_4 上的投资组合，但它们在可能投资组合之外，故无法考虑；而 I_1 上的 C、D 组合虽然在有效边界上，但其预期效用不如 I_2 上的组合，E、F 组合亦如此。显然，只有 G 组合是在有效边界上可获得最高预期效用的组合，故 G 组合是投资者应选择的最优组合。也就是说，最优投资组合位于无差别曲线与有效边界的切点处。

2.2.4　资本资产定价模型

上述有效前沿与风险及效用曲线结构决定有效投资组合，但找到这样的有效投资组合是非常困难和费时的。因此，美国的威廉·夏普（William Sharpe）提出了资本资产定价模型（capital asset pricing model，CAPM），资本资产定价模型是财务学形成和发展过程中最重要的里程碑。它研究的重点在于探求风险资产收益与风险的数量关系，并且能够对风险进行具体定价。

资本资产定价模型是建立在如下基本假设之上的。所有投资者均为理性，他们都愿意持有有效投资组合。追求单期财富的期望效用最大化，并以各被选组合的期望收益和标准差为基础进行组合选择。

（1）所有投资者均可以无风险利率、无限制地借入或贷出资金。

（2）所有投资者对每一种证券报酬的期望值、标准差和协方差等都有相同的预期。即所有的投资者都有相同的无差别曲线。

（3）没有税金和交易费用。

（4）资产的无限可分性，即投资者可以按任意比例购买某种证券。其买卖行为都不会对股票价格产生影响。

1. 资本市场线

资本资产定价模型的出发点是在有效前沿以外加上一个投资项目，即无风险资产投资。这个无风险资产的报酬率是 R_F，标准差为零。将无风险资产与有效前沿结合成图 2-16。

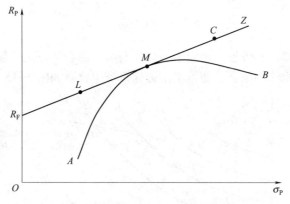

图 2-16　无风险资产与有效前沿结合示意图

如图 2-16 所示，从无风险报酬率 R_F 开始，作有效边界的切线 $R_F MZ$，切点为 M。这两种组合形成的 $R_F MZ$ 线比原有的有效前沿曲线好，一方面这条线增加了新的投资机会，也就是将代表的无风险资产 R_F 与 M 点（有效前沿曲线上一点）相结合，从而找到新的投资机会。另一方面，这条 $R_F MZ$ 线上的投资组合除了在切点处与有效前沿曲线的风险与报酬一样以外，其他的都比原有效前沿曲线上的数据好。

$R_F MZ$ 线实际上是以无风险利率来借入或贷出资金情况下的有效前沿。即投资者可以在资本市场上借到钱，将其纳入自己的投资总额；或者可以将多余的钱贷出。无论借入和贷出，利率都是固定的无风险报酬率。在这条线上投资者可以做出下列选择。

（1）按照无风险利率（R_F）贷放其所有的资金，即投资在 R_F 点，此时的收益率会很低，但是很安全。

（2）按照无风险利率贷放其部分资金，而将剩余资金投资于 $R_F M$ 之间的任何一点，故 $R_F M$ 上任何一点均为"借出组合"，如 L 点。因为引入了风险投资，L 点上的报酬率要高于 R_F 点。M 是市场均衡点，它代表唯一最有效的风险资产组合，当投资者都有相同的最佳报酬与风险组合时，即有相同的有效前沿时，所需的风险性投资组合相同，即为市场投资组合。

（3）将其所有资金投资于市场投资组合 M 点。

（4）除自有资金的投资外，再以无风险利率借入资金来增加投资于市场投资组合的金额。故 MZ 上的任何一点均为"借入组合"，如 C 点。利用"借入组合"，投资者可获得超过单纯用自己的资金投资的报酬率，但也要承担更大的风险。

资本市场线（capital market line，CML）$R_F MZ$ 说明了线上的投资组合（有效资产组合）的预期收益率与所承担的风险之间存在着一种线性关系。可用公式表示为

$$R_P = R_F + \frac{R_M - R_F}{\sigma_M} \times \sigma_P$$

式中：R_M——市场投资组合的预期收益率；

σ_M——市场投资组合的标准差；

σ_P——投资组合的标准差。

上述公式可以用图 2-17 来说明，任意有效投资组合的期望收益率等于无风险报酬率与风险溢酬之和，该风险溢酬等于资本市场线的斜率与该投资组合标准差的乘积，斜率表示单位风险所产生的收益。投资者会依据各自不同的效用无差别曲线与资本市场线的切点确定其最优投资组合。风险回避者会选择靠近 R_F 的点，在 $R_F M$ 线段上，将一部分资金投资于无风险资产，剩余一部分资金投资于风险资产。风险偏好的投资者将会选择 MZ 线段上的点所代表的投资组合，不仅将其所有资金都投入到风险资产上，并且还以无风险利率借入一部分资金投入到风险资产中。

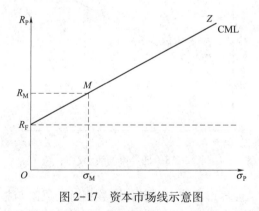

图 2-17 资本市场线示意图

【例 2-23】 已知无风险报酬率为 6%，某投资组合报酬的标准差为 0.5，市场投资组合的预期收益率及其标准差分别为 12% 和 0.3，则该投资组合的预期收益率为

$$R_P = 6\% + \frac{12\% - 6\%}{0.3} \times 0.5 = 6\% + 20\% \times 0.5 = 16\%$$

按照上述分析，市场均衡时，由于对资产收益分布有一致的预期，因此，所有投资者必定会选择持有市场投资组合作为他们的最优风险投资组合，面临相同的也是唯一的有效前沿，即资本市场线。投资组合的差别只在投资于风险资产与无风险资产的数量比例不同而已。

2. 证券市场线

资本市场线所揭示的是有效资产组合预期收益率及其标准差之间的均衡关系，并不适用于个别风险证券或非有效资产组合的情况，而证券市场线（security market line, SML）则可以描述任何证券或证券组合的预期收益率及风险之间的关系。证券市场线用公式表示为

$$R_i = R_F + \frac{R_M - R_F}{\sigma_M^2} \times \sigma_{i,M}$$

式中：R_i——证券 i 或证券投资组合 i 的预期收益率；

$\sigma_{i,M}$——证券 i 或证券投资组合 i 与市场投资组合 M 的协方差，可进一步分解为 $\sigma_{i,M} = \rho_{i,M}\sigma_i\sigma_M$。

设 $\beta_i = \dfrac{\sigma_{i,M}}{\sigma_M^2} = \dfrac{\rho_{i,M}\sigma_i}{\sigma_M}$，则证券市场线可简化为

$$R_i = R_F + \beta_i(R_M - R_F)$$

该式称为资本资产定价模型。此式表明了任何一种证券或证券组合的预期收益率与协方差之间的线性关系。将该式用图表示出来，即为证券市场线，如图 2-18 所示。

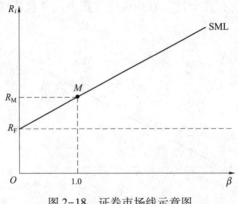

图 2-18　证券市场线示意图

由图 2-18 可以看出，证券市场线上的各种证券相对于风险与报酬而言处于一种均衡状态。证券市场线/资本资产定价模型界定了风险与回报率之间的关系，适用于所有资产与证券，无论是有效的还是无效的。

式中 β 系数是一种风险指数，它反映了某种股票（证券）收益变动相对于市场收益变动的灵敏程度。由于非系统风险可通过投资多样化效应而消除，因此投资者更关心的是系统风险对投资组合的影响。对于系统风险通常是采用 β 系数来计量，β 系数有多种计算方法，实际计算过程十分复杂，β 系数一般不需要投资者自己计算，一些投资服务机构会定期计算并公布。

利用 β 系数来衡量系统风险，虽然不尽完善，但却可以提供有关证券收益率相对于市场收益率的变动程度。通常作为整体证券市场的 β 系数为 1，如果某种股票的风险情况与整个股票市场的风险相一致时，则其 β 系数也等于 1；如果某种股票的 β 系数大于 1 或小于 1，

则说明该股票的风险程度高于或低于整个市场水平。从另一种角度说，如果计算出的 β 系数是 1，这就是说，市场收益率上涨 1%，这只股票的收益率也提高 1%，该股票波动的程度与市场一致；如果 β 系数是 1.5，则是说，市场收益率上涨 1% 时，这只股票的收益率提高 1.5%；反之，市场收益率下降 1%，则该股票的收益率将降低 1.5%，其波动比市场大 0.5%。由此可见，β 系数的大小表示某只股票（证券）收益随市场波动的大小，从而说明其风险程度，β 系数大的股票其风险大，β 系数小的股票风险小。

对于投资组合的 β 系数，则是投资组合中单项证券 β 系数的加权平均数，权数为各种证券在证券组合中所占的比重。其公式为

$$\beta = \sum_{i=1}^{n} W_i \beta_i$$

【例 2-24】某投资者持有 3 种股票构成的证券组合，它们的 β 系数分别为 2.0、1.0 和 0.5，它们在证券组合中所占的比重分别为 50%、30% 和 20%，则证券组合的 β 系数为

$$\beta = 50\% \times 2.0 + 30\% \times 1.0 + 20\% \times 0.5 = 1.4$$

如果无风险报酬率为 6%，市场投资组合的预期收益率为 10%，则该投资组合的预期收益率为

$$R = 6\% + 1.4 \times (10\% - 6\%) = 11.6\%$$

本 章 小 结

本章重点介绍了财务管理的两个基本观念：货币时间价值和风险与报酬。

货币时间价值是客观存在的经济范畴，一般以利息率表示。货币时间价值的基本表现形式有两种：终值和现值。但在实际计算过程中有复利终值和现值的计算、年金现值和终值的计算。其中年金又分为普通年金、预付年金、递延年金和永续年金 4 种形式，普通年金是最基本的形式，其他形式的年金都是在普通年金的基础上加以运算的。

财务活动经常是在有风险的情况下进行的。承担风险，就要求得到相应的额外收益，否则就不值得去冒险。投资者由于承担风险进行投资而获得的超过资金时间价值的额外收益，称为投资风险报酬。企业理财时，必须研究风险、计量风险并设法控制风险，以求最大限度地扩大企业财富。单项资产风险和报酬的衡量，一般通过计算期望报酬率、标准差和标准离差率来计算。而组合资产的风险和报酬的衡量可以通过资产组合内各自的风险报酬及其相关性来计算。

复习思考题

1. 什么是货币时间价值？你如何理解货币时间价值？

2. 为什么财务管理中关于时间价值的计算要用复利而不用单利?

3. 什么是年金? 年金有几种形式? 如何计算年金的终值和现值?

4. 如何理解名义利率和实际利率的关系? 如何换算?

5. 什么是风险报酬? 怎样理解风险和报酬的关系?

6. 如何计量单项资产的风险和组合资产的风险?

7. 如何理解资本资产定价模型?

练 习 题

1. 一位于第一轮选拔赛中选出的选手签了一项 3 年期、2 500 万元的合同。该合同当即给他 200 万元的奖金,然后在第一年年末,他将收到 500 万元的工资,第 2 年年末 800 万元,最后一年年末 1 000 万元。假定贴现率是 15%。这份合约值 2 500 万元吗? 这份合约应值多少钱?

2. 你计划在一个付息账户上做一系列的存款。你将在今天存入 1 000 元,2 年后存入 2 000 元;你在 3 年后取出 1 500 元,7 年后取出 1 000 元。假设取款没有罚金,利率为 7%。请问,8 年后你有多少钱? 这些现金流量的现值是多少?

3. 你正在思量一项可以在接下来 10 年中每年付给你 12 000 元的投资。如果你要求 15% 的报酬率。那么,你最多愿意为这项投资付多少钱?

4. 假定你借了 10 000 元,将以 5 年的等额款还清,年利率为 14%。请编制这项贷款的分期偿还贷款时间表。在贷款期间你共付了多少利息?

5. 某人寿保险公司向你推销一种投资保单,它将每年付给你和你的继承人 1 000 元,直到永远。如果这项投资的报酬率是 12%。你愿意付多少钱买这种保单?

6. 某企业购入生产流水线设备 1 台,价值 20 万元,使用期 10 年,无残值。该设备投入生产后每年年末可为企业创造收入 40 000 元,当时银行贷款利率为 12%。假设不考虑所得税,此项投资收入的现值是多少? 是否值得投资?

7. 你中了某彩票,彩票部门提供两种领钱的方式供你挑选:要么是今天的 100 万元,要么是 10 年后的 300 万元,如果贴现率是 10%。你将如何选择?

8. 某人欲购小汽车,有两种付款方式。方式一:现一次付清,价款为 20 万元。方式二:从购车的第一年年末起,每年年末付 5 万元,5 年付清,折现率为 10%。

要求:(1) 用现值比较哪种方式对购车者有利?

(2) 用终值比较哪种方式对购车者有利?

(3) 对买卖双方公平的分期付款额应是多少?

9. 某公司拟购置一处房产,房主提出两种付款方案:一是从现在起,每年年初支付 20 万元,连续支付 10 次;二是从第五年开始,每年年初支付 25 万元,连续支付 10 次。要求:假设公司的资本成本率为 10%,你认为该公司应选择哪个方案?

10. 假设有两只股票可以投资,3 种可能的经济状况如表 2-6 所示。

表 2-6 不同经济状况下股票 A、B 的报酬率

经济状况	发生概率/%	状况发生时股票 A 的报酬率/%	状况发生时股票 B 的报酬率/%
萧条	20	-15	20
正常	50	20	30
景气	30	60	40

这只股票的期望报酬率和标准差分别是多少?

11. 某公司陷入经营困境,原有饮料因市场竞争激烈、消费者喜好产生变化等开始滞销。为改变产品结构,开拓新的市场领域,拟开发两种新产品。

一是开发纯净水。面对全国范围内的节水运动及限制供应,尤其是北方十年九旱的特殊环境,开发部认为纯净水将进入百姓的日常生活,市场前景看好,有关市场预测资料如表 2-7 所示。

表 2-7 纯净水市场预测

市场销路	概率/%	预测的年利率/万元
好	60	150
一半	20	60
差	20	-10

经过专家测定该项目的风险系数为 0.5。

二是开发消渴啤酒。北方人有豪爽、好客、畅饮的性格,亲朋好友聚会的机会日益增多;北方气温大幅度升温,并且气候干燥;而且收入不断增加,生活水平日益提高。开发部据此提出开发消渴啤酒的方案,有关市场预测资料如表 2-8 所示。

表 2-8 消渴啤酒市场预测

市场销路	概率/%	预测的年利率/万元
好	50	180
一半	20	85
差	30	-25

经过专家测定该项目的风险系数为 0.6。

要求:对两个产品开发方案的收益与风险进行衡量。

案例分析

案例一 你帮忙计算一下

这是一个典型的退休问题。使用时间线可以帮助你了解这个问题。今天,你的朋友正在庆祝他的 35 岁生日,他想要开始为他预期在 65 岁退休而储存。他希望在退休后的 15 年间,每年生日时都能从储存账户中提取 10 000 元,第一次提款将在他 66 岁生日时。你的朋友想

把钱放在当地的信用合作社，年利率是 10%。他想要在每次生日时都存入一笔等额的钱，作为他的退休基金。

思考题：

（1）如果他从 36 岁生日开始存款，一直到 65 岁，那么他每年必须存入多少钱，才能实现它的退休计划？

（2）假定你的朋友刚继承了一大笔遗产，他决定不再每年存入等额的钱，而要在 36 岁生日时存入一大笔钱，以实现他的退休计划。它应该存入多少钱？

（3）假定你朋友的老板愿意每年贡献 100 元到这个储蓄账户中，当作公司分红计划的一部分。此外，你的朋友预期在他 55 岁生日时，可从一家家庭基金领到 15 000 元，他也将把这笔钱存入退休金账户中。现在，他每年应存入多少钱，才能满足他退休时所需的提款？

案例二　YD 公司的债务偿还

2019 年年初，YD 公司计划从银行获取 1 000 万元贷款，贷款的年利率为 10%，贷款期限为 10 年。银行提出以下四种还款方式让公司自行选定，以便签订借款合同，这四种贷款偿还方式为：

① 每年只付利息，债务期末一次付清本金；

② 全部本息到债务期末一次付清；

③ 在债务期间每年均匀偿还本利和；

④ 在债期过半后，每年再均匀偿还本利和。

思考题：

假如你是公司的总经理，你将选用哪种还款方式来偿还贷款？为什么？在何种情况下企业负债经营才是有力的？

案例三　淮南矿业境外投资风险案例分析

2016 年 7 月，国内权威评级机构——联合资信，正式将淮南矿业集团主体长期有用等级维持为 AAA，评级展望由负面上调为稳定。与此同时，中国银行间市场交易商协会批准淮南矿业集团 160 亿元超短融注册额度，也成为在该协会通过注册的全国第一家煤炭企业。2016 年上半年，淮南矿业集团累计完成股权投资 14.67 亿元、固定资产投资 18.88 亿元，煤电一体化体制机制优势继续凸显，整体上盈利 17.24 亿元，有效对冲了煤炭板块亏损的风险。

作为煤炭行业全国 13 个亿吨级煤炭生产基地和 6 个大型煤电基地之一，开展海外联络和采购、进口大量的钢材和原材料等国内稀缺资源一直是淮南矿业在相当长的一段时期内的重点。淮南矿业在海外拥有多家分支机构，广泛经营各种海外业务，在全球建立采购及销售网络，以便更好地拓展国际业务。表 2-9 列示了淮南矿业近年来海外投资状况。

表 2-9　淮南矿业近年来海外投资情况

投资区域	收入	利润
北美洲	占 2%	占 0.9%
欧洲	占 17.8%	占 8.7%
亚洲	占 13.8%	占 0.7%
南美洲	占 1.8%	占 0.9%
大洋洲	占 25.8%	占 85.2%

根据相关资料，淮南矿业将建潘集选煤厂，预计 2017 年年底投产完成，包括受煤坑、筛分车间、原煤仓、主厂房等各项工程总投资合计 152 211.57 万元，假定项目要求投资报酬率为 10%，项目运营 10 年。

思考题：

（1）根据以上资料，淮南矿业经营过程中面临的风险有哪些？境外投资应该采取哪些措施进行风险控制？

（2）考虑货币时间价值，新建潘集选煤厂的项目要想收回投资，每年至少应该产生多少现金流？

财务分析

3.1　财务分析概述

3.1.1　财务分析的意义

　　财务分析是指以企业财务报表和其他资料为主要依据，采用专门方法，系统分析和评价企业的过去和现在的经营成果、财务状况及其变动，目的是了解过去、评价现在、预测未来，帮助利益关系集团改善决策。财务分析既是已完成财务活动的总结又是财务预测的前提，在财务管理的循环中起着承上启下的作用。

　　做好财务分析工作具有以下 3 个方面的重要意义。

　　1. 财务分析是评价财务状况、衡量经营业绩的重要依据

　　通过对企业财务报表等核算资料进行分析，可以了解企业偿债能力、营运能力、盈利能力和发展能力，便于企业管理当局及其他报表使用者了解企业财务状况和经营成果，并通过分析把影响企业财务状况和经营成果的主观因素和客观因素、微观因素和宏观因素区分开来，以划清经济责任，合理评价经营者的工作实绩，并据此奖优罚劣，以促使经营者不断改进工作。

　　2. 财务分析是挖掘潜力、改进工作、实现财务管理目标的重要手段

　　企业财务管理的根本目标是努力实现企业价值最大化。通过财务指标的设置和分析，能了解企业的盈利能力和资产周转状况，不断挖掘企业改善财务状况、扩大财务成果的内部潜力，充分认识未被利用的人力资源，寻找利用不当的部分及原因，发现进一步提高利用效率的可能性，以便从各方面揭露矛盾、找出差距、寻找措施，促进企业经营理财活动按照企业价值最大化的目标实现良性运行。

　　3. 财务分析是合理实施投资决策的重要步骤

　　投资者及潜在投资者是企业重要的财务报表使用人，通过对企业财务报表的分析，可以了解企业获利能力的高低、偿债能力的强弱、盈利能力的大小及发展能力的增减，可以了解投资后的收益水平和风险程度，从而为投资决策提供必要的信息。

3.1.2　财务分析的内容

财务分析的不同主体出于不同的利益考虑，在对企业进行财务分析时有着各自不同的要求，使得他们的财务分析内容既有共性又有不同的侧重。

1. 企业所有者

所有者或股东，作为投资人，必然高度关心其资本的保值和增值状况，即对企业投资的回报率极为关注。对于一般投资者来讲，更关心企业提高股息、红利的发放。而对于拥有企业控制权的投资者，考虑更多的是如何增强竞争实力，扩大市场占有率，降低财务风险和纳税支出，追求长期利益的持续、稳定增长。

2. 企业债权人

由于不能参与企业剩余收益的分享，债权人首先关注的是其投资的安全性。因此，债权人进行财务分析时，最关心的是企业是否有足够的支付能力，以保证其债务本息能够及时、足额地得以偿还。

3. 企业的经营决策者

为满足不同利益主体的需要，协调各方面的利益关系，企业经营者必须对企业经营理财的各个方面，包括营运能力、偿债能力、盈利能力等的全部信息予以详尽的了解和掌握，以便及时发现问题，采取对策，为经济效益的持续稳定增长奠定基础。

4. 政府经济管理机构

政府对国有企业投资的目的，除关注投资所产生的社会效应外，还必然对投资的经济效益予以考虑。在谋求资本保全的前提下，期望能够同时带来稳定增长的财政收入。因此，政府考核企业经营理财状况，不仅需要了解企业资金占用的使用效率，预测财政收入增长情况，有效地组织和调整社会资源的配置，而且还要借助财务分析，检查企业是否存在违法违纪、浪费国家财产的问题，最后通过综合分析，对企业的发展后劲及对社会的贡献程度进行分析考察。

尽管不同利益主体进行财务分析有着各自的侧重点，但就企业总体来看，财务分析可归纳为偿债能力分析、营运能力分析和盈利能力分析 3 个方面。其中，偿债能力是财务目标实现的稳健保证，营运能力是财务目标实现的物质基础，盈利能力是两者共同作用的结果，同时也对两者的增强起着推动作用。三者相辅相成，共同构成企业财务分析的基本内容。

3.1.3　财务分析的程序

为了保证财务分析的有效进行，必须遵循科学的程序。财务分析的程序就是财务分析的步骤，一般包括以下几个方面。

1. 明确分析的目的，搜集有关经济资料

财务分析的范围取决于财务分析的目的，它可以是企业经营活动的某一方面，也可以是企业经营活动的全过程。如债权人可能只关心企业偿还债务的能力，而企业的经营者则需要进行全面的财务分析。

2. 选择适当的分析方法进行对比，作出评价

财务分析的目的和范围不同，所选用的分析方法也不同。常用的财务分析方法有比较分析法、因素分析法等，这些方法各有特点，在进行财务分析时可以结合使用。局部的财务分析，可以选择其中的某一种方法；全面的财务分析，则应综合应用各种方法，以便进行对比作出客观、全面的评价。

3. 进行因素分析，抓住主要矛盾

通过财务分析，可以找出影响企业经营活动的各种因素。在诸多因素中。有的是有利因素，有的是不利因素；有的是外部因素，有的是内部因素。在进行因素分析时，必须抓住主要矛盾，即影响企业生产经营活动的主要因素，然后才能有的放矢，提出相应的办法，作出正确的决策。

4. 为作出经济决策提出各种建议

财务分析的最终目的是为经济决策提供依据。通过上述的比较与分析，就可以提出各种方案，然后权衡各种方案的利弊得失，从中选出最佳方案，作出经济决策。这个过程也是一个信息反馈过程，决策者可以通过财务分析总结经验，吸取教训，以改进工作。

3.1.4 财务分析的方法

开展财务分析，需要运用一定的方法。财务分析的方法主要有水平分析法、垂直分析法、趋势分析法、比率分析法和因素分析法。

1. 水平分析法

水平分析法是指将反映企业报告期财务状况的信息（特别指会计报表信息资料）与反映企业前期或历史某一时期财务状况的信息进行对比，研究企业各项经营业绩或财务发展变动状况的一种财务分析方法。水平分析法所进行的对比，一般而言，不是单指标对比，而是对反映某方面情况报表的全面、综合对比分析，尤其在对会计报表的分析中应用较多。因此，通常也将水平分析法称为会计报表分析方法。水平分析法的基本要点是将报表资料中不同时期的同项数据进行对比，对比的方式有以下几种。

（1）绝对值增减变动，其计算公式为

$$绝对值变动数量＝分析期某项指标实际数－基期同项指标实际数$$

（2）增减变动率，其计算公式为

$$变动率＝\frac{变动绝对值}{基期实际数量}×100\%$$

（3）变动比率值，其计算公式为

$$变动比率值＝\frac{分析期实际数值}{基期实际数值}×100\%$$

在以上公式中一般用的是基期数字计算，可指上年度，也可指以前某年度。在水平分析中应同时进行绝对值和变动率或比率两种形式的对比，因为仅以某种形式对比，可能得出错误的结论。

水平分析法通过将企业报告期的财务会计资料与前期对比，揭示各方面存在的问题，为全面深入分析企业财务状况奠定了基础。因此，水平分析法是财务分析的基本方法。另外，水平分析法可用于一些可比性较高的同类企业之间的对比分析，以找出企业间存在的差距。

2. 垂直分析法

垂直分析法也称为结构分析法，它是将企业编制的财务报表的某一关键项目金额作为共同基数并定为 100%（一般以某一类项目的合计数为准，如资产负债表中的资产总额，利润表中的销售收入等），然后分别计算其他有关项目占共同基数的百分比，以揭示财务报表中的项目与总体的关系及其变动情况。垂直分析法的一般步骤如下。

（1）根据具体的分析目的，选定恰当的项目作为共同基数。

（2）计算确定报表中各项目占基数总额的比重或百分比，其计算公式为

$$某项目的比重 = \frac{该项目金额}{各项目总金额} \times 100\%$$

（3）通过各项目的比重，分析各项目在企业经营中的重要性。一般而言，项目比重越大，说明其重要程度越高，对总体的影响越大。

（4）将分析期各项目的比重与前期同项目比重对比，研究各项目的比重变动情况。也可将本企业报告期项目比重与同类企业的可比项目比重进行对比，研究本企业与同类企业的不同及成绩和存在的问题。

3. 趋势分析法

趋势分析法实际上可看作水平分析法的扩展，它根据企业连续几年或几个时期的财务报表中的相同指标，运用指数或完成率的计算，确定分析期各有关项目的变动情况和趋势的一种财务分析方法。趋势分析法既可用于对财务报表的整体分析，即研究一定时期报表各项目的变动趋势，也可对某些重要财务指标的发展趋势进行分析，还可以用于财务报表构成的比较。其一般步骤如下。

（1）计算趋势比率或指数。通常指数的计算有两种方法，一是定基指数，二是环比指数。定基指数就是各个时期的指数都是以某一固定时期为基期来计算的。环比指数是各个时期的指数以前一期为基期来计算的。趋势分析法通常采用定基指数。

（2）根据指数计算结果，评价与判断企业各项指标的变动趋势及其合理性。

（3）预测未来的发展趋势。根据企业以前各期的变动情况，研究其变动趋势或规律，从而可预测出企业未来发展变动情况。

下面举例说明趋势分析方法的应用。

【例 3-1】某企业 20×4—20×8 年有关销售额、利润、每股收益及每股股息资料如表 3-1 所示。

表 3-1　某企业 20×4—20×8 年有关销售额、利润、每股收益及每股股息

	20×8	20×7	20×6	20×5	20×4
销售额/万元	17 034	13 305	11 550	10 631	10 600
税后利润/万元	1 397	1 178	374	332	923
每股收益/元	4.31	3.52	1.10	0.97	2.54
每股股息/元	1.90	1.71	1.63	1.62	1.60

根据表 3-1 的资料,运用定基指数可得出趋势分析表,如表 3-2 所示。

表 3-2 趋势分析表   单位:%

	20×8	20×7	20×6	20×5	20×4
销售额	160.7	125.5	109.0	100.3	100.0
税后利润	151.4	127.6	40.5	36.0	100.0
每股收益	169.7	138.6	43.3	38.2	100.0
每股股息	118.8	106.9	101.9	101.3	100.0

从以上分析可以看出,该企业 5 年来的销售额和每股股息在逐年增长。从各指标之间的关系看,每股收益的增长速度最快,高于销售额、利润和每股股息的平均增长速度。企业几年来的经营状况和财务状况不断改善,如果这个趋势能保持下去,20×9 年的状况也会较好。

但在采用趋势分析法时,必须注意以下问题:第一,用于进行对比的各个时期的指标,在计算口径上必须一致;第二,剔除偶发性项目的影响,使作为分析的数据能反映正常的经营状况;第三,应运用例外原则,对某项有显著变动的指标作重点分析,研究其产生的原因,以便采取对策,趋利避害。

案例链接

2017 上半年乐视网财务数据分析:净亏损 6.4 亿元

乐视网披露 2017 年半年报,公司实现营业总收入 55.79 亿元,同比减少 44.56%;净亏损 6.368 亿元。由于受到乐视体系关联方资金状况的影响,公司的广告收入、终端收入及会员收入均出现较大幅度的下滑;公司在二季度基本未对外进行版权分销业务,导致版权分销收入同期也大幅下滑;公司资产减值损失计提规模较大,约为 2.4 亿元。

据中商产业研究院大数据显示:2016 年上半年乐视网营业总收入为 100.63 亿元,同比增长 125.59%,也是近几年乐视网营业总收入最高的一年。2017 年上半年乐视网营业总收入为 55.79 亿元,同比下降 44.56%,也是乐视网自 2012 年来营业总收入首次出现下滑。这与乐视网大量借款投资汽车行业脱不了关系。

对于业绩亏损原因,乐视网解释称,由于公司所处行业特点,当期的版权摊销、CDN(内容分发)以及人力成本等营业成本并未下降,但由于受到乐视体系关联方资金状况的影响,加之公司品牌受到一定冲击,随之客户黏性出现波动,公司的广告收入、终端收入及会员收入均出现较大幅度的下滑。

4. 比率分析法

比率分析法是财务分析中最基本和最重要的方法,是将影响财务报表的两个相关因素联系起来,通过计算比率,反映它们之间的关系,借以评价企业财务状况和经营状况的一种财务分析方法。财务报表中有大量的数据,不同的使用者可以根据不同的需要,设计和计算出不同的财务比率。这些比率涉及企业经营管理的各个方面,可以反映企业的偿债能力、资产营运能力、盈利能力等企业的财务状况和经营成果。

比率分析在具体运用中，常用的对比方式主要有以下 3 种。

（1）将同一张财务报表的数据联系起来对比，如把资产负债表上的流动资产和流动负债相比，求得流动比率以说明企业的短期偿债能力；把利润表上的税后利润与销售收入相比，求得销售净利率以说明企业的盈利能力等。

（2）将不同财务报表的数据联系起来对比，如把利润表上的税后利润与资产负债表上的资产总额相比，求得资产收益率以说明企业的经营效率等。

（3）通过比率之间的对比来说明问题。比率本身是一种指标信息，只有通过前后期比率的比较，或以本企业的比率与同行业的经验比率或标准比率对比，才能观察到企业财务状况的变动趋势与程度，衡量出企业某一方面在同行业中所处的地位，也才能有助于对该企业作出公正合理的评价。

5. 因素分析法

因素分析法是依据分析指标与其影响因素的关系，从数量上确定各因素对分析指标影响方向和影响程度的一种方法。因素分析法根据其分析特点具体有两种方法：一是连环替代法；二是差额分析法。

1）连环替代法

连环替代法是因素分析法的基本形式，是将分析指标分解为各个可以计量的因素，并根据各个因素之间的依存关系，顺次用各因素的比较值（实际值）替代基准值（标准值或计划值），据以测定各因素对分析指标的影响。下面通过例题说明其步骤。

【例 3-2】 某企业材料费用总额实际数比计划数增加 620 元，请运用连环替代法，根据表 3-3 中有关资料，计算各因素变动对材料费用总额的影响程度。

表 3-3　某企业材料费用总额

项　目	计划数	实际数
产品产量/件	100	110
单位产品材料消耗量/千克	8	7
材料单价/元	5	6
材料费用总额/元	4 000	4 620

第一步，确定分析对象，分解指标体系。本例题中的分析对象为材料费用，其可分解为

$$材料费用 = 产量 \times 单位产品材料消耗量 \times 材料单价$$

第二步，连环顺序替代，计算替代结果。所谓连环顺序替代，就是以基期指标体系为计算基础，然后用实际指标体系中每一因素的实际数顺序地替代其相应的基期数，每次替代一个因素，其替代后的因素被保留下来。

计划指标：$100 \times 8 \times 5 = 4\ 000$（元）　　　①

第一次替换：$110 \times 8 \times 5 = 4\ 400$（元）　　　②

第二次替换：$110 \times 7 \times 5 = 3\ 850$（元）　　　③

第三次替换：$110 \times 7 \times 6 = 4\ 620$（元）　　　④

第三步，比较各因素替代结果，确定各因素对分析指标的影响程度。比较替代结果是连环进行的，将每次替代所计算的结果与被替代前的结果进行对比。

产量增加的影响：②-①=4 400-4 000=400（元）

材料节约的影响：③-②=3 850-4 400=-550（元）

价格提高的影响：④-③=4 620-3 850=770（元）

第四步，加总影响结果，验证分析对象。

全部因素的影响：400-550+770=620（元）

2）差额分析法

差额分析法是连环替代法的一种简化形式，提示利用各个因素的比较值与基准值之间的差额，来计算各因素对分析指标的影响。

以表3-3所列数据为例，可采用差额分析法计算确定各因素变动对材料费用的影响。

产量增加的影响：（110-100）×8×5=400（元）

材料节约的影响：110×（7-8）×5=-550（元）

价格提高的影响：110×7×（6-5）=770（元）

全部因素的影响：400-550+770=620（元）

3.1.5 财务分析的标准

确立财务分析评价标准是财务分析的一项重要内容。不同的财务分析评价标准，会对同一分析对象得出不同的分析结论。正确确定或选择财务分析评价标准，对于发现问题、找出差距、正确评价有着十分重要的意义和作用。通常，财务分析评价标准有以下4种。

1. 经验标准

经验标准是指这个标准的形成依据大量的实践经验的检验。例如，流动比率的经验标准为2，速动比率的经验标准为1，当流动负债对有形净资产的比率超过80%时，企业就会出现经营困难等，都是经验之谈或经验标准。人们认为它们是公认的标准，不论什么公司、什么行业、什么时间、什么环境，它都是适合的。但是，实际上，经验标准只是对一般情况而言，并不是适应一切领域或一切情况的绝对标准。例如，假设一个公司的流动比率大于2，但其信用较差，存在大量应收账款和许多积压存货。而另一公司的流动比率低于2，但在应收账款、存货及现金管理等方面非常成功。这时并不能根据经验标准认为前一公司的偿债能力好于后一公司。因此，在应用经验标准时，必须非常仔细，不能生搬硬套。

2. 历史标准

历史标准是指以企业过去某一时间的实际业绩为标准。这种标准对于评价企业自身经营状况和财务状况是否改善是非常有意义的。历史标准可选择企业历史最好水平，也可选择企业正常经营条件下的业绩水平或与上一年进行对比。应用历史标准的优点，一是比较可靠，是企业曾达到的水平；二是具有较高的可比性。但历史标准也有其不足，一是历史标准比较保守，因为现实要求与历史要求可能不同；二是历史标准使用范围较窄，只能说明企业自身的发展变化，不能全面评价企业在同行业中的地位与水平。尤其对于外部分析，仅用历史标准是远远不够的。

3. 行业标准

行业标准是财务分析中广泛采用的标准，它是按行业制定的，反映行业财务状况和经营状况的基本水平。行业标准也可指同行业某一比较先进企业的业绩水平。企业在财务分析中运用行业标准，可说明企业在行业中所处的地位与水平。假设行业的投资收益率标准为

12%，如果企业的投资收益率为 10%，就是投资者所不能接受的。行业标准还可用于判断企业的变动趋势。假如在经济萧条时期，企业的利润率从 15% 下降到 12%，而同行业其他企业的利润率从 15% 下降到 10%，这时则可认为企业的盈利状况是好的。在应用时要注意同行业企业采用不同的会计政策会影响评价的准确性。

4. 预算标准

预算标准是指企业根据自身经营条件或经营状况所制定的目标标准。预算标准可将行业标准和历史标准相结合，比较全面地反映企业的状况。尤其对于企业内部财务分析，预算标准更有其优越性，可考核评价企业各级、各部门经营者的经营业绩，以及对企业总体目标实现的影响。但是，预算标准对于外部财务分析不明显；另外，预算标准的确定也受人为因素影响，缺乏客观依据。

可见，各种财务分析评价标准都有其优点和不足。在财务分析中不应孤立地选用某一种标准，而应综合应用各种标准，从不同角度对企业财务状况和经营状况进行评价，这样才有利于得出正确结论。

3.1.6　财务分析的局限性

财务分析有利于优化企业经营管理，促进企业价值最大化的实现，但同时也必须清醒地认识到，财务分析方法与评价的结果不是绝对的，甚至有可能与实际情况相去甚远，财务分析有一定的局限性。

1. 财务报表本身的局限性

（1）以历史成本报告资产，不代表其现行成本或变现价值。

（2）假设币值不变，即不按通货膨胀率或物价水平调整。

（3）稳健原则要求预计损失不预计收益，有可能夸大费用，少计收益和资产。

（4）按年度分期报告，只报告了短期信息，不能提供反映长期潜力的信息。

2. 报表的真实性问题

（1）要注意财务报告是否规范。不规范的报表，其真实性应受到怀疑。

（2）要注意财务报告是否有遗漏。遗漏是违背充分披露原则的，遗漏很可能是在不想讲真话，也不能说真话的情况下形成的。

（3）要注意分析数据的反常现象。如无合理的反常原因，则要考虑数据的真实性和一贯性是否有问题。

（4）要注意审计报告的意见及注册会计师的信誉。

3. 企业会计政策的不同选择影响可比性

对同一会计事项的账务处理，会计准则允许使用几种不同的规则和程序，企业可以自行选择。例如，存货计价方法、固定资产折旧方法、对外投资收益的确认方法等。虽然财务报表附注对会计政策的选择有一定的表述，但报表使用人未必能完成可比性的调整工作。因此，企业会计政策的不同选择影响可比性。

4. 比较基础问题

横向比较时使用同业标准。整个行业的平均数，只能起一般性的指导作用，不一定有代表性，不如选一组有代表性的企业求其平均数，作为同业标准。近年来更重视对竞争对手的数据分析。有的企业实行多种经营，没有明确的行业归属，同业对比就更困难。

趋势分析以本企业历史数据作为比较基础。历史数据代表过去，并不代表合理性。经营环境变化了，利润提高了，并不一定说明已经达到应该达到的水平，甚至不一定说明管理有了改进。实际与计划的差异分析，以计划预算作为比较基础。有时差异的造成是因为预算不合理造成的。

3.2 财务指标分析及综合分析

总结和评价企业财务状况与经营成果的分析指标包括偿债能力指标、营运能力指标、盈利能力指标和发展能力指标。现将后文举例时所要用到的东方公司资产负债表（见表 3-4）和利润表（见表 3-5）列举如下。

表 3-4 资产负债表

20×8 年 12 月 31 日 单位：万元

资产	年初数	年末数	负债及所有者权益	年初数	年末数
流动资产			流动负债		
货币资金	800	900	短期借款	2 000	2 300
交易性金融资产	1 000	500	应付账款	1 300	1 600
应收账款	1 240	1 370	其他应付款	100	100
存货	4 000	5 200	流动负债合计	3 400	4 000
其他流动资产	60	80	非流动负债		
流动资产合计	7 100	8 050	长期借款	2 000	2 500
非流动资产：			负债合计	5 400	6 500
持有至到期投资	400	400	所有者权益：		
固定资产	12 000	14 000	实收资本	12 000	12 000
无形资产	500	550	盈余公积	1 600	1 600
非流动资产合计	12 900	14 950	未分配利润	1 000	2 900
			所有者权益合计	14 600	16 500
资产合计	20 000	23 000	负债及所有者权益合计	20 000	23 000

表 3-5 利润表

20×8 年 12 月 31 日 单位：万元

项 目	上期金额	本期金额
一、营业收入	18 800	21 200
减：营业成本	10 900	12 400
税金及附加	1 080	1 200
销售费用	1 620	1 900
管理费用	800	1 000
财务费用	200	300
加：投资收益	300	300
二、营业利润	4 500	4 700

续表

项　　目	上期金额	本期金额
加：营业外收入	100	150
减：营业外支出	600	650
三、利润总额	4 000	4 200
减：所得税费用（假设税率为25%）	1 000	1 050
四、净利润	3 000	3 150

3.2.1　偿债能力指标分析

偿债能力是指企业偿还各种到期债务的能力。是反映企业财务状况和经营能力的重要标志。偿债能力指标分析主要分为短期偿债能力指标分析与长期偿债能力指标分析。

1. 短期偿债能力指标分析

短期偿债能力是指企业偿付流动负债的能力。在资产负债表中，流动负债与流动资产形成一种对应关系。流动负债是在一年内或超过一年的一个营业周期内需要偿付的债务，一般来说这种债务需以流动资产来偿付。因此，可以通过分析流动负债与流动资产之间的关系来判断企业的短期偿债能力。同时它也是评价流动资产变现能力的重要标志。

企业短期偿债能力的衡量指标主要有流动比率、速动比率和现金流动负债比率3项。

1）流动比率

流动比率是企业流动资产与流动负债的比率。其计算公式为

$$流动比率 = \frac{流动资产}{流动负债}$$

流动比率是衡量企业短期偿债能力最通用的比率。它说明一元流动负债有多少流动资产可以作为支付的保证。一般情况下，流动比率越高，反映企业短期偿还债务的能力越强，债权人权益就越有保证，表明企业可以变现的资产数额越大，债权人遭受损失的风险越小。但是，流动比率过高也可能是由于存货过多而引起的。因此，流动比率应当保持在一个合适的水平上。在美国，一般认为流动比率维持在2∶1时，才足以表明企业财务状况稳妥可靠。但因其未从理论上予以证明，还不能成为一个统一标准。

计算出来的流动比率，只有和同行业平均流动比率、本企业历史的流动比率进行比较，才能知道这个比率是高还是低。这种比较通常并不能说明流动比率为什么高或低，要找出过高或过低的原因，还必须分析流动资产和流动负债包括的内容及经营上的因素。一般情况下，营业周期、流动资产中应收账款和存货的周转速度是影响流动比率的主要因素。

【例3-3】 在表3-4所示的资产负债表中，东方公司20×8年的流动比率为

$$年初流动比率 = \frac{7\,100}{3\,400} = 2.088$$

$$年末流动比率 = \frac{8\,050}{4\,000} = 2.013$$

该公司20×8年年初和年末的流动比率均超过一般公认标准，有较强的短期偿债能力。

2）速动比率

流动比率虽然可以用来评价流动资产总体的变现能力，但人们（特别是短期债权人）还希望获得比流动比率更进一步的有关变现能力的比率指标。这个指标称为速动比率，也称为酸性测试比率。

速动比率是企业速动资产与流动负债的比率。所谓速动资产，是指从流动资产中扣除变次能力较差且不稳定的存货、预付账款、一年内到期的非流动资产和其他流动资产等之后的余额。其计算公式为

$$速动比率=\frac{速动资产}{流动负债}$$

速动比率用以衡量企业流动资产中可以即刻用于偿付流动负债的能力。它是流动比率的一个重要的辅助指标。有时企业流动比率虽然较高，但是流动资产中易于变现、具有即刻支付能力的资产却很少，则企业的短期偿债能力仍然较差。因此，速动比率较之流动比率能够更加准确、可靠地评价企业资产的流动性及其偿还债务的能力。通常认为正常的速动比率为1，低于1的速动比率被认为短期偿债能力偏低。但这仅是一般的看法，因为行业不同速动比率会有很大差别，因此还没有统一标准的速动比率。例如，大量现金销售的商店，几乎没有应收账款，低于1的速动比率则是正常的。相反，一些应收账款较多的企业，速动比率可能大于1。

影响速动比率可信性的重要因素是应收账款的变现能力。账面上的应收账款不一定都能变为现金，实际坏账可能比计提的坏账准备要多；季节性的变化，可使报表中的应收账款不能反映平均水平。这些情况，外部使用人不易了解，而财务人员有可能作出估计。

【例3-4】根据表3-4中的资料，该企业20×8年的年初速动比率和年末速动比率分别为

$$年初速动比率=\frac{800+1\,000+1\,240}{3\,400}=0.894$$

$$年末速动比率=\frac{900+500+1\,370}{4\,000}=0.693$$

该公司20×8年年末速动比率比年初有所降低，虽然公司流动比率超过一般公认标准，但由于流动资产中存货所占比重过大，导致公司速动比率未达到一般公认标准，公司的实际短期偿债能力并不理想，需要采取措施加以扭转。

案例链接

应立即停止对蓝田股份发放贷款

1996年在上海证券交易所上市的蓝田股份，作为农业部首家推荐上市的企业，被誉为"中国农业第一股"。上市5年来，其财务报表显示业绩持续高速增长，历年年报的业绩都在0.60元/股以上，最高时更是达到1.15元/股。即使在1998年遭遇了特大洪灾后，其每股

盈利也达到了 0.81 元。上市 5 年，2001 年中期未分配利润高达 11.4 亿元，蓝田却只在 2001 年 6 月进行过一次每 10 股派 1.6 元的分红。直到 2001 年的 10 月，一份 600 字的报告揭穿了蓝田股份连续 5 年的"业绩神话"。根据刘姝威的研究，蓝田股份的所谓辉煌业绩都是谎言，全是靠虚假会计报表伪造出来的。2001 年 10 月 9 日起，刘姝威对蓝田的财务报告进行了分析，得出的结果是：2000 年蓝田的流动比率已经下降到 0.77，净营运资金已经下降到-1.27 亿元。

这几个简单的数字背后，在刘姝威看来需要说明的是：蓝田股份在一年内难以偿还流动债务，有 1.27 亿元的短期债务无法偿还。

这令刘姝威震惊，蓝田股份已经失去了创造现金流量的能力，完全是在依靠银行的贷款维持生存——它是一个空壳！

3）现金流动负债比率

现金流动负债比率是企业一定时期的经营现金净流量与流动负债的比率，它可以从现金角度来反映企业当期偿付短期负债的能力。其计算公式为

$$现金流动负债比率=\frac{年经营现金净流量}{流动负债}$$

式中，年经营现金净流量是指一定时期内，企业经营活动所产生的现金及现金等价物流入量与流出量的差额。

现金流动负债比率从现金流入和流出的动态角度对企业的实际偿债能力进行考察。由于有利润的年份不一定有足够的现金来偿还债务，所以利用以收付实现制为基础计算的现金流动负债比率指标，能充分体现企业经营活动所产生的现金净流量可以在多大程度上保证当期流动负债的偿还，直观地反映出企业偿还流动负债的实际能力。用该指标评价企业偿债能力更加谨慎。该指标越大，表明企业经营活动产生的现金净流量越多，越能保障企业按期偿还到期债务，但也并不是越大越好，该指标过大则表明企业流动资金利用不充分，获利能力不强。

【例3-5】根据表 3-4 中的资料，同时假设该公司 20×7 年度和 20×8 年度的经营现金净流量分别为 3 000 万元和 5 000 万元（从该公司现金流量表中获得），则该企业 20×7 年、20×8 年的现金流动负债比率为

$$20×7 年现金流动负债比率=\frac{3\ 000}{3\ 400}=0.882$$

$$20×8 年现金流动负债比率=\frac{5\ 000}{4\ 000}=1.25$$

该公司 20×8 年度的现金流动负债比率比 20×7 年度有明显提高，表明该公司的短期偿债能力增强。

4）影响短期偿债能力的其他因素

上述指标都是从财务报表资料中取得的。还有一些财务报表资料中没有反映出来的数据，也会影响企业的短期偿债能力，甚至影响力相当大。

可增强短期偿债能力的因素有：可动用的银行贷款指标、准备很快变现的长期资产、偿

债能力的声誉等。

可减弱短期偿债能力的因素有：未在财务报表中反映的未做记录的或有负债、担保责任引起的负债等。

2. 长期偿债能力指标分析

长期偿债能力是指企业偿还长期负债的能力。它表明企业对债务负担的承受能力和偿还债务的保障能力。反映企业长期偿债能力的财务指标主要有资产负债率、产权比率、利息保障倍数、带息负债比率。

1）资产负债率

资产负债率是企业负债总额与资产总额的比率，其计算公式为

$$资产负债率 = \frac{负债总额}{资产总额} \times 100\%$$

资产负债率表明企业资产总额中债权人所提供的资金占的比重，以及企业资产对债权人权益的保障程度，所以也称为举债经营比率。它有以下几方面的含义。

从债权人的立场看，他们最关心贷给企业的款项的安全程度，也就是能否按期收回本金和利息。如果股东提供的资本与企业资本总额相比，只占较小的比例，则企业的风险将主要由债权人负担，这对债权人来讲是不利的。因此，他们希望债务比例越低越好，企业偿债有保证，贷款不会有太大的风险。

从股东的角度看，由于企业通过举债筹措的资金与股东所提供的资金在经营中发挥同样的作用，所以股东所关心的是全部资本利润率是否超过借入款项的利率，即借入资本的代价。在企业所得的全部资本利润率超过因借款而支付的利息率时，股东所得到的利润就会加大。如果相反，运用全部资本所得的利润率低于借款利息率，则对股东不利，因为借入资本的多余的利息要用股东所得的利润份额来弥补。因此，从股东的立场看，在全部资本利润率高于借款利息率时，负债比例越大越好；否则，反之。

从经营者的立场看，如果举债很大，超过债权人的心理承受程度，则认为是不保险的，企业就借不到钱。如果企业不举债，或负债比例很小，说明企业畏缩不前，对前途信心不足，利用债权人资本进行经营活动的能力很差。借款比率越大（当然不是盲目地借款），越是显得企业活力充沛。

从财务管理的角度来看，企业应当审时度势，全面考虑，在利用资产负债率制定借入资本决策时，必须充分估计预期的利润和增加的风险，在两者之间权衡利害得失，作出正确决策，合理确定资本结构。

【例3-6】根据表3-4中的资料，该企业20×8年度的资产负债率为

$$年初资产负债率 = \frac{5\ 400}{20\ 000} \times 100\% = 27\%$$

$$年末资产负债率 = \frac{6\ 500}{23\ 000} \times 100\% = 28.26\%$$

该公司20×8年年初和年末的资产负债率均不高，说明公司长期偿债能力较强，债权人的保障程度较高，这样有助于增强债权人对公司出借资金的信心。

2）产权比率

产权比率是指负债总额与所有者权益总额的比率，又称债务股权比率，它是企业财务结构稳健与否的重要标志。其计算公式为

$$产权比率 = \frac{负债总额}{所有者权益总额} \times 100\%$$

产权比率反映了企业所有者权益对债权人的保障程度，即在企业清算时债权人权益的保障程度。这一比率越低，表明企业的长期偿债能力越强，债权人权益保障程度越高，承担的风险越小，但企业不能充分地发挥负债的财务杠杆效应。该项指标反映由债权人提供的资本与股东提供的资本的相对关系，反映企业基本财务结构是否稳定。一般来说，股东资本大于借入资本较好，但也不能一概而论。从股东角度来看，在通货膨胀加剧时期，企业多借债可以把损失和风险转嫁给债权人；在经济繁荣时期，多借债可以获得额外的利润；在经济萎缩时期，少借债可以减少利息负担和财务风险。产权比率高，是高风险、高报酬的财务结构；产权比率低，是低风险、低报酬的财务结构。

【例 3-7】根据表 3-4 中的资料，公司 20×8 年的产权比率为

$$年初产权比率 = \frac{5\ 400}{14\ 600} \times 100\% = 37\%$$

$$年末产权比率 = \frac{6\ 500}{16\ 500} \times 100\% = 39.4\%$$

资产负债率与产权比率具有共同的经济意义，两个指标可以相互补充。因此，产权比率的分析可以参见对资产负债率指标的分析。但两个比率侧重点又不同，资产负债率侧重于分析债务偿付安全性的物质保障程度，产权比率则侧重于揭示财务结构的稳健程度以及自有资金对偿债风险的承受能力。

3）已获利息倍数

已获利息倍数又称利息保障倍数，是指企业一定时期息税前利润总额与利息费用的比率。它反映了获利能力对债务偿付的保证程度。其计算公式为

$$已获利息倍数 = \frac{息税前利润总额}{利息费用}$$

式中：息税前利润总额=利润总额+利息支出=净利润+所得税+利息支出。

为了准确地反映利息的保障程度，利息费用应包括财务费用中的利息和资本化利息两部分。已获利息倍数不仅反映了企业获利能力的大小，而且反映了获利能力对偿还到期债务的保障程度，它既是企业举债经营的前提依据，也是衡量企业长期偿债能力大小的重要标志。

如何合理确定企业的已获利息倍数，这需要将企业的这一指标与其他企业，特别是本行业平均水平进行比较，来决定本企业的指标水平。同时，从稳健性角度出发，最好比较本企业连续几年的该项指标，并选择最低指标年度的数据作为标准。

【例3-8】根据表3-5中的资料，该公司已获利息倍数的计算结果（假定表中财务费用全部为利息费用）为

$$20×7 \text{ 年已获利息倍数} = \frac{4\,000+200}{200} = 21$$

$$20×8 \text{ 年已获利息倍数} = \frac{4\,200+300}{300} = 15$$

该公司20×7年度和20×8年度的已获利息倍数都较高，有较强的偿付负债利息的能力。进一步还需结合公司往年的情况和行业的特点进行判断。

4）带息负债比率

带息负债比率是指企业某一点的带息负债金额与负债总额的比率，反映企业负债中带息负债的比率，在一定程度上体现了企业未来的偿债（尤其是偿还利息）压力。其计算公式为

$$\text{带息负债比率} = \frac{\text{短期借款+一年内到期的长期负债+长期借款+应付债券+应付利息}}{\text{负债总额}} ×100\%$$

【例3-9】根据表3-5中的资料，同时假设该公司20×8年年初和年末的短期借款和长期借款均为带息负债，该公司20×8年的带息负债比率为

$$\text{年初带息负债比率} = \frac{4\,000}{5\,400×100\%} = 74.07\%$$

$$\text{年末带息负债比率} = \frac{4\,800}{6\,500×100\%} = 73.85\%$$

该公司20×8年年末的带息负债比率比20×8年年初略低，但带息负债占负债总额的比重较大，表明公司承担了较大的偿还债务及其利息的压力。

5）影响长期偿债能力的其他因素

除了上述指标可用以评价和分析企业的长期偿债能力以外，还有一些会计报表以外的因素影响企业的长期偿债能力。这些因素包括长期租赁中的经营租赁、担保责任带来的潜在长期负债责任、或有项目的潜在影响等。

3.2.2 营运能力指标分析

企业营运能力是指通过企业生产经营资金周转速度的有关指标所反映出来的企业资金利用的效率，表明企业经营管理、运用资金的能力。营运能力也表明企业对内部人力资源和生产资料资源的配置组合能力。企业资金周转速度越快，表明企业资金利用的效果越好，效率越高，企业经营管理人员的经营能力越强。营运能力的大小对企业获利能力的持续增长和偿债能力的不断提高有着决定性的影响。

评价企业营运能力的指标主要有营业周期、存货周转率、应收账款周转率、流动资产周转率、固定资产周转率和总资产周转率。

1. 营业周期

营业周期是指从取得存货开始到销售存货并收回现金为止的这段时间。它的长短取决于存货周转天数和应收账款周转天数。营业周期的计算公式为

$$营业周期=存货周转天数+应收账款周转天数$$

它的计算原理在于需要多长时间才能将期末存货全部变为现金。一般情况下，营业周期短说明资金周转速度快；营业周期长，说明资金周转速度慢。

2. 存货周转率

在流动资产中，存货所占的比重较大。存货的流动性将直接影响企业的流动比率。因此，必须特别重视对存货的分析。存货的流动性一般用存货的周转速度指标来反映，即存货周转率（次数）或存货周转期（天数）。

存货周转率是指一定时期内企业营业成本与平均存货余额的比率。它是衡量和评价企业购入存货、投入生产、销售收回等各环节管理状况的综合性指标。其计算公式为

$$存货周转率(次数)=\frac{营业成本}{平均存货余额}$$

式中：平均存货余额＝（期初存货余额+期末存货余额)/2。

用时间表示的存货周转率就是存货周转期。其计算公式为

$$存货周转期(天数)=\frac{计算期天数}{存货周转率} \quad 或 = \frac{平均存货余额×360}{营业成本}$$

式中：计算期天数通常按一年 360 天计算，公式中的营业成本数据来自利润表，平均存货余额来自资产负债表中的"期初存货"与"期末存货"的平均数。

在通常情况下，存货周转次数越多，相应周转天数越少，存货周转越快，则利润越大，营运资金中用于存货上的金额越小，企业的存货管理水平越高；相反，存货周转次数越少，相应周转天数越多，存货周转越慢，则利润越小，存货储存越多，占用资金越多，企业的存货管理水平越低。如果一家公司存货周转速度放慢，则可能是由于存货中出现过多的残次品，不适用于生产或销售需要，或者可能是由于投资于存货的资金过多等原因造成的。总之，存货周转率低，是经营情况欠佳的一种迹象。但存货周转率过高，并不一定就说明企业存货状况最佳，因为存货投入资金过少，有可能出现存货储备不足，影响生产或销售业务的继续发展，特别是那些采购困难的存货。可见，存货周转率不仅是考核企业流动资产周转情况的指标，而且是反映其获利能力、存货管理状况的重要指标。

在计算存货周转率时应注意存货计价方法的口径一致问题和分子、分母数据时间上的对应性。

【例 3-10】 根据表 3-4、表 3-5 中的资料，假设东方公司 20×6 年年末存货余额为 3 800 万元，该公司 20×7 年、20×8 年存货周转率可计算如表 3-6 所示。

表 3-6　存货周转率计算表　　　　　　　　　　　　单位：万元

项　　目	20×6 年	20×7 年	20×8 年
营业成本		10 900	12 400
年末存货余额		4 000	5 200
平均存货余额	3 800	3 900	4 600
存货周转率（次数）		2.79	2.70
存货周转期（天数）		128.81	133.55

由此可见，该企业 20×8 年存货周转率比 20×7 年有所延缓，次数由 2.79 次降为 2.70 次，周转天数由 128.81 天增为 133.55 天。反映出该企业 2008 年存货管理效率不如 20×7 年，其原因可能与 20×8 年存货增长幅度过大有关。

3. 应收账款周转率

应收账款周转率是反映应收账款周转速度的指标，是年度内应收账款转为现金的平均次数，它说明应收账款流动的速度。用时间表示的周转速度是应收账款周转期（天数），也叫平均应收账款回收期或平均收款期，它表示企业从取得应收账款的权利到收回款项，转换为现金所需要的时间。其计算公式分别为

$$应收账款周转率(次数) = \frac{营业收入}{平均应收账款余额}$$

式中

$$平均应收账款余额 = (期初应收账款余额 + 期末应收账款余额)/2$$

$$应收账款周转期(天数) = \frac{计算期天数}{应收账款周转率} \quad 或 = \frac{平均应收账款余额 \times 360}{营业收入}$$

应收账款周转率反映了企业应收账款变现速度的快慢及管理效率的高低。在一定时期内应收账款周转次数越多，表明应收账款回收速度越快，企业管理工作的效率越高，资产流动性越大，短期偿债能力越强，同时，还可以减少收款费用和坏账损失，从而相对增加企业流动资产的投资收益，另外，还可以更好地评价客户信用程度及企业制定信用条件的合理性。

影响该指标正确计算的因素有：① 季节性经营的企业使用这个指标时不能反映实际情况；② 大量使用分期付款方式结算；③ 大量的销售使用现金结算；④ 年末大量销售或年末销售大幅度下降。这些因素都会对该指标计算结果产生较大的影响。财务报表的外部使用人可以将计算出的指标与该企业前期、与行业平均水平或其他类似企业相比较，判断该指标的高低。但仅根据指标的高低是分析不出上述各种原因的。

【例 3-11】 根据表 3-4、表 3-5 中的资料，假设东方公司 20×6 年年末应收账款余额为 1 100 万元，该公司 20×7 年和 20×8 年度应收账款周转率计算如表 3-7 所示。

表 3-7　应收账款周转率计算表　　　　　单位：万元

项　　目	20×6 年	20×7 年	20×8 年
营业收入		18 800	21 200
年末应收账款余额	1 100	1 240	1 370
平均应收账款余额		1 170	1 305
应收账款周转率（次数）		16.35	16.96
应收账款周转期（天数）		22.02	21.23

由此可见，该企业 20×8 年应收账款周转率比 20×7 年有所改善，周转次数由 16.35 次提高为 16.96 次，周转天数由 22.02 天缩短为 21.23 天。这不仅说明企业的营运能力有所增强，而且对流动资产的变现能力和周转速度也会起到促进作用。

4. 流动资产周转率

流动资产周转率是销售收入与全部流动资产平均余额的比值。用时间表示的流动资产周转率就是流动资产周转期（天数）。其计算公式分别为

$$流动资产周转率（次数）=\frac{营业收入}{平均流动资产总额}$$

式中

$$平均流动资产总额=（期初流动资产总额+期末流动资产总额）/2$$

$$流动资产周转期（天数）=\frac{计算期天数}{流动资产周转率}　或=\frac{平均流动资产总额×360}{营业收入}$$

流动资产周转率反映流动资产的周转速度，周转速度快，会相对节约流动资产，等于相对扩大资产投入，增强了企业盈利能力；而延缓周转速度，需要补充流动资产参加周转，形成资金浪费，降低了企业盈利能力。

【例 3-12】假设东方公司 20×6 年流动资产年末余额为 6 000 万元，则 20×7 年、20×8 年流动资产周转情况的计算如表 3-8 所示。

表 3-8　流动资产周转率计算表　　　单位：万元

项　　目	20×6 年	20×7 年	20×8 年
营业收入		18 800	21 200
年末流动资产总额		7 100	8 050
平均流动资产总额	6 000	6 550	7 575
流动资产周转率（次数）		2.87	2.80
流动资产周转期（天数）		125.43	128.63

由此可见，该公司 20×8 年流动资产周转速度比 20×7 年延缓了 3.2 天，流动资金占用增加的数额为

$$（128.63-125.43）×21\ 200/360=188.44（万元）$$

5. 固定资产周转率

反映固定资产周转情况的主要指标是固定资产周转率，它是企业一定时期营业收入与平均固定资产净值的比率，是衡量固定资产效率的一项指标。用时间表示的固定资产周转率就是固定资产周转期（天数）。其计算公式分别为

$$固定资产周转率=\frac{营业收入}{平均固定资产净值}$$

式中

$$平均固定资产净值=（期初固定资产净值+期末固定资产净值）/2$$

$$固定资产周转期=\frac{计算期天数}{固定资产周转率}　或=\frac{平均固定资产净值×360}{营业收入}$$

需要说明的是，与固定资产有关的价值指标有固定资产原价、固定资产净值和固定资产净额等。其中，固定资产原价是指固定资产的历史成本；固定资产净值为固定资产原价扣除已计提的累计折旧后的金额。固定资产净额则是指固定资产原价扣除已计提的累计折旧及已计提的减值准备后的余额。

一般情况下，固定资产周转率越高，表明企业固定资产利用充分，同时也能表明企业固定资产投资得当，固定资产结构合理，能够充分发挥效率。相反，如果固定资产周转率不高，则表明固定资产使用效率不高，提供的生产成果不多，企业的运营能力不强。

运用固定资产周转率时，需要考虑固定资产因计提折旧的影响，其净值在不断地减少，以及因更新重置其净值突然增加的影响。同时，由于折旧方法的不同，可能影响其可比性。故在分析时，一定要剔除掉这些不可比因素。

【例3-13】假设东方公司20×6年年末固定资产净值为11 800万元，20×7年、20×8年固定资产周转情况的计算如表3-9所示。

表3-9 固定资产周转率计算表 单位：万元

项　目	20×6年	20×7年	20×8年
营业收入		18 800	21 200
年末固定资产净值		12 000	14 000
平均固定资产净值	11 800	11 900	13 000
固定资产周转率（次数）		1.58	1.63
固定资产周转期（天数）		227.87	220.75

由此可见，该公司20×8年固定资产周转速度比20×7年有所加快，其主要是由固定资产净值的增加幅度低于营业收入增长幅度所引起的。这表明公司的运营能力有所提高。

6. 总资产周转率

总资产周转率是企业的营业收入与平均资产总额的比率。用时间表示总资产周转率就是总资产周转期（天数）。其计算公式分别为

$$总资产周转率(次数) = \frac{营业收入}{平均资产总额}$$

式中

$$平均资产总额 = (期初资产总额 + 期末资产总额)/2$$

$$总资产周转期(天数) = \frac{计算期天数}{总资产周转率} \quad 或 = \frac{平均资产总额 \times 360}{营业收入}$$

总资产周转率用来分析企业全部资产的使用效率。总资产周转率越高，表明企业全部资产的使用效率越高；如果这个比率较低，说明企业利用全部资产进行经营的效率较差，最终会影响企业的盈利能力。这样企业就应该采取各种措施来提高企业的资产利用程度，如增加营业收入或处理多余的资产等。

【例3-14】假设东方公司20×6年年末全部资产总额为19 000万元，则该公司20×7年和20×8年的总资产周转的计算如表3-10所示。

表 3-10　总资产周转率计算表　　　　　单位：万元

项　　目	20×6 年	20×7 年	20×8 年
销售收入净额		18 800	21 200
年末资产总额		20 000	23 000
平均资产总额	19 000	19 500	21 500
总资产周转率（次数）		0.96	0.99
总资产周转期（天数）		373.40	365.09

通过计算表明，公司 20×8 年全部资产周转率比 20×7 年略有加快。其主要是由固定资产平均净值的增长程度（9.24%）低于营业收入增长程度（12.77%）所引起的，但流动资产平均余额的增长程度（15.65%）却大大高于营业收入的增长程度，所以总资产的利用效果难以大幅提高。

需要说明的是，在上述指标的计算中均以年度作为计算期，在实际中，计算期应视分析的需要而定，但应保持分子与分母在时间上的一致。如果资金占用的波动性较大，企业应采取更详细的资料进行计算。如果各期占用额比较稳定，波动不大，季度、年度的平均资金占用额可直接用（期初数+期末数）/2 的公式来计算。

3.2.3　盈利能力指标分析

盈利能力是指企业获取利润的能力，通常表现为一定时期内企业收益数额的多少及其水平的高低。不论是投资人、债权人还是企业经营人员，都日益重视和关心企业的盈利能力。

一般来说，企业的盈利能力只涉及正常的营业状况。非正常的营业状况，也会给企业带来收益或损失，但只是特殊状况下的个别结果，不能说明企业的能力。因此，在分析企业盈利能力时，应当排除：① 证券买卖等非正常项目；② 已经或将要停止的营业项目；③ 重大事故或法律更改等特别项目；④ 会计准则和财务制度变更带来的累积影响等因素。

反映盈利能力的指标很多，通常使用的主要有营业利润率、成本费用利润率、总资产报酬率和净资产收益率等。

1. 营业利润率

营业利润率是企业在一定时期营业利润与营业收入的比率。其计算公式为

$$营业利润率 = \frac{营业利润}{营业收入} \times 100\%$$

营业利润率越高，表明市场竞争能力越强，发展潜力越大，从而获利能力越强。

【例 3-15】根据表 3-5 中的资料，东方公司 20×7 年度和 20×8 年度的营业利润率为

$$20×7 年营业利润率 = \frac{4\ 500}{18\ 800} \times 100\% = 23.94\%$$

$$20×8 年营业利润率 = \frac{4\ 700}{21\ 200} \times 100\% = 22.17\%$$

从以上分析可以看出，该公司的营业利润率略有下降。通过分析可以看出，这种下降趋势主要是由于公司 20×8 年的成本费用增加所致，由下降幅度不大可见，公司的经营方向和产品结构仍符合现有市场需要。

需要说明的是，从利润表来看，企业的利润包括营业利润、利润总额和净利润 3 种形式。而营业收入包括主营业务收入和其他业务收入，收入来源有商品销售收入、提高劳务收入和资产使用权让渡收入等。因此，在实务中也经常使用销售净利率、销售毛利率等指标来分析企业经营业务的获利水平。此外，通过考察营业利润占整个利润总额比重的升降，可以发现企业经营理财状况的稳定性、面临的危险或者可能出现的转机迹象。

销售净利率是指净利润与销售收入净额的比率，销售净利率表示企业每一元产品或商品销售收入净额实现的净利润是多少。其计算公式为

$$销售净利率 = \frac{净利润}{销售收入净额} \times 100\%$$

销售利润率能够分解成为销售毛利率、销售成本率等，可以做进一步分析。

销售毛利率是毛利占产品或商品销售收入净额的比率，销售毛利率表明企业每一元产品或商品销售收入净额所实现的毛利润额是多少。其计算公式为

$$销售毛利率 = \frac{销售收入 - 销售成本}{销售收入净额} \times 100\%$$

产品或商品销售收入实现毛利润是影响企业利润的主要因素，一个企业能否实现利润，首先要看毛利的实现情况。从某种意义上讲，毛利是企业最基本的初始利润，它的多少往往左右着企业的命运，没有足够大的毛利率便不能盈利。

2. 成本费用利润率

成本费用利润率是指企业一定时期利润总额与成本费用总额的比率。其计算公式为

$$成本费用利润率 = \frac{利润总额}{成本费用总额} \times 100\%$$

式中：成本费用总额=营业成本+营业税金及附加+销售费用+管理费用+财务费用。

该指标越高，表明企业为取得利润而付出的代价越小，成本费用控制得越好，获利能力越强。因为成本费用是由不同的项目组成，在分析时，可将其分解成不同的成本费用利润率，但应对注意成本费用与利润之间在计算层次与口径上的对应关系。

【例 3-16】根据表 3-5 中的资料，东方公司 20×7 年度和 20×8 年度的成本利润率为

$$20×7\ 年成本费用利润率 = \frac{4\ 000}{10\ 900 + 1\ 080 + 1\ 620 + 800 + 200} \times 100\% = 27.4\%$$

$$20×8\ 年成本费用利润率 = \frac{4\ 200}{12\ 400 + 1\ 200 + 1\ 900 + 1\ 000 + 300} \times 100\% = 25\%$$

计算结果表明，该公司 20×8 年度的成本费用利润率比 20×7 年度有所下降，公司应当深入检查导致成本费用上升的原因，改进相关工作，以便扭转效益指标下降的状况。

3. 总资产报酬率

总资产报酬率是企业一定时期内获得的报酬总额与平均资产总额的比率。它是反映企业资产综合利用效果的指标，也是衡量企业利用债权人和所有者权益总额所取得盈利的重要指标。其计算公式为

$$总资产报酬率 = \frac{息税前利润总额}{平均资产总额} \times 100\%$$

这一指标说明企业全部资产利用的综合效果。指标越高，表明资产的利用效率越高，说明企业在增加收入和节约资金使用等方面取得了良好的效果，否则相反。总资产报酬率是一个综合指标，为了正确评价企业经济效益的高低，挖掘提高利润水平的潜力，可以用该指标与本企业前期、与计划、与本行业平均水平和本行业内先进企业进行对比，分析形成差异的原因，进而来分析经营中存在的问题。影响总资产报酬率高低的因素主要有产品的价格、单位成本的高低、产品的产量和销售的数量、资金占用量的大小等。

【例3-17】根据表3-4、表3-5、表3-10中的资料，东方公司总资产报酬率计算结果为

$$20\times7 \text{ 年总资产报酬率} = \frac{4\,000+200}{20\,000} \times 100\% = 21\%$$

$$20\times8 \text{ 年总资产报酬率} = \frac{4\,200+300}{23\,000} \times 100\% = 19.57\%$$

计算结果表明，企业资产综合利用效率2008年度不如2007年度，需对公司资产的使用情况、增产节约工作等情况作进一步的分析考察，以便改进管理，提高效益。

4. 净资产收益率

净资产收益率是企业一定时期净利润与平均净资产（股东权益）的比率，也称自有资金利润率。其计算公式为

$$净资产收益率 = \frac{净利润}{平均净资产} \times 100\%$$

式中：平均净资产 =（期初所有者权益+期末所有者权益）/2。

净资产收益率是评价企业自有资本及其积累获取报酬水平的最具综合性与代表性的指标，反映企业资本运营的综合效果。该指标通用性强，适应范围广，不受行业局限，在国际上的企业综合评价中使用率非常高。通过对该指标的综合对比分析，可以看出企业获利能力在同行业中所处的地位，以及与同类企业的差异水平。

【例3-18】根据表3-4、表3-5中的资料，假设东方公司20×6年年末所有者权益合计为13 000万元，则该公司20×7年和20×8年的净资产收益率计算结果为

$$20\times7 \text{ 年净资产收益率} = \frac{3\,000}{(13\,000+14\,600)/2} \times 100\% = \frac{3\,000}{13\,800} \times 100\% = 21.74\%$$

$$20\times8 \text{ 年净资产收益率} = \frac{3\,150}{(14\,600+16\,500)/2} \times 100\% = \frac{3\,150}{15\,550} \times 100\% = 20.32\%$$

　　东方公司 20×8 年净资产收益率比 20×7 年降低了 1.42%，这是由于该公司所有者权益增长快于净利润的增长所引起的，根据前列资料可以计算出结果为

$$所有者权益增长率 = \frac{15\ 550 - 13\ 800}{13\ 800} \times 100\% = 12.7\%$$

$$净利润增长率 = \frac{3\ 150 - 3\ 000}{3\ 000} \times 100\% = 5\%$$

3.2.4　发展能力指标分析

　　发展能力是企业在生存的基础上，扩大规模，壮大实力的潜在能力。分析发展能力主要的指标有营业收入增长率、资本保值增值率、资本积累率、总资产增长率、营业利润增长率、技术投入比率、营业收入 3 年平均增长率和资本 3 年平均增长率。

　　1. 营业收入增长率

　　营业收入增长率是企业本年营业收入增长额与上年营业收入总额的比率。它反映企业营业收入的增减变动情况，是评价企业成长状况和发展能力的重要指标。其计算公式为

$$营业收入增长率 = \frac{本年营业收入增长额}{上年营业收入总额} \times 100\%$$

式中

$$本年营业收入增长额 = 本年营业收入总额 - 上年营业收入总额$$

　　实务中，也可以使用销售收入增长率来分析企业经营业务收入的增减情况。其计算公式为

$$销售收入增长率 = \frac{本年销售收入增长额}{上年销售收入总额} \times 100\%$$

　　营业收入增长率是衡量企业经营状况和市场占有能力、预测企业经营业务拓展趋势的重要标志。不断增加的营业收入，是企业生存的基础和发展条件。该指标越高，表明增长速度越快，企业市场前景越好；反之，则说明产品或服务不适销对路、质次价高，市场份额萎缩。该指标在操作时，应结合企业历史的营业收入水平、企业市场占有情况、行业未来发展及其他影响企业发展的潜在因素进行前瞻性预测，或者结合企业前 3 年的营业收入增长率作出趋势性分析判断。

　　【例 3-19】 根据表 3-5 中的资料，计算该公司 20×8 年度的营业收入增长率为

$$\frac{21\ 200 - 18\ 800}{18\ 800} \times 100\% = 12.77\%$$

　　2. 资本保值增值率

　　资本保值增值率是企业扣除客观因素后本年末所有者权益总额与年初所有者权益总额的比率，反映企业当年资本在企业自身努力下的实际增减变动情况。其计算公式为

$$资本保值增值率 = \frac{扣除客观因素后本年末所有者权益总额}{年初所有者权益总额} \times 100\%$$

一般认为，资本保值增值率越高越好，表明企业的资本保全状况越好，所有者权益增长越快，债权人的债务越有保障。该指标通常应大于 100%。

【例 3-20】根据表 3-4 中的资料，同时假定不存在客观因素，计算该公司 20×8 年度的资本保值增值率为

$$\frac{16\,500}{14\,600}\times100\% = 113.01\%$$

3. 资本积累率

资本积累率是企业本年所有者权益增长额与年初所有者权益的比率。它反映企业当年资本的积累能力，是评价企业发展潜力的重要指标。其计算公式为

$$资本积累率 = \frac{本年所有者权益增长额}{年初所有者权益总额}\times100\%$$

式中：本年所有者权益增长额 = 年末所有者权益 - 年初所有者权益

资本积累率是企业当年所有者权益总的增长率，反映了企业所有者权益在当年的变动水平，体现了企业资本的积累情况，是企业发展强盛的标志，也是企业扩大再生产的源泉，展示了企业的发展能力。资本积累率还反映了投资者投入企业资本的保全性和增长性。该指标越高表明企业的资本积累越多，应付风险、持续发展的能力越大；该指标如为负值，表明企业资本受到侵蚀，所有者利益受到侵害，应予以充分重视。

【例 3-21】根据表 3-4 中的资料，计算该公司 20×8 年度的资本积累率为

$$\frac{16\,500-14\,600}{14\,600}\times100\% = 13.01\%$$

4. 总资产增长率

总资产增长率是企业本年总资产增长额同年初资产总额的比率，它反映企业本期资产规模的增长情况。其计算公式为

$$总资产增长率 = \frac{本年总资产增长额}{年初资产总额}\times100\%$$

式中：本年总资产增长额 = 年末资产总额 - 年初资产总额。

总资产增长率是从企业资产总量扩张方面衡量企业的发展能力，表明企业规模增长水平对企业发展后劲的影响。该指标越高，表明企业一定时期内资产经营规模扩张的速度越快。但在实际分析中，应考虑资产扩张的质和量的关系，以及企业的后续发展能力，避免资产盲目扩张。

【例 3-22】根据表 3-4 中的资料，计算该公司 20×8 年度的总资产增长率为

$$\frac{23\,000-20\,000}{20\,000}\times100\% = 15\%$$

5. 营业利润增长率

营业利润增长率是企业本年营业利润增长额与上年营业利润总额的比率，反映企业营业利润的增减变动情况。其计算公式为

$$营业利润增长率 = \frac{本年营业利润增长额}{上年营业利润总额} \times 100\%$$

式中

$$本年营业利润增长额 = 本年营业利润总额 - 上年营业利润总额$$

【例3-23】 根据表3-5中的资料，计算该公司20×8年度的营业利润增长率为

$$\frac{4\,700 - 4\,500}{4\,500} \times 100\% = 4.44\%$$

6. 技术投入比率

技术投入比率是企业本年科技支出（包括用于研究开发、技术改造、科技创新等方面的支出）与本年营业收入金额的比率，反映企业在科技进步方面的投入，在一定程度上可以体现企业的发展潜力。其计算公式为

$$技术投入比率 = \frac{本年科技支出合计}{本年营业收入净额} \times 100\%$$

7. 营业收入3年平均增长率

营业收入3年平均增长率表明企业营业收入连续3年的增长情况，体现企业的持续发展态势和市场扩张能力。其计算公式为

$$营业收入3年平均增长率 = \left(\sqrt[3]{\frac{营业收入总额}{3年前营业收入总额}} - 1 \right) \times 100\%$$

式中，3年前营业收入总额指企业3年前的营业收入总额数，比如评价企业2019年的绩效状况时，则3年前营业收入总额是指2016年的营业收入总额。

营业收入是企业积累和发展的基础，该指标越高，表明企业积累的基础越牢，可持续发展能力越强，发展的潜力越大，市场扩张能力越强。利用营业收入3年平均增长率指标，能够反映企业的经营业务增长趋势和稳定程度，体现企业的连续发展状况和发展能力，避免因少数年份业务波动而对企业发展潜力的错误判断。

8. 资本3年平均增长率

资本3年平均增长率表示企业资本连续三年的积累情况，在一定程度上体现了企业的持续发展水平和发展趋势。其计算公式为

$$资本3年平均增长率 = \left(\sqrt[3]{\frac{年末所有者权益总额}{3年前年末所有者权益总额}} - 1 \right) \times 100\%$$

由于一般增长率指标在分析时具有"滞后"性，仅反映当时情况，而利用该指标，能够反映企业资本积累或资本扩张的历史发展状况及企业稳步发展的趋势。一般认为，该指标越高，表明企业所有者权益得到的保障程度越大，企业可以长期使用的资金越充足，抗风险和持续发展能力越强。

3.2.5　上市公司的财务指标分析

上市公司公开披露的财务信息很多，投资人要想通过众多的信息正确把握企业的财务现状和未来，必须对几个重要的财务指标进行分析，这些指标有每股收益、市盈率、每股股

利、股票获利率、股利支付率和每股净资产。证券信息机构定期公布按照这几项指标高低排序的上市公司排行榜，可见其重要性。

1. 每股收益

每股收益也称每股利润或每股盈余，反映企业普通股股东持有每一股份所能享有的企业利润和承担的企业亏损。其计算公式为

$$每股收益 = \frac{净利润 - 优先股股息}{年末普通股股数}$$

每股收益是衡量上市公司盈利能力最常用的、综合性较强的财务指标，它反映普通股的获利水平。每股收益越高，说明企业获利能力越强。在分析时，可以进行公司间的比较，以评价该公司的相对盈利能力；可以进行不同时期的比较，了解该公司盈利能力的变化趋势；可以进行经营实绩和盈利预测的比较，掌握该公司的管理能力。

但在使用每股收益时要注意以下问题。

（1）每股收益不反映股票所含有的风险。例如，假设某公司原来经营日用品的产销，最近转向房地产投资，公司的经营风险增大了许多，但每股收益可能不变或提高，并不能反映风险增加的不利变化。

（2）在进行每股收益的公司间比较时要注意：不同股票的每一股在经济上不一定等量，他们所含有的净资产和市价即每股收益的投入量不一定相同。

（3）每股收益多，不一定意味着多分红，还要看公司股利分配政策。

【例3-24】S公司是一个上市公司，本年利润分配和年末股东权益的有关资料如表3-11所示。该公司当年净利润为1 500万元，发行在外的普通股为2 500万股。

表3-11　S公司本年利润分配和年末股东权益资料　　　　单位：万元

本年利润分配资料	
净利润	1 500
加：年初可分配利润	600
可分配利润	2 100
减：提取法定盈余公积金	225
可供股东分配的利润	1 875
减：已分配优先股股利	0
提取任意盈余公积	75
已分配普通股股利	1 000
未分配利润	800
年末股东权益资料	
股本（每股面值1元，市价6元）	2 500
资本公积	2 600
盈余公积	1 400
未分配利润	800
所有者权益合计	7 300

$$S公司每股收益 = \frac{1\,500}{2\,500} = 0.6(元/股)$$

2. 市盈率

市盈率是指普通股每股市价为每股收益的倍数，反映投资者对上市公司每一元净利润愿意支付的价格。其计算公式为

$$市盈率（倍数）=\frac{普通股每股市价}{普通股每股收益}$$

市盈率是人们普遍关注的指标，有关证券刊物几乎每天报道各类股票的市盈率。该比率反映投资人对每一元净利润所愿意支付的价格，可以用来估计股票的投资报酬和风险。它是市场对公司的共同期望指标，市盈率越高，表明市场对公司的未来越看好，同时表明投资风险越大。但该指标不能用于不同行业公司比较，充满扩展机会的新兴行业市盈率普遍较高，而成熟工业的市盈率普遍较低，这并不说明后者的股票没有投资价值。

由于一般的期望报酬率为 5%～20%，多以正常的市盈率为 5～20。

【例 3-25】 续例 3-24，S 公司的普通股每股收益为 0.6 元，每股市价为 6 元，则

$$S 公司市盈率=\frac{6}{0.6}=10$$

3. 每股股利

每股股利是指普通股股利总额与期末普通股股数之比。其计算公式为

$$每股股利=\frac{普通股股利总额}{期末普通股股数}$$

【例 3-26】 续例 3-24，则

$$S 公司每股股利=\frac{1\,000}{2\,500}=0.4（元/股）$$

4. 股利支付率

股利支付率是指普通股净收益中股利所占的比重，它反映公司的股利分配政策和支付股利的能力。其计算公式为

$$股利支付率=\frac{普通股每股股利}{普通股每股收益}$$

或

$$股利支付率=\frac{普通股股利总额}{普通股净收益}$$

【例 3-27】 续例 3-24，则

$$S 公司股利支付率=\frac{0.4}{0.6}=67\%$$

延伸指标为

$$留存收益率=\frac{净利润-全部股利}{净利润}\times100\%$$

式中：全部股利=普通股股利+优先股股利。

若企业无优先股，则

$$留存收益率+股利支付率=1$$

5. 每股净资产

每股净资产也称每股账面价值或每股权益，是指期末净资产（即股东权益）与期末普通股股数的比值。其计算公式为

$$每股净资产=\frac{期末股东权益}{期末普通股股数}$$

每股净资产在理论上提供了股票的最低价值。如果公司的股票价格低于净资产的成本，成本又接近变现价值，说明公司已无存在价值，清算是最好的选择。正因为如此，新建公司不允许折价发行。

【例 3-28】 续例 3-24，则

$$每股净资产=\frac{7\,300}{2\,500}=2.92(元/股)$$

案例链接

乐视网业绩变动原因分析

乐视网发布 2018 年度业绩预告称，预计 2018 年全年归属于上市公司股东的净利润为亏损 60 814.59 万~61 314.59 万元；2017 年乐视网归属于上市公司股东的净利润为亏损 1 387 804.48万元。

对于业绩变动的原因，乐视网从 2018 年经营性亏损和 2018 年投资收益计量两个方面给予解释。

乐视网表示：2018 年度，受限于关联方欠款对公司整体资金面的影响，乐视网品牌、信誉持续受损，短期内未能及时扭转公司各业务线的经营局面。公司的终端收入、广告业务收入、会员及发行业务收入相较 2017 年同期出现大幅度下滑，虽然日常运营成本如 CDN 费用、人力成本等均存在较大程度下降，但融资成本、摊提成本等仍维持在较高水平，造成 2018 年度公司整体业绩处于亏损状态。乐视网特别提示：2018 年全年上市公司经营性亏损或超 25 亿元。

在投资收益方面，主要是由于乐融致新电子科技（天津）有限公司（以下简称"乐融致新"）自 2018 年 12 月 31 日不再纳入合并范围，其股权公允价值直接影响丧失控制权当期的投资收益总额。

截至目前，乐视网委托有关机构正在对乐融致新进行评估，其评估价值直接影响上市公司丧失对乐融致新控制权当期的投资收益总额。因此次乐融致新评估影响重大，且上市公司管理层目前无法预估乐融致新的评估价值，上市公司暂按 2018 年已进行的两次评估值的平均值 57.66 亿元测算，对当期归母净利润影响金额为 20.99 亿元。公司提示，净利润可能存在较大调整的风险。

此外，乐视网还表示：因关联方欠款得不到偿还，公司目前整体资金安排存在严重困难。截至 2018 年年底，合并范围预计对大股东及其关联方应收款项（应收账款和其他应收款）计提坏账准备余额可能超过 17 亿余元。截至目前，大股东及其关联方债务处理小组最终未拿出可实质执行的完整处理方案、未给出与上市公司共同解决债务问题的计划。与大股东及其关联方债务问题解决停滞直接影响公司当期总资产和净资产，上市公司当期净资产存在为负的风险。公司股票因此存在被暂停上市的风险。

3.2.6　财务综合分析

以上财务分析仅从偿债能力、营运能力、盈利能力和发展能力方面进行独立的指标分析。各个单独的财务分析指标只能从某个侧面反映企业的财务状况，有其局限性，如偿债能力强的企业并不意味着其营运能力和盈利能力就强。因此，企业必须在上述财务分析的基础上进行综合财务分析，才能发现企业当前存在的主要问题，为今后的财务决策提供全面的财务信息。现在国内外大多采用杜邦财务分析体系和沃尔比重评分法来进行综合财务分析。

1. 杜邦财务分析体系

杜邦财务分析体系简称杜邦体系，是利用各种财务比率指标之间的内在联系，对公司财务状况和经济效益进行综合分析与评价的一种系统评价方法。它是由美国杜邦公司率先采用的一种财务分析方法。该体系以净资产收益率为核心指标，然后将其分解为若干财务指标，通过分析各分解指标的变动对净资产收益率的影响来揭示企业获利能力及其变动原因。

现在借助于杜邦体系，将东方公司主要财务报表资料及有关计算数据列入杜邦体系（见图 3-1），说明其基本原理及作用。

杜邦财务分析体系的基本原理是：将财务指标作为一个系统，将财务分析与评价作为一个系统工程，全面地分析企业的偿债能力、营运能力、盈利能力及其相互之间的关系，使分析者对公司的财务状况有深入而相互联系的认识，以有效地进行财务决策。其基本特点是系统、简明、清晰。

在杜邦财务分析体系的左边部分，主要分析企业的营运能力和盈利能力，并展示企业的营运能力和盈利能力两者之间的内在联系；在杜邦财务分析体系的右边部分，主要分析企业的偿债能力、财务结构、资本结构和资产结构，亦展示出其内在的关系。其共同作用的结果是导致净资产收益率的变动。因此，净资产收益率是杜邦财务分析体系的核心，是一个综合性最强的指标，反映着企业财务管理目标的实现情况。

杜邦财务分析体系的作用在于通过自上而下的分析，可以了解企业财务状况全貌及各项指标之间的内在联系，财务状况变动的因素及其存在的主要问题，为经营者提供解决企业财务问题的思路；同时也为企业提供财务目标的分解控制途径。自下而上运用，可以考察企业经营活动中各项财务指标的实际情况，为企业的财务控制和财务考核提供基本的路径和范围，有利于企业财务管理中责、权、利关系的进一步明确，为企业建立有效的内部财务管理体系奠定基础。因此，杜邦财务分析体系是企业财务管理的重要指标体系，在我国企业的经营管理中应结合企业的具体情况加以利用。

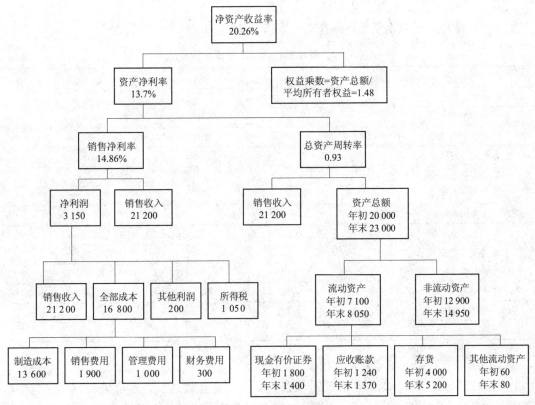

图 3-1　杜邦财务分析体系

杜邦分析体系的指标设计也具有一定的局限性，它更偏重于企业所有者的利益。从杜邦指标体系来看，在其他因素不变的情况下，资产负债率越高，净资产收益率就越高。这是因为利用较多的负债，导致财务杠杆利益的结果，但没有考虑财务风险的因素。实际上，企业负债越多，财务风险越大，偿债压力越大。

2. 沃尔比重评分法

在进行财务分析时，人们遇到的主要困难就是计算出财务比率以后，无法判断它是偏高还是偏低。与企业的历史比较，也只能看出自身的变化，却难以评价其在市场竞争中的优劣地位。为了弥补这一缺陷。亚历山大·沃尔在其于 20 世纪初出版的《信用晴雨表研究》和《财务报表比率分析》等著作中提出了信用能力指数概念，将流动比率、产权比率、固定资产比率、存货周转率、应收账款周转率、固定资产周转率、自有资金周转率 7 项财务比率用线性关系结合起来，并分别给定各自的分数比重，然后通过与标准比率进行比较，确定各项指标的得分及总体指标的累计分数，从而对企业的信用水平作出评价。

原始意义上的沃尔评价分析法存在两个缺陷：一是所选的 7 项指标缺乏证明力；二是当某项指标严重异常时，会对总评分产生不合逻辑的重大影响。况且现代社会与沃尔所处的时代相比，已经发生了很大变化。沃尔最初提出的 7 项指标已难以完全适用当前企业评价的需要。现在通常认为，自选择指标时，偿债能力、营业能力、盈利能力和发展能力指标均应当选取，除此之外还应当适当选取一些非财务指标作为参考。

【例 3-29】举例说明沃尔比重评分法的基本步骤。

（1）选择评价指标并分配指标权重。如表 3-12 所示。

表 3-12　评价指标的选定和权重的分配

选择的指标	分配的权重
一、偿债能力指标	20
1. 资产负债率	12
2. 已获利息倍数	8
二、盈利能力指标	38
1. 净资产收益率	25
2. 总资产报酬率	13
三、营运能力指标	18
1. 总资产周转率	9
2. 流动资产周转率	9
四、发展能力指标	24
1. 营业增长率	12
2. 资本积累率	12
权重合计	100

（2）确定各项评价指标的标准值。

财务指标的标准值一般可以行业平均值、企业历史先进值、国家有关标准或者国际公认标准为基础来加以确定。表 3-13 中的标准值仅是为举例目的而假设的。

表 3-13　确定财务指标的标准值

选择的指标	指标的标准值
一、偿债能力指标	
1. 资产负债率	60%
2. 已获利息倍数	3
二、盈利能力指标	
1. 净资产收益率	25%
2. 总资产报酬率	16%
三、营运能力指标	
1. 总资产周转率	2
2. 流动资产周转率	5
四、发展能力指标	
1. 营业增长率	10%
2. 资本积累率	15%

（3）对各项评价指标计分并计算综合分数（如表 3-14 所示）。

$$各项评价指标的得分 = 各项指标的权重 \times \frac{指标的实际值}{标准值}$$

$$综合得分 = \sum 各项评价指标的得分$$

表 3-14　计算评价指标分数和综合分数

选择的指标	分配的权重①	指标的标准值②	指标的实际值③	实际得分④=①×③÷②
一、偿债能力指标	20			
1. 资产负债率	12	60%	28.26%	5.65
2. 已获利息倍数	8	3	15	40
二、盈利能力指标	38			
1. 净资产收益率	25	25%	16.21%	16.21
2. 总资产报酬率	13	16%	20.93%	17
三、营运能力指标	18			
1. 总资产周转率	9	2	0.93	4.19
2. 流动资产周转率	9	5	2.64	4.75
四、发展能力指标	24			
1. 营业增长率	12	10%	11.11%	13.33
2. 资本积累率	12	15%	13.01%	10.41
综合得分	100			111.54

（4）形成评价结果。

在最终评价时，如果综合得分大于 100，则说明企业的财务状况比较好；反之，则说明企业的财务状况比同行业平均水平或者本企业历史水平差。由于该公司综合得分为 111.54，大于 100，说明其财务状况较为良好。

沃尔比重评分法是评价企业总体财务状况的一种比较可取的方法，这一方法的关键在于指标的选定、权重的分配及标准值的确定等。

案例链接

X 集团：财务共享服务平台下的财务分析

X 集团是一家专注于清洁能源与新能源的综合能源集团公司，拥有近千亿元资产。业务分为四大板块，即光伏、电力、天然气和金融。2015 年，集团开始全力打造金融板块，发展融资租赁、融资保险等业务。其财务共享服务是在 2010 年由电力板块的共享开始，到 2012 年逐步向其他业务板块扩充，涵盖集团所有板块，并持续扩大管控范围。目前，财务共享服务平台已经为集团 181 家企业提供共享服务。

X 集团财务共享服务平台系统架构如下。

1. ERP 系统

ERP 系统是 X 集团实现共享平台四大目标的技术支撑。ERP 系统将业务与财务集成为一体，财务数据来源于业务，使得业务与财务异地工作成为现实。通过系统规范业务流程，监控业务执行，保证了财务数据的准确性；统一的科目体系及入账规则系统控制，保证了财务报表的一致性。

X 集团依据不同业务板块特点采用了不同的 ERP 系统。集团直属公司和电力、新能源、地产板块采用的 ERP 系统主要应用的是一些基础模块，包括财务基础方面的会计总账、应收、应付、存货、核算报销、固定资产、现金管理，以及业务基础方面的采购管理、销售管理、库存管理、燃料管理等。这一系统最上端还将实现预算编制和预算对业务的管控，最终实现全面预算管理。

光伏板块属于制造型产业，与电力板块相比业务比较复杂，其 ERP 系统在供应链管理上增加了内部交易、委托加工、合同管理，以及资金管理方面的信用证管理、保函管理、存款管理，实现了网页版的员工报销，并将管理会计功能融入进来。

2. 银企直联

银企直联对于共享中心来说非常重要。因为将 ERP 系统付款信息抛到网银，既可以节省人工输入的时间，还可以保证数据的准确性和支付的安全。X 集团财务共享平台负责集团 200 家公司的资金支付及准时到账，工作量相当庞大，需要有效的信息手段支持批量支付与自动对账。

3. 影像系统

财务共享为集团管理带来的突出价值是加强集团管控。实物审核业务的接入有着非凡的意义，它可以有效降低串通舞弊的行为。但实物审核面临的最大问题是报销凭证的影像化工作，以及报销凭证的流转、装订、存储等管理工作。为此，X 集团共享平台引入影像系统，采用集中扫描和单点扫描结合的模式解决国外及偏远地区的实质性审核问题，实现了 ERP 系统中实物和影像系统的无缝对接。

项目公司的业务人员在 ERP 系统中填一张报销单，填完提交以后会触发两件事情：部门经理在 ERP 系统中审批，同时可以打印这张单据作为封面，封面带有一维识别码。接下来把这个封面和这张单据的报销凭证整理在一起，交给项目公司的票据员，票据员进行一维码扫单，自动上传影像系统，扫之后进行邮寄打包，票据人员将邮包号输入影像系统，这样影像系统就会记录这一批单据为寄送状态。财务共享中心收到包裹后，单证员打开包裹进入扫单系统自动进行单据签收。系统能够记录寄送了哪些单据、签收了哪些单据、提醒是否有遗漏。接下来单证员在高速扫描仪上扫描单据，自动上传到影像系统，与单据进行匹配。共享中心的审核人员（一般是成本组和往来组）通过双屏显示进行单据的实质性审核，以确保 ERP 系统单据与报销凭证的一致性，由资金组进行支付，同时生成凭证。

影像系统带来了以下好处：一是在扫描过程中可以实现批量扫描、自动上传、自动匹配，节省了大量人工；二是凭证和单据可以追溯到附件，实现了财务凭证和实物凭证的匹配；三是实现了存档管理、实物定位、档案借阅等功能。

4. 商务智能

商务智能在共享中心得到了较为充分的应用，建立了统一的平台，实现了统一登录和工作分配机制，在这个基础上，可以实现员工的绩效考核，提高员工的积极性。

财务共享平台应用 ERP 系统进一步加强基础数据梳理、流程标准化和系统的控制，实现预算和报表的管控及各个系统之间的整合，利用信息系统实现一键式报表的生成，同时实现更多业务系统与 ERP 的整合，有利于简化财会工作，提高财务分析效率，为财务分析提供质量保障。

3.3　财务分析报告

3.3.1　财务分析报告的作用

财务分析报告是指财务分析主体对企业一定时期筹资活动、投资活动、经营活动中的盈利状况、营运状况、偿债状况等进行分析与评价所形成的书面文字报告。

财务分析的主体可能是经营者，也可能是财务分析师或其他与企业利益相关者。企业的投资者、债权人和其他部门在进行投资、借贷和其他决策时，并不能完全依据经营者财务分析报告的结论。这些部门的财务分析人员或聘请的财务分析专家，会提供自己的财务分析报告，为其决策者进行决策提供客观依据。当然，企业外部分析主体的财务分析报告并不一定针对一个企业进行全面分析，它可能针对某一专题对许多企业进行分析。如银行可根据对众多企业偿债能力的分析，形成关于企业偿债能力状况的财务分析报告，为领导者进行借贷决策提供依据。

总之，财务分析报告是对企业财务分析结果的概括与总结，它对企业的经营者、投资者、债权人及其他有关单位或个人了解企业生产经营与财务状况，进行投资、经营、交易决策等都有着重要意义。其作用表现在以下几方面。

第一，财务分析报告为企业外部潜在投资者、债权人、政府有关部门评价企业经营状况和财务状况提供参考。企业外部潜在投资者、债权人、政府有关部门等从各自分析目的出发，经常对企业进行财务分析。他们分析的最直接依据是企业财务报表，但企业财务分析报告能提供许多财务会计报表所不具备的资料，因此企业财务分析报告也就成为企业外部分析者的重要参考资料。

第二，财务分析报告为企业改善和加强生产经营管理提供重要依据。企业财务分析全面揭示了企业的盈利能力、营运能力、偿债能力等方面取得的成绩和存在的问题或不足，为企业改善经营管理指明了方向，提高了依据。企业可针对财务分析报告中提出的问题，积极采取相应措施加以解决，这对于改善企业经营管理，提高财务运行质量和经济效益有着重要意义。

第三，财务分析报告是企业经营者向董事会和股东或职工代表大会汇报的书面材料。财务分析报告全面总结了经营者在一定时期的生产经营业绩，说明了企业经营目标的实现程度或完成情况，揭示了企业生产经营过程中存在的问题，提出了解决问题的措施和未来的打算。董事会和股东会根据财务分析报告对经营者进行评价和奖惩。

3.3.2　财务分析报告的格式和内容

财务分析报告的格式和内容根据分析报告的目的和用途的不同可能有所不同。如专题分析报告的格式和内容与全面分析报告的格式和内容就不同；月度财务分析报告汉语年度分析报告的格式和内容也有区别。这里仅就全面财务分析报告的一般格式和内容加以说明。

全面财务分析报告的格式比较正规，内容比较完整。一般来说，财务分析报告的格式和内容包含以下几方面。

1. 基本财务情况反映

这部分主要说明企业各项财务分析指标的完成情况，包括：① 企业盈利能力情况，如利润额及增长率、各种利润率等；② 企业营运状况，如存货周转率、应收账款增长率、各项资产额的变动和资产结构变动、资金来源及运用状况等；③企业权益状况，如企业负债结构、所有者权益结构的变动情况及企业债务负担情况等；④企业偿债能力状况，如资产负债率、流动比率、速动比率的情况等；⑤企业产品的升降情况等。对于一些对外报送的财务分析报告，还应说明企业的性质、规模、主要产品、职工人数等情况，以便财务分析报告使用者对企业有比较全面的了解。

2. 主要成绩和重大事项说明

这一部分在全面反映企业总体财务状况的基础上，主要对企业经营管理中取得的成绩及原因进行说明。例如，利润取得较大幅度的增长，主要原因是通过技术引进和技术改造提高了产品质量、降低了产品消耗、打开了市场销路等；企业支付能力较强、资金紧张得以缓解，主要原因是由于产品适销对路、减少了积压、加快了自身周转速度等。

3. 存在的问题

这是财务分析的关键所在。一个财务分析报告如果不能将企业存在的问题分析清楚，分析的意义和作用就不能很好地发挥，至少不能认为这个分析报告是完善的。问题分析，一要抓住关键问题，二要分清原因。例如，假设某企业几年来资金一直十分紧张，经过分析发现，问题的关键在于工资增长水平快于劳动生产率的增长水平。另外，对存在的问题应分清是主观因素引起的还是客观原因造成的。

4. 提出改进措施意见

财务分析的目的是发现问题并解决问题。财务分析报告对企业存在的问题必须提出切实可行的改进意见，如对于企业资产结构失衡问题，解决的措施是，或减少固定资产，或增加流动资产。在企业资金紧张、筹资困难的情况下，减少闲置固定资产可能是可行之策。因为在资金十分紧张情况下，再要增加流动资产，势必加剧自身紧张，不利于问题的解决。

应当指出，财务分析报告的结构和内容不是固定不变的，根据不同的分析目的或针对不同的财务分析报告服务对象，分析的内容侧重点不同。有的财务分析报告可能主要侧重于第一部分的企业财务情况反映，有的则侧重于存在问题分析及提出措施意见。

3.3.3 财务分析报告的编写要求

明确了财务分析报告的格式和内容，并不意味着能编写出合格的财务分析报告。编写财务分析报告人员不仅需要具备财务分析知识，还要有一定的写作水平，在此基础上，编写财务分析报告还要满足以下基本要求。

1. 突出重点、兼顾一般

编写财务分析报告，必须根据分析的目的和要求，突出分析重点，不能面面俱到。即使是编写全面分析报告，也应有主有次。但是突出重点并不意味着可忽视一般，企业经营活动和财务活动都是相互联系、相互影响的，在对重点问题进行分析时，兼顾一般问题，有利于作出全面正确的评价。

2. 观点明确、抓住关键

对财务分析报告每一部分的编写，都应观点明确，指出企业经营活动和财务活动中取得的成绩和存在的问题，并抓住关键问题进行深入分析。搞清主观原因和客观原因。

3. 注重时效、及时编报

财务分析报告具有很强的时效性，尤其对一些决策者而言，及时的财务分析报告意味着决策成功了一半，过时的财务分析报告将失去意义，甚至产生危害。在当今信息社会中，财务分析报告作为一种信息媒体，必须十分注重其时效性。

4. 客观公正、真实可靠

财务分析报告编写的客观公正、真实可靠，是充分发挥财务分析报告作用的关键。如果财务分析报告不能做到客观公正，人为地夸大某些方面，缩小某些方面，甚至弄虚作假，会使财务分析报告使用者得出错误结论，造成决策失误。财务分析报告的客观公正、真实可靠，既取决于财务分析基础资料的真实可靠，又取决于财务分析人员能否运用正确的方法、客观公正地分析评价，二者缺一不可。

5. 报告清楚、文字简练

报告清楚，一是指财务分析报告必须结构合理、条理清晰；二是指财务分析报告的论点和论据清楚；三是指财务分析报告的结论要清楚。文字简练是指在财务分析报告的编写中，要做到言简意赅、简明扼要。

本 章 小 结

财务分析是以企业财务会计报告反映的财务指标为主要依据，对企业的财务状况和经营成果进行评价和剖析，以反映企业在运营过程中的利弊得失、财务状况及发展趋势，为改进企业财务管理工作和优化经济决策提供重要的财务信息。财务分析既是已完成财务活动的总结又是财务预测的前提，在财务管理的循环中起着承上启下的作用。财务分析主要在企业偿债能力分析、营运能力分析、盈利能力分析、发展能力分析的基础上进行综合分析。财务综合分析一般分为杜邦财务分析体系与沃尔比重评分法。

复习思考题

1. 什么是财务分析？简述财务分析的程序。
2. 财务分析使用的方法主要有哪些？
3. 反映企业偿债能力、营运能力、盈利能力、发展能力的指标各有哪些？
4. 财务综合分析的方法有哪些？
5. 如何编写财务分析报告？

练 习 题

1. 某公司年初存货为 15 000 元，年初应收账款为 12 700 元，年末流动比率为 3，速动比率为 1.3，存货周转率为 4 次，流动资产合计为 27 000 元。

要求：（1）计算该公司本年销售成本；

（2）若该公司本年销售净收入为 96 000 元，除应收账款外，其他速动资产忽略不计,则应收账款周转次数是多少?

2. 某企业某年的资产负债状况如表 3-15 所示,请根据表中资料计算该企业流动比率、速动比率、现金比率和资产负债率。

表 3-15　某企业资产负债情况表　　　　　　　　　　　单位:元

资　产	金　额	负债及所有者权益	金　额
货币资金	671 000	短期借款	540 000
交易性金融资产	12 000	应付票据	1 800 000
应收账款	50 000	应交税费	45 000
应收票据	750 000	长期借款——基建借款	2 000 000
存货	2 050 000	——技术改造借款	600 000
固定资产原价	8 360 000	实收资本	5 000 000
累计折旧	140 000	留存收益	2 028 000

3. 某企业本年末流动负债 42 万元,长期负债 68 万元,速动资产 80 万元,存货 40 万元,长期资产 60 万元。计算该企业本年末资产负债率、流动比率和速动比率。

4. 某公司的部分年末数据为:流动负债 60 万元,速动比率 2.5,流动比率 3.0,销售成本 81 万元,已知年初和年末的存货相同。计算该公司的存货周转率。

5. 某企业 20×8 年 12 月份资产负债如表 3-16 所示。本年度产品销售收入净额 520 万元,产品销售成本 360 万元,利润总额 52 万元,净利润 32 万元,本年度利息支出 8 万元。

表 3-16　某企业资产负债表　　　　　　　　　　　单位:万元

项　目	年初数	年末数
存货	170	180
应收账款	70	78
资产	430	460
所有者权益	200	240

要求:(1)计算应收账款周转率;

　　　(2)计算存货周转率;

　　　(3)计算利息保障倍数;

　　　(4)计算销售净利率;

　　　(5)计算总资产周转率;

　　　(6)计算净资产收益率。

6. 某公司 20×8 年资产负债表与利润表有关数据如表 3-17 和表 3-18 所示。

表 3-17　某公司资产负债表

20×8 年 12 月 31 日　　　　　　　　　　　　　　　　　　　　　　　　单位:万元

项　目	年初数	年末数	项　目	年初数	年末数
货币资金	400	450	流动负债	203	225
应收账款	130	150	长期负债	165	240
存货	480	525	负债合计	368	465
流动资产合计	1 010	1 125	实收资本	1 500	1 500

续表

项 目	年初数	年末数	项 目	年初数	年末数
固定资产（净值）	1 425	1 545	未分配利润	567	705
资产总计	2 435	2 670	负债及所有者权益总计	2 435	2 670

表 3-18 某公司利润表

20×8 年度 单位：万元

营业收入	8 500
减：营业成本	5 950
管理费用	400
财务费用	50
营业利润	2 100
减：营业外收支净额	100
利润总额	2 000
减：所得税（25%）	500
净利润	1 500

要求：（1）根据报表资料分别对企业的偿债能力、营运能力与盈利能力等各项指标进行分析；

（2）用杜邦分析法进行综合分析。

7. 某企业 20×8 年销售收入为 3 500 万元，资产总额年初为 680 万元，年末为 720 万元；负债总额年初为 300 万元，年末为 360 万元，所得税为 165 万元，利息支出为 50 万元，已获利息倍数为 11。

要求：（1）计算本期总资产周转率；

（2）计算本期资产净利率；

（3）计算本期资产负债率；

（4）计算本期销售净利率；

（5）计算本期产权比率。

8. 已知某企业年初资产负债表上应收账款为 30 万元，存货为 16 万元，年末所有者权益为 40 万元，该年的收入为 200 万元，销售成本为 180 万元，另外：

① 存货周转率为 10 次；

② 应收账款周转率为 8 次；

③ 速动比率为 1.2；

④ 流动比率为 2.2；

⑤ 企业的长期负债为短期负债的 1.5 倍。

要求：试编制企业年底的资产负债表（见表 3-19）。

表 3-19 资产负债表 单位：万元

资 产		负债及所有者权益	
现金		流动负债	
应收账款		长期负债	
存货		负债合计	

续表

资　产		负债及所有者权益	
流动资产合计			
固定资产		所有者权益	
资产合计		负债及所有者权益	

9. 根据以下资料，计算 A 公司资产负债表（见表 3–20）和利润表（见表 3–21）中空缺的数值。

表 3–20　A 公司资产负债表　　　　　　　　　　　　　单位：万元

资　产		负债及所有者权益	
现金及有价证券		流动负债	
应收账款		长期负债	
存货		负债合计	
流动资产合计		实收资本	300
固定资产（净值）		资本公积	100
		盈余公积	400
		未分配利润	200
资产总计		所有者权益合计	1 000
		负债及所有者权益	

表 3–21　A 公司利润表　　　　　　　　　　　　　单位：万元

销售收入	
销售成本	
毛利	800
管理费用	
财务费用（公司债券利息，利率为 4%）	
利润总额	
所得税（30%）	
净利润	

补充资料：

① 产权比率为 1∶2；

② 应收账款平均收款期为 27 天，期初应收账款余额为 260 万元；

③ 存货周转率为 8 次，期初存货余额为 430 万元；

④ 已获利息倍数为 20；

⑤ 销售毛利率为 20%；

⑥ 速动比率为 1.4；

⑦ 管理费用占销售收入的 10%；

⑧ 流动负债为长期负债的三分之一。

10. 已知：长江公司 20×8 年年初负债总额为 4 000 万元，所有者权益是负债的 1.5 倍，该年的所有者权益增长率为 150%，年末资产负债率为 0.25，负债的平均利率为 10%，净利润为 1 005 万元，适用的企业所得税税率为 25%。

要求：（1）计算 20×8 年年初的所有者权益总额；

　　　（2）计算 20×8 年年初的资产负债率；

　　　（3）计算 20×8 年年末的所有者权益总额和负债总额；

　　　（4）计算 20×8 年年末的产权比率；

　　　（5）计算 20×8 年的所有者权益平均余额和负债平均余额；

　　　（6）计算 20×8 年的息税前利润；

　　　（7）计算 20×8 年净资产收益率；

　　　（8）计算 20×8 年已获利息倍数。

案例分析

案例一　S 食品公司财务比率分析

S 公司是一家食品公司，表 3-22 列示了该公司从 20×2 年到 20×6 年的相关财务比率及 20×6 年的行业中位数。

表 3-22　S 公司 20×2—20×6 年的财务比率和 20×6 年的行业中位数

指标	20×2	20×3	20×4	20×5	20×6	行业中位数
盈利性比率：						
净资产收益率/%	9.4	9.6	11.1	9.5	10.9	18.1
总资产净利率/%	4.6	5.0	6.0	5.4	6.7	7.5
销售净利率/%	6.0	6.6	7.3	7.2	8.1	8.4
销售毛利率/%	34.2	34.3	34.0	34.2	34.0	33.5
市盈率	17.2	17.2	12.7	14.8	17.0	17.7
营运性比率：						
资产周转率	0.8	0.8	0.8	0.8	0.8	0.9
固定资产周转率	2.8	2.8	3.1	2.8	3.1	4.0
存货周转率	2.2	2.2	2.2	2.0	2.2	4.1
应收账款周转期（天数）	59.2	60.5	58.0	60.8	60.1	58.9
财务杠杆与流动性比率：						
权益乘数	2.1	1.9	1.9	1.8	1.6	2.4
资产负债率/%	51.6	47.9	46.3	42.9	38.5	57.3
利息保障倍数	3.6	4.1	5.0	6.7	8.5	10.1
流动比率	2.1	2.7	3.2	3.0	3.3	2.2
速动比率	0.8	1.1	1.3	1.2	1.4	1.5

思考题：

请根据表中列示的财务比率，对 S 公司进行以下分析。

（1）请评价 S 公司的盈利能力，并分析其原因。

（2）根据营运性比率分析 S 公司产品具有的特点，并评价管理者的管理效率。

（3）通过财务杠杆与流动性比率分析可以获得 S 公司的什么信息？如何评价？

案例二　兴业电子的财务报表

　　兴业电子股份有限公司（以下简称"兴业电子"）总股本4.29亿股，流通股1.72亿股，市盈率24倍数。公司作为一家成长中的电子类公司，以通信产品、视听产品及IT产品为核心业务。过去一年，公司实现主营业务收入68.17亿元，实现净利润6.14亿元。其中，手机类产品占主营业务收入的82.82%，是国内手机品牌中利润最高的公司，毛利率37.76%。手机产品市场占有率居国产品牌第四名，视频类产品市场占有率居第三名。公司主营手机、DVD、视听设备，并于年内确定了以3C（通信、IT、家电）融合为核心、相关多元化发展的战略方向。公司建立了600多人的技术中心，设立博士后工作站，科研实力在同行业中首屈一指，形成了自己的核心技术优势。

　　思考题：

　　表3-23对主要通信产品制造公司去年的财务比率进行了汇总，请结合相关资料，从银行、股东和收购方三个角度分别对兴业电子的运营状况做出评价。

表3-23　主要通信产品制选公司去年的财务比率

名　称	速动比率/%	现金比率单位	应收账款周转率单位	股东权益比率单位	资产负债率/%	长期负债率/%	存货周转率单位	销售净利率/%
A公司	74.08	0.49	9.54	32.46	0.68	1.23	2.64	16.94
B公司	110.87	0.23	5.11	29.72	0.7	3.83	2.72	21.88
C公司	82.69	0.19	12.03	31.56	0.68	0.06	2.25	14.99
D公司	61.14	0.06	—	14.68	0.85	2.07	—	7.76
E公司	85.1	0.39	—	31.99	0.68	4.17	—	36.74
F公司	91.29	0.16	—	29.94	0.7	3.78	—	28.43
兴业电子	80.11	0.38	41.17	33.65	0.66	5.01	5.48	33.98
行业平均	83.61	0.27	9.69	29.14	0.71	2.88	1.87	22.96

案例三　XSW股份有限公司的财务报表分析

　　XSW股份有限公司是A市一家大型的硬塑生产公司。公司为了确保在未来市场逐渐扩展的同时，使经济效益稳步上升，拟运用杜邦分析方法对公司近两年的财务状况和经济效益情况进行全面分析。XSW股份有限公司2016—2018年的资产负债表和利润表资料如表3-24和表3-25所示。

表3-24　资产负债表

单位：万元

资　产				负债及所有者权益			
项　目	金　额			项　目	金　额		
	2016	2017	2018		2016	2017	2018
流动资产合计	199 299	764 600	872 650	流动负债合计	197 500	246 950	280 000

续表

资　产				负债及所有者权益			
项　目	金　额			项　目	金　额		
	2016	2017	2018		2016	2017	2018
长期股权投资	7 100	34 300	10 450	长期负债合计	15 700	43 100	64 150
固定资产净值	156 600	166 150	236 700		213 200	290 050	344 150
在建工程	10 755	15 800	64 750	—			
递延资产	—	—	3 450	—			
无形资产	—	73 750	77 750	所有者权益合计	160 455	814 550	921 600
资产总计	373 655	1 265 750	1 265 750	负债及所有者权益合计	373 655	1 104 600	1 265 750

表 3-25　利润表　　　　单位：万元

	2016	2017	2018
营业收入	440 500	474 400	494 850
减：营业成本	158 200	195 500	210 250
税金及附加	47 650	49 800	44 500
销售费用	4 950	26 350	21 750
管理费用	82 450	53 500	48 600
财务费用	6 700	1 800	9 250
营业利润	140 550	147 450	160 500
利润总额	140 550	147 450	160 500
所得税	42 165	44 235	48 150
净利润	98 385	103 215	112 350

思考题：

根据资料计算完成下述问题。

（1）计算该公司上年和本年的净资产收益率，并确定本年较上年的总差异。

（2）对净资产收益率的总差异进行总资产净收益率和权益乘数的两因素分析，并确定各因素变动对总差异影响的份额。

（3）对总资产净收益率的总差异进行销售净利率和总资产周转率的两因素分析，确定各因素变动对总资产净收益率的总差异影响的份额。

（4）对两年销售净利率的变动总差异进行构成比率因素分析，找出各构成比率变动对总差异的影响份额。

（5）运用上述分析的结果，归纳影响该公司净资产收益率变动的有利因素和不利因素，找出产生不利因素的主要问题和原因，并针对问题提出相应的改进意见。

第
4
章

财务预测与财务预算

学习目标

　　通过本章的学习，理解财务预测的意义和目的，掌握资金需要量的预测方法，掌握企业财务预算的编制。

4.1 财 务 预 测

　　预测是根据已知事件推知未知事件的一门艺术、一门科学，是对不确定的或不知道的事件做出测算和估计，包括采集历史数据并用某种数学模型来外推未来，也可以是对未来的主观或直觉的预期。财务预测是指运用科学的理论和方法，依据过去和现在的有关资料，对组织未来各项财务活动的发展变动趋势及其结果进行的预先推测和判断。任何一个组织，包括营利性组织和非营利性组织都可以根据需要进行财务预测。

▶ 知识链接

T+3 滚动预测

　　伴随以智能技术为核心的新技术的迅猛发展，滚动预测的应用又迎来了突破性的发展。元年科技在吸收 IBM 内存多维数据库技术的基础上，进一步整合了大数据和人工智能技术，基于数据实时/批量加载、机器学习、知识图谱、千万级数据亚秒聚合等，在进一步提升滚动预测的应用价值的同时，可以有效降低应用的难度。

　　T+3 滚动预测是建立基于企业业务计划（订单计划、销售计划）和业务预测（订单预测、销售预测）的预测逻辑和预测模型，形成涵盖损益和现金流量的滚动财务预测结果，能够对企业管理层和业务部门提供充分的决策支持和业务指导。在这套体系里：年度预算侧重全年目标制定与分解；月度滚动预测较年度预算要细，强调规划业务、配置资源和指导运营；月度滚动预测编制独立于年度预算模型，流程简化、操作简便；月度经营预测是后续预算控制和预算分析的依据、标准。

　　T+3 滚动预测采用"上月实际数+后 3 个月精确滚动预测+剩余期间粗略滚动预测"。近细远粗的滚动预算根据人们对未来预测具有近期把握大、远期把握小的规律，将预测精力放在最近 3 个月，主动放弃 3 个月以上预测的精细度，从而大大降低了滚动预算编制的复杂度。

　　总体来看，T+3 滚动预测的核心思想可以总结为三点：频率快、数据细、眼光远。频率快就是从季度滚动升级为月度滚动，具备条件的企业可以尝试以"周"为单位的短滚动。数据细是指预测的维度和粒度可以尽可能地细化到与日常的运营计划保持一致。眼光远是指预测的周期要足够长。当前，国内企业绝大多数都是年度内滚动，比如现在是 11 月，就只能滚动到 12 月。而 T+3 滚动预测建议企业做定长滚动，一般是滚动到未来的 12 个月。

4.1.1　财务预测的作用

　　企业财务活动是企业经济活动的核心，财务预测是企业管理的重要环节，但不是最终目的，它仅仅是一种手段，服务于企业财务活动的各个方面。它的目的在于为企业进行正确决策和编制预算提供依据，同时也是企业计划的基础。财务预测是融资计划的前提，有助于改善投资决策。根据销售前景估计出的融资需要不一定总能满足，因此就需要根据可能筹措到的资金来安排销售增长及有关的投资项目，使投资决策建立在可行的基础上。财务预测有以下几方面的作用：

　　（1）财务预测为企业正确地进行财务决策提供客观依据；

　　（2）财务预测是编制企业计划的基础；

　　（3）财务预测是实施财务控制的前提条件；

　　（4）财务预测为企业合理利用各项经济资源提供保障；

　　（5）财务预测是提高经济效益的重要手段。

　　财务预测与其他预测一样都不可能很准确，预测的真正目的是有助于应变。从表面上看，不准确的预测只能导致不准确的计划，从而使预测和计划失去意义。其实并非如此，预测给人们展现了未来各种可能的前景，促使人们制订出相应的应急计划。预测和计划是超前思考的过程，其结果并非仅仅是一个资金需要量的数字，还包括对未来各种可能前景的认识和思考。预测可以提高企业对不确定事件的反应能力，从而减少因不利事件出现而带来的损失，增加利用有利机会带来的收益。

4.1.2　财务预测的内容

1. 价格预测

　　价格预测主要是根据各种价格信息资料，运用科学方法，对市场价格运动状况及其变化趋势做出符合客观规律的判断和推理，为销售预测、利润预测、资金需要量及价格决策提供科学依据。

2. 销售预测

　　销售预测是以调查研究和数理统计的方法为基础，提供对历史销售资料及事物发展因果关系的分析，预测未来一定期间内有关产品的销售量和销售状态及其变化趋势。销售预测是企业开展生产经营活动的起点。通过销售预测，可以使决策者了解市场需求的基本动态和产品销售的一般规律，据此可确定未来时期的生产经营活动，做到以销定产，产销平衡，对产品经营做出最佳决策。企业不论成本预测、利润预测还是资金预测，都直接或间接地与销售预测内容和结果相联系。

3. 成本预测

成本预测就是根据成本特征及有关历史成本资料和企业现有的经济技术条件，结合今后的发展前景，采用科学的预测方法，对未来一定时间内有关成本水平及其变动趋势进行预计和测算。成本预测是全面加强企业成本管理的首要环节，是编制成本预算的前提，是企业正确进行生产经营决策的重要步骤和依据。

4. 利润预测

利润预测是按照生产经营目标的要求，在销售预测和成本预测的基础上，采用定量预测和定性预测相结合，对影响利润增减变动的各个因素做出综合分析，预测企业在未来一定期间的利润水平和变动趋势。利润作为一个综合性经济指标，产销数量、质量、品种、成本等都会对利润产生不同的影响。通过利润预测，可以观察利润的发展趋势，掌握利润的变化规律，确定目标利润。

5. 资金需要量预测

资金是企业生产经营活动的财力资源，通过资金预测能合理确定资金需要量，控制资金投放时间。选择最经济方便的资金来源是资金使用的前提，通过资金预测，可综合考核各种筹资渠道和筹资方式，求得筹资方式的最优组合，以便降低资金成本，提高投资效率。

4.1.3 资金需要量的预测

资金需要量的预测是财务预测的重要组成部分，也是企业合理筹集资金必需的一个基本环节。企业对外提供产品和服务，要有一定的资产。销售扩大和劳务增加时，要相应地增加流动资产，如果销售增加到一定的规模，还需增加固定资产。为了确保企业正常的经营活动能顺利地进行和扩大经营活动所需要增加的资金，企业要筹措资金。这些资金，一部分来自企业保留的盈余，另一部分通过外部融资取得。通常情况下，企业的销售增长率较高时，其保留的盈余不能满足资金的需要，即使获利良好的企业也需要外部融资。对外融资，需要寻找提供资金的人，向他们做出还本付息的承诺或提供盈利前景，并使他们相信其投资是安全的并且可以获利，这个过程往往需要较长时间。因此，企业需要预先知道自己的财务需求，提前安排融资计划，否则就可能发生资金周转问题。

预测资金需要量的方法既有定性预测法，也有定量预测法。

1. 定性预测法

定性预测法主要是利用直观的材料，依靠个人经验的主观判断和分析能力，对企业未来资金的需要量做出的预测。这种方法一般是在企业缺乏完备、准确的历史资料的情况下采用。它的预测过程是：首先由熟悉企业生产经营情况和财务情况的专家，根据过去所积累的经验进行分析判断，提出预测的初步意见；然后再通过召开座谈会或发出各种征询意见表格等形式，对上述预测的初步意见进行修正补充，得出预测的最终结果。

定性预测法在企业筹资中是非常有用的，但它不能揭示资金需要量与有关因素之间的数量关系，容易受预测人员主观判断的影响，因而预测的准确性较差。

2. 定量预测法

定量预测法是根据两个以上变量之间内在的固有关系做出预测的一种方法。在预测资金需要量时，定量预测法主要包括销售百分比法和资金习性预测法。

1）销售百分比法

销售百分比法是根据销售收入与利润表、资产负债表有关项目之间的比例关系，按照计划期销售额的增长情况来预测各项资金需要量的一种方法。使用这一方法的前提是：必须假设财务报表中某项目与销售收入的比率已知且固定不变。

采用销售百分比法预测企业资金需要量时，需要将财务报表中的各个项目，按其与销售收入之间的相关性分为两大类：敏感项目和非敏感项目。敏感项目是指其数额与销售收入之间呈正比例变化的项目。一般来说，企业在正常经营活动中，财务报表中某些项目的数额与企业的销售收入之间会存在一定的相关性。例如，企业的存货数量与销售量存在一定的比例关系，如某企业销售 100 元的商品，就需要有 30 元的存货储备，那么存货与销售收入之间的百分比是 30%。也就是说，销售收入每增加 100 元，存货就需要增加 30 元。但是，并非财务报表中所有项目的数额都与销售收入存在相关性，如实收资本、资本公积、尚有剩余生产能力的固定资产等则被称为非敏感项目。

在资产负债表中敏感资产包括现金、应收账款、存货等；敏感负债包括应付账款、应付费用等。其余的项目称为非敏感项目。利润表中的项目都是敏感项目。

销售百分比法就是根据财务报表中的敏感项目和非敏感项目与销售收入之间的关系，通过预计财务报表的方法来预测企业短期资金需要量，其计算步骤如下。

第一步，根据利润表预测企业内部资金来源增加额。根据利润表与销售收入之间的关系，编制预计利润表，来预测企业内部资金留用利润的增加额。

【例 4-1】某公司 20×8 年实际利润表有关项目与销售收入的比例如表 4-1 所示。已知该公司 20×9 年的预计销售收入为 4 200 万元，目前尚有剩余生产能力，公司所得税税率为 30%，税后利润的留用比例为 50%，预计 20×9 年的利润表如下。

表 4-1 20×8 年实际（20×9 年预计）利润表　　　单位：万元

项　　目	20×8 年实际数	占销售收入的百分比	20×9 年预计数
销售收入	3 000	100%	4 200
减：销售成本	1 800	60%	2 520
销售税金及附加	180	6%	252
销售费用	18	0.6%	25.2
减：管理费用	810	27%	1 134
财务费用	15	0.5%	21
税前利润	177	5.9%	247.8
减：所得税	53.1	—	74.34
税后利润	123.9	—	173.46

通过编制 20×9 年的预计利润表，计算出公司预计税后利润为 173.46 万元，根据 50% 的留存比例，预计留用利润为 86.73 万元，86.73 万元（173.46×50%）就是公司内部筹资额。

第二步，根据资产负债表预测企业总资金需要量。根据资产负债表各项目与销售收入之间的关系，编制预计资产负债表，计算出预测期总资金需要量。

接上例，已知该公司 20×8 年的资产负债表，编制 20×9 年预计资产负债表如表 4-2 所示。

表 4-2　20×8 年实际（20×9 年预计）资产负债表　　　　单位：万元

项　　目	20×8 年实际数	占销售收入的百分比	20×9 年预计数
资产			
现金	60	2%	84
应收账款	480	16%	672
存货	510	17%	714
待摊费用	30	—	30
固定资产净额	150	—	150
资产总计	1 230	35%	1 650
负债及所有者权益			
短期借款	33	—	33
应付账款	600	−20%	840
应付费用	60	−2%	84
长期借款	45	—	45
实收资本	295. 2	—	295. 2
留存利润	196. 8	—	283. 53
追加外部筹资额			69. 27
负债及所有者权益总额	1 230	−22%	1 650

从表中可以看出，每实现 100 元销售，需垫支资产 35 元，但同时可以形成负债 22 元，也就是说企业每销售 100 元商品，需要 13 元资金维持正常的生产经营。在本例中，计划期销售收入比上一年增加 1 200 万元，预计的资金需要量为：1 200×（35%−22%）= 156（万元），可利用内部筹集资金 86.73 万元，外部筹集资金 156−86.73 = 69.27（万元）。

上述预测过程可归结为下列计算公式，即

$$外部资金需要量 = 资产增加 - 负债自然增加 - 内部来源自然增加 =$$

$$(A-B) \cdot \frac{\Delta S}{S_1} - P \cdot E \cdot S_2 =$$

$$\left(\frac{A}{S_1} - \frac{B}{S_1} \right) \cdot \Delta S - P \cdot E \cdot S_2$$

式中：A——随销售变化的资产（敏感资产）；

　　　B——随销售变化的负债（敏感负债）；

　　　S_1——基期销售收入；

　　　S_2——预测期销售收入；

　　　ΔS——销售收入的变动额；

　　　P——销售净利率；

　　　E——盈余的留存比例；

　　　$\dfrac{A}{S_1}$——基期敏感资产与基期销售收入的百分比；

$\dfrac{B}{S_1}$——基期敏感负债与基期销售收入的百分比。

计算结果为

$$外部资金需要量 = 1\,200 \times (35\% - 22\%) - 4\,200 \times 50\% \times 173.46/4\,200 =$$
$$156 - 86.73 = 69.27(万元)$$

销售百分比法是在一定假设条件下应用的，在实践中，这些假设条件可能并不完全具备。敏感项目、非敏感项目及其销售百分比都有可能发生变动，这将会影响资金需要量预测的准确性。因此，在实际预测时，还应当根据企业的具体情况对某些项目进行调整，以提高预测的准确性。

2）资金习性预测法

所谓资金习性，是指资金的变动同产销量变动之间的依存关系。按照资金同产销量之间的依存关系，可以把资金区分为不变资金、变动资金和半变动资金。

不变资金是指在一定的产销量范围内，不受产销量变动的影响而保持固定不变的那部分资金。主要包括为维持一定的经营规模所需要的最低数额的现金、原材料的保险储备、必要的成品储备、固定资产占用的资金等。

变动资金是指随产销量的变动而呈正比例变动的资金。一般包括直接构成产品实体的原材料、外购件等占用的资金。另外，在最低储备以外的现金、应收账款、存货等也具有变动资金的性质。

半变动资金是指虽然受产销量变化的影响，但不呈同比例变动的资金，如一些辅助材料占用的资金。半变动资金可采用一定方法划分为不变资金和变动资金两部分。

进行资金习性分析，把资金划分为不变资金和变动资金两部分，从数量上掌握了资金同产销量之间的规律性，对正确地预测资金需要量有很大帮助。在预测资金需要量时，主要有以下两种形式。

（1）根据资金占用总额同产销量的关系来预测。

这种方法是根据历史上企业资金占用总额与产销量之间的关系，把资金划分为不变资金和变动资金两部分，然后结合预计的销售量来预测资金的需要量。

【例 4-2】某企业最近几年的产销量和资金变化情况如表 4-3 所示，企业预计 20×9 年产销量为 90 万件，试计算 20×9 年的资金需要量。

表 4-3 产销量与资金变化情况（1）

年 份	产销量/万件	资金占用量/万元
20×4	15	200
20×5	25	220
20×6	40	250
20×7	35	240
20×8	55	280

设产销量为自变量 x，资金占用量为 y，它们之间的关系可表示为

$$y = a + bx$$

式中：a——不变资金；

　　b——单位产销量所需变动资金。

可见，只要求出 a、b，并知道预测期的产销量，就可以用上述公式测算资金需求情况。a、b 可用回归直线方程求出，其步骤如下。

① 根据表 4-3 中的有关数字整理、编制表 4-4。

表 4-4　产销量与资金变化情况（2）

年　　份	产销量（x）/万件	资金占用量（y）/万元	xy	x^2
20×4	15	200	3 000	225
20×5	25	220	5 500	625
20×6	40	250	10 000	1 600
20×7	35	240	8 400	1 225
20×8	55	280	15 400	3 025
$n=5$	$\sum x = 170$	$\sum y = 1\ 190$	$\sum xy = 42\ 300$	$\sum x^2 = 6\ 700$

② 把表 4-4 中的数据代入下列联立方程。

$$\sum y_i = na + b \sum x_i$$
$$\sum x_i y_i = a \sum x_i + b \sum x_i^2$$

整理后得

$$b = \frac{n \sum xy - \sum x \sum y}{n \sum x^2 - \left(\sum x \right)^2}, \quad a = \frac{\sum y - b \sum x}{n}$$

解得

$$a = 170, \quad b = 2$$

③ 把 $a = 170$，$b = 2$ 代入 $y = a + bx$ 求得

$$y = 170 + 2x$$

④ 将 20×9 年预计销售量 90 万件代入上式，得

$$y = 170 + 2 \times 90 = 350 \text{（万元）}$$

（2）采用先分项后汇总的方法预测。

这种预测方法是根据各资金占用项目（如现金、存货、应收账款、固定资产）同产销量之间的关系，把各项目的资金都分成变动资金和不变动资金两部分，然后汇总在一起，求出企业变动资金总额和不变资金总额，进而来预测资金需要量。

【例 4-3】 某企业历史上现金占用与销售收入之间的关系如表 4-5 所示。

表 4-5　现金与销售收入变化情况表　　　　　　　　　单位：元

年　　份	销售收入（x）	现金占用（y）
20×4	2 000 000	110 000
20×5	2 400 000	130 000
20×6	2 600 000	140 000
20×7	2 800 000	150 000
20×8	3 000 000	160 000

根据表 4-5 中的资料，采用适当的方法计算不变资金和变动资金的数额。这里采用高低点法来求 a 和 b 的值（也可以采用回归直线法）。

$$b = \frac{最高收入期的资金占用量 - 最低收入期的资金占用量}{最高销售收入 - 最低销售收入} = \frac{160\ 000 - 110\ 000}{3\ 000\ 000 - 2\ 000\ 000} = 0.05$$

把 20×8 年的数据代入 $a = y - bx$，得

$$a = 160\ 000 - 0.05 \times 3\ 000\ 000 = 10\ 000（元）$$

存货、应收账款、流动负债、固定资产等也可以根据历史资料做这样的划分，然后汇总列于表 4-6 中。

表 4-6　资金需要量预测表（分项预测）　　　　　　　　单位：元

项　　目	年度不变资金（a）	每一元销售收入所需变动资金（b）
流动资产		
现金	10 000	0.05
应收账款	60 000	0.14
存货	100 000	0.22
小计	170 000	0.41
减：流动负债		
应付账款及应付费用	80 000	0.11
净资金占用	90 000	0.30
固定资产	510 000	0
所需资金合计	600 000	0.30

根据表 4-6 中的资料，得出预测模型为

$$y = 600\ 000 + 0.30x$$

如果 20×9 年的预计销售收入为 3 500 000 元，则

$$20×9 \text{ 年的资金需要量} = 600\ 000 + 0.3 \times 3\ 500\ 000 = 1\ 650\ 000（元）$$

从上面的分析可以看出，资金习性预测法考虑了资金需要量与产销量之间的变动关系，是一种比较简单而又准确的预测方法。

4.2　财 务 预 算

4.2.1　财务预算概述

所谓预算，就是用货币计量的方式，将决策目标所涉及的经济资源进行配置，以计划的形式具体地、系统地反映出来。预算在传统上被看成是控制支出的工具，但新的观念将其看成"使企业的资源获得最佳生产率和获利率的一种方法"。

财务预算是一系列专门反映企业未来一定预算期内预计财务状况和经营成果及现金收支等价值指标的各项预算的总称。具体包括现金预算、财务费用预算、预计资产负债表、预计利润表等内容。

财务预算具有以下作用。

（1）规划。使管理阶层在制订经营计划时更具前瞻性。

（2）沟通和协调。通过预算编制让各部门的管理者更好地扮演纵向沟通与横向沟通的角色。

（3）资源分配。由于企业资源有限，通过财务预算可将资源分配给获利能力相对较高的相关部门或项目、产品。

（4）营运控制。预算可视为一种控制标准；若将实际经营成果与预算相比较，可让管理者找出差异，分析原因，改善经营。

（5）绩效评估。通过预算建立绩效评估体系，可帮助各部门管理者做好绩效评估工作。

财务预算的编制需要以财务预测的结果为依据，并受到财务预测质量的制约；财务预算必须服从决策目标的要求，使决策目标具体化、系统化、定量化。

为了实现既定的目标，保证决策所制订的最优方案在实际中得到贯彻、执行，企业就需要编制预算。预算是计划工作的成果，它既是决策的具体化，又是控制生产经营活动的依据。财务预算是企业全面预算的一部分，它和其他预算是联系在一起的，整个全面预算是一个数字相互衔接的整体。

4.2.2　全面预算的概念

全面预算是根据企业目标所编制的经营、资本、财务等年度收支计划，即以货币及其他数量形式反映的有关企业未来一段时间内全部经营活动各项目标的行动计划与相应措施的数量说明。全面预算主要包括日常业务预算、专门决策预算和财务预算。

日常业务预算是指与企业日常经营活动直接相关的经营业务的各种预算。主要包括销售预算、生产预算、直接材料及采购预算、直接人工预算、制造费用预算、产品成本预算、期末存货预算、销售及管理费用预算等。

专门决策预算是指企业为那些在预算期内不经常发生的、一次性业务活动所编制的预算，也称特征决策预算。主要包括根据长期投资决策编制的，与购置、更新、改造、扩建固定资产决策有关的资本支出预算等。

全面预算是由一系列预算构成的体系，各项预算之间相互作用、前后衔接，形成一个完整的全面预算体系。图4-1反映了全面预算体系各预算之间的主要联系。

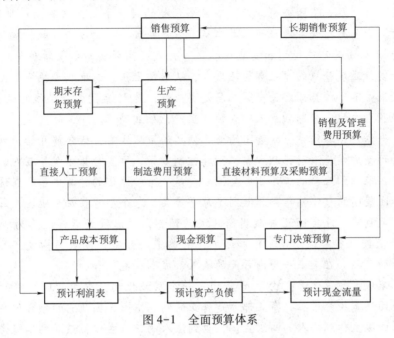

图 4-1　全面预算体系

企业的全面预算应以战略目标为出发点，以市场预测为依据，以销售为主导，再进行生产、成本费用和现金收支等各方面预算，预计的财务报表是整个预算体系的终结。如果仅从三大类预算看，日常业务预算和专门决策预算是财务预算的基础，财务预算是依赖于日常业务预算和专门决策预算编制的，是整个预算体系的主体。销售预算又是日常业务预算编制的起点。

案例链接

管理视角下集团的预算体系建设

如果说业务视角是实现有价值的管理会计的基础，那么管理视角则是管理会计的本源。企业之所以需要构建管理会计体系，根本在于满足企业管理需求，真正支持企业高层的管理决策。

H集团和M集团都搭建了全面预算管理系统，下面就以这两家公司为例，看看管控模式如何对预算管理体系产生影响。

H集团和M集团是国内知名的大型家电家集团，均以生产冰箱、洗衣机、空调等白电产品为主营业务。这两家公司行业相同，产品线相近，由于两者迥异的管控模式，诺亚舟咨询为它们搭建了完全不同的预算管理体系。

H集团是一个高度集权的集团企业，采用操作导向型集团管控模式，有自己的共享财务中心。H集团实行一体化经营，统一销售，统一采购。H集团旗下有42个工贸公司，所有的产品都投入工贸公司在全国销售；H集团还建立了全球采购平台，由其负责所有事业部的采购。H集团的高层领导，对每一个事业部、每一条产品线的具体经营情况都非常关注，他们每天都会实时查看当天的财务数据。

M集团是一个高度分权的集团企业，采用财务导向型集团管控模式。M集团的组织架构主要分三层：第一层是集团公司，是一个完全意义的投资中心，只关注产业的投资回报，负责资金运营、资金筹措和资源配置；第二层是依产业细分的制冷、日电、机电、地产等产业集团，它是M集团的产业规划和发展中心，并代表股东履行对经营单位管理和监控的职责，在管理上实行高度分权的事业部管理模式，从本质上讲，它也属于投资集团，对各事业部只管投资回报，不干涉具体经营；第三层是事业部，是M集团各产品线的经营利润中心，享有充分的经营自主权，分别独立采购、独立生产、独立销售。

H集团：一体化预算体系。H集团的全球预算体系从战略目标分解开始，到建立全方位的，包含情景预测方案、滚动预测方案、预算控制方案、预算分析方案等在内的全面预算方案，涵盖销售、采购到生产的工厂业务全流程，是一个一体化的预算体系。在这个一体化的预算体系里，H集团的整体销售预算做到了每个产品、每个型号在每个地区、每个渠道的销售量、收入、毛利等。H集团还要做明晰的滚动预测，以三段式近详远略为原则，由历史（实际数据）、近期（精确滚动预测）和远期（粗略滚动预测）的数据构成，近期预算可细化到每个型号的产品，在未来一周内每天的收入、成本、毛利和利润。

M集团：层级式预算体系。由于M集团是一个层级化的分权式管理构架，集团是投资中心，产业集团还是投资中心，事业部才是真正的利润中心，因此它的预算体系也是层级式的。从工厂的四级主体到法人的四级主体，再到法人的三级主体，最后到二级主体，是一个典型的层级式预算体系。从M集团到M产业集团，在预算管控中重要的财务指标都是诸如收入、利润、风险指标、投资回报这些收益性指标。基于M集团的管控特点，其集团公司和各产业集团都不会去关注某个事业部、某家工厂的某个产品在某个地区的销售情况，这些指标都由具体的经营主体负责，是这些主体的管控指标。总体来说，M集团的预算模式是一个完全分层级、逐层向上汇总的管控体系。

4.2.3　全面预算的编制

1. 销售预算的编制

销售预算是指在销售预测的基础上，根据企业年度目标利润确定的预计销售量、销售价格和销售额等参数编制的，用于规划预算期销售活动的一种日常业务预算。由于其他预算的编制都以销售预算作为基础，因此销售预算是整个预算的编制起点。

在销售过程中必然要发生现金收入，为了便于编制财务预算，还应在编制销售预算的同时编制与销售收入有关的现金收入计算表，用于反映全年及各季销售所得的现销收入和回收以前期应收账款的现金数额。

【例4-4】假定A公司在计划年度只生产并销售一种产品。销售预算通常要分品种、分月份、分销售区域、分推销员来编制。为了简化，本例只划分了季度销售数据。假设每季度销售收入中，本季度收到现金60%，另外的40%现金要到下季度才能收到。

表4-7是A公司的销售预算。

表 4-7　销售预算表　　　　　　　　　　　　　　　　单位：元

季　　度	一	二	三	四	全年
预算销售量/件	100	150	200	180	630
预计单位售价	200	200	200	200	200
销售收入	20 000	30 000	40 000	36 000	126 000
预计现金收入					
上年应收账款	6 200				6 200
第一季度（销售 20 000 元）	12 000	8 000			20 000
第二季度（销售 30 000 元）		18 000	12 000		30 000
第三季度（销售 40 000 元）			24 000	16 000	40 000
第四季度（销售 36 000 元）				21 600	21 600
现金收入合计	18 200	26 000	36 000	37 600	117 800

本例中每一季度的现金收入包括两部分，即上年应收账款在本年第一季度收到 40% 的货款及本季度销售中收到 60% 货款的部分。

2. 生产预算的编制

生产预算是为了规划一定预算期内预计生产量水平而编制的一种日常业务预算。它是在销售预算的基础上编制的，是所有日常业务预算中唯一使用实物量计量单位的预算，可以为进一步编制成本和费用预算提供依据。

生产预算需要根据预计的销售量按品种分别编制。由于企业的生产和销量不能做到"同步同量"，需要设置一定的存货，以保证能在发生意外需求时按时供货，并均衡生产。因此，预算期间除必须有充足的产品以供销售外，还应考虑预计期初存货和期末存货等因素。预计生产量的计算公式为

$$预计生产量 =（预计销售量+预计期末存货量）-预计期初存货量$$

公式中的预计销售量可在销售预算中找到；预计期初存货量等于上期期末存货量；预计期末存货量通常按下期销售量的一定百分比来确定。在编制预算时，应注意保持生产量、销售量、存货量之间合理的比例关系，以避免储备不足、产销脱节或超储积压等。

【例 4-5】承接例 4-4，假设 A 公司各季末的产成品存货按下一季度销售量的 10% 计算，本例假设年初有存货 10 件，年末留存 20 件。

表 4-8 为 A 公司的生产预算表。

表 4-8　生产预算表　　　　　　　　　　　　　　　　单位：件

季　　度	一	二	三	四	全年
预算销售量	100	150	200	180	630
加：预计期末存货	15	20	18	20	20
合计	115	170	218	200	650
减：预计期初存货	10	15	20	18	10
预计生产量	105	155	198	182	640

生产预算在实际编制时是比较复杂的，产量受到生产能力的限制，存货数量受到仓库容量的限制，只能在此范围内来安排存货数量和各期生产量。此外，有的季度可能销量很大，可以用赶工方法增产，为此要多付加班费。如果提前在淡季生产，会因增加存货而多付资金利息。因此，要权衡两者得失，选择成本最低的方案。

3. 直接材料预算的编制

直接材料预算是指为规划一定预算期内因组织生产活动和材料采购活动预计发生的直接材料需用量、采购数量和采购成本而编制的一种日常业务预算。

直接材料预算是以生产预算、材料单耗和预计材料采购单价等信息为基础编制的，由于企业预算期的生产消耗量和采购量往往存在不一致的现象，所以要求企业必须保持一定数量的材料存货，以保证生产的变化需要。同时还要考虑材料存货期初、期末的库存水平。预计材料采购量的公式为

$$预计材料采购量 = (预计材料耗用量 + 预计期末库存材料) - 预计期初库存材料$$
$$预计材料耗用量 = 单位产品材料耗用量 × 预计生产量$$

同编制生产预算一样，编制直接材料预算也要注意材料的采购量、耗用量和库存量保持一定的比例关系，以避免材料的供应不足或超储积压。

在材料采购过程中必然要发生现金支出，为了便于财务预算的编制，通常在编制直接材料预算的同时编制与直接材料采购有关的现金支出计算表，用于反映全年及各季采购材料所支付的现金和支付前期应付账款的现金数额。

【例4-6】假设 A 公司生产产品只耗用一种材料，单位产品耗用量为 10 kg/件，材料计划单价为 5 元/kg。各季度"期末材料存量"根据下季度生产量的 20% 计算。本例假设材料采购的货款有 50% 在本季度内付清，另外 50% 在下季度付清。

表 4-9 是 A 公司的直接材料预算表。

表 4-9　直接材料预算表　　　　　　　　单位：kg

季　度	一	二	三	四	全　年
预计生产量/件	105	155	198	182	640
单位产品材料耗用量	10	10	10	10	10
生产需用量	1 050	1 550	1 980	1 820	6 400
加：预计期末存量	310	396	364	400	400
合　　计	1 360	1 946	2 344	2 220	6 800
减：预计期初存量	300	310	396	364	300
预计材料采购量	1 060	1 636	1 948	1 856	6 500
单价/（元/kg）	5	5	5	5	5
预计采购金额/元	5 300	8 180	9 740	9 280	32 500
预计现金支出					
上年应付账款/元	2 350	—	—	—	2 350
第一季度（采购 5 300 元）	2 650	2 650			5 300
第二季度（采购 8 180 元）	—	4 090	4 090	—	8 180

续表

季　度	一	二	三	四	全　年
第三季度（采购 9 740 元）	—	—	4 870	4 870	9 740
第四季度（采购 9 280 元）	—	—	—	4 640	4 640
合　计	5 000	6 740	8 960	9 510	30 210

4. 直接人工预算的编制

直接人工预算是指为规划一定预算期内人工工时的消耗水平和人工成本水平而编制的一种日常业务预算。直接人工成本包括直接工资和按工资的一定比例计算的其他直接费用（应付福利费）。

直接人工预算也是以生产预算为基础的。其主要内容有预计生产量、单位产品工时定额、单位工时工资率和其他直接费用等资料。基本计算公式为

预计直接人工总工时 = 单位产品工时定额 × 预计生产量

预计直接人工工资 = 单位工时工资率 × 预计直接人工总工时

预计计提其他直接费用 = 预计直接人工成本 × 其他直接费用计提比例

预计直接人工成本合计 = 预计直接人工工资 + 预计计提其他直接费用

【例 4-7】 A 公司预算期单位产品工时定额为 10 工时，单位工时的工资率为 2 元，A 公司的直接人工预算如表 4-10 所示。

表 4-10　直接人工预算

季　度	一	二	三	四	全　年
预计生产量/件	105	155	198	182	640
单位产品工时定额/（h/件）	10	10	10	10	10
预计直接人工总工时/h	1 050	1 550	1 980	1 820	6 400
单位工时工资率/（元/h）	2	2	2	2	2
预计直接人工工资/元	2 100	3 100	3 960	3 640	12 800
预计计提其他直接费用/元	294	434	554.4	509.6	1 792
预计直接人工成本合计	2 394	3 534	4 514.4	4 149.6	14 592

5. 制造费用预算的编制

制造费用预算是指为规划一定预算期内除直接材料和直接人工预算以外预计发生的其他生产费用水平而编制的一种日常业务预算。

当以变动成本法为基础编制制造费用预算时，制造费用预算通常分为变动性制造费用和固定性制造费用两部分。固定性制造费用可在上年的基础上根据预算期情况加以适当调整，并作为期间成本直接列入利润表，作为收入的扣除项目。变动性制造费用则根据单位产品预定分配率乘以预计的生产量进行预计。变动性制造费用预算分配率的计算公式为

$$变动性制造费用预算分配率 = \frac{变动性制造费用预算总额}{分配标准预算数}$$

式中，分母可在预算生产量或预算直接人工工时总数中选择，多品种条件下，一般按后者进行分配。

另外，为了反映与制造费用有关的现金支出情况，需要在制造费用预算表下列示预计的现金支出部分。由于发生的固定资产折旧、无形资产摊销等是非付现成本，因此在填列与制造费用有关的现金支出项目时应剔除。

【例4-8】A公司在编制预算时采用完全成本法，制造费用按产品直接人工工时比例分配，除折旧以外的各项制造费用均在当季支付现金。表4-11是A公司的制造费用预算表。

表4-11 制造费用预算 单位：元

季度	一	二	三	四	全年
变动制造费用					
间接人工	105	155	198	182	640
间接材料	105	155	198	182	640
修理费	210	310	396	364	1 280
水电费	105	155	198	182	640
小计	525	775	990	910	3 200
固定费用					
修理费	1 000	1 140	900	900	3 940
折旧	1 000	1 000	1 000	1 000	4 000
管理人员工资	200	200	200	200	800
保险费	75	85	110	190	460
财产费	100	100	100	100	400
小计	2 375	2 525	2 310	2 390	9 600
合计	2 900	3 300	3 300	3 300	12 800
减：折旧	1 000	1 000	1 000	1 000	4 000
现金支出的费用	1 900	2 300	2 300	2 300	8 800

$$变动性制造费用分配率 = 3\ 200 / 6\ 400 = 0.5(元/h)$$
$$固定性制造费用分配率 = 9\ 600 / 6\ 400 = 1.5(元/h)$$

6. 产品成本预算的编制

产品成本预算是指为规划一定预算期内每种产品的单位产品成本、生产成本、销售成本等项内容而编制的一种日常业务预算。

产品成本预算是在生产预算、直接材料预算、直接人工预算、制造费用预算的基础上汇总编制的。其主要内容是产品的单位成本和总成本。它也是编制预计资产负债、预计利润表的主要依据之一。

该预算必须按照各种产品进行编制，其程序与存货的计价方法密切相关，不同的存货计价方法，需要采取不同的预算编制方法。此外，不同的成本计算模式也会产生不同的影响。

A公司的成本预算如表4-12所示。

表 4-12　成本预算　　　　　　　　　　　　　　　单位：元

项　目	单位成本			生产成本（640 件）	期末存货（20 件）	销货成本（630 件）
	每千克或每小时	投入量	成本/元			
直接材料	5	10 kg	50	32 000	1 000	31 500
直接人工	2.28	10 h	22.8	14 592	456	14 364
变动性制造费用	0.5	10 h	5	3 200	100	3 150
固定性制造费用	1.5	10 h	15	9 600	300	9 450
合　计			92.8	59 392	1 856	58 464

7. 销售及管理费用预算的编制

销售及管理费用预算是指为规划一定预算期内企业在销售阶段组织产品销售和因管理企业预计发生的各项费用水平而编制的一种日常业务预算。

编制销售及管理费用预算的主要依据是预算期全年和各季度的销售量及各种有关的标准耗用量和标准价格资料。为了便于编制财务预算，在编制销售及管理费用预算的同时，还要分季度编制与销售及管理费用有关的现金支出数。

表 4-13 是 A 公司的销售及管理费用预算表。

表 4-13　销售及管理费用预算表　　　　　　　　　　　单位：元

销售费用	
销售人员工资	2 000
广告费	5 500
包装、运输费	3 000
保管费	2 700
管理费用	
管理人员薪金	4 000
福利费	800
保险费	600
办公费	1 400
合计	20 000
每季度支付现金（20 000/4）	5 000

8. 专门决策预算的编制

A 公司要在第二季度购买设备一台，价款为 10 000 元。

9. 现金预算的编制

现金预算是用来规划预算期内企业现金收入、现金支出和资本融通的一种财务预算。这里说的现金是指企业的库存现金和银行存款等货币资金，编制现金预算的目的在于合理地处理现金收支业务，调度资金，保证企业财务的正常运转。

编制现金预算的主要依据包括涉及现金收入和支出的销售预算、直接材料预算、直接人工预算、制造费用预算、销售及管理费用预算及专门决策预算等资料。

现金预算主要包括以下内容。

（1）现金收入。现金收入包括期初的现金结存数和预算期内预计发生的现金收入，如现销收入、收回前期的应收款项、应收票据到期兑现和票据贴现等。

（2）现金支出。现金支出是指预算期内预计可能发生的一切现金支出。如采购材料支付款项、支付工资、支付部分制造费用、支付销售、管理及财务费用、偿还前期的应付款项、交纳税金和支付股利等。

（3）现金多余或不足。现金收支相抵后的余额，若收大于支，则现金多余，除了可用于偿还银行存款之外，还可购买用于短期投资的证券；若收小于支，则现金不足，需设法筹资。

（4）资金融通。预算期内根据现金收支的差额和企业有关资金管理的各项政策，确定筹集或运用资金的数额。包括向银行借款、发放短期商业票据还本付息及偿还借款和购买有价证券等事项。

【例4-9】假设 A 公司年初现金余额为 8 000 元，在第二、四季度支付投资者股利 8 000元。该公司最低余额保持 6 000 元，最高为 8 000元。当现金不足时可向银行借款，多余时归还借款。借款在季初，还款在季末。银行借款利率为 10%。编制 A 公司的现金预算，如表 4-14 所示。

表4-14　现金预算　　　　　　　　单位：元

季　度	一	二	三	四	全　年
期初现金余额	8 000	7 906	6 332	4 957.6	8 000
加：销货现金收入（表4-7）	18 200	26 000	36 000	37 600	117 800
可供使用现金	26 200	33 906	42 332	42 557.6	125 800
减各项支出					
直接材料（表4-9）	5 000	6 740	8 960	9 510	30 210
直接人工（表4-10）	2 394	3 534	4 514.4	4 149.6	14 529
制造费用（表4-11）	1 900	2 300	2 300	2 300	8 800
销售及管理费用（表4-13）	5 000	5 000	5 000	5 000	20 000
所得税	4 000	4 000	4 000	4 000	16 000
购买设备		10 000			10 000
股利		8 000		8 000	16 000
支出合计	18 294	39 574	24 774.4	32 959.6	115 539
现金多余或不足	7 906	-5 668	17 557.6	9 598	10 261
向银行借款		12 000		11 000	36 000
还银行借款			12 000		12 000
借款利息（年利率10%）			600		600
期末现金余额	7 906	6 332	4 957.6	9 598	9 598

4.2.4　预计财务报表的编制

预计财务报表是财务管理的重要工具，包括预计的利润表和预计的资产负债表等。

预计财务报表的作用与历史实际的财务报表不同。预计财务报表主要为企业财务管理服务，是控制企业资金、成本和利润总量的重要手段。因其可以从总体上反映一定期间企业经营的全局情况，通常称为企业的"总预算"。

1. 预计利润表的编制

预计利润表是指以货币形式综合反映预算期内企业经营活动成果（包括利润总额、净利润）计划水平的一种财务预算。该预算需要在销售预算、产品成本预算、制造费用预算、销售及管理费用预算等日常业务预算的基础上编制。

表 4-15 是 A 公司的预计利润表。

表 4-15　预计利润表　　　　　　　　　单位：元

项　　目	金　　额
销售收入（表 4-7）	126 000
减：销售成本（表 4-12）	58 464
毛利	67 536
销售及管理费用（表 4-13）	20 000
利息（表 4-14）	600
利润总额	46 936
所得税（估计）	16 000
税后净利润	30 936

表中，"销售收入"项目的数据来自销售预算；"销售成本"项目的数据来自成本预算；"毛利"项目的数据是前两项的差额；"销售及管理费用"项目的数据来自销售及管理费用预算；"利息"项目的数据来自现金预算。而"所得税"项目是在利润规划时估计的，并已列入现金预算。它通常不是根据"利润"和所得税税率计算出来的，因为有诸多纳税调整的事项存在。此外，从预算编制程序上看，如果根据"本年利润"和税率重新计算所得税，就需要修改"现金预算"，引起信贷计划修订，进而改变"利息"，最终又要修改"本年利润"，从而陷入数据的循环修改。

预计的利润表与实际的利润表内容、格式相同，只不过数字是面向预算期的。该表又称为利润表预算。它是在汇总销售、成本、销售及管理费用、营业外收支、资本支出等预算的基础上加以编制的。通过编制预计利润表，可以了解企业预期的盈利水平。如果预算利润与最初编制方针中的目标利润有较大的不一致，就需要调整部门预算，设法达到目标，或者经企业领导同意后修改目标利润。

2. 预计资产负债表

预计资产负债表与实际的资产负债表内容、格式相同，只不过数据是反映预算期末的财务状况。该表是利用本期期初资产负债表，根据销售、生产、资本等预算的有关数据加以调整编制的。

表 4-16 是 A 公司的预计资产负债表，大部分项目的数据来源已注明在表中。土地、普

通股、长期借款三项本年度没有变化。期末"未分配利润"的计算为

$$期末未分配利润＝期初未分配利润＋本期利润－本期股利＝$$
$$16\ 278+30\ 936-16\ 000=31\ 214(元)$$

表4-16　预计资产负债表　　　　　　　　　　单位：元

资　　产			权　　益		
项　目	年初	年末	项　目	年初	年末
现金（表4-14）	8 000	9 598	应付账款（表4-9）	2 350	4 640
应收账款（表4-7）	6 200	14 400	长期借款	9 000	9 000
直接材料（表4-9）	1 500	2 000	普通股	20 000	20 000
产成品（表4-12）	928	1 856	未分配利润	16 278	31 214
土地	15 000	15 000			
房屋及设备（表4-14）	20 000	30 000			
累计折旧（表4-11）	4 000	8 000			
资产总额	47 628	64 854	权益总额	47 628	64 854

编制预计资产负债表的目的在于判断预算反映的财务状况的稳定性和流动性。如果通过预计资产负债表的分析，发现某些财务比率不佳，必要时可修改有关预算，以改善财务状况。

4.3　财务预算的编制方法

4.3.1　固定预算方法和弹性预算方法

编制预算的方法按其业务量基础的数量特征不同，可分为固定预算方法和弹性预算方法。

1. 固定预算方法

固定预算方法简称固定预算，又称静态预算，是指以预算期内正常的、可实现的某一业务量（如生产量、销售量）水平为唯一基础来编制预算的方法。

固定预算的基本特点是：① 不考虑预算期内业务量水平可能发生的变动，只以某一确定的业务量水平为基础预计其相应的数额；② 将预算的实际执行结果按预算期内计划规定的某一业务量水平所确定的预算数进行比较分析，并据以进行业绩考核。

这种预算方法的最大缺点是当实际的业务量与编制预算所依据的业务量发生较大差异时，各项费用的实际数与预算数缺少了可比的基础。于是，利用固定预算就很难正确地考核和评价企业预算的实际执行情况。因此，这种预算方法只适用于考核业务量水平较为稳定的企业或非营利性组织。

2. 弹性预算方法

弹性预算方法简称弹性预算，是相对于固定预算而言的，又称变动预算，是指在成本按其性态分类的基础上，以业务量、成本和利润之间的依存关系为依据，按照预算期可预见的各种业务量水平，编制能够适应不同业务量预算的方法。

按弹性预算方法编制的预算不再只是适应一个业务量水平的预算，而是能够随着业务量

水平的变动作机动调整的一组预算。编制弹性预算所依据的业务量可以是产量、销售量、直接人工工时、机器台时、材料耗用量和直接人工工资等。

与固定预算相比，弹性预算具有两个显著的特点：① 弹性预算能够反映预算期内与一定相关范围内可预见的多种业务量水平相对应的不同预算额，从而扩大了预算的使用范围，便于预算指标的调整；② 在预算期实际业务量与计划业务量不一致的情况下，可以将实际指标与实际业务量相应的预算额进行对比，使预算执行情况的评价与考核建立在更加客观和可比的基础上，便于更好地发挥预算的控制作用。

1）弹性成本预算的编制

编制弹性成本预算，关键是进行成本性态分析，将全部成本最终区分为变动成本和固定成本两大类。变动成本主要根据单位业务量来控制，固定成本则按总额控制。在此基础上，按事先选择的业务量计量单位和确定的有效变动范围，根据该业务量与有关成本费用项目之间的内在关系即可编制弹性成本预算。

编制弹性成本预算首先要选择适当的业务量。选择业务量包括选择业务量计量单位和业务量变动范围两部分内容。业务量计量单位应根据企业的具体情况进行选择。一般来说，生产单一产品的部门，可以选用产品实物量；生产多品种产品的部门，可以选用人工工时、机器工时等；修理部门可以选用修理工时等。以手工操作为主的企业应选用人工工时；机械化程度较高的企业选用机器工时更为适宜。

业务量变动范围是指弹性预算所适用的业务量变动区间。业务量变动范围的选择应根据企业的具体情况而定。一般来说，可定在正常生产能力的 70%～120%，或以历史上最高业务量和最低业务量为其上、下限。

编制弹性成本预算有公式法和列表法两种方法。

（1）公式法。在成本性态分析的基础上，可将任何成本项目近似地表示为 $y=a+bx$。因此，只要在预算中列示 a（固定成本）和 b（单位变动成本），就可以很方便地计算出任一业务量的预算成本。

【例 4-10】某公司按公式法编制的制造费用弹性预算如表 4-17 所示，其中较大的混合成本项目已经被分解。

表 4-17　某公司预算期制造费用弹性预算（公式法）

直接人工工时变动范围：70 000～120 000 小时　　　　　　　　单位：元

项　　目	a	b
管理人员工资	15 000	—
保险费	5 000	—
设备租金	8 000	—
维修费	6 000	0.25
水电费	500	0.15
辅助材料	4 000	0.30
辅助工资	—	0.45
检验员工资	—	0.35
合　　计	38 500	1.50

根据表4-17，可利用 $y=38\,500+1.5x$，计算出人工工时在70 000~120 000小时的范围内任一业务量基础上的制造费用预算总额；也可以计算出在该人工工时变动范围内，任一业务量的制造费用中某一费用项目的预算额，如维修费 $y=6\,000+0.25x$。

这种方法的优点是在一定范围内不受业务量波动的影响，编制预算的工作量较小；缺点是在进行预算控制和考核时，不能直接查出特定业务量下的总成本预算额，而且按细目分解成本比较麻烦，同时又有一定的误差。在实际工作中可以将公式法和列表法结合起来应用。

（2）列表法。通过列表的方式，在相关范围内每隔一定业务量范围计算相关数值的预算。表4-18是某公司按列表法编制的制造费用弹性预算。

表 4-18　某公司预算期制造费用弹性预算（列表法）　　　　　　单位：元

直接人工工时	70 000	80 000	90 000	100 000	110 000	120 000
生产能力利用	70%	80%	90%	100%	110%	120%
1. 变动成本项目	56 000	64 000	72 000	80 000	88 000	96 000
辅助工人工资	31 500	36 000	40 500	45 000	49 500	54 000
检验员工资	24 500	28 000	31 500	35 000	385 00	42 000
2. 混合成本项目	59 500	66 500	73 500	80 500	87 500	94 500
维修费	23 500	26 000	28 500	31 000	33 500	36 000
水电费	11 000	12 500	14 000	15 500	17 000	18 500
辅助材料	25 000	28 000	31 000	34 000	37 000	40 000
3. 固定成本项目	28 000	28 000	28 000	28 000	28 000	28 000
管理人员工资	15 000	15 000	15 000	15 000	15 000	15 000
保险费	5 000	5 000	5 000	5 000	5 000	5 000
设备租金	8 000	8 000	8 000	8 000	8 000	8 000
制造费用预算	143 500		173 500	188 500	203 500	218 500

表4-18中的业务量间距为10%，在实际工作中可选择更小的间距，如5%。业务量的间距越小，实际业务量水平出现在预算表中的可能性就越大，但工作量也越大。

列表法的主要优点是可以直接从表中查得各种业务量下的成本预算，便于预算的控制与考核，可以在一定程度上弥补公式法的不足。但这种方法工作量较大，且不能包括所有业务量条件下的费用预算，故适用面较窄。

2）弹性利润预算的编制

弹性利润预算是根据成本、业务量和利润之间的依存关系，为适应多种业务量变化而编制的利润预算。弹性利润预算是以弹性成本预算为基础编制的，其主要内容包括销售量、价格、单位变动成本、贡献边际和固定成本。

常见的弹性利润预算方法有因素法和百分比法两种。

（1）因素法。因素法是根据受业务量变动影响的有关收入、成本等因素与利润的关系，列表反映在不同业务量条件下利润水平的预算方法。表4-19是某公司以1 000件为销售量的间隔单位编制的产品弹性利润预算表。

表 4-19　某公司弹性利润预算表　　　　　　　　　　　　　　　　　单位：元

项　　目	金　　　额					
销售量/件	7 000	8 000	9 000	10 000	11 000	12 000
单价	100	100	100	100	100	100
单位变动成本	86	86	86	86	86	86
销售收入	700 000	800 000	900 000	1 000 000	1 100 000	1 200 000
减：变动成本	602 000	688 000	774 000	860 000	946 000	1 032 000
边际贡献	98 000	112 000	126 000	140 000	154 000	168 000
减：固定成本	80 000	80 000	80 000	80 000	80 000	80 000
营业利润	18 000	32 000	46 000	60 000	74 000	88 000

如果销售价格、单位变动成本、固定成本发生变动，也可参照此方法，分别编制在不同销售价格、不同单位变动成本、不同固定成本水平下的弹性利润预算，从而形成一个完整的弹性利润预算体系。

这种方法适用于单一品种经营或采用分算法处理固定成本的多品种经营的企业。

（2）百分比法。百分比法又称销售额百分比法，是指按不同销售额的百分比来编制弹性利润预算的方法。一般来说，许多企业都是多品种经营，在实际工作中，分别按品种逐一编制弹性利润预算是不现实的，这就需要用一种综合的方法——销售额百分比法对全部经营商品或按商品大类编制弹性利润预算。

【例 4-11】　某公司预算年度的销售业务量达到 100% 时其销售收入为 1 000 000 元，变动成本为 860 000 元，固定成本为 80 000 元。

表 4-20 是根据以上资料以 10% 为间隔编制的该公司弹性利润预算表。

表 4-20　某公司弹性利润预算表　　　　　　　　　　　　　　　　　单位：元

销售收入百分比（1）	80%	90%	100%	110%	120%
销售收入（2）= 1 000 000×（1）	800 000	900 000	1 000 000	1 100 000	1 200 000
变动成本（3）= 860 000×（1）	688 000	774 000	860 000	946 000	1 032 000
边际贡献（4）=（2）-（3）	112 000	126 000	140 000	154 000	168 000
固定成本（5）	80 000	80 000	80 000	80 000	80 000
利润总额（6）=（4）-（5）	32 000	46 000	60 000	74 000	88 000

应用百分比法的前提条件是销售收入必须在相关范围内变动，即销售收入的变化不会影响企业的成本水平（单位变动成本和固定成本总额）。此法主要适用于多品种经营企业。

4.3.2　增量预算方法和零基预算方法

编制成本费用预算的方法按其出发点的特征不同，可分为增量预算和零基预算。

1. 增量预算方法

增量预算方法简称增量预算，又称调整预算方法，是指以基期成本费用水平为基础，结合预算期业务量水平及有关影响成本因素的未来变动情况,通过调整有关原有费用项目而编制预算的一种方法。

增量预算方法假定:现有的业务活动是企业所必需的;原有的各项开支都是合理的;未来预算期的费用变动是在现有费用的基础上调整的结果。

2. 零基预算方法

零基预算方法的全称为"以零为基础编制计划和预算的方法",又称零底预算,是指在编制成本费用预算时,不考虑以往会计期间所发生的费用项目或费用数额,而是将所有的预算支出均以零为出发点,一切从实际需要与可能出发,逐项审议预算期内各项费用的内容及开支标准是否合理,在综合平衡的基础上编制费用预算的一种方法。

零基预算方法打破了传统的编制预算观念,不再以历史资料为基础进行调整,而是一切以零为基础。编制预算时,首先要确定各个费用项目是否应该存在,然后按项目的轻重缓急,安排企业的费用预算。

【例4-12】某公司为深入开展双增双节运动,降低费用开支水平,拟对历年来超支严重的业务招待费、劳动保护费、办公费、广告费、保险费等间接费用项目按照零基预算方法编制预算。

经多次讨论研究,预算编制人员确定上述费用在预算年度开支水平如表4-21所示。

表4-21　预计费用项目及开支金额　　　　　　　　　　　　单位:元

费用项目	开支金额
1. 业务招待费	180 000
2. 劳动保护费	150 000
3. 办公费	100 000
4. 广告费	300 000
5. 保险费	120 000
合　　计	850 000

经过充分讨论,可以得出以下结论:上述费用中除业务招待费和广告费以外都不能压缩了,必须得到全额保证。

根据历史资料对业务招待费和广告费进行成本-效益分析,得到以下数据,如表4-22所示。

表4-22　成本-效益分析表

成本项目	成本金额	收益金额
业务招待费	1	4
广告费	1	6

然后,权衡上述各项开支的轻重缓急排出层次和顺序。

因为劳动保护费、办公费和保险费在预算期必不可少,需要全额得到保证,属于不可避免的约束性固定成本,故应列为第一层次;因为业务招待费和广告费可根据预算期间企业财力情况酌情增减,属于可避免项目,其中广告费的成本-效益较大,应列为第二层次;业务招待费的成本-效益相对较小,应列为第三层次。

假定该公司预算年度对上述各项费用可动用的财力资源只有 700 000 元，根据以上排列的层次和顺序，分配资源，最终落实的预算金额如下。

（1）确定不可避免项目的预算金额为

$$150\ 000+100\ 000+120\ 000=370\ 000（元）$$

（2）确定可分配资金的数额为

$$700\ 000-370\ 000=330\ 000（元）$$

（3）按成本-效益比重将可分配的资金数额在业务招待费和广告费之间进行分配

$$业务招待费可分配金额=330\ 000\times\frac{4}{4+6}=132\ 000（元）$$

$$广告费可分配金额=330\ 000\times\frac{6}{4+6}=198\ 000（元）$$

在实际工作中，某些成本项目的成本-效益的关系不容易确定，按零基预算方法编制预算时，不能机械地平均分配资金，而应根据企业的实际情况，有重点、有选择地确定预算项目，保证重点项目的资金需要。

4.3.3 定期预算方法和滚动预算方法

编制预算的方法按其预算期的时间特征不同，可分为定期预算方法和滚动预算方法。

1. 定期预算方法

定期预算方法简称定期预算，是指在编制预算时，以不变的会计期间（如日历年度）作为预算期的一种编制预算的方法。定期预算的优点是能够使预算期与会计年度相配合，便于考核和评价预算的执行情况。

2. 滚动预算方法

滚动预算方法简称滚动预算，又称连续预算或永续预算，是指在编制预算时，将预算期与会计年度脱离开，随着预算的执行不断延续补充预算，逐期向后滚动，使预算期永远保持为一个固定期间的一种预算编制方法。这种预算能够使管理者有长远的计划，考虑和规划企业未来的生产经营活动，以保证企业经营管理工作能够稳定而有秩序地进行，使企业经营活动始终有一个长远的总体战略布局。

其具体做法是：每过一个季度（或月份），立即根据前一季度（或月份）的预算执行情况，对以后季度（或月份）进行修订，并增加一个季度（或月份）的预算。这样就可以逐期向后滚动、连续不断地以预算形式规划企业未来的经营活动。

从理论上看，滚动预算按其预算编制和滚动时间单位不同可分为逐月滚动、逐季滚动和混合滚动三种形式。

逐月滚动是以月份为预算的编制和滚动单位，每个月调整一次预算，如在 2019 年 1—12 月的预算执行过程中，需要在 1 月末根据当月预算的执行情况，修订 2—12 月的预算，同时补充 2020 年 1 月份的预算；2 月末根据当月预算的执行情况，修订 3 月至 2020 年 1 月的预算，同时补充 2020 年 2 月份预算；以此类推。逐月滚动编制的预算比较精确，但工作量太大。

逐季滚动是以季度为预算的编制和滚动单位，每个季度调整一次预算，编制过程与逐月滚动预算一样。但逐季滚动预算比逐月滚动预算的工作量小，不过预算精度较差。

混合滚动预算是在编制预算过程中，同时使用月份和季度作为预算的编制和滚动单位的方法。它是滚动预算的一种变通方式。为了做到长计划短安排，远略近详，在编制预算时，可以对近期预算提出较高的精确要求，使预算的内容相对详细；对远期预算提出较低的要求，使预算的内容相对简单，这样可以减少预算工作量。

本 章 小 结

财务预测是企业管理的重要环节，但不是最终目的，它仅仅是一种手段，服务于企业财务活动的各个方面。它的目的在于为企业进行正确决策和编制预算提供依据，同时也是企业计划的基础。财务预测是融资计划的前提，有助于改善投资决策。根据销售前景估计出的融资需要不一定总能满足，因此就需要根据可能筹措到的资金来安排销售增长及有关的投资项目，使投资决策建立在可行的基础上。

财务预算是企业全面预算的一部分，它和其他预算是联系在一起的，整个全面预算是一个数字相互衔接的整体。现金预算是财务预算的核心内容，现金预算要求在销售预算、生产预算、直接材料预算、直接人工预算、制造费用预算、产品成本预算、销售及管理费用预算、资本支出预算编制的基础上进行编制。预计财务报表包括预计利润表和预计资产负债表。

复习思考题

1. 企业为什么要进行财务预测？
2. 如何预测企业资金需要量？
3. 全面预算的内容有哪些？
4. 如何编制现金预算？

练 习 题

1. 某企业 20×8 年 12 月 31 日的资产负债表如表 4-23 所示。

表 4-23　某企业资产负债表　　　　　　　　　　　单位：元

资　　产	金　　额	负债及所有者权益	金　　额
现金	10 000	应付票据	8 000
应收账款	24 000	应付费用	4 000
存货	50 000	应付账款	20 000

资　产	金　额	负债及所有者权益	金　额
预付费用	4 000	短期借款	50 000
固定资产净值	212 000	长期负债	80 000
		实收资本	128 000
		留用利润	10 000
资产总额	300 000	负债及所有者权益总额	300 000

该企业 20×8 年的销售收入为 200 000 元，税后净利为 20 000 元，销售净利率为 10%，已按 50% 的比例发放普通股股利 10 000 元。目前，企业尚有剩余生产能力，即增加收入不需要进行固定资产方面的投资，流动资产和流动负债都是敏感项目。假定销售净利率仍保持上年水平，预计 20×9 年销售收入将提高到 240 000 元，年末普通股股利发放比例将增加至 70%。

要求：预测 20×9 年的资金需要量和外部资金需要量。

2. 某企业产销量和资金变化情况如表 4-24 所示。

表 4-24　某企业产销量和资金变化情况

年　份	产销量/万件	资金占用量/万元
20×4	15	200
20×5	25	220
20×6	40	250
20×7	35	240
20×8	55	280

要求：若 20×9 年产销量为 90 万件，用回归直线法预测其资金占用。

3. 大兴工厂今年 12 个月的资金占用数据如表 4-25 所示。

表 4-25　大兴工厂今年 12 个月的资金占用数据

月　份	产量/千件	资金占用/元
1	9	300
2	8	250
3	9	290
4	10	310
5	12	340
6	14	400
7	11	320
8	11	330
9	13	350
10	8	260
11	6	200
12	7	220

要求：若明年 1 月的产量为 10 千件，用高低点法预测其资金占用多少。

4. 某公司本月现金余额为 10 000 元，应收账款余额为 5 000 元（预计下月可收回 80%），应付账款余额为 6 000 元（需在下月内全部付清）。预计下月发生下列经济业务：① 销货 60 000 元，当期收现 50%；② 采购材料 9 000 元，当期付款 70%；③ 工资支出 8 000 元；④ 制造费用等间接费用预算 50 000 元，其中折旧 4 000 元；⑤ 预交所得税 900 元；⑥ 购买设备支付现金 20 000 元。

若现金不足，可考虑向银行借款，借款额为 1 000 元的倍数，借款利息于还贷时一次结清。该公司对月末现金余额的最低要求为 3 000 元。

要求：（1）计算下月经营现金收入和现金支出；

（2）计算下月现金余缺、银行借款额和下月末现金余缺。

5. 某企业 20×8 年有关预算资料如下。

① 3—7 月份的销售收入为 40 000 元、50 000 元、60 000 元、70 000 元和 80 000 元。每月销售收入中，当月收到现金 30%，下月收到现金 70%。

② 各月直接材料采购成本按下一个月销售收入的 60% 计算。所购材料款于当月支付现金 50%，下月支付现金 50%。

③ 4—6 月份的制造费用分别为 4 000 元、4 500 元和 4 200 元。每月制造费用中包括折旧 1 000 元。

④ 企业 4 月份购置固定资产需要现金 15 000 元。

⑤ 该企业在现金不足时，向银行借款（借款为 1 000 元的倍数）；在现金多余时归还银行借款（还款为 1 000 元的倍数，同时支付借款利息）。借款在月初，还款在月末，借款年利率为 12%。

⑥ 该企业期末现金余额要求不低于 6 000 元。

其他资料如表 4-26 所示。

要求：编制该企业 20×9 年 4—6 月的现金预算表。

表 4-26 现金预算表

单位：元

月　份	4 月	5 月	6 月
期初现金余额	7 000		
经营现金收入			
直接材料采购支出			
直接工资支出	2 000	3 500	2 800
制造费用支出			
其他付现费用	800	900	750
预付所得税			8 000
购置固定资产			
现金余缺			
向银行借款			
归还银行借款			

续表

月　　份	4 月	5 月	6 月
支付借款利息			
期末现金余额			

6. 某公司 20×8 年简要资产负债表及有关资料如表 4-27 所示。

表 4-27　资产负债表

20×8 年 12 月 31 日　　　　　　　　　　　　　　　　　　　　　　　　　　　单位：元

资　　产	金　　额	负债及所有者权益	金　　额
现金	5 000	应付费用	5 000
应收账款	15 000	应付账款	10 000
存货	30 000	短期借款	25 000
固定资产净值	30 000	应付债券	10 000
		实收资本	20 000
		留存收益	10 000
合计	80 000	合计	80 000

其中，资产项目中现金、应收账款、存货为敏感项目，负债项目中应付费用、应付账款为敏感项目。

该公司 20×8 年销售额为 100 000 元，尚有剩余生产能力，销售净利率为 10%，预计 20×9 年销售额增长 20%，获利能力保持上一年水平，20×9 年留存比例为 40%。

要求：运用销售百分比法确定 20×9 年公司外部筹资额。

案例分析

案例一　华语公司的财务预算编制

华语公司 2018 年 12 月 31 日的简略式资产负债表如表 4-28 所示。

表 4-28　华语公司资产负债表

2018 年 12 月 31 日　　　　　　　　　　　　　　　　　　　　　　　　　　　单位：元

资　　产	金　　额	负债与所有者权益	金　　额
现金	1 000	应付账款	5 000
应收账款	7 000	长期借款	0
存货：材料	1 338	负债合计	5 000
产成品	2 400	实收资本	35 000
固定资产净值	38 240	留存收益	9 978
合计	49 978	合计	49 978

刘伟是公司财务部预算科人员，负责编制公司的财务预算。在编制 2019 年财务预算时做了如下预测。

预计公司生产的甲产品 2019 年的价格为 50 元。2019 年 1~4 季度甲产品预计销售量为 400 个、500 个、600 个和 500 个；甲产品的现销比例为 70%。

2018 年年末甲产品存货 50 个，期末存货成本中直接材料成本为 350 元，直接人工成本为 450 元，变动制造费用为 900 元，固定制造费用为 700 元。预计产成品存货量资料如下：甲产品 2019 年年末存货量为 60 个，其余每季末存货量均为下季销量的 10%，存货按先进先出法计价。

单位甲产品直接材料消耗定额为 3 kg/件，材料单价为 2 元/kg；单位甲产品消耗人工工时为 2 h/件，小时工资率为 4 元/h。

预计材料存货量及付款方式如下：2018 年年末材料存货量 669 kg；预计 2019 年材料存货量 840 kg。各种材料的季末存货量均为下季度生产总耗用量的 30%。每季度购买材料只需支付 60% 的现金，余款下季度内付清。

预计制造费用、销售费用及管理费用预算如下：2019 年全年变动制造费用为 16 120 元；固定制造费用为 12 000 元，其中固定资产折旧为 4 000 元，其余均为各季均衡发生的付现成本；销售费用及管理费用合计 800 元。

其他资料如下：第 2 季度购置机器设备支出现金 20 000 元；每季度免交所得税；企业最低现金持有量为 5 000 元，各季季末应收账款均在下季度收回；各季度现金余缺可通过归还短期借款或取得短期借款解决，借款额为 1 000 元的倍数，借款期初发生、期末偿还，借款利率为 6%。

思考题：

根据上述预测，编制如下预算：销售预算、生产预算、直接材料消耗及采购预算、直接工资及其他支出预算、产品生产成本预算、销售及管理费用预算（简略式）、现金预算、2019 年预计利润表、2019 年 12 月 31 日预计资产负债表。

案例二 零基预算在 ABI 公司的应用

ABI 公司所属的行业为快速消费品行业。与可口可乐、百事可乐等快速消费品行业的"新贵"不同，ABI 公司所处的啤酒行业产品拥有四百年以上历史，产品就其本身来说，没有太多像可乐那样的知识产权，生产制造工艺经过上百年的传承，无论在世界哪个角落，差异不会太大。这些决定了产品的价格和毛利率的水平相对稳定，较难在生产技术上有更多的创新。可是只有夕阳产业，没有夕阳公司。ABI 公司通过在全球实施、推广零基预算，为企业发展从自身内部找到增长的源泉。2004 年的收购、兼并，以及美洲、西欧市场的整合，使得 ABI 公司从一个西欧地区性公司扩张成世界级的跨国公司。合并后的 ABI 公司更是提出力求做到业内最省的公司，并将此作为企业运作的口号，吸引了诸多投资银行。零基预算在 2006 年为 ABI 公司减少运营开支 9 700 万欧元。2007 年公司的税息折旧摊销前利润率高达 35%。2008 年 ABI 公司更是买下行业内的无冕之王——某公司，开始称霸该行业并在全球完成了行业整合。在这一过程中，零基预算的成本协同效应功不可没。

下面以该公司差旅费用为例来介绍编制零基预算的过程。差旅费用在 ABI 公司零基预系统中为单独一个项目，具体定义如下：差旅项包括与用餐、差旅和交通费用有关的所有费用或报销，不包括人事项下的与培训有关的费用及组织项下的与内部活动和组织有关的费用。

用餐：公司向员工支付的关于饭食或快餐（工作会议或加班除外）、内部商业会议餐的个人报销，销售代表宴请客户的费用包含在销售项中（商业关系子项）。这不包括应在组织项中记账的同供应商和工会的进餐。

当地交通：包括报销给员工的出租车费、过路费、停车费和公共交通费等出差费用。出差里程报销也包括在本子项中。此外，没有配备公司车辆的销售人员的常规交通费用也包括在内。

差旅和住宿：包括与交通、食宿有关的所有员工、宾客或第三方的差旅费用。

交通费用包括火车票、飞机票、出租车费和汽车租金（包括燃气）。住宿费包括宾馆或公寓式酒店费用及住宿津贴。还包括国际旅行保险、洗衣、电话、护照和签证费用、出差期间的伙食及小费。

旅行提供商费用：包括旅行社就其提供的机票预订、租车和酒店方面的支持所收取的费用及因使用公司信用卡所产生的其他利润（数量折扣）。

差旅费用预算标准如表 4-29 所示。

表 4-29 差旅费用预算标准

国家城市级别	定 义	每晚住宿价格	每晚餐费
中国 1 级	中央政府直辖和特别经济区	650 元人民币	70 元人民币
中国 2 级	各省的省会城市	450 元人民币	60 元人民币
中国 3 级	地级市	300 元人民币	50 元人民币
中国 4 级	县镇	200 元人民币	35 元人民币
中东欧地区		178 美元	62 美元
西欧地区		118 欧元	50 欧元
韩国		142 欧元	50 欧元

当预算工作真正开始实施的时候，每个部门的负责人，只要按照部门计划，在表格中按照不同月份实际可能发生的差旅，选择发生的时间、人数、交通工具、出发地和目的地，相对应的食宿交通费用都会按照选项自动计算得出。公司标准在系统内部的维护大大降低了人为估算、拍脑袋的弊病，也便于日后跟踪监督。日后只要对于实际发生差旅的次数与人数及目的地进行控制就可以很方便直接地查出与预算偏离的原因。

思考题：

结合上述具体案例，你认为零基预算的编制步骤必须包括哪些内容。

第5章 企业筹资方式

学习目标

通过本章的学习，了解筹资的动机、分类和原则，明确筹资渠道和方式及各种筹资方式的概念、分类，重点掌握各种筹资方式的优缺点，并能为企业选择适合的筹资方式。

5.1 筹 资 概 述

筹资是企业根据生产经营等活动对资金需求数量的要求，通过一定的渠道，采用适当的方式，获取所需资金的一种行为。筹资管理是企业财务管理的一项基本内容，解决为什么要筹资、从何种渠道以何种方式筹资、如何合理安排筹资结构等问题。

5.1.1 筹资的动机和分类

1. 筹资的动机

企业的筹资活动都是在一定动机支配下完成的，尽管企业筹资的动机多种多样，但基本上可以概括为新建性筹资动机、扩张性动机、偿债性动机和混合性动机。企业财务人员应客观地评价筹资动机，预见各种筹资动机带来的后果。

1）新建性筹资动机

新建性筹资动机是在企业新建时为满足正常生产经营活动所需的铺底资金而产生的筹资动机。企业新建时，要按照经营方针所确定的生产经营规模核定长期资金需要量和流动资金需要量，同时筹措相应数额的资金——所有者权益，资金不足部分即需筹集短期或长期的负债资金来满足生产经营活动的需要。

2）扩张性筹资动机

扩张性筹资动机是为了满足企业扩大生产经营规模或追加对外投资而产生的筹资动机。企业规模的扩大有两种形式：一种是新建厂房、增加设备、引进人才，这是外延的扩大再生产；另一种是引进技术改进设备，提高固定资产的生产能力，培训工人，提高劳动生产率，这是内涵的扩大再生产。不管是外延的扩大还是内涵的扩大再生产，都会发生扩张筹资的动机。

3）偿债性筹资动机

偿债性筹资动机是企业为了偿还某种债务而形成的，即所谓借新债还旧债。这种筹资结果不是扩大了企业资金规模，而是调整企业的资本结构，企业资金总量不受筹资行为的影响。一般情况下，偿债性筹资是因为企业货币资金不足而形成的，而扩张性筹资却是因为企业资金不足而引起的。在偿债性筹资中，又分两种情况：一是调整性偿债筹资，企业虽有足够的资金实力偿还到期债务，但为了调整原有资本结构，仍然举借新债，目的是使其资本结构更趋合理，这是主动的筹资策略；二是恶化性偿债筹资，企业现有的支付能力已不能够偿还到期旧债，被迫借新债还旧债，这种情况说明其财务状况已经恶化。

4）混合性筹资动机

混合性筹资动机是指企业为了满足扩大生产经营规模和调整资本结构两种目的而产生的筹资动机。混合性筹资动机兼容了扩张性筹资动机和调整性筹资动机的特性，它不仅会增加资产总额，同时也会改变资本结构。

2. 筹资的分类

企业筹资可按不同标准进行以下分类。

（1）按所筹资金使用期限的长短，企业筹资可分为短期资金筹集和长期资金筹集。

短期资金是指供一年以内使用的资金。短期资金主要投资于现金、应收账款、存货等，一般在短期内可收回。短期资金常采用商业信用、银行短期借款、应收账款转让或短期融资券等方式来筹集。

长期资金是指供一年以上使用的资金。长期资金主要投资于新产品的开发和推广、生产规模的扩大、厂房和设备的更新，一般需要几年甚至十几年才能收回。长期资金通常采用吸收直接投资、发行股票、发行债券、取得长期借款、融资租赁和内部积累等方式来筹集。

（2）按资金权益特征的不同，企业筹资可分为权益性筹资和负债性筹资。

权益性筹资是企业通过吸收直接投资、发行股票、内部积累等方式筹集资金，一般不用归还，因而称为企业的自有资本、主权资本。企业采用吸收权益资本的方式筹集资金，财务风险小，但资本成本相对较高。

负债性筹资是企业通过向金融机构借款、发行债券、融资租赁等方式筹集的资金。企业采用负债筹资到期要归还本金和利息，因而又称为企业的借入资本或债务资本。企业采用债务资本的方式筹集资金，一般要承担较大风险，但相对而言，资本成本较低。

（3）按资金的来源范围不同，企业筹资可分为内部筹资和外部筹资。

内部筹资是指在企业内部通过留用利润而形成的资本来源。内部筹资是在企业内部"自然地"形成的，因此被称为"自动化的资本来源"，一般无须花费筹资费用，其数量通常由企业可分配利润的规模和利润分配政策（或股利政策）所决定。

外部筹资是指企业在内部筹资不能满足需要时，向企业外部筹集而形成的资本来源。处于初创期的企业，内部筹资的可能性是有限的；处于成长期的企业，内部筹资往往难以满足需要。于是企业就要广泛开展外部筹资，如发行股票和债券、取得借款等。企业向外部筹资大多需要花费一定的筹资费用。

5.1.2　筹资渠道和方式

要做好企业资金的筹集工作，就要在做好资金需要量预测之后，研究落实资金筹集的具体措施，其中重要的是了解筹集资金的渠道和方式。

1. 筹资渠道

筹资渠道是指企业筹措资金的来源方向和通道。认识和了解各种筹资渠道及其特点，有助于企业充分拓宽和正确利用筹资渠道。筹资渠道主要包括以下几种。

1）国家资金

国家对企业的直接投资是国有企业特别是国有独资企业获得资金的主要渠道。现有国有企业的资金来源中，其资本部分大多是由国家财政以直接拨款方式形成的，除此以外，还有些是国家对企业"税前还贷"或减免各种税款而形成的。不管是何种形式形成的，从产权关系上看，它们都属于国家投入的资金，产权归国家所有。

2）银行信贷资金

银行对企业的各种贷款，是我国目前各类企业最为重要的资金来源。我国银行分为商业性银行和政策性银行两种。商业性银行是以盈利为目的、从事信贷资金投放的金融机构，它主要为企业提供各种商业贷款；而政策性银行是为特定企业提供政策性贷款的银行机构，盈利不是其主要目的。

3）非银行金融机构资金

非银行金融机构主要有信托投资公司、租赁公司、保险公司、证券公司、企业集团所属的财务公司等。它们所提供的各种金融服务，既包括信贷资金投资，也包括物资的融通，还包括为企业承销证券等金融服务。这些机构的资金力量比专业银行小，当前仅能起辅助作用，但其供应资金灵活方便，且可提供多种服务，今后将有广阔的发展空间。

4）其他企业资金

企业在生产经营过程中，往往形成部分暂时闲置的资金，并为一定的目的而进行相互投资；另外，企业间的购销业务可以通过商业信用方式来完成，从而形成企业间的债权债务关系。企业间的相互投资和商业信用的存在，使其他企业资金也成为企业资金的重要来源，有利于促进企业之间按市场原则建立经济联系，扩大本企业的资金实力，所以这种筹资渠道具有较强的生命力。

5）居民个人资金

企业职工和居民个人的结余货币，作为"游离"于银行及非银行金融机构等之外的个人资金，企业往往通过发行股票、债券等方式向个人筹集。随着股份制和证券市场的发展，它将成为企业资金的又一重要来源，是具有发展前景的筹资途径。

6）企业自留资金

企业自留资金是指内部形成的资金，也称企业内部留存。主要包括从税后利润中提取的法定盈余公积金和未分配利润等，从成本中提取的有应付福利费、预提大修理费用等，这些资金无须企业通过一定的方式去筹集，而直接由企业内部自动生成或转移。

2. 筹资方式

筹资方式是指企业筹集资金所采取的具体形式，体现着不同的经济关系（所有权关系或债权关系）。认识筹资方式的种类及每种筹资方式的特点，有利于企业选择适宜的筹资方式，有效地进行筹资组合。

企业的筹资方式一般有以下7种：① 吸收直接投资；② 发行股票；③ 企业内部积累；④ 发行债券；⑤ 银行借款；⑥ 融资租赁；⑦ 商业信用。

这些资金从哪里来和如何取得资金，既有联系又有区别。企业筹集资金的方式是指企业取得资金的具体形式，它是解决如何取得资金的问题。由于企业可以从各种不同的渠道取得资金，就可以采取不同的方式加以筹集。所以，多种形式筹集资金是当前乃至今后企业筹资的主要特点。表 5-1 反映了筹资方式与渠道的配合状况。

表 5-1 筹资方式与渠道的配合状况

配合方式渠道	吸收直接投资	发行股票	发行债券	银行借款	融资租赁	商业信用
国家资金	√	√				
银行资金				√		
非银行金融机构资金	√	√	√	√	√	
其他企业资金	√	√	√			√
个人资金	√	√	√			
外商资金	√	√	√		√	

5.1.3 企业筹资的原则

1. 规模适当原则

企业筹资规模受到注册资本限额、企业债务契约约束、企业规模大小等多方面因素的影响，且不同时期企业的资金需求量并不是一个常数。企业财务人员要认真分析科研、生产、经营状况，采用一定的方法，预测资金的需要数量，合理确定筹资规模。

2. 筹措及时原则

企业财务人员在筹集资金时必须熟知资金时间价值的原理和计算方法，以便根据资金需求的具体情况，合理安排资金的筹集时间，适时获取所需资金。这样，既能避免过早筹集资金形成资金投放前的闲置，又能防止取得资金的时间滞后，错过资金投放的最佳时间。

3. 来源合理原则

资金的来源渠道和资金市场为企业提供了资金的源泉和筹资场所，它反映了资金的分布状况和供求关系，决定着筹资的难易程度。不同来源的资金，对企业的收益和成本有不同影响。因此，企业应认真研究资金来源渠道和资金市场，合理选择资金来源。

4. 方式经济原则

在确定筹资数量、筹资时间、资金来源的基础上，企业在筹资时还必须认真研究各种筹资方式。企业筹集资金必然要付出一定的代价，不同筹资方式条件下的资金成本有高有低。为此，就需要对各种筹资方式进行分析、对比，选择经济、可行的筹资方式。与筹资方式相联系的问题是资金结构问题，企业应确定合理的资金结构，以便降低成本，减少风险。

5.2 权益性筹资

5.2.1 普通股筹资

股票属于股份公司为筹集自有资金而发行的有价证券，是公司签发的证明股东所持股份的凭证，它代表了股东对股份制公司的所有权。

1. 普通股的种类

股份有限公司根据有关法规的规定及筹资和投资者的需要，可以发行不同种类的普通股。

（1）按股票有无记名，可将普通股分为记名股和不记名股。

记名股是在股票票面上记载股东姓名或名称的股票。这种股票除了股票上所记载的股东外，其他人不得行使其股权，且股份的转让有严格的法律程序与手续，需办理过户。我国《公司法》规定，向发起人、国家授权投资的机构、法人发行的股票，应为记名股。

不记名股是票面上不记载股东姓名或名称的股票。这类股票的持有人即股份的所有人，具有股东资格，股票的转让也比较自由、方便，无须办理过户手续。

（2）按股票是否标明金额，可将普通股分为面值股票和无面值股票。

面值股票是在票面上标有一定金额的股票。持有这种股票的股东，对公司享有的权利和承担的义务大小，依其所持有的股票票面金额占公司发行在外股票总面值的比例而定。

无面值股票是不在票面上标出金额，只载明所占公司股本总额的比例或股份数的股票。无面值股票的价值随公司财产的增减而变动，而股东对公司享有的权利和承担义务的大小，直接依股票标明的比例而定。目前，我国《公司法》不承认无面值股票，规定股票应记载股票的面额，并且其发行价格不得低于票面金额。

（3）按投资主体的不同，可将普通股分为国家股、法人股、个人股等。

国家股是有权代表国家投资的部门或机构以国有资产向公司投资而形成的股份。

法人股是企业法人依法以其可支配的财产向公司投资形成的股份，或具有法人资格的事业单位和社会团体以国家允许用于经营的资产向公司投资而形成的股份。

个人股是社会个人或公司内部职工以个人合法财产投入公司而形成的股份。

（4）按发行对象和上市地区的不同，可将普通股分为 A 股、B 股、H 股和 N 股等。

A 股是供我国境内个人或法人买卖的（不含港澳台投资者），以人民币标明票面金额并以人民币认购和交易的股票。

B 股、H 股和 N 股是专供外国和我国港、澳、台地区投资者买卖的，以人民币标明票面金额但以外币认购和交易的股票。其中，B 股在上海、深圳上市，H 股在香港上市，N 股在纽约上市。

2. 普通股股东的权利

有关的法律、法规和股份公司章程赋予普通股股东的权利包括以下几个方面。

（1）投票表决权。普通股股东可出席或委托代理人出席股东大会，在选举董事会成员和公司其他重大事项的表决中进行投票。这是普通股股东参与公司管理的基本方式。

（2）股票出售或转让。普通股股东可在法律、法规和公司章程所规定的条件下转让所拥有的股份。一般而言，普通股股东一经形成，不能随意抽回，但当普通股股东对所获得的收益不满或需要现金时，可在证券市场上出售或转让其股票。

（3）优先认股权。股份公司在发行新股时，都会给普通股股东以优先认购的权利。这种优先认购权使现有的股东在一定时间内以低于市价的价格购买新股票。优先认购权能使现有股东保持其在股份公司股本中的份额，以保证普通股股东在公司发行新股时对公司的控制权不发生改变。

（4）分享盈余权。分享盈余权也是普通股股东的一项基本权利。盈余的分配方案由股东大会决定。每一个会计年度由董事会根据企业的盈利数量和财务状况来决定分发股利的多少并经股东大会批准通过。

（5）剩余财产要求权。当公司解散、清算时，普通股股东对剩余财产有要求权。但是，公司破产清算时，财产的变价收入，首先要用来清偿债务，然后支付优先股股东，最后才能分配给普通股股东。因此，在破产清算时，普通股股东实际上很少能分到剩余财产。

3. 普通股的发行

1）股票发行的目的

明确股票发行的目的是股份公司决定股票发行额度、发行时间、发行方式、发行条件的前提，也是投资者决定购买股票种类、股数和时机的依据。公司发行股票的目的是筹措资本，具体原因与目的如下。

（1）为组建公司而发行股票。股份公司成立时，通常通过发行股票来筹集股本。股份有限公司的设立可以采取发起设立或募集设立。发起设立是指在公司成立时由发起人认购公司应发行的全部股份；募集设立是指在公司成立时由发起人认购公司应发行股份的一部分，其余股份可以向社会公开募集，以达到预定的股本规模。

（2）为扩大经营而发行股票。已设立的股份公司为了扩大经营规模或筹措周转资金，也需要发行股票筹集所需资金，习惯上叫增资发行。

（3）为改善资本结构而发行股票。公司成立后，资本结构会不断变化，如果自有资本比率过低，就会影响偿债能力，增加筹资困难，削弱财务弹性，为改变这种局面，也需增发新股。

（4）债转股。发行新股将可能转换的公司债券转化为股票，虽然一时不会增加权益资金，但却增加了自有资本，改变了资本结构。

（5）股票股利和无偿配股。股利一般用现金支付，也可用股票支付，即发行与股利等价的新股交付股东，其目的是节约现金。无偿配股是经股东大会通过决议，将法定盈余公积金和资本公积金转为股本，按股东原有股份增发新股。这种增股虽未增加自有资本总额，但却改变了自有资本内部结构，有利于增强股票吸引力和提高公司的地位。

2）股票发行的规定和条件

按照我国《公司法》的有关规定，股份有限公司发行股票，应符合以下规定与条件。

（1）每股金额相等。同次发行的股票，每股的发行条件和价格应当相同。

（2）股票发行价格可以按票面金额，也可以超过票面金额，但不得低于票面金额。

（3）股票应当载明公司名称、公司登记日期、股票种类、票面金额及代表股份数、股票编号等主要事项。

（4）向发起人、国家授权投资的机构、法人发行的股票，应当为记名股票；对社会公众发行的股票，可以为记名股票，也可以为无记名股票。

（5）公司发行记名股票的，应当置备股东名册，记载股东的姓名或者名称、住所、各股东所持股份、各股东所持股票编号、各股东取得其股份的日期；发行无记名股票的，公司应当记载其股票数量、编号及发行日期。

（6）公司发行新股，必须具备下列条件：前一次发行的股份已募足，并间隔一年以上；公司在最近 3 年内连续盈利，并可向股东支付股利；公司在 3 年内财务会计文件无虚假记载；公司预期利润率可达同期银行存款利率。

（7）公司发行新股，应由股东大会作出有关下列事项的决议：新股种类及数额；新股发行价格；新股发行的起止日期；向原有股东发行新股的种类及数额。

3）股票发行的程序

股份有限公司在设立时发行股票与增资发行新股，程序上有所不同。

（1）设立时发行股票的程序。具体如下：① 提出募集股份申请；② 公告招股说明书，制作认股书，签订承销协议和代收股款协议；③ 招认股份，缴纳股款；④ 召开创立大会，选举董事会、监事会；⑤ 办理设立登记、交割股份。

（2）增资发行新股的程序。具体如下：① 股东大会作出发行新股的决议；② 由董事会向国务院授权的部门或省级人民政府申请并批准；③ 公告新股招股说明书和财务会计报表及附属明细表，与证券经营机构签订承销合同，定向募集时向新股认购人发出认购公告或通知；④ 招认股份，缴纳股款；⑤ 改组董事会、监事会，办理变更登记并向社会公告。

4）股票发行价格的确定

股票的发行价格是股份公司将股票出售给投资者所采用的价格，也就是投资者认购股票时所支付的价格。股票发行价格通常由发行公司根据股票面额、股市行情和其他有关因素决定。以募集设立方式设立公司首次发行的股票价格，由发起人决定；公司增资发行新股的股票价格，由股东大会决议。

股票发行价格可以和股票的面值一致，但多数情况下不一致。股票的发行价格通常有等价、时价和中间价 3 种。

（1）等价。等价就是以股票的票面额为发行价格，也称为平价发行。这种发行价格，一般在股票的初次发行或在股东内部分摊增资的情况下采用。等价发行股票容易推销，但无从取得股票溢价收入。

（2）时价。时价就是以本公司股票在流通市场上买卖的实际价格为基准确定的股票发行价格。其原因是股票在第二次发行时已经增值，收益率已经变化。选用时价发行股票，考虑了股票的现行市场价值，对投资者也有较大的吸引力。

（3）中间价。中间价就是以时价和等价的中间值确定的股票发行价格。

4. 股票的上市

股票上市指股份有限公司公开发行的股票经批准在证券交易所进行挂牌交易。经批准在交易所上市的股票为上市股票。股票获准上市交易的股份有限公司为上市公司。我国《公司法》规定，股东转让其股份，即股票流通必须在依法设立的证券交易场所进行。

1）股票上市的条件

公司公开发行的股票进入证券交易所交易必须受严格的条件限制。我国《公司法》规定，股份有限公司申请股票上市，必须符合下列条件。

（1）股票经国务院证券管理部门批准已向社会公开发行。

（2）公司股本总额不少于人民币 5 000 万元。

（3）开业时间在 3 年以上，最近 3 年连续盈利；原国有企业依法改建而设立的，或者在《公司法》实施后新组建成立，其主要发起人为国有大中型企业的股份有限公司，可连续计算。

（4）持有股票面值人民币 1 000 元以上的股东不少于 1 000 人，向社会公众发行的股份达股份总额的 25% 以上；公司股本总额超过人民币 4 亿元的，其向社会公开发行股份的比例为 15% 以上。

（5）公司在最近 3 年内无重大违法行为，财务会计报告无虚假记载。

（6）国务院规定的其他条件。

具备上述条件的股份有限公司经申请，由国务院或国务院授权的证券管理部门批准，其股票方可上市。

2）股票上市的暂停与终止

股票上市公司有下列情形之一的，由国务院证券管理部门决定暂停其股票上市。

（1）公司股本总额、股权分布等发生变化不再具备上市条件。

（2）公司不按规定公开其财务状况，或者对财务会计报告作虚假记载。

（3）公司有重大违法行为。

（4）公司最近 3 年连续亏损。

另外，公司决定解散、被行政主管部门依法责令关闭或者宣告破产的，由国务院证券管理部门决定终止其股票上市。

5. 普通股筹资的优缺点

普通股筹资的优点主要有以下几方面。① 普通股没有到期日，是公司的一种永久性资金，不必考虑偿还本金。② 普通股没有固定的股利负担。公司发行普通股后，每年分配给股东股利的多少，取决于公司当年的盈利水平和公司所采取的股利分配政策。而不像债券筹资，无论有否盈利都要支付固定的债息，这就减轻了公司的支付负担。③ 普通股筹资能增强公司信誉。发行普通股可提高公司的信誉和知名度，为今后的经营活动奠定良好基础。

普通股筹资的缺点主要有以下几方面。① 普通股的资本成本较高。首先，从投资者的角度讲，投资于普通股风险较高，相应地要求有较高的投资报酬率。其次，对于筹资公司来讲，普通股股利从税后利润中支付，不像债券利息从税前支付，因而不具抵税作用。② 以普通股筹资会增加股东，可能会分散公司的控制权，削弱原有股东对公司的控制。

5.2.2　优先股筹资

优先股是一种特别股票，它与普通股有许多相似之处，又具有债券的某些特征。从法律的角度来讲，优先股属于自有资金。

1. 优先股的种类

优先股按发行条款和股息分配条款的不同，可进行以下分类。

1）累积优先股和非累积优先股

累积优先股是指公司在任何营业年度内未支付的股利能累积起来，递延到以后年度支付，也就是说公司经营状况不佳时欠发的优先股股息，可在公司经营状况好转时补发。通常公司只有在发放完所欠的全部优先股股息后，方可支付普通股股利。

非累积优先股是指对以前年度欠发的股利不予累积计算。也不再由以后年度补发的优先股。显然，非累积优先股无法保障投资人应得的利益。因此，投资者并不看好此种股票，其发行量很小，一般只在公司改组的情况下才发行。

2）参与优先股和非参与优先股

参与优先股是指公司在按规定的股利率支付完优先股股息和发放完预计的普通股股利后，尚有剩余的可供分配的利润时，能与普通股一起参与剩余利润分配的优先股。根据参与程度的不同又分为全部参与、部分参与。全部参与优先股是指能与普通股共同等额分配剩余利润的优先股，部分参与优先股是指能在规定额度内与普通股一起参与剩余利润分配，规定额度之外的部分则无权享有分配权利。

非参与优先股是指只能分得规定的股利，而不能与普通股一起参与分配剩余的优先股。

3）可赎回优先股和不可赎回优先股

可赎回优先股是指在优先股发行条款中规定发行公司可在股票发行后的某一时间内按发行价格和规定的方式予以赎回的优先股。优先股的可赎回条款给了发行公司一定的筹资灵活性。当公司有意调整资本结构或降低资本成本时，即可赎回优先股以达目的。

不可赎回优先股是指发行后不能按原价赎回的优先股。由于发行公司不具备赎回股票的权利，也就不能使发行公司在股票发行后减少股利的支付；另外，这恰好也使优先股的持股人获得了相对稳定的收益。

4）可转换优先股和不可转换优先股

可转换优先股是指股票发行时就规定股东具有在股票发行后的某一时期按一定比例将其转换成普通股这一权利的优先股。在规定的期限内，如果普通股股价上涨，优先股发生这种转换，将使优先股股东受益；如果普通股股价下跌，转换则会使优先股股东利益受损。优先股股东可择情决定是否转换。

不可转换优先股则指不具备这种可择情转换权利的优先股。可见，不可转换优先股不能使持股人获取固定股利之外的收益。因此，其发行价格通常低于可转换优先股。

2. 优先股股东的权利

优先股的"优先"是相对普通股而言的，这种优先权主要表现在以下几方面。

（1）优先分配股利权。优先分配股利的权利，是优先股的最主要特征。优先股通常有固定股利，一般按面值的一定百分比来计算。另外，优先股的股利除数额固定外，还必须在支付普通股股利之前予以支付。对于累积优先股来说，这种优先权就更为突出。

（2）优先分配剩余资产权。在企业破产清算时，出售资产所得的收入，优先股位于债权人的求偿之后，但先于普通股。其金额只限于优先股的票面价值，加上累积未支付的股利。

（3）部分管理权。优先股股东的管理权限是有严格限制的。通常，在公司的股东大会上，优先股股东没有表决权，但是，当公司研究与优先股有关的问题时有权参加表决。例如，如果讨论把一般优先股改为可转换优先股时，或推迟优先股股利的支付时，优先股股东有权参加股东大会并有权表决。

3. 优先股筹资的优缺点

优先股筹资的优点主要有以下几方面。① 没有固定到期日，不用偿还本金。② 股利支付既固定，又有一定弹性。一般而言，优先股都采用固定股利，但固定股利的支付并不构成公司的法定义务。③ 有利于增强公司信誉。从法律上讲，优先股属于自有资金，因而，优先股扩大了权益基础，可适当增强公司的信誉。

优先股筹资的缺点主要有以下几方面。① 筹资成本高。优先股所支付的股利要从税后利润中支付，不同于债务利息可在税前扣除。因此，筹资成本很高。② 发行优先股有时会影响普通股的利益。由于优先股先于普通股分配股利，在公司盈利额不多时，为保证优先股的固定股利，普通股股东可能无股利。在清偿公司剩余财产时，也可能会发生以上情况。

5.2.3　吸收直接投资

吸收直接投资是指企业按照"共同投资、共同经营、共担风险、共享利润"的原则直接吸收国家、法人、个人投入资金的一种筹资方式。吸收直接投资无须公开发行证券，吸收投资中的出资者都是企业的所有者，他们对企业具有经营管理权。企业经营状况好，盈利多，各方可按出资额的比例分享利润，但企业如果经营状况差，连年亏损，甚至被迫破产清算，则各方要在其出资限额内按比例承担损失。

1. 吸收直接投资的种类

企业通过吸收直接投资方式筹集的资金主要有以下 4 种：① 吸收国家投资，主要是国家财政拨款，由此形成国家资本金；② 吸收企业、事业等法人单位的投资，由此形成法人资本金；③ 吸收城乡居民和企业内部职工的投资，由此形成个人资本金；④ 吸收外国投资者和我国港、澳、台地区投资者的投资，由此形成外商资本金。

长期以来，国家财政拨款是我国国有企业资金的主要来源。随着多种经济成分的共同发展，金融市场的不断完善，对外开放的进一步扩大，企业吸收直接投资的渠道已日益宽广。但是国家直接投资仍将占有相当重要的地位。

企业联营与企业筹资有密切的联系。常见的联营，有原有企业吸收其他各方投资，组成联营企业，以原有企业为主体企业进行统一核算；还有由新组建的企业吸收若干生产经营企业和单位共同投资，组成联营企业，以新组建的企业进行统一核算。从这一意义上说，联营常有吸收直接投资的性质，当然也可以通过发行股票建立联营的股份公司。

我国自 1980 年起，陆续建立了相当数量的中外合资经营企业。中外合资经营企业也是一种股权联合经营企业，它可以从国外引入先进技术和管理经验，同时它也是吸收外商投资的一种重要方式。

2. 吸收直接投资中的出资形式

吸收直接投资中投资者主要采用以下形式向企业投资。

（1）现金投资。用货币资金对企业投资是直接投资中重要的出资形式。企业有了货币资金，可以购买各种生产资料，支付各种费用，有很大的灵活性，所以企业要争取投资者尽可能采用现金方式出资。吸收投资中所需投入现金的数额，取决于投入的实物、工业产权之外尚需多少资金来满足建厂的开支和日常周转需要。

（2）实物投资。实物投资是指以房屋、建筑物、设备等固定资产和材料、燃料、商品等流动资产所进行的投资。实物投资应符合以下条件：适合企业生产、经营、科研开发等的需要；技术性能良好；作价公平合理。投资实物的价格，可以由出资各方协商确定，也可以聘请专业资产评估机构评估确定。

（3）工业产权和非专利技术投资。工业产权通常是指商标权、专利权、商誉。工业产权、非专利技术加上土地使用权构成我国企业主要的无形资产。企业吸收的工业产权和非专利技术应符合以下条件：有助于企业研究、开发和生产出新的高科技产品；有助于企业提高生产效率，改进产品质量；有助于企业降低生产消耗。这里需要注意，吸收工业产权和非专利技术投资，实际上是把有关技术转化为资本，使技术的价值固定化。而各种先进的技术经过一个时期总是要陈旧老化的，其价值则不断贬低以至于丧失。因此，在吸收此项投资时要进行周密的可行性研究，分析其先进性、效益性和技术更新的速度，并合理作价，以免吸收以后在短期内就发生明显的贬值。

（4）土地使用权投资。土地使用权是指土地经营者对依法取得的土地在一定期限内有进行建筑、生产或其他活动的权利。土地使用权具有相对的独立性，在土地使用权存续期间，包括土地所有者在内的其他任何人和单位，不能任意收回土地和非法干预使用权人的经营活动。使用权人依法可用土地使用权进行投资。企业吸收土地使用权投资应符合以下条件：适合企业科研、生产、销售等活动的需要；地区、交通条件适宜。在我国，城市的土地属于国家所有。可用以进行投资的仅是土地的使用权，而不是其所有权，企业获得土地使用权后，不能用以出售或抵押。

3. 吸收直接投资的优缺点

吸收直接投资是我国企业筹资中最早采用的一种方式，也曾是我国国有企业、集体企业、合资或联营企业普遍采用的筹资方式。吸收直接投资的优点主要是：① 吸收直接投资所筹的资金属于企业的自有资金，与借入资金相比较，它能提高企业的资信和借款能力；② 吸收直接投资不仅可以筹取现金，而且能够直接获得所需的先进设备和技术，与仅筹取现金的筹资方式相比较，它能尽快地形成生产经营能力；③ 吸收直接投资的财务风险较低。

吸收直接投资的缺点主要是：① 吸收直接投资通常资金成本较高。因为向投资者支付的报酬是根据其出资额的数额和实现利润的多少来计算的；② 吸收直接投资由于没有证券为媒介，有时不便于产权的交易；③ 容易分散企业控制权。采用吸收直接投资方式筹资，投资者一般都要求获得与投资数量相适应的经营管理权。如果外部投资者的投资较多，则投资者会有相当大的管理权，甚至会对企业实行完全控制。

5.2.4 留存收益筹资

1. 留存收益的含义及特点

留存收益是指企业在利润分配过程中通过提取公积金和未分配利润将利润留给企业的筹资方式。

企业通过经营所得的利润在性质上属于企业的所有者，但不一定在当期全部分配。一是会计上确定的利润是按权责发生制计算的，企业有利润不一定有足够的现金流入量可供对外分配；二是即便企业现金流量比较充足，企业追求生存和发展的根本目的决定了投资将不断多样化和生产规模必将不断扩大，每期将盈余完全对外分配是不可能的。

留存收益是各企业最本能的筹资方式，也是最自然的融通资金的方式。从各国财务实践状况分析，留存收益比率也是比较大的。例如，从 1962—1981 年美国公司的股利支付与内部融资情况分析来看，绝大多数年份股利支付率都在 50% 以下，换言之，企业大部分利润留存下来。分析中显示美国约 75% 的年度内部融资额高于外部融资，在 1979 年留存收益占企业长期融资比率曾达 64%。

各国法律对利润分配都有所规定。我国法律基于中国国情，规定企业的税后利润必须提取 10% 的法定盈余公积金，还鼓励企业提取任意盈余公积金，只有企业提取公积金累积金额达到注册资本的 50% 时才可以不再计提，但没有规定最高限额。可见，我国对企业留存收益是持支持态度的。但很多国家的法律出于防止股东避税等考虑是反对企业超额累积利润的。

2. 留存收益筹资的优缺点

1）留存收益筹资的优点

（1）方式简便易行，没有筹资费用。由于留存收益筹资不必向外单位办理各种手续，没有筹资环节，简便易行，也不必支付筹资费用。

（2）没有到期日，不用还本和支付固定利息，所以既能提高企业的资信和借款能力，也没有财务风险。

（3）筹资方式比较隐蔽，不易引起竞争对手的注意。

2）留存收益筹资的缺点

（1）融资量有限制。留存收益融资量的大小取决于企业盈余状况、稳定的股利政策和法律有关限制条件。

（2）对外部融资规模有影响。如果企业过多地留存利润，现金股利的发放就会受到限制，这对于企业今后的外部筹资有不利的影响。

（3）资本成本较高。留存收益的资金成本比长期借款和发行债券的资金成本都要高，但其要比发行股票的资金成本低（没有筹资费用）。

5.3　债权性筹资

5.3.1　债券筹资

债券是债务人发行的，并向债权人承诺在未来一定时期内还本付息的一种有价证券。发行债券是公司筹集长期负债资金的重要方式之一。

1. 债券的种类

公司债券有很多种形式，主要有以下几种分类。

（1）按债券上是否有持券人的姓名或名称，可将债券分为记名债券和无记名债券。这种分类类似于记名股票与无记名股票的划分。

记名债券是指在公司债券上记载持券人姓名或名称的债券，此种债券，发行者只对票面上注明并在公司登记簿中登记的持有人支付利息，债券转让时，必须办理相应的过户手续。此种债券较为安全，故发行价格高于无记名债券。

无记名债券是指不需在公司债券上记载持券人姓名或名称的债券，此种债券可随意转让，不需办理过户手续，故此种债券安全性较差。但其转让方便，且节省费用。

（2）按能否转换为公司股票，可将债券分为可转换债券和不可转换债券。

可转换债券是根据发行时的约定，允许债券持有人在预定的时间按规定的价格或转换比例，将债券转换成普通股股票的债券。按《公司法》的规定，只有上市公司经股东大会决议后才可发行可转换债券，并且债券持有人对是否进行债券的转让有选择权。可转换债券一旦转化为普通股就不能再转回公司债券。

不可转换债券是债券发行时没有约定可在一定条件下转换成普通股这一特定条件的债券。

（3）按有无特定的财产担保，可将债券分为抵押债券、担保债券和信用债券。

抵押债券是以发行债券企业的稳定财产为担保品，如债券到期不能偿还，持券人可以行使其抵押权，拍卖抵押品作为补偿。抵押债券按其抵押品的不同，分为不动产抵押债券、动产抵押债券和证券抵押债券。其中，证券抵押债券是债券发行人以所持有的有价证券作为抵押品而发行的债券。这种债券通常由需要资金但不愿出售手中持有的证券的企业发行。例如，母公司为了保证对其子公司的控制，可将持有的子公司的股票作为抵押品发行债券。

担保债券是指由一定保证人作担保而发行的债券。当企业没有足够的资金偿还债券时，债权人可要求保证人偿还，保证人应是符合《中华人民共和国担保法》的企业法人，且应同时具备以下条件：净资产不能低于被保证人拟发行债券的本息；近3年连续盈利，且有良好的业绩前景；不涉及改组、解散等事宜或重大诉讼案件；中国人民银行规定的其他条件。

信用债券又称无抵押担保债券，是仅凭企业自身的信用发行的、没有抵押品作抵押或担保人作担保的债券。在公司清算时，信用债券的持有人因无特定的资产做担保品，只能作为一般债权人参与剩余财产的分配。为了保护债权人的利益，发行信用债券往往要有一些限制条件，如企业债券不能随意增加发行，未清偿债券之前股东分红不能过高，要指定受托人进行监督等，此外还有一种要的"反抵押条款"，即规定企业不得将其财产抵押给其他债权人。通常只有历史长久、信誉良好的企业，才能发行这种信用债券。

（4）按债券按偿还期限的不同，可将债券分为短期债券和长期债券。

短期债券是指偿还期限在一年以内的债券，通常分为3个月、6个月、9个月3种。长期债券是指偿还期限超过一年的债券，在实务中往往又进一步根据期限长短区分为中期债券和长期债券。

短期债券又称短期融资券，它是为了缓和企业流动资金在短时期内的供求矛盾而发行的。我国于1987年开始在上海发行，1989年在全国推开。它是一种具有商业本票性质的有价证券。短期融资券的特点在于，它只能用于短期流动资金需要，如季节性、临时性的原材料采购和收购的需要，不能用于固定资产投资，也不能用于长期流动资金需要。其利率以低于一年期的定期储蓄存款利率为准，但目前在我国由于短期融资市场尚不发达，利率较高。一次还本付息，逾期兑付不计逾期利息。其本息的完整性由企业保证，不受破产等的影响。短期融资券的发行比较灵活，颇受企业欢迎。

2. 发行债券的资格与条件

1）发行债券的资格

我国《公司法》规定，股份有限公司、国有独资公司和两个以上的国有企业或者其他两个以上的国有投资主体投资设立的有限责任公司，有资格发行公司债券。

2）发行债券的条件

我国《公司法》规定，有资格发行公司债券的公司，必须具备以下条件：

（1）股份有限公司的净资产额不低于人民币3 000万元，有限责任公司的净资产额不低于人民币6 000万元；

（2）累计债券总额不超过公司净资产额的40%；

（3）最近3年平均可分配利润足以支付公司债券一年的利息；

（4）所筹集资金的投向符合国家产业政策；

（5）债券的利率不得超过国务院限定的水平；

（6）国务院规定的其他条件；

另外，发行公司债券所筹集的资金，必须符合审批机关审批的用途，不得用于弥补亏损和非生产性支出，否则会损害债权人的利益。

发行公司凡有下列情形之一的，不得再次发行公司债券：

（1）前一次发行的公司债券尚未募足的；

（2）对已发行的公司债券或者其债务有违约或延迟支付本息的事实，且仍处于持续状态的。

3. 发行债券的程序

发行公司债券要经过一定的程序，办理规定的手续。

1）发行债券的决议或决定

我国《公司法》规定，可以发行公司债券的主体有三类：股份有限公司、国有独资公司和国有有限责任公司。三类公司作出发行债券决议的机构不一样：股份有限公司和国有有限责任公司发行公司债券，由董事会制订方案，股东大会作出决议；国有独资公司发行公司债券，由国家授权投资的机构或者国家授权的机构作出决定。可见，发行公司债券的决议和决定，是由公司最高机构作出的。

2）发行债券的申请与批准

公司向社会公众发行债券募集资金，数额大且债权人多，所牵涉的利益范围大，所以必须对公司债券的发行进行审批。

凡欲发行债券的公司，先要向国务院证券管理部门提出申请并提交公司登记证明、公司章程、公司债券募集办法、资产评估报告和验资报告等文件。国务院证券管理部门根据有关规定，对公司的申请予以核准。

3）制定募集办法并予以公告

发行公司债券的申请被批准后，应由发行公司制定公司债券募集办法。办法中应载明的主要事项包括公司名称、债券总额和票面金额、债券利率、还本付息的期限与方式、债券发行的起止日期、公司净资产额、已发行的尚未到期的债券总额、公司债券的承销机构。

4）募集借款

公司发出公司债券募集公告后，开始在公告所定的期限内募集借款。

一般来讲，公司债券的发行方式有公司直接向社会发行（私募发行）和由证券经营机构承销发行（公募发行）两种。在我国，根据有关规定，公司发行债券需与证券经营机构签订承销合同，由其承销。

公司对发行的债券还应置备公司债券存根簿予以登记。其一方面起到公示作用，使股东、债权人可以查阅了解，并便于有关机关监督；另一方面，便于公司随时掌握债券的发行情况。公司发行记名债券的，应在公司债券存根簿上记明债券持有人的姓名或名称及住所；债券持有人取得债券的日期及债券编号，债券的总额、票面金额、利率、还本付息的期限和方式；债券的发行日期。公司发行无记名债券的，应在公司债券存根簿上记明债券的总额、利率、偿还期限和方式、发行日期及债券的编号。

4. 债券的发行价格

债券的发行价格是债券发行单位发行债券时使用的价格，也是债券的原始投资者购买债券时实际支付的价格，债券发行价格的高低，取决于以下 4 个因素。

（1）债券面值。即债券票面上注明的价值，也是债券到期时偿还本金的数额。

（2）债券票面利率。即债券发行时票面上注明的利率。

（3）市场利率。即债券有效期限内资金市场的平均利息率。

（4）债券期限。即债券自发行日至偿还全部本金所需要的时间。

债券的发行价格是由债券本金和债券年利息收入按债券期限内的市场利率折现后的现值之和决定的，用公式表示为

$$债券售价 = \frac{债券面值}{(1 + 市场利率)^n} + \sum_{t=1}^{n} \frac{债券面值 \times 债券利率}{(1 + 市场利率)^t}$$

式中：n 为债券期限；t 为付息期数；市场利率是指债券发售时的市场利率；债券利率是指债券的票面利率（通常为年利率）。

债券发行通常有溢价发行、等价发行和折价发行 3 种情况。溢价发行指债券以高出票面金额的价格发行；等价发行指债券以面值发行；折价发行指债券以低于票面金额的价格发行。债券以何种价格发行，取决于债券票面利率与市场利率的关系。如市场利率高于票面利率，则债券需折价发行；如市场利率低于票面利率，则债券需溢价发行；如市场利率等于票面利率，则债券等价发行。现举例说明在不同条件下债券发行价格的计算方法。

【例 5-1】长红公司发行五年期的公司债券，债券面值为 1 000 元，票面利率为 8%，利息每年支付一次，试确定以下 3 种情况下的债券发行价格：① 债券发行时市场利率为 10%；② 债券发行时市场利率为 8%；③ 债券发行时市场利率为 5%。

3 种利率下的债券发行价格分别为

（1）债券发行价格 = 80×3.790 8+1 000×0.620 9 = 924.16（元）

（2）债券发行价格 = 80×3.992 7+1 000×0.680 6 = 1 000.016（元）

（3）债券发行价格 = 80×4.329 5+1 000×0.783 5 = 1 129.86（元）

在确定债券发行价格时要注意有关的前提条件。前例是假定债券利息每年年末支付一次，如果债券利息是到期支付、单利计息，则计算结果将有所不同。

5. 债券筹资的优缺点

1）债券筹资的优点

（1）资金成本较低。主要是因为债券的发行费用较低，债券利息在税前支付，有一部分利息由政府负担了。

（2）保证控制权。债券持有人无权干涉企业的管理事务，可保证企业的控制权。

（3）可以发挥财务杠杆作用。由于债券的利息率是固定的，且在所得税前支付。公司如能保证债券所筹集的资金其投资收益率高于债券利息率，可使普通股每股收益得到提高。

2）债券筹资的缺点

（1）筹资风险高。债券有固定的到期日，并定期支付利息。利用债券筹资，要承担还本、付息的义务。

（2）限制条件多。发行债券的契约书上往往有一些限制条款。可能影响企业以后的筹资能力。

（3）筹资额有限。利用债券筹资有一定的限度，当负债比率超过一定程度后，债券筹资

的成本会迅速上升，有时甚至发行不出去。

5.3.2　银行借款筹资

1. 银行借款的含义

银行借款就是由企业根据借款合同从有关银行或非银行金融机构借入所需资金的一种筹资方式，又称银行借款筹资。

2. 银行借款的种类

可供选择的银行借款种类很多，可按不同标准进行不同的分类。

1）按借款的期限分类

按借款的期限不同，可将银行借款分为短期借款、中期借款和长期借款。短期借款是指借款期限在 1 年以内（含 1 年）的借款；中期借款是指借款期限在 1 年以上（不含 1 年）5 年以下（含 5 年）的借款；长期借款是指借款期限在 5 年以上（不含 5 年）的借款。

2）按借款的条件分类

按借款是否需要担保，可将银行借款分为信用借款、担保借款和票据贴现。信用借款是指以借款人的信誉为依据而获得的借款，企业取得这种借款，无须以财产做抵押；担保借款是指以一定的财产做抵押或以一定的保证人做担保为条件所取得的借款；票据贴现是指企业以持有的未到期的商业票据向银行贴付一定的利息而取得的借款。

3）按提供贷款的机构分类

按提供贷款的机构不同，可将银行借款分为政策性银行贷款和商业银行贷款。政策性银行贷款一般是指执行国家政策性贷款业务的银行向企业发放的贷款。如国家开发银行为满足企业承建国家重点建设项目的资金需要提供贷款；进出口信贷银行为大型设备的进出口提供买方或卖方信贷。商业银行贷款是指由各商业银行向工商企业提供的贷款。这类贷款主要为满足企业生产经营的资金需要。此外，企业还可以从信托投资公司取得实物或货币形式的信托投资贷款，从财务公司取得各种贷款等。

3. 银行借款的程序

企业利用银行借款筹集资金，必须按规定的程序办理。根据我国贷款通则，银行贷款的程序大致分为以下几个步骤。

1）企业提出借款申请

企业向银行借入资金，必须向银行提出申请，填写包括借款金额、借款用途、偿还能力及还款方式等方面内容的《借款申请书》，并提供以下资料：① 借款人及保证人的基本情况；② 财政部门或会计师事务所核准的上年度财务报告；③ 原有的不合理借款的纠正情况；④ 抵押物清单及同意抵押的证明，保证人拟同意保证的有关证明文件；⑤ 项目建议书和可行性报告；⑥ 贷款银行认为需要提交的其他资料。

2）银行审查借款申请

银行接到企业的申请后，要对企业的申请进行审查，以决定是否对企业提供贷款。审查申请的程序一般包括以下几个方面：① 对借款人的信用等级进行评估；② 进行相关调查，即贷款人受理借款人的申请后，应当对借款人的信用及借款的合法性、安全性和盈利性等情况进行调查，核实抵押物、保证人情况，测定贷款的风险；③ 贷款审批。

3）银企签订借款合同

为了维护借贷双方的合法权益，保证资金的合理使用，企业向银行借入资金时，双方签订借款合同。借款合同主要包括以下 4 方面的内容。

（1）基本条款。这是借款合同的基本内容，主要规定双方的权利和义务。具体包括借款数额、借款方式、款项发放的时间、还款期限、还款方式、利息支付方式、利率的高低等。

（2）保证条款。这是保证款项能顺利归还的一系列条款，包括借款按规定的用途使用、有关的物资保证、抵押财产、担保人及其责任等内容。

（3）违约条款。这是对一方出现违约行为时应如何处理的条款，主要载明对企业逾期不还或挪用贷款等如何处理和银行不按期发放贷款的处理等内容。

（4）其他附属条款。这是与借贷双方有关的其他条款，如双方经办人、合同生效日期等条款。

4）企业取得借款

双方签订借款合同后，贷款银行要按合同的规定按期发放贷款，企业便可取得相应的资金。贷款人不按合同约定按期发放贷款的，应偿付违约金。借款人不按合同的约定用款的，也应偿付违约金。

5）企业还本付息

企业应按借款合同的规定按时足额归还借款本息。一般而言，贷款银行会在短期贷款到期一个星期之前，中长期贷款到期一个月之前，向借款的企业发送还本付息的通知单。企业在接到还本付息通知单后，要及时筹措资金，按期还本付息。

如果企业不能按期归还借款，应在借款到期之前，向银行申请贷款展期，但是否展期，由贷款银行根据具体情况决定。

4. 与银行借款有关的信用条件

按照国际惯例，银行发放贷款时，往往涉及以下信用条款。

1）信贷限额

信贷限额亦即贷款限额，是银行对借款人规定的无担保贷款的最高限额。信贷限额的有效期限通常为一年，但根据情况也可延期一年。一般来讲，企业在批准的信贷限额内，可随时使用银行借款。但是，银行并不承担必须提供全部信贷限额的义务。如果企业信誉恶化，即使银行曾同意过按信贷限额提供贷款，企业也可能得不到借款。这时，银行不会承担法律责任。

2）周转信贷协定

周转信贷协定是银行具有法律义务地承诺提供不超过某一最高限额的贷款协定。在协定的有效期内，只要企业的借款总额未超过最高限额，银行必须满足企业任何时候提出的借款要求。企业享用周转信贷协定，通常要对贷款限额的未使用部分付给银行一笔承诺费。

例如，某周转信贷额为 1 000 万元，承诺费率为 0.5%，借款企业年度内使用了 600 万元，余额 400 万元，则借款企业该年度就要向银行支付承诺费 2 万元（400×0.5%）。这是银行向企业提供此项贷款的一种附加条件。

周转信贷协定的有效期通常超过一年，但实际上贷款每几个月发放一次，所以这种信贷具有短期借款和长期借款的双重特点。

3）补偿性余额

补偿性余额是银行要求借款企业在银行中保持按贷款限额或实际借用额一定百分比（一般为 10%～20%）的最低存款余额。从银行的角度讲，补偿性余额可降低贷款风险，补偿遭受的贷款损失。对于借款企业来讲，补偿性余额则提高了借款的实际利率。

$$补偿性贷款余额的实际利率 = \frac{名义利率}{1-补偿性余额比率} \times 100\%$$

【例5-2】某企业按年利率8%向银行借款10万元，银行要求维持贷款限额15%的补偿性余额，那么企业实际可用的借款只有8.5万元，则该项借款的实际利率为

$$\frac{10 \times 8\%}{8.5} \times 100\% = 9.4\%$$

4）借款抵押

银行向财务风险较大的企业或对其信誉没有把握的企业发放贷款，有时需要有抵押品担保，以减少自己蒙受损失的风险。短期借款的抵押品经常是借款企业的应收账款、存货、股票、债券等。银行接受抵押品后，将根据抵押品的面值决定贷款金额，一般为抵押品面值的 30%～90%。这一比例的高低，取决于抵押品的变现能力和银行的风险偏好。抵押借款的成本通常高于非抵押借款，这是因为银行主要向信誉好的客户提供非抵押贷款，而将抵押贷款看成是一种风险投资，故而收取较高的利率；同时银行管理抵押贷款要比管理非抵押贷款困难，为此往往另外收取手续费。企业向贷款人提供抵押品，会限制其财产的使用和将来的借款能力。

5）偿还条件

贷款的偿还有到期一次偿还和在贷款期内定期（每月、季）等额偿还两种方式。一般来讲，企业不希望采用后一种偿还方式，因为会提高借款的实际利率；而银行不希望采用前一种偿还方式，因为会加重企业的财务负担，增加企业的拒付风险，同时会降低实际贷款利率。

6）其他承诺

银行有时还要求企业为取得贷款而作出其他承诺，如及时提供财务报表，保持适当的财务水平（如特定的流动比率）等。如企业违背所作出的承诺，银行可要求企业立即偿还全部贷款。

5. 借款利率及利息的支付方式

1）借款利率

（1）优惠利率。优惠利率是银行向财力雄厚、经营状况好的企业贷款时收取的名义利率，为贷款利率的最低限。

（2）浮动利率。这是一种随其他短期利率的变动而浮动的优惠利率，即随市场条件的变动而随时调整变动的优惠利率。

（3）非优惠利率。银行贷款给一般企业时收取的高于优惠利率的利率。这种利率经常在优惠利率的基础上加一定的百分比。比如，银行按高于优惠利率1%的利率向某企业贷款，若当时的最优利率为8%，向该企业贷款收取的利率即为9%。非优惠利率与优惠利率

之间差距的大小，由借款企业的信誉、与银行的往来关系及当时的信贷状况所决定。

2）借款利息的支付方法

（1）收款法。又称为利随本清法。收款法是在借款到期时向银行支付利息的方法。采用这种方法，借款的名义利率（约定利率）等于其实际利率（有效利率）。银行向工商企业发放的贷款大都采用这种方法收取利息。

（2）贴现法。贴现法是银行向企业发放贷款时，先从本金中扣除利息部分，而到期时借款企业则要偿还贷款全部本金的一种计息方法。采用这种方法，企业可利用的贷款额只有本金减去利息部分后的差额，因此贷款的实际利率高于名义利率。贴现贷款实际利率的计算公式为

$$贴现贷款实际利率 = \frac{利息}{贷款金额 - 利息} \times 100\%$$

【例5-3】某企业从银行取得借款10 000元，期限1年，年利率（即名义利率）为8%，利息额为800元（10 000×8%）；按贴现法付息，企业实际可利用的贷款为9 200元（10 000-800），该项贷款的实际利率为

$$贴现贷款实际利率 = \frac{800}{9\ 200} \times 100\% = 8.7\%$$

6. 银行借款筹资的优缺点

1）银行借款的优点

（1）筹资速度快。发行股票、债券筹集资金的程序比较复杂，所需时间一般较长。因为必须得到证券管理部门的审批，并做好发行前的各种准备工作。而银行借款与发行证券相比，程序较为简单，可以使企业快速获得资金。

（2）筹资成本较低。就目前我国情况来看，利用银行借款所支付的利息比发行债券所支付的利息低，另外，也无须支付大量的发行费用。

（3）借款弹性较大。在借款时，企业与银行可以直接接触，通过接触商定贷款的时间、数额和利率等。在借款期间，企业如因财务状况发生某些变化，亦可与银行再进行协商，变更借款数量和条件。借款到期后，如有正当理由，还可延期归还等。

2）银行借款的缺点

（1）财务风险较大。企业利用借款筹集资金，必须按期还本付息，在企业经营不景气的情况下，会给企业带来较大的财务负担，可能会产生不能偿付的风险，甚至导致破产。

（2）限制条款较多。企业与银行签订的借款合同中，一般都有一些限制条款，如定期报送有关报表、不准改变借款用途等，这些条款可能会限制企业的经营活动。

（3）筹资数额有限。银行一般不愿借出巨额的长期借款。因此，借款筹资一般不如发行股票和债券那样可以一次筹集到大量的资金。

5.3.3 融资租赁筹资

1. 融资租赁的含义及种类

租赁是指出租人在承租人给予一定报酬的条件下，授予承租人在约定的期限内占有和使用财产权利的一种契约性行为。

融资租赁又称财务租赁，是区别与经营租赁的一种长期租赁形式，由于它可满足企业对资产的长期需要，故也称资本租赁。它是现代租赁的主要形式。

1）融资租赁与经营租赁的区别

融资租赁与经营租赁的区别如表 5-2 所示。

表 5-2　融资租赁与经营租赁的区别

项　目	融资租赁	经营租赁
租赁程序	由承租人向出租人提出正式申请，由出租人融通资金引进承租人所需设备，然后再租给承租人使用	承租人可随时向出租人提出租赁资产的要求
租赁期限	租期一般为租赁资产寿命的一半以上	租赁期短，不涉及长期而固定的义务
合同约束	租赁合同稳定，在租期内，承租人必须连续支付租金，非经双方同意，中途不得退租	租赁合同灵活，在合理限制条件范围内，可以解除租赁契约
租赁期满的资产处置	租赁期满后，租赁资产的处置有 3 种方法可供选择：将设备作价转让给承租人；由出租人收回；延长租期续租	租赁期满后，租赁资产一般要归还出租人
租赁资产的维修保养	租赁期内，出租人一般不提供维修和保养设备方面的服务	租赁期内，出租人提供设备维修、保养、保险等服务

2）融资租赁的形式

（1）售后租回。根据协议，企业将某些资产卖给出租人，再将其租回使用。资产的售价大致是市价。采用这种租赁形式，出售资产的企业可得到相当于售价的一笔资金，仍然可以使用资产。当然，在此期间，该企业要支付租金，并失去了财产所有权。

（2）直接租赁。直接租赁是指承租人直接向出租人租入所需要的资产，并付出租金。直接租赁的出租人主要是制造厂商、租赁公司。除制造厂商外，其他出租人都是从制造厂商购买资产出租给承租人。

（3）杠杆租赁。杠杆租赁要涉及承租人、出租人和资金出借者三方当事人。从承租人的角度看，这种租赁与其他租赁形式并无区别，同样是按合同的规定，在基本租赁期内定期支付定额租金，取得资产的使用权。但对出租人却不同，出租人只出购买资产所需的部分资金（如 30%），作为自己的投资，另外以该资产作为担保向资金出借者借入其余资金（如70%）。因此，他既是出租人又是借款人，同时拥有对资产的所有权，既收取租金又偿付债务。如果出租人不能按期偿还借款，那么资产的所有权就要转归资金出借者。

2. 融资租赁的程序

融资租赁的程序比较复杂，其主要过程如下。

（1）选择租赁公司，提出委托申请。当企业决定采用融资租赁方式以获取某项设备时，需要了解各个租赁公司的经营范围、经营能力、资信情况，了解有关租赁公司的融资条件和租赁费率等，分析比较，选定一家作为出租单位。然后，企业便可填写租赁申请书，申请办理融资租赁。租赁申请书要详细说明需要租赁设备的类型、品种、规格、型号、性能等。企业还要向租赁公司提供资产负债表、损益表等财务资料，以供租赁公司估算其融资的风险程度。如果需要从国外进口设备，还应提交进口设备的文件。

（2）选择租赁设备，探询设备价格。可以有几种做法：① 由企业委托租赁公司选择设备、商定价格；② 由企业先同设备供应厂商谈判、询价、签署购买合同，然后将合同转给租赁公司，由租赁公司付款，即所谓的"转让"；③ 经租赁公司指定，由企业代其订购设备，代其付款，并由租赁公司偿付货款，即所谓的"代理人付款"；④ 由租赁公司和承租企业协商合作洽购设备。

（3）签订购货协议。由承租企业和租赁公司中的一方或双方，与选定的设备供应厂商进行购买设备的技术谈判和商务谈判，在此基础上与设备供应厂商签订购货协议。

（4）签订租赁合同。即由承租企业与租赁公司签订租赁设备的合同。如需要进口设备，还应办理设备进口手续。租赁合同是租赁业务的重要文件，具有法律效力。融资租赁合同的内容可分为一般条款和特殊条款两部分。

一般条款主要包括：① 合同的性质、当事人身份、合同签订的日期等；② 解释合同中所使用的重要名词；③ 设备的名称、规格型号、数量、技术性能、交货地点及使用地点等，这些内容亦可附表详列；④ 租赁设备交货、验收和税务、使用责任；⑤ 租赁期限及起租日期；⑥ 租金的构成、支付方式和货币名称。

特殊条款主要规定：① 购货协议与租赁合同的关系；② 租赁设备的产权归属；③ 租期中不得退租；④ 对出租人和对承租人的保障；⑤ 承租人违约及对出租人的补偿；⑥ 设备的使用和保管、维修、保障责任；⑦ 保险；⑧ 租赁保证金和担保；⑨ 租赁期满对设备的处理等。

（5）交货验收。设备供应厂商将设备发运到指定地点，承租企业要办理验收手续。验收合格后签发交货及验收证书交给租赁公司，作为其支付货款的依据。

（6）结算货款。设备供应厂商托收货款，租赁公司承付货款。

（7）投保。由承租企业向保险公司办理保险事宜。

（8）交付租金。承租企业按租赁合同规定，分期交纳租金，这也就是承租企业对所筹资金的分期还款。

（9）合同期满处理设备。承租企业根据合同约定，对设备续租、退租或留购。

3. 融资租赁租金的计算

1）融资租赁租金的构成

融资租赁的租金包括设备价款和租息两部分，其中租息又可以分为租赁公司的融资成本、租赁手续费等。

（1）设备价款是租金的主要内容，它由设备的买价、运杂费和途中保险费等构成。

（2）融资成本是租赁公司为购买租赁设备所筹资金的成本，即设备租赁期间的利息。

（3）租赁手续费包括租赁公司承办租赁设备的营业费用和一定的盈利。

2）融资租赁租金的支付方式

租金的支付方式也影响每期租金的多少。支付租金的方式通常有如下几种：按支付间隔期长短，分为年付、半年付、季付和月付；按在期初和期末支付，分为先付和后付；按每次是否等额支付，分为等额支付和不等额支付。

3）融资租赁租金的计算方法

在我国融资租赁业务中，计算租金的方法一般采用等额年金法。等额年金法是利用年金现值的计算公式经变换后计算每期支付租金的方法。因租金有先付租金和后付租金两种支付方式，需分别说明。

（1）后付租金的计算。承租企业与租赁公司商定的租金支付方式，大多为后付等额年

金，即普通年金。根据资本回收额的计算公式，可确定出后付租金方式下每年年末支付租金数额的计算公式为

$$A = \frac{P}{(P/A,\ i,\ n)}$$

【例5-4】 通达公司采用融资租赁方式于2004年1月1日从中天租赁公司租入一台设备，设备价款为80 000元，租期为5年，到期后设备归通达公司所有。双方协议采用12%的折现率，试计算通达公司每年年末应支付的等额租金。

$$A = \frac{P}{(P/A,\ i,\ n)} = \frac{80\ 000}{(P/A,\ 12\%,\ 5)} = \frac{80\ 000}{3.604\ 8} = 22\ 192.63(元)$$

（2）先付租金的计算。

如果双方协议采用先付等额支付租金，根据即付年金的现值公式，可得出先付等额租金的公式为

$$A = \frac{P}{(P/A,\ i,\ n-1)+1}$$

假如上例采用先付等额租金方式，则每年年初支付的租金应为

$$A = \frac{P}{(P/A,\ i,\ n-1)+1} = \frac{80\ 000}{[(P/A,\ 12\%,\ 4)+1]} = \frac{80\ 000}{(3.037\ 3+1)} = 19\ 815.22(元)$$

4. 融资租赁的优缺点

1）融资租赁的优点

（1）能迅速获得所需资产。融资租赁集"融资"与"融物"于一身，一般要比先筹措现金再购置设备来得更快，可使企业尽快形成生产经营能力。

（2）租赁筹资限制较少。企业运用股票、债券、长期借款等筹资方式，都受到相当多的资格条件的限制，相比之下，租赁筹资的限制条件较少。

（3）免遭设备陈旧过时的风险。随着科学技术的不断进步，设备陈旧过时的风险很高，而多数租赁协议规定由出租人承担，承租企业可免遭这种风险。

（4）到期还本负担轻。全部租金在整个租期内分期支付，可降低不能偿付的危险。许多借款都在到期日一次偿还本金，往往给财务基础薄弱的公司造成相当大的困难，有时会形成不能偿付的风险。

（5）税收负担轻。租金可在所得税前扣除，具有抵免所得税的效用。

2）融资租赁的缺点

（1）租金较高。尽管租赁没有明显的利息成本，但出租人是通过租金获得报酬，所以许多租金要高于债券利息。因此，财务人员要判断其合理性。

（2）丧失资产的残值。租赁期满，资产的残值通常归出租人所有。但承租人若购买资产，则可享有资产残值。

（3）难以改良设备。承租人未经出租人同意，不得擅自对租赁财产加以改良。

5.3.4 利用商业信用

1. 商业信用的含义

商业信用是指在商品交易中以延期付款或预收货款进行购销活动而形成的借贷关系，它是公司间直接的信用行为。商业信用产生于商品交换之中，是所谓的"自发性筹资"。它运用广泛，在短期负债筹资中占有相当大的比重。商业信用的具体形式主要是应付账款、应付票据、预收账款等。

2. 商业信用的形式

1）应付账款

应付账款是一种典型的商业信用形式。在这种方式下，买卖双方发生商品交易，买方收到商品后不立即支付货款，也不出具借据，而是形成"欠账"，延迟一定时期后才付款。这种关系完全由买方的信用来维持。对于卖方来说，可以利用这种方式促销，而对于买方来说，延期付款等于向卖方借用资本购进商品，以满足短期资本的需要。

公司在一定时期应付账款筹资额度的大小不但与公司生产经营状况有关，也与供应商（卖方）提供的信用条件有关。如供应商的信用条件是"n/30"，表示购货方必须在30天内支付货款。有时供应商为促使购货方按期付款，及早付款，通常给予购货方一定的现金折扣，如信用条件为"2/10，n/30"，则表示购货方如于购货后10天内付款，可以享受2%的购货折扣；如于10天到30天内付款，购货方必须支付全额货款，允许购货方付款的期限最长为30天。

应付账款筹资按其是否支付代价，分为免费信用、有代价信用和展期信用。

（1）免费信用是指企业无须支付任何代价而取得的信用，一般包括法定付款期限和销售者允许的折扣期限。前者如银行结算办法规定允许有3天的付款期限，即付款人可从收到付款通知3天内享受免费信用；后者为一定信用条件的折扣期内购买者可享受免费信用（如信用条件为"2/10，n/30"中的10天为免费信用）。

（2）有代价信用是指企业需要支付一定的代价而取得的信用。如在有折扣销售的方式下，购买者如果放弃折扣，而所放弃的折扣就是取得此种信用的代价。

（3）展期信用是指企业在供货商提供的信用期限届满后以拖延付款方式强制取得的信用。展期信用虽不付出代价，但不同于一般免费信用，它是明显违反结算制度的行为，且会影响企业信誉，是不可取的。

① 应付账款的成本。若买方企业购买货物后在卖方规定的折扣期内付款，便可享受免费信用，这种情况下企业没有因为享受信用而付出代价。

【例5-5】某企业按"2/10，n/30"的条件购入货物100万元。如果该企业在10天内付款，便享受了10天的免费信用期，并获得折扣2万元（100×2%），免费信用额为98万元。

若买方企业放弃折扣，在10天后（不超过30天）付款，该企业便要承受因放弃折扣而造成的隐含利息成本。一般而言，放弃现金折扣的成本可由下式求得

$$放弃现金折扣的成本 = \frac{折扣百分比}{1-折扣百分比} \times \frac{360}{信用期-折扣期} \times 100\%$$

运用上式，该企业放弃折扣所负担的成本为

$$\frac{2\%}{1-2\%} \times \frac{360}{30-10} = 36.73\%$$

公式表明，放弃现金折扣的成本与折扣的百分比的大小、折扣期的长短同方向变化，与信用期的长短呈反方向变化。可见，如果买方企业放弃折扣而获得信用，其代价是较高的。然而，企业在放弃折扣的情况下，推迟付款的时间越长，其成本就会越小。如果企业延至 50 天付款，其成本则为

$$\frac{2\%}{1-2\%} \times \frac{360}{50-10} = 18.37\%$$

② 利用现金折扣的决策。在附有信用条件的情况下，因为获得不同信用要负担不同的代价，买方企业要在利用哪种信用之间作出决策。

如果能以低于放弃折扣的隐含利息成本（实质是一种机会成本）的利率借入资金，就应在折扣期内用借入的资金支付货款，享受现金折扣。比如，与上例同期的银行短期借款年利率为 12%，则买方企业应利用更便宜的银行借款在折扣期内偿还应付账款；反之，企业应放弃折扣。

如果在折扣期内将应付账款用于短期投资，所得的投资收益率高于放弃折扣的隐含利息成本，则应放弃折扣而去追求更高的利益。假使企业放弃折扣优惠，应将付款日推迟至信用期内的最后一天（如例 5-5 中的第 30 天），以降低放弃折扣的成本。

如果企业因缺乏资金而展延付款期（如例 5-5 中将付款日推迟到第 50 天），则需在降低了的放弃现金折扣成本与展延付款带来的损失之间作出选择。展延付款带来的损失是指因企业信誉恶化而丧失供应商乃至其他贷款人的信用，或日后招致苛刻的信用条件。

如果面对两家以上提供不同信用条件的卖方，应通过衡量放弃折扣成本的大小，选择信用成本最小（或所获利益最大）的一家。比如，上例中另有一家提供商提出"1/20，n/30"的信用条件，其放弃折扣的成本为

$$\frac{1\%}{1-1\%} \times \frac{360}{30-20} = 36.36\%$$

与上例中"2/10，n/30"信用条件的情况相比，后者的成本较低，如果买方企业估计会拖延付款，那么宁肯选择第二家供应商。

2）应付票据

应付票据是购销双方按购销合同进行商品交易、延期付款而签发的、反映债权债务关系的一种信用凭证。根据承兑人的不同，应付票据分为商业承兑汇票和银行承兑汇票两种。商业承兑汇票是由收款人签发，经付款人承兑，或由付款人签发并承兑的票据；银行承兑汇票是由收款人或承兑申请人签发、由承兑申请人向开户银行申请，经银行申请同意，并由银行承兑的票据。商业汇票承兑后，承兑人（即付款人）负有将来无条件支付票款的责任，经承兑的商业票据允许背书转让。

应付的承兑期限由交易双方商定，一般为16个月，最长不超过9个月；支付期最长不超过6个月。应付票据可以带息，也可以不带息。带息应付票据利息率通常低于其他筹资方式的利率，如低于短期借款利率，且不用保持相应的补偿性余额和支付各种手续费等。

使用应付票据结算方式，收款人需要资金时，可持未到期的商业承兑汇票或银行承兑汇票向其开户银行申请贴现。贴现银行需要资金时，可持未到期的汇票向其他银行转贴现。

贴现和转贴现的期限一律从其贴现之日起到汇票到期日止。实际支付贴现金额按票面金额扣除贴现息后计算。

票据贴现实际上是持票人把未到期的汇票转让给银行，贴付一定利息以取得银行借款的行为。因此，它是商业信用发展的产物，实为一种银行信用。应付票据贴现息及应付贴现票款的计算公式为

$$贴现息 = 汇票全额 \times 贴现天数 \times (月贴现率/30\ 天)$$
$$应付贴现票款 = 汇票全额 - 贴现息$$

【例 5-6】 甲公司向乙公司购进原材料一批，价款100 000元，双方商定6个月后付款，采用商业承兑汇票结算。乙公司于4月10日开出汇票，并经甲公司承兑。汇票到期日为10月10日。如乙公司急需资本，于5月10日办理贴现，其月贴现率为0.6%，试计算该公司应付贴现款是多少。

$$贴现息 = 100\ 000 \times 150 \times (0.6\%/30) = 3\ 000(元)$$
$$应付贴现票款 = 100\ 000 - 3\ 000 = 97\ 000(元)$$

3）预收账款

预收账款是卖方公司在交付货物之前向买方预先收取部分或全部货款的信用形式。对于卖方来说，预收账款相当于向买方借用资本后用货物抵偿。通常，购买单位对于紧俏商品乐于采用这种形式，以便获得所需商品。另外，生产周期长、售价高的商品，如轮船、飞机等，生产企业也经常向订货者分次预收货款，以缓解资金占用过多的矛盾。

此外，企业还往往有一部分由于结算原因而形成的"应付费用"，如应付水电费、应付福利费、应付税金等。这些费用的发生是受益在先，支付在后，而且支付期晚于结算期。于是在企业中形成一部分经常占用的流动负债，可作为企业资金的补充来源，而且不必花费资金成本。此项"应付费用"，在西方称为"自然筹资"，我国过去将其中经常占用或最低占用的部分称为"定额负债"。这种"应付费用"并非企业主动筹资的结果，企业也无权扩大其规模，不同于一般的筹资；但它确实又可为企业提供一定数量的可经常占用的资金来源，这在筹资过程中应加以考虑。

3. 商业信用的优缺点

1）商业信用的优点

（1）筹资便利。利用商业信用筹措资金非常方便，因为商业信用与商品购销同时进行，不用做非常正规的安排。

（2）限制条件少。企业利用银行借款筹资，银行对贷款的使用大都要规定一些限制条件，而商业信用则限制较少。

（3）有时无筹资成本。如果在现金折扣期的后期付款，则可利用一段时间的商业信用而不发生筹资成本。

2）商业信用的缺点

（1）商业信用的期限较短，如果取得现金折扣，则时间更短。

（2）有时筹资成本较高。如果放弃现金折扣，则需付出很高的筹资成本。

5.4　混合性筹资

混合性筹资是指既具有股权性资金的特征又具有某些债权性资金特征的资金形式。企业常见的混合性筹资包括可转换债券和认股权证。

5.4.1　可转换债券

1. 可转换债券的概念

可转换债券是公司发行的附有可转换条款的债券，其持有人在发行债券的一定时间内，可依据本人的自由意志，按规定的价格或一定比例，将持有的债券转换为发行公司的股票。换言之，可转换债券持有人可以选择持有至到期日，要求公司还本付息；也可以选择在约定的时间内转换成股票，享有股利分配或资本增值。

2. 可转换债券的特征

与普通的公司债券相比，可转换债券具有以下特征。

（1）可转换债券具有买进期权的特征。实际上，可转换债券是在普通债券的基础上附加了一个不可分的股票买进期权。发行公司赋予可转换债券的持有人可以根据自愿的原则将债券转换为公司股票。一般而言，如果在规定的转换期内，股票价格上涨到超过约定的转换价格时，债券持有人就愿意将债券转换为股票；相反，如果股票价格没有达到转换价格，债券持有人就不会转换，而是在债券到期时收回本金。

（2）可转换债券的利率比普通债券的利率低。可转换债券的利率较低是发行公司由于赋予债券持有人转换权而得到的一种补偿。低于正常利率水平的可转换债券之所以还会吸引投资者，也正是由于附加了转换条款。这种转换权可能会为投资者带来转换收益。

（3）可转换债券通常会附加提前赎回条款。提前赎回条款赋予发行公司可以按照约定的价格将可转换债券提前收回。但债券契约通常都规定发行公司要提前通知债券持有人赎回债券的日期，一般情况下应当提前 30 天通知。债券持有人可以在公司赎回债券之前的任何时间将债券转换为股票。

（4）发行可转换债券具有负债筹资和股权筹资的双重性质，属于一种混合性筹资方式。

3. 可转换债券筹资的优缺点

1）可转换债券筹资的优点

（1）发行可转换债券可以降低资本成本。可转换债券的利率通常低于普通债券的利率，在转换为股票后，又可节省股票的发行成本，从而降低资本成本。

（2）发行可转换债券有利于稳定公司的股票价格。如果公司直接发行新股，往往会导致股票价格下跌。但是，发行可转换债券就可以避免对股票价格产生直接的冲击，即便以后债券持有人转换时，也不会对股票产生太大的影响。

（3）发行可转换债券有利于公司调整资本结构。

2）可转换债券筹资的缺点

（1）可转换债券转为股票后，将失去利率较低的好处，公司将要承担较高的普通股成本，从而导致综合资本成本上升。

（2）增强了管理层偿债的压力。发行可转换债券后，若股市低迷或发行公司业绩欠佳，股价没有按照预期的水平上升时，持有者就不愿意转换，发行公司将承受债券到期偿债的压力。

（3）在股票价格高于可转换价格过多的情况下，持有人将其转换，此时发行公司会遭受筹资损失。

5.4.2 认股权证

1. 认股权证的概念

认股权证是公司发行的一种长期股票买入选择权。认股权证本身不是股票，既不享受股利收益，也没有投票权，只是其持有者可以在规定的时间内按照事先确定的价格购买一定数量的公司股票。认股权证一般是公司在发行长期债券或优先股票时同时共同发行的，但在认股权证发行之后，就可以与长期债券或优先股股票相分离，单独流通与交易。

2. 认股权证的特征

（1）认股权证是一种股票期权。发行认股权证的主要目的是吸引广大投资者购买发行公司的债券和优先股票。投资者不仅能够获取债券或优先股票的固定利息收入，而且还能根据认股权证规定的价格在适当的时候购买发行公司的股票。

（2）每份认股权证所能购买的股票股数是固定的，记载于认股权证上，认股权证上必须载明有效期限，超过有效期限，认股权证即失效。

（3）认股权证上规定认购股票的价格可以是固定的，也可以按普通股的市场价格进行调整，即认股权证的执行价格随着发行公司发放股票股利或拆股而调整。

3. 认股权证筹资的优缺点

1）认股权证筹资的优点

（1）为公司筹集额外的资金。认股权证不论是单独发行还是附带发行，大多都为发行公司筹得一笔额外资金。

（2）促进其他筹资方式的运用。附带发行的认股权证可以促进其所依附证券的发行效率。而且由于认股权证具有价值，附认股权证的债券票面利率和优先股股利率通常较低，从而降低了资本成本。

2）认股权证筹资的缺点

（1）稀释普通股收益。当认股权证执行时，提供给投资者的股票是新发行的股票，而并非二级市场的股票。这样，当认股权证行使时，普通股股份增多，每股收益下降。

（2）容易分散公司的控制权。由于认股权证通常随证券一起发售，以吸引投资者，当认股权证行使时，企业的股权结构会发生改变，稀释了原有股东的控制权。

本 章 小 结

　　企业筹集资金是指企业通过各种渠道和方式筹措企业生产经营所需资金的财务活动。企业筹资渠道是指筹措资金的方向和通道，我国目前可利用的有：国家财政资金、银行信贷资金、非银行金融机构资金、其他企业资金、居民个人资金、企业自留资金、外商资金等。筹资方式是指企业筹集资金所采用的具体形式，主要有发行普通股、发行优先股、利用留存收益、银行借款、发行债券、融资租赁、商业信用等。同时，可转换债券和认股权证这两种混合性筹资，也为企业提供了一定的资金来源。

　　企业在筹资时应掌握规模适当、筹措及时、来源合理、方式经济的原则。筹资管理的重要任务之一就是选择最适合于企业的筹资方式并进行金融创新。筹资渠道与筹资方式之间存在着一定的对应关系，一定的筹资方式可能只适用于某一特定的筹资渠道，但同一渠道的资金往往可采用不同的方式去取得。

复习思考题

1. 你认为企业筹资应遵循哪些原则？
2. 我国企业的筹资渠道有哪些？它们与筹资方式的对应关系怎样？
3. 简述普通股与优先股筹资的优缺点。
4. 简述融资租赁的优缺点。
5. 影响债券发行价格的因素有哪些？如何计算债券的发行价格？

练 习 题

1. 某企业购入 20 万元商品，卖方提供的信用条件为"2/10，n/30"，若企业由于资金紧张，延至第 50 天付款，放弃折扣的成本是多少？
2. 某企业向租赁公司租入一套价值为 200 000 元的设备，租赁合同规定：租期 4 年，租金每年年末支付一次，利率为 10%，租期满后设备归企业所有，要求编制租金摊销表（见表 5-3）。

表 5-3　租金摊销表

年　度	支付租金	应计利息	支付本金	未付本金
第 1 年年初				
第 1 年年末				
第 2 年年末				

续表

年　　度	支付租金	应计利息	支付本金	未付本金
第 3 年年末				
第 4 年年末				
合　计				

3. 某公司拟发行每张面值 100 元，票面利率 12%，每年付息一次，到期还本，期限为 3 年的债券。

要求：计算当市场利率为 10%、12%、14% 时的发行价格。

4. 某企业 20×8 年 12 月 31 日资产负债表如表 5-4 所示。

表 5-4　资产负债表

20×8 年 12 月 31 日 单位：万元

资　　产	金　　额	负债及所有者权益	金　　额
现金	50	短期借款	105
应收账款	310	应付账款	260
预付账款	30	应付票据	100
存货	520	预收账款	170
固定资产	1 070	长期负债	200
无形资产	120	实收资本	1 200
		留存利润	65
合　计	2 100	合　计	2 100

20×8 年销售收入为 2 000 万元，20×9 年预计销售收入增长为 2 500 万元，销售净利润率为 7%，净利润留用比例为 40%。（假设固定资产尚有剩余生产能力）

要求：（1）计算 20×8 年资产和负债各敏感项目的销售百分比；

（2）计算 20×9 年该企业需追加的筹资额和外部筹资额。

5. 某企业以融资租赁方式取得一个储存仓库，租期 4 年，租金总额为 1 600 万元，每年年初等额支付一次租金，贴现率是 10%，问该企业每年应付租金多少元？

6. 长期以来，龙天公司与龙海公司一直保持着业务关系，龙天公司一直向龙海公司购买原材料，龙海公司开出的付款条件为"4/10，n/30"。一天，龙天公司的财务经理刘星翻阅公司账目，发现会计人员对此项交易的处理方式是：总是在收到货物 15 天支付款项。当刘星问会计人员为何不取得现金折扣，该名会计人员说：这个交易的成本只有 4%，而银行贷款成本却为 12%，因此没有接受现金折扣。

要求：（1）该会计人员的理由正确吗？

（2）如果放弃现金折扣，公司实际的短期融资成本是多少？

（3）如果公司无法获得银行贷款，不得不使用商业信用资金，为了降低年利息总成本，公司应注意哪些事项？

案例分析

案例一　金蝶融资

金蝶的前身为深圳爱普电脑技术有限公司，由现任金蝶董事长兼总裁徐少春于 1991 年 11 月与深圳大学一位教授一起创立，注册资本 30 万元，徐少春占 90% 的股份。因为无法解决员工户口问题，员工频繁跳槽，这对于软件企业来说，打击太大，因此徐少春不得不为企业另谋出路。

1993 年，由深圳市蛇口社会保险公司、美籍华人赵西燕及以徐少春为代表的爱普公司共同投资成立了深圳金蝶科技软件有限公司，注册资本为 500 万元，徐少春让出控股权，以技术和资金共持股 35%，赵西燕持股 25%，深圳市蛇口社会保险公司持股 40%。此次筹集资金使金蝶获得了多方面的好处：第一，获得了发展资金；第二，获得了外商投资企业待遇；第三，解决了员工户口、住房、调动等方面的燃眉之急；第四，能够随时知悉美国最先进的技术。不过徐少春付出的代价是此次筹资后放弃了控股权，表现出了一个企业家兼容并蓄的胸怀。

金蝶意识到要想实现高效率的积累，资本市场是一条行之有效的捷径。1997 年，金蝶开始酝酿上市，最早瞄准国内 A 股市场。但在当时，企业上市要通过审批，国内主板市场的苛刻条件也使得金蝶通过这条路上市根本不可能。

此时出现了一个现实的融资机会：IDG 广州太平洋技术创业投资基金正在广、深两地寻找投资项目，金蝶抓住了这个机会，经过短短 3 个月的接触就与 IDG 达成合作协议。1998 年 5 月 1 日，金蝶吸收美国风险投资商 IDG 投入的现金 2 000 万元人民币，作价 25% 的股份，同时深圳市蛇口社会保险公司获得 200 万元人民币现金退出金蝶。徐少春在接受记者采访时说："吸收风险投资首先可以获得资金；其次，得到了先进的管理经验和海外商业资源；最后，有助于企业未来上市。"

利用风险资本创业的高新技术企业，由于企业自身的快速成长，往往需要可持续的融资和即时的融资。这样风险企业需要的常常不是一个融资对象，而是更为广阔的融资渠道，由此来保证融资的源源不断和及时有效。而且，从风险投资的角度看，投资企业是需要高回报的，最终还是要靠企业上市来实现价值。

与此同时，2000 年国务院发布了《鼓励软件产业和集成电路产业发展的若干政策》，政策和资本市场环境开始对软件企业上市融资倾斜，金蝶瞄准了香港的创业板市场。2001 年 2 月 15 日，金蝶国际软件集团有限公司正式挂牌香港交易所创业板市场，成为内地首家在香港创业板上市的民营软件企业。此次金蝶集团以配售的方式发行 8 750 万股新股，筹集资金近 9 000 万港元。

上市后的金蝶国际软件集团的股权结构是开放式的。IDG 是最大股东，占 20% 的股份，徐少春持有 19.11% 的股份，另外两位公司创办人章文兴和赵西燕分别持有 13.33% 和 18.52% 的股份，管理层和员工持有 9.04% 的股份，余下 20% 由公众持有。另外，根据香港联合交易所创业板上市规则，并经香港证监会豁免，可在上市之日起 10 年内享有高达总发行股本 30% 的股票期权额度。

思考题：

请根据案例在下列题中填入适当选项。

（1）深圳爱普电脑技术有限公司在 1993 年与深圳市蛇口社会保险公司、美籍华人赵西燕共同投资成立了深圳金蝶科技软件有限公司，此次筹资的目的是（　　）。

　　A. 偿还债务　　　　　B. 设立企业　　　　　C. 应付意外　　　　　D. 企业发展

（2）不属于吸收风险投资优点的是（　　）。

　　A. 可以获得资金　　　　　　　　　　B. 得到了先进的管理经验和海外商业资源

　　C. 有助于企业未来上市　　　　　　　D. 掌握控制权

（3）金蝶上市后获得的好处有（　　）。

　　A. 便于确定公司价值　　　　　　　　B. 提高公司知名度，吸引更多顾客

　　C. 有利于保护公司的商业秘密　　　　D. 资本大众化，分散风险

　　E. 减少信息披露成本

（4）影响金蝶资本成本高低的因素有（　　）。

　　A. 总体经济环境　　　B. 证券市场条件　　　C. 筹资规模

　　D. 企业的经营风险　　　　　　　　　E. 企业的财务风险

（5）案例中金蝶多次获得的发展资金属于（　　）。

　　A. 债务资金　　　　　B. 权益资金　　　　　C. 债权资金　　　　　D. 借款资金

案例二　东方汽车制造公司的筹资决策

东方制造公司是一个多种经济成分并存，具有法人资格的大型企业集团。它现有 58 个生产厂家，还有物资、销售、进出口、汽车配件等四个专业公司，一个轻型汽车研究所和一所汽车工业学校。公司现在急需 1 亿元的资金用于技术改造项目。为此，总经理赵广文于 2018 年 2 月 10 日召开由生产副总经理张伟、财务副总经理王超、销售副总经理李立、某信托投资公司金融专家周明、某研究中心经济学家吴教授、某大学财务学者郑教授组成的专家研讨会，讨论该公司筹资问题。下面是他们的发言和有关资料。

总经理赵广文首先发言，他说："公司技术改造项目经专家、学者的反复讨论，已被国务院于 2017 年正式批准。这个项目的投资额预计为 4 亿元，生产能力为 4 万辆。项目改造完成后，公司两个系列产品的各项性能可达到国际 20 世纪 80 年代的先进水平。现在项目正在积极实施中，但目前资金不足，准备在 2018 年 7 月筹集 1 亿元资金，请大家讨论如何筹措这笔资金。"

生产副总经理张伟说："目前筹集的 1 亿元资金，主要是用于投资少、效益高的技术改造项目。这些项目在两年内，均能完成建设并正式投产，到时将大大提高公司的生产能力和产品质量，估计这笔投资在投产后 3 年内可完全收回，所以应发行 5 年期的债券筹集资金。"

财务副总经理王超提出了不同意见，他说："目前公司全部资金总额为 10 亿元，其中自有资金为 4 亿元，借入资金为 6 亿元，自有资金比率为 40%，借入资金比率为 60%，这种负债比率在我国处于中等水平，与世界发达国家如美国、英国等相比，负债比率已经比较高了。如果再利用债券筹资 1 亿元资金，负债比率将达到 64%，显然负债比率过高，财务风险太大。所以不能利用债券筹资 1 亿元资金，只能靠发行普通股股票或优先股股票筹集资

金。"但金融专家周明认为：目前我国金融市场还不完善，一级市场刚刚建立，二级市场尚在萌芽阶段，投资者对股票的认识尚有一个过程。因此，在目前条件下要发行 1 亿元普通股股票十分困难。发行优先股还可以考虑，但根据目前的利率水平和市场状况，发行时年股息率不能低于 16.5%，否则无法发行。如果发行债券，估计以 12% 的利息率便可以顺利发行。来自某研究中心的吴教授认为，目前我国经济正处于繁荣时期，但党和政府已经发现经济"过热"所造成的一系列弊端，正准备采取措施治理经济环境，整顿经济秩序。到时汽车行业可能会受到冲击，销售可能会下降。在进行筹资和投资时应考虑这一因素，不能盲目上马，否则后果将是十分严重的。公司的销售副总经理李立认为，治理整顿不会影响公司的销售量。这是因为该公司生产的轻型货车和旅行车，几年来销售情况一直很好，畅销全国 29 各省、市、自治区，市场上较长时间供不应求。1986 年全国汽车滞销，但该公司的销售状况仍创历史最高水平，居全国领先地位。在近几年全国汽车行业质量评比中，轻型客车连续夺魁，轻型货车两年获第一名，一年获第二名。李立还认为，治理整顿可能会引起汽车滞销，但这只可能限于质次价高的非名牌产品，该公司的几种名牌汽车仍会畅销不衰。财务副总经理王超补充说："该公司属于股份制试点企业，执行特殊政策，所得税税率为 25%，税后资金利润率为 15%，准备上马的这项技术改造项目，由于采用了先进设备，投产后预计税后资金利润率将达到 18% 左右。"所以，他认为这一技术改造项目仍应付诸实施。来自某大学的财务学者郑教授听了大家的发言后指出，以 16.5% 的股息率发行优先股不可行，因为发行优先股所花费的筹资费用较多，把筹资费用加上去以后，预计利用优先股筹集资金的资金成本将达到 19%，这已高出公司税后资金利润率，所以不可行。但若发行债券，由于利息可在税前支付，实际成本大约在 9%。他还认为，目前我国正处于通货膨胀时期，利息率比较高，这时不宜发行较长时期的具有固定负担的债券或优先股股票，因为这样做会长期负担较高的利息或股息。所以郑教授认为，应首先向银行筹措 1 亿元的技术改造贷款，期限为 1 年，1 年以后，再以较低的股息率发行优先股股票来替换技术改造贷款。

　　财务副总经理王超听了郑教授的分析后，也认为按 16.5% 的股息率发行优先股的确会给公司造成沉重的财务负担。但他不同意郑教授后面的建议，他认为，在目前条件下向银行筹措 1 亿元技术改造贷款几乎不可能；另外，通货膨胀在近 1 年内不会消除，要想消除通货膨胀，利息率有所下降，至少需要两年时间。金融学家周明也同意王超的看法，他认为 1 年后，利息率可能还要上升，两年后利息率才会保持稳定或略有下降。

　　思考题：

　　(1) 这次筹资研讨会上提出了哪几种筹资方案？对几种筹资方案进行评价。

　　(2) 听了与会同志的发言后，你如何做出决策？

　　(3) 从本案例中可获得哪些启示？

<table>
<tr><td rowspan="3" align="center">第
6
章</td></tr>
</table>

第6章

资本成本、杠杆原理、资本结构

> **学习目标**
>
> 通过本章的学习，理解资本成本的含义，了解资本成本的作用，掌握个别资本成本、综合资本成本和边际资本成本的计算；掌握经营杠杆、财务杠杆和复合杠杆的计算及应用；了解资本结构理论，掌握运用一定的方法确定企业最佳的资本结构。

6.1 资 本 成 本

6.1.1 资本成本概述

1. 资本成本的概念

资本成本是指企业筹集和使用资本而付出的代价。在市场经济条件下，资本是一种特殊的商品，企业任何一笔资本的取得或使用都要支付一定的费用，都需要承担一定的成本。例如，企业向银行借款，需要支付借款利息；向股东发行股票筹集资本，需要支付股利。

资本成本的经济学含义是投入某一项目的资本的机会成本，具有预期的性质。可以从以下两个角度来考察资本成本的真正意义。① 从筹资企业的角度来看，资本成本是企业为了筹集资本和今后使用这些资本所需要支付的各项支出，如发行债券、股票所支付的发行费用、使用这些资本所支付的利息和股利。这些支出表现为不同的特性，有的是一次性的，有的是持续性的；有的是固定的，有的是变动的。② 从资金提供者的角度来看，投资者如果将资本投入到某一企业中，他将丧失了这笔资本投资于其他风险相当的项目所预期获得的收益。对于投资者来说，他是否愿意投资于某一企业，取决于他对投资收益率的预期，只有该投资收益率达到或超过其他风险相同的投资项目的预期收益率时，他才愿意将资本投资于该企业。因此，如果不考虑筹资的一次性费用，资本成本就是企业向投资者所支付的投资报酬，也就是投资者所要求的必要收益。从这个意义上看，资本成本是一种机会成本，它具有预期的性质。

2. 资本成本的构成

资本成本从其内容构成来看，主要包括筹资费用和用资费用两部分。

1）筹资费用

筹资费用是指企业在筹集资本过程中所发生的费用。例如，向银行支付的借款手续费；

因发行股票、债券而支付的印刷费、广告宣传费、发行手续费等。筹资费用通常是企业在筹资时一次发生的，与筹集资金的次数无关，因而属于固定性资本成本，在实务中需要将其在所筹集的资本中一次性扣除。企业总的筹资额扣除筹资费用后的余额是筹资净额，筹资净额是企业真正可以使用的资本。

2）用资费用

用资费用是指企业在生产经营和投资过程中因使用资本而向资本提供者支付的费用。例如，向债权人支付的债务利息，向股东分配的股利等。这部分费用的多少与企业所筹集资本的数量、使用期限呈正比例关系，因而属于变动性资本成本，它构成了企业资本成本的主要内容。

3. 资本成本的种类

资本成本的表现形式有两种：绝对数和相对数。用绝对数来表示资本成本就是资本成本额；用相对数来表示资本成本就是资本成本率。例如，向银行借款 10 000 元，假定年借款利率为 8%，则每年需要支付的借款利息为 800 元。在不考虑筹资费用和所得税的情况下，800 元就是 10 000 元银行借款的资本成本额，8% 就是 10 000 元银行借款的资本成本率。在企业筹资实务中，一般运用相对数来表示资本成本，即资本成本率。因此，通常情况下所说的资本成本指的就是资本成本率。资本成本率是指企业用资费用与筹资净额之间的比率。

企业的资本成本一般有以下几种类型。

1）个别资本成本

个别资本成本是指企业采用不同的筹资方式所取得资本的成本。例如，股票资本成本、债券资本成本、长期借款资本成本等。不同的筹资方式所取得资本的成本是不同的，企业在选择筹资方式时，需要使用个别资本成本来对各种筹资方式进行比较。

2）综合资本成本

综合资本成本是指以各种资本在企业总资本中所占的比重为权数，分别乘以个别资本成本加权平均测算出来的资本成本。企业可以利用综合资本成本进行资本结构的决策。

3）边际资本成本

边际资本成本是指企业追加筹资时，每新增加一个单位量的资本所需要负担的资本成本。企业在追加筹资方案的选择中，通常需要运用边际资本成本来进行决策。

4. 资本成本的作用

资本成本是企业筹资决策、投资决策的一个重要决策标准。在国际上，通常将资本成本视为一项"财务标准"，据此来证明企业筹资方案或投资方案是否可行。资本成本对于企业筹资管理、投资管理，乃至整个企业财务管理和经营管理都具有重要的作用。

1）资本成本在企业筹资决策中的作用

资本成本是企业选择筹资方式、确定资本结构的一个重要依据。不同的筹资方式所筹集到资本的成本不同。企业在筹资时总是要尽可能降低资本成本，为此，必须分析、比较各种资本成本的高低，合理安排各种资本之间的比例关系。资本成本在企业筹资决策中的作用主要表现在以下几方面。

（1）资本成本是影响企业筹资规模的一个重要因素。随着筹资数量的增加，资本成本会发生变化。一般来说，当筹资规模扩大时，企业边际资本成本会随之上升，当边际资本成本上升到超过企业的承受能力时，企业就不能再增加筹资数量。因此，资本成本是限制企业筹资数量的一个重要因素。

（2）资本成本是企业选择筹资渠道、确定筹资方式的一个重要标准。企业可以从不同的筹资渠道，采用不同的筹资方式筹集资本。不同的筹资渠道和筹资方式筹集到资本的成本是不同的。企业究竟选择哪种筹资渠道，采用哪种筹资方式，主要应考虑资本成本的高低。

（3）资本成本是企业确定资本结构的主要依据。企业的全部资本是由各种不同的资本组合而构成的。企业的资本结构不同，其资本成本和财务风险也不同。企业在确定资本结构时，要合理地控制财务风险，尽量降低资本成本。只有使企业综合资本成本最低的资本结构才是企业的最佳资本结构。

2）资本成本在企业投资决策中的作用

资本成本是评价投资项目、比较投资方案和进行投资决策的经济标准。一般而言，一个投资项目，只有当投资收益率高于其资本成本时，在经济上才是合理的；否则，该项目将无利可图，甚至会发生亏损。因此，国际上通常将资本成本视为一个投资项目必须赚得的"最低报酬率"或"必要报酬率"，视为是否采纳一个投资项目的"取舍率"，进而作为比较、选择投资方案的一个经济标准。在企业进行投资决策时，资本成本的作用具体表现在以下两个方面。

（1）在利用净现值指标进行投资决策时，通常以资本成本作为贴现率。当净现值大于或等于零时，说明投资项目是可行的；当净现值小于零时，说明投资项目是不可行的。

（2）在利用内部报酬率指标进行投资决策时，通常以资本成本作为基准率。当投资项目的内部报酬率大于或等于资本成本时，说明投资项目是可行的，当投资项目的内部报酬率小于资本成本时，说明投资项目是不可行的。

3）资本成本在企业经营管理中的作用

资本成本可以作为评价企业经营业绩的一个基准。企业的经营业绩可以用企业的资本利润率来衡量，只有企业的资本利润率高于企业的综合资本成本时，企业的经营活动才是有利的。因此，可以通过比较企业的资本利润率与综合资本成本来评价企业的经营业绩。

6.1.2　个别资本成本

个别资本成本是指使用各种长期资金的成本，主要包括债券成本、长期借款成本、普通股成本、优先股成本和留存收益成本。前两种称为债务资本成本，后3种称为权益资本成本。

1. 资本成本的测算原理

1）在不考虑时间价值的情况下资本成本的测算原理

在不考虑时间价值情况下，资本成本测算的方法比较简单，是指企业用资费用与筹资净额之间的比率。前已述及，资本成本是由筹资费用和用资费用构成的。由于筹资费用是一次性的、固定的费用，所以在测算资本成本时要从筹资总额中扣除。其基本测算公式为

$$K = \frac{D}{P-F}$$

或

$$K = \frac{D}{P(1-f)}$$

式中：K——资本成本；

　　　D——用资费用；

　　P——筹资总额；

　　F——筹资费用；

　　f——筹资费用率，即筹资费用与筹资总额的比率。

　　由此可见，资本成本的高低取决于 3 个因素，即用资费用、筹资费用和筹资总额，它们对资本成本的影响具体表现在以下几方面。

　　（1）用资费用是决定资本成本高低的主要因素。在其他两个方面因素不变的情况下，用资费用越大，资本成本就越高；相反，用资费用越小，资本成本就越低。

　　（2）筹资费用对资本成本的影响主要表现在对筹资净额的扣减上。筹资费用率越高，说明扣减的筹资费用占总筹资额的比例越大，这样资本成本就越高。一般而言，发行债券和股票的筹资费用较大，故其资本成本较高。

　　（3）筹资总额是决定资本成本高低的另一个主要因素。在其他两个因素不变的情况下，某种资本的筹资总额越大，其资本成本越低；相反，筹资总额越小，其资本成本越高。

　　2）在考虑时间价值的情况下资本成本的测算原理

　　在考虑资本时间价值的情况下，资本成本是使各年支付的费用和本金的现值之和与企业所筹到的资金相等时的折现率。在不考虑筹资费用和所得税影响的情况下，企业所筹集的资本额就是投资者的投资额，企业支付给投资者的投资报酬就是企业的资本成本，因此投资者所要求的投资必要报酬率就等于资本成本率。这样，就可以利用贴现模型来估算企业的资本成本，其基本公式为

$$P_0 = \frac{D_1}{(1+K)} + \frac{D_2}{(1+K)^2} + \frac{D_3}{(1+K)^3} + \cdots + \frac{D_n}{(1+K)^n} = \sum_{t=1}^{\infty} \frac{D_t}{(1+K)^t}$$

或

$$P_0 = \sum_{t=1}^{n} \frac{D_t}{(1+K)^t} + \frac{P_n}{(1+K)^n}$$

式中：P_0——企业筹资净额；

　　　　D_t——企业支付给投资者的用资费用；

　　　　K——企业的税前资本成本；

　　　　P_n——所筹集的资本到期时的价值。

　　前式适用于没有一定到期日的股权资本成本的测算，后式适用于有一定到期日的负债资本成本的测算。如果是负债资本，在测算其资本成本时，还必须考虑所得税的影响，测算出企业的税后资本成本。

　　2. 债务资本成本

　　债务资本成本的基本内容是利息费用。由于利息费用是税前抵扣的项目，在实践中，债务资本成本存在两种计算方法。当公司有盈余时，由于利息是税前成本费用，可以起到抵减所得税的作用，公司实际支付的债务利息是税后债务成本，即税后债务成本 = 税前成本×（1−所得税税率）；而当公司没有利润时，由于事实上得不到减税的好处，债务资本成本就是实际发生的利息费用。

　　1）债券资本成本

　　企业发行债券的成本主要是指债券利息和筹资费用。债券的利息可在所得税前列支，具有抵

税作用；债券的筹资费用一般较高，主要包括申请费、注册费、印刷费和上市费及推销费等。此外，债券的发行价格有平价、溢价和折价 3 种情况，这对资本成本的测算都有一定影响。

（1）在不考虑时间价值的情况下，债券资本成本可通过下列公式进行计算。

$$K_b = \frac{I(1-T)}{B_0(1-f)} \quad 或 \quad K_b = \frac{M \times i(1-T)}{B_0(1-f)}$$

式中：K_b——债券的资本成本；

　　　I——债券利息；

　　　T——所得税税率；

　　　B_0——债券发行总额（按发行价格计算）；

　　　f——债券筹资费用率；

　　　M——债券的面值；

　　　i——债券的利息率。

【例6-1】某公司平价发行 10 000 张、面值为 1 000 元、期限为 5 年、票面利率为 8% 的公司债券。该债券每年付息，到期还本。发行债券的筹资费用率为 3%，公司所得税税率为 25%。则该债券的资本成本为

$$K_b = \frac{1\,000 \times 10\,000 \times 8\% \times (1-25\%)}{1\,000 \times 10\,000 \times (1-3\%)} = 6.186\%$$

如果本例中债券是按溢价发行的，发行价格为 1 080 元，则其资本成本为

$$K_b = \frac{1\,000 \times 10\,000 \times 8\% \times (1-25\%)}{1\,080 \times 10\,000 \times (1-3\%)} = 5.727\%$$

如果本例中债券是按折价发行的，发行价格为 9 60 元，则其资本成本为

$$K_b = \frac{1\,000 \times 10\,000 \times 8\% \times (1-25\%)}{960 \times 10\,000 \times (1-3\%)} = 6.443\%$$

（2）在考虑时间价值的情况下，债券资本成本可通过下列公式测算。

$$B_0(1-f) = \sum_{t=1}^{n} \frac{I(1-T)}{(1+K_b)^t} + \frac{M}{(1+K_b)^n}$$

【例6-2】某公司按面值发行 10 年期债券 1 000 元，票面利率为 12%，筹资费用率为 3%，所得税税率为 25%，该债券每年付息一次，到期还本。则该债券的资本成本计算如下：

$$1\,000 \times (1-3\%) = \sum_{t=1}^{10} \frac{1\,000 \times 12\% \times (1-25\%)}{(1+K_b)^t} + \frac{1\,000}{(1+K_b)^{10}}$$

$$970 = 1\,000 \times 12\% \times (1-25\%) \times (P/A, K_b, 10) + 1\,000 \times (P/F, K_b, 10)$$

采用逐步测试法，可知：

当 $K_b = 9\%$ 时，$B_0(1-f) = 1\,000$；

当 $K_b = 10\%$ 时，$B_0(1-f) = 938.505$。

由此可见，所求的 K_b 一定在 9%~10% 之间，运用"插值法"：

$$\frac{1\,000-970}{9\%-K_b}=\frac{1\,000-938.505}{9\%-10\%}$$

求得 $K_b=9.49\%$

思考：如果企业发行债券是一次还本付息的，上例中又如何计算资本成本？

2）长期借款资本成本

长期借款支付的借款利息和借款手续费是计算资本成本的基础。由于借款利息可在所得税前列入成本，所以具有抵税作用；长期借款的手续费一般较低，有时候可以忽略不计，所以长期借款资本成本可以比照债券资本成本的计算来进行。

（1）在不考虑时间价值的情况下，长期借款资本成本可通过下列公式进行计算。

$$K_L=\frac{I(1-T)}{L(1-f)}=\frac{L\times i(1-T)}{L(1-f)}=\frac{i(1-T)}{1-f}$$

式中：K_L——长期借款的资本成本；

　　　L——长期借款总额。

【例 6-3】某公司从银行借入长期借款 100 万元，期限为 5 年，年利率为 10%，利息每年年末支付，到期时一次还本，借款手续费为借款额的 1%，公司所得税税率为 40%。则长期借款的资本成本计算如下：

$$K_L=\frac{L\times i(1-T)}{L(1-f)}=\frac{100\times10\%\times(1-40\%)}{100\times(1-1\%)}=\frac{10\%\times(1-40\%)}{1-1\%}=6.06\%$$

（2）在考虑时间价值的情况下，长期借款资本成本可通过下列公式测算。

$$L(1-f)=\sum_{t=1}^{n}\frac{I(1-T)}{(1+K_L)^t}+\frac{L}{(1+K_L)^n}$$

仍沿用上例，长期借款的资本成本为

$$100\times(1-1\%)=\sum_{t=1}^{5}\frac{100\times10\%\times(1-40\%)}{(1+K_L)^t}+\frac{100}{(1+K_L)^5}$$

$$99=100\times10\%\times(1-40\%)\times(P/A,K_L,5)+100\times(P/F,K_L,5)$$

运用"插值法"，求得 $K_L=6.25\%$。

思考：在长期借款的筹资费用率忽略不计的情况下，如何计算其资本成本？

3. 权益资本成本

1）优先股资本成本

优先股是享有某些优先权利的股票，优先股筹资需支付筹资费用和优先股股利。优先股同时具有债券和普通股的一些特征，具体表现为优先股需定期按固定的股利率向持股人支付股利，但股利支付需在所得税后进行，不具有所得税的抵减作用。因此，可以把优先股股利视为一种永续年金。按永续年金现值的计算公式，优先股资本成本可按下式计算。

$$K_P = \frac{D_P}{P_0(1-f)}$$

式中：K_P——优先股的资本成本；

D_P——优先股年股利；

P_0——优先股面值或发行价格。

【例6-4】某公司发行面值10元的优先股，筹资费用率为4%，年股利率为10%，优先股按面值发行，则优先股的资本成本为

$$K_P = \frac{10 \times 10\%}{10 \times (1-4\%)} = 10.42\%$$

如果公司发行优先股是按折价或溢价发行，则计算公式中的 P_0 应按溢价或折价做相应调整。若上例中，公司以高出面值10%的价格发行，则资本成本为

$$K_P = \frac{10 \times 10\%}{11 \times (1-4\%)} = 9.47\%$$

2）普通股资本成本

普通股资本成本包括企业支付给普通股股东的股利及普通股的发行费用。普通股没有到期日，股利的支付视企业的经营状况而定，没有确定的金额。普通股股东对公司剩余财产的求偿权在优先股股东之后。因此，有价证券中普通股的筹资风险最大，资本成本也就最高。鉴于普通股的特点，其资本成本很难确定。实务中，普通股资本成本的确定方法主要有以下3种。

（1）股利贴现模型法。股利贴现模型法是股票估价的基本模型，理论上，普通股的价值可定义为预期未来股利现金流按股东要求的收益率贴现后的现值。它可以用来测量普通股的资本成本，其基本公式为

$$P_0 = \sum_{t=1}^{\infty} \frac{D_t}{(1+K_S)^t}$$

式中：K_S——普通股的资本成本；

D_t——普通股年股利；

P_0——普通股市价或普通股筹资额。

上述公式是测算普通股资本成本的基本公式。具体运用该模型测算普通股资本成本时，会因股利政策的不同而有所不同。这里假设以普通股投资收益率不断提高来计算普通股资本成本。公司发行普通股时，所筹集的金额是股票市场发行价格扣除筹资费用后确定的。如果普通股股利以固定的增长率 g 递增，则发行普通股的资本成本为

$$K_S = \frac{D_1}{P_0(1-f)} + g$$

式中：D_1——预期年股利；

g——普通股股利年增长率。

【例6-5】某公司发行普通股筹资，每股面值10元，发行价格16元，筹资费用率3%，预计第一年每股股利为2元，以后每年按5%递增。则普通股资本成本为

$$K_S = \frac{2}{16 \times (1-3\%)} + 5\% = 17.89\%$$

【例6-6】某公司普通股目前每股市价为56元，估计股利年增长率为12%，本年已发放股利2元/股。则普通股资本成本为

$$K_S = \frac{2 \times (1+12\%)}{56} + 12\% = 16\%$$

（2）资本资产定价模型法。采用股利折现模型法是假定普通股年股利增长率是固定不变的。事实上，估计未来股利增长率是很困难的，因为许多企业未来股利增长率是不确定的。因此可采用资本资产定价模型，通过风险因素加以调整，确定普通股的资本成本。资本资产定价模型的计算公式为

$$K_S = R_F + \beta(R_M - R_F)$$

式中：R_F——无风险报酬率；

　　β——股票的贝塔系数；

　　R_M——证券市场平均报酬率。

【例6-7】某公司普通股股票的β系数为1.2，政府发行的国库券年利息率为8%，证券市场普通股平均报酬率为12%。则普通股的资本成本为

$$K_S = 8\% + 1.2 \times (12\% - 8\%) = 12.8\%$$

（3）债券收益加风险收益率法。此方法是根据"风险和收益相匹配"的原理来确定普通股资本成本的。由于普通股投资风险大于债券的投资风险，所以可在债券投资收益率的基础上加上一定的风险报酬，确定普通股资本成本。具体计算公式为

$$K_S = K_b + RP_C$$

式中：K_b——债券的资本成本；

　　RP_C——股东比债权人承担更大风险所要求的风险溢酬。

公式的难点在于风险溢酬的计算，风险溢酬可凭经验估计。一般认为，某公司普通股的风险报酬要高于本公司发行债券利息率的3%～5%。风险溢酬受资本市场利率的影响，市场利率较高时，风险溢酬较低；反之，则较高。而通常情况下，常常采用4%的平均风险溢酬。

【例6-8】某公司计划发行普通股筹集股本资本，该公司发行的债券资本成本为6%，则该股票的资本成本为

$$K_S = 6\% + 4\% = 10\%$$

3）留存收益资本成本

留存收益是企业资金的一项重要来源，绝大多数企业不会把税后利润全部用于发放股利，总是要留存一部分以便追加投资，发展生产。股东对这部分追加投资与以前的股本一

样，也要求有一定的报酬，并非企业可以无偿使用。因此，留存收益也要计算成本。留存收益资本成本的计算与普通股资本成本的计算基本相同，但不用考虑筹资费用。其计算公式为

$$K_e = \frac{D_1}{P_0} + g$$

式中：K_e——留存收益资本成本。

【例6-9】某公司普通股的每股市价为16元，预计第一年年末每股盈利2元，每股发放1元股利，股利年增长率为5%，则留存收益资本成本为

$$K_e = \frac{1}{16} + 5\% = 11.25\%$$

该公司的普通股股东之所以把1元的股利留在企业，是期望公司能取得高于11.25%的投资收益。

6.1.3 综合资本成本

企业可以通过单一的方式筹集资金，也可以通过多种方式筹集资金。一般情况下，企业往往从多种渠道，采用多种方式筹集资金，其筹资成本各不相同。为了进行筹资决策，就需要计算确定企业全部长期资金的总成本——综合资本成本。综合资本成本一般是以各种资本占全部资本的比重为权数，对个别资本成本进行加权平均确定的，所以又称为加权平均资本成本。其计算公式为

$$K_W = \sum_{i=1}^{n} K_i W_i$$

式中：K_W——综合资本成本；

K_i——第i种资本的个别资本成本；

W_i——第i种个别资本占全部资本的比重（权数）。

综合资本成本的高低取决于个别资本成本和资本的比重两大因素，个别资本成本的计算前已讲述，如何计算各种资本在全部资本中的比重，是计算综合资本成本的关键因素之一。

【例6-10】某公司账面反映的长期资金共5 000万元，其中长期借款500万元，应付长期债券1 000万元，优先股200万元，普通股2 500万元，留存收益800万元。其个别成本分别为5%、8%、10%、15%、15%。该公司的综合资本成本计算如下。

$$K_W = \frac{500}{5\ 000} \times 5\% + \frac{1\ 000}{5\ 000} \times 8\% + \frac{200}{5\ 000} \times 10\% + \frac{2\ 500}{5\ 000} \times 15\% + \frac{800}{5\ 000} \times 15\% = 12.4\%$$

上述计算过程也可通过表6-1来完成。

表6-1 综合资本成本计算表

资本种类	账面价值/万元	比重/%	个别资本成本/%	加权资本成本/%
长期借款	500	10	5	0.5
长期债券	1 000	20	8	1.6

续表

资本种类	账面价值/万元	比重/%	个别资本成本/%	加权资本成本/%
优先股	200	4	10	0.4
普通股	2 500	50	15	7.5
留存收益	800	16	15	2.4
合计	5 000	100		12.4

本例中计算的个别资本占全部资本的比重是按账面价值确定的，其资料容易取得。但当资本的账面价值与市场价值差别较大时，如股票、债券的市场价格发生较大变动时，按账面价值计算的结果会与实际有较大差距。因此，不同价值的计价基础直接影响着资本比例关系的计算结果，从而影响着企业的筹资决策。一般来说，资本价值的计价基础主要有 3 种。

（1）账面价值。资产负债表所提供的各种资本的金额是其账面价值，据此可计算出各种资本之间的比例关系。使用账面价值确定各种资本比例的优点是资料易于取得，计算简单方便；缺点是资本的账面价值可能不符合其市场价值。如果市场价值已经脱离账面价值很多，计算的资本比例就会失去客观性，从而不利于综合资本成本的测算和筹资管理的决策。

（2）市场价值。市场价值计量基础是按照各种资本的市场价值来确定其比例关系。采用市场价值为计量基础时，各种负债资本和股权资本都应当按照现行的资本市场价格为基础计算其资本比例。其优点是比较真实地反映了企业现实的资本结构和综合资本成本水平，有利于筹资管理决策；缺点是资本市场各种资本的价格处于经常变动之中，且取得的数据也是过去的价格水平。

（3）目标价值。目标价值计量基础是预计各种资本的未来目标市场价值，并以此为基础计算其资本比例。其数据是由有关财务人员根据企业未来筹资的要求和企业债券、股票在资本市场上的变动趋势预测得出来的，它适用于企业未来的目标资本结构。其优点是能够体现期望的目标资本结构；缺点是资本的目标价值难以客观地确定，尤其是在证券市场不成熟、不规范的条件下，其市场的走势更难预测。

6.1.4　边际资本成本

任何企业都无法以某一固定的资本成本来筹措到无限的资金，随着企业筹资规模的不断扩大，当其筹集的资金超过一定限度时，原来的资本成本就会增加。在企业追加筹资时，必须对一定资本结构下新增资本的边际成本做出准确的预测，为筹资决策提供科学依据。

边际资本成本是指企业每增加一个单位量的资本所负担的成本。边际资本成本也是按加权平均计算的，它取决于两个因素：一是追加资本的结构；二是追加资本的个别资本成本水平。边际资本成本的计算可通过以下几个步骤进行。

第一步，确定目标资本结构。目标资本结构是企业认为较为理想的资本来源构成比例。其确定原则与确定方法将在 6.3 节介绍，此处假设目前的资本结构为适合本企业的最佳资本结构，企业追加筹资后仍维持原有资本结构。

第二步，确定各种筹资方式的个别资本临界点。根据金融市场的实际情况，企业筹资数额的变化，会引起个别资本成本的变化。在某一确定的资本成本下，企业不可能筹集到无限的资本。因此，有必要找出各种筹资方式的个别资本成本的临界点。此临界点是指个别资本成本发生变化前的最高筹资限额。下面通过一个例题加以说明。

【例6-11】某公司拥有1 000万元长期资金，其中长期借款200万元，债券200万元，普通股600万元。现需筹集一笔资金用于投资项目，企业决定追加筹资后仍维持原有的资本结构，即长期借款占20%，债券占20%，普通股占60%。

根据金融市场的分析，得出不同筹资数额的有关资本成本数据，如表6-2所示。

表6-2　各种筹资方式成本临界点

筹资方式	个别资本筹资临界点	资本成本/%
长期借款	0～200万元	7
	200万～500万元	8
	>500万元	9
发行债券	0～100万元	10
	>100万元	11
发行普通股	0～600万元	10
	600万～1 500万元	12
	>1 500万元	15

表6-2说明该公司长期借款的资本成本临界点（分界点）是200万元、500万元；发行债券的资本成本临界点是100万元；发行普通股的资本成本临界点是600万元、1 500万元。

第三步，根据企业个别资本的筹资临界点及目标资本结构，计算各种筹资方式的筹资总额分界点，并据此划分可能的筹资范围。筹资总额分界点是指当资本结构既定时，使某种资本成本发生变动的筹资总额，也叫筹资突破点。在筹资突破点范围内筹资，原有的资本成本不会改变，一旦筹资额超过筹资突破点，即使现有的资本结构不变，其资本成本也会增加。筹资总额分界点的计算公式为

$$筹资总额分界点=\frac{可用某一特定成本筹集到的某种资金额}{该种资金在资本总额中所占比重}$$

在例6-11中，如果企业在保持长期借款资本成本为7%的条件下，最多可筹措到200万元借款资金，则对应的筹资总额分界点为

$$筹资总额分界点=\frac{200}{20\%}=1\,000（万元）$$

即如果筹资总额不超过1 000万元，按照目标资本结构的要求，企业长期借款的总额可保持在200万元以下；如果筹资总额超过1 000万元，则按照目标资本结构，企业长期借款就要超过200万元，从而导致资本成本高于7%，将达到8%或9%。根据题意，据此公式划分可能的筹资范围，如表6-3所示。

表 6-3　筹资总额分界点计算表

筹资方式	资本成本	个别资本筹资临界点	资本结构/%	筹资总额分界点/万元	筹资范围
长期借款	7%	0 ~ 200 万元	20	200/20% = 1 000	0 ~ 1 000 万元
	8%	200 万 ~ 500 万元		500/20% = 2 500	1 000 万 ~ 2 500 万元
	9%	>500 万元			>2 500 万元
发行债券	10%	0 ~ 100 万元	20	100/20% = 500	0 ~ 500 万元
	11%	>100 万元			>500 万元
发行普通股	10%	0 ~ 600 万元	60	600/60% = 1 000	0 ~ 1 000 万元
	12%	600 万 ~ 1 500 万元		1 500/60% = 2 500	1 000 万 ~ 2 500 万元
	15%	>1 500 万元			>2 500 万元

第四步，划分筹资范围，计算边际资本成本。

由表 6-3 可得出 4 组筹资成本不同的筹资总额范围：0 ~ 500 万元，500 万 ~ 1 000 万元，1 000 万 ~ 2 500 万元，2 500 万元以上。分别计算这 4 组筹资总额的综合资本成本，即边际资本成本，如表 6-4 所示。

表 6-4　不同筹资范围内的综合资本成本

筹资范围	资本种类	资本结构/%	个别资本成本/%	综合资本成本/%
0 ~ 500 万元	长期借款	20	7	7×20+10×20+10×60 = 9.4
	债券	20	10	
	普通股	60	10	
500 万 ~ 1 000 万元	长期借款	20	7	7×20+11×20+10×60 = 9.6
	债券	20	11	
	普通股	60	10	
1 000 万 ~ 2 500 万元	长期借款	20	8	8×20+11×20+12×60 = 11
	债券	20	11	
	普通股	60	12	
2 500 万元以上	长期借款	20	9	9×20+11×20+15×60 = 13
	债券	20	11	
	普通股	60	15	

第五步，将以上各筹资范围组中新增筹资总额的边际资本成本与投资项目的报酬率进行比较，可以做出投资与筹资相结合的决策。

6.2　杠杆原理

自然界中的杠杆效应，是指人们利用杠杆，可以用较小的力量移动较重物体的现象。财务管理中也存在类似的杠杆效应。财务管理中的杠杆作用是指由于固定性成本费用的存在，当业务量发生较小的变化时，会引起利润较大的变化。了解这些杠杆原理，有助于企业合理规避风险，提高财务管理水平。

财务管理中的杠杆效应有 3 种形式，即经营杠杆、财务杠杆和复合杠杆。

为了理解经营杠杆原理并对经营杠杆进行计量，需要先了解成本性态分析和贡献毛益的含义。

6.2.1　成本性态分析与贡献毛益

1. 成本性态分析

成本性态分析就是确定成本与业务量之间的数量关系。首先，按成本性态可将企业一定时期发生的所有成本划分为固定成本和变动成本两大类；然后，将变动的生产成本作为产品成本，将固定的生产成本和销售费用、管理费用、财务费用一并作为期间成本处理，全额从当期的销售收入中扣除，并由此计算出企业各期间的损益。

1）固定成本

固定成本是指在一定时期及一定业务量范围内，其成本总额不受业务量变动的影响而保持固定不变的那部分成本。例如，企业按直线法计提的固定资产折旧、管理人员的工资、保险费、职工培训费、广告费、新产品开发费等。.

企业在一定时期内发生固定成本，按其是否受管理当局短期决策的影响可进一步划分为约束性固定成本和酌量性固定成本。区分为两类成本，有助于企业寻求降低固定成本的正确途径。

（1）约束性固定成本。是指其发生额不受管理当局短期决策影响的那部分固定成本。例如，固定资产的折旧费、保险费、财产税、管理人员工资等。这类成本与企业生产经营能力的形成及其正常维护有着密切的关系，是维持企业经营活动必须负担的最低成本。由于这类成本一旦形成，短期不能轻易改变，具有很大程度的约束性，并对企业的长远目标产生重大影响。因此，在实际工作中，企业控制这类成本的措施是合理、充分地利用企业生产能力，从而相对降低其单位成本。

（2）酌量性固定成本。是指其发生额受企业管理当局短期决策行为的影响，可以在不同时期改变其数额的那部分固定成本。例如，企业的广告费、职工培训费、新产品开发研究费等。这类成本是由企业管理当局根据经营目标和未来实际需要，通过预算的形式而形成的，其开支数额在一定预算期内固定不变，并与当期业务量的多少无关。但是在不同预算期，其发生额的大小却可以改变。因此，在实际工作中，控制这类成本应采取的措施是：在预算时精打细算，在执行时厉行节约，在保证生产经营的前提下最大限度地减少它们的支出额。

2）变动成本

变动成本是指在一定时间及一定业务量内，其成本总额随着业务量的变动而呈现正比例变动的那部分成本。例如，企业在生产过程中发生的直接材料、直接人工、制造费用中的产品包装费、按工作量计算的固定资产折旧费、按销售量多少支付的销售佣金等。

企业在一定时期内发生的变动成本按其发生原因可进一步划分为技术性变动成本和酌量性变动成本。区分为两类成本，有助于企业寻求降低变动成本的正确途径。

（1）技术性变动成本。是指其单位变动成本受技术条件等客观因素影响的那部分成本。例如计算机制造商生产某一特定型号计算机所需要相应的元器件，某化工产品需要不同等级标号的某种原料等。这类成本是利用生产能力必然发生的成本，其发生额的多少与产量呈正比例变动关系。因此，在实际工作中，对于降低这类成本的措施，通常是通过改进工艺设计、提高材料利用率、提高生产率和降低单耗来实现的。

（2）酌量性变动成本。是指其发生额受管理当局决策影响的那部分成本。例如，企业按不同价格水平在不同地区或不同企业采购的某种同质原材料，企业按销售收入或利润百分比提取的技术转让费等。这类成本的显著特点是其单位变动成本的发生额可由企业管理层来决定，降低这类成本通常要依靠科学、合理的决策，降低材料采购成本，优化劳动组合来实现。

3）成本性态分析模型

在实际工作中，常常存在大量的成本项目同时兼有固定成本和变动成本双重性质的一种成本，即混合成本。企业的总成本也是以混合成本的形式存在的，它表现为固定成本和变动成本两部分。通常需要采用一定的方法将这些混合成本项目分解为固定成本和变动成本两部分，然后将其分别归入固定成本和变动成本的两大类成本中，并确定企业的总成本。用公式表示为

$$企业总成本 = 固定成本 + 变动成本$$

或

$$y = a + bx$$

式中：y——总成本；

a——固定成本；

b——单位变动成本；

x——业务量。

通常将方程 $y = a + bx$ 称为总成本模型。它既是成本性态分析中采用一定方法进行混合成本分解的数学基础，也是变动成本计算法确认企业利润的依据。

2. 贡献毛益

贡献毛益是一个非常重要的指标，它表明一种产品的盈利能力。所谓贡献毛益，是指产品销售收入与相应变动成本之间的差额。它除了以总额表示外，还有单位贡献毛益和贡献毛益率两种形式。贡献毛益可用公式表示为

$$贡献毛益 = 销售收入 - 变动成本 = 单位贡献毛益 \times 销售量 =$$
$$销售收入 \times 贡献毛益率$$

用变动成本法计算企业损益时，通常以企业产品的贡献毛益抵补固定成本后的余额，确定企业的营业利润，用公式表示为

$$营业利润 = 贡献毛益 - 固定成本$$

企业各种产品提供的贡献毛益虽然不是企业的营业利润，但它与企业营业利润的形成有着非常密切的关系，因为贡献毛益首先用于补偿企业的固定成本，只有当产品贡献毛益大于固定成本时，才能为企业提供利润，否则企业将出现亏损。

【例 6-12】某企业一定期间的固定成本为 7 000 元，该期间生产一种产品，计划产销 2 000 件，单位售价为 15 元，单位变动成本为 9 元。则该产品的有关贡献毛益和营业利润指标计算如下。

$$单位贡献毛益 = 15 - 9 = 6(元)$$
$$贡献毛益总额 = 15 \times 2\,000 - 9 \times 2\,000 = 12\,000(元)$$
$$或 = 6 \times 2\,000 = 12\,000(元)$$

$$贡献毛益率 = \frac{6}{15} \times 100\% = 40\%$$

$$或 = \frac{12\ 000}{30\ 000} \times 100\% = 40\%$$

$$营业利润 = 12\ 000 - 7\ 000 = 5\ 000(元)$$

贡献毛益是企业利润规划和经营决策中的一个重要管理信息。它既是每种产品的盈利能力的综合表现，也是对企业最终利润所做贡献大小的重要标志。贡献毛益是按成本习性进行成本性态分析、连接业务量和息税前利润的桥梁和纽带。

6.2.2 经营风险与经营杠杆

企业的风险包括经营风险和财务风险。经营风险是指企业因经营上的原因而导致利润变动的风险，是企业固有的未来经营效益的不确定性，一般用企业未来的息税前利润（EBIT）的不确定性来衡量。经营风险是决定企业资本结构的重要原因。影响经营风险的因素有很多，既包括企业的外部因素，如产品供求关系、产品价格波动、原材料供应等，也包括企业的内部因素，如产品的设计、工艺、质量等。经营风险是这些因素综合作用的结果。固定成本与息税前利润（EBIT）的可变性之间没有必然的联系，但由于固定成本的性质使得当产品的产销量发生变动时，单位产品分担的固定成本随着产销量的增加（下降）而减少（增加），使息税前利润（EBIT）以更大的幅度变动，从而增加经营风险。因此，将固定成本视为影响经营风险的因素之一，可对这些因素所造成的经营风险起到一定的放大作用。企业的固定成本比率越高，可能出现的经营风险就越大；反之，经营风险就越小。

1. 经营杠杆

经营杠杆主要是反映销售量与息税前利润之间的关系，特别是用于衡量销售量变动对息税前利润的影响程度。两者的关系可用公式表示为

$$EBIT = Q(P-V) - F = Q \cdot MC - F$$

式中：Q——销售产品的数量；

P——销售单价；

V——单位变动成本；

F——固定成本总额；

MC——单位贡献毛益。

上述公式表明，在其他因素不变的条件下，息税前利润随着销售量的变动而变动，固定成本则是和销售量没有关系的常数。但当销售量增加时，虽然不会改变固定成本总额，但会降低单位产品的固定成本，从而提高单位产品的息税前利润，使息税前利润的增长率大于销售量的增长率。相反，当销售量减少时，会使单位固定成本上升，从而降低了单位产品的息税前利润，并使息税前利润的下降率大于销售量的下降率。

总之，由于固定成本的存在，当业务量发生较小幅度的变动时，会引起息税前利润较大幅度的变动，这种现象就是经营杠杆作用。

2. 经营杠杆系数

反映经营杠杆作用程度，估计经营杠杆利益的大小，评价经营风险的高低，一般是通过测算经营杠杆系数（degree of operating leverage，DOL）完成的。经营杠杆系数是指息税前

利润变动率相当于产销量变动率的倍数。可用公式表示为

$$DOL = \frac{\Delta EBIT/EBIT}{\Delta Q/Q}$$

或

$$DOL = \frac{\Delta EBIT/EBIT}{\Delta S/S}$$

式中：DOL——经营杠杆系数；

EBIT——基期息税前利润；

ΔEBIT——息税前利润变动额；

Q——基期产销量；

ΔQ——产销量的变动额；

S——基期销售收入额；

ΔS——销售收入变动额。

根据本量利之间的线性关系，通过推导可将上述公式简化为

$$DOL = \frac{Q(P-V)}{Q(P-V)-F}$$

$$DOL = \frac{S-C}{S-C-F}$$

式中：Q——基期的产销量；

S——基期的销售收入（QP）；

C——基期的变动成本总额（QV）。

在实际工作中，前式可用于计算单一产品的经营杠杆系数；后式除了计算单一产品外，还可用于计算多种产品的经营杠杆系数。

【例6-13】华宇公司生产某产品，销售量为 20 000 件，销售单价为 5 元，单位变动成本为 3 元，固定成本总额为 20 000 元。假设下一年预计销售量增长 10%，销售单价和单位变动成本保持不变，其有关资料如表6-5所示。

表6-5 华宇公司利润计算表

项目	本年/元	预计/元	变动额	变动率
销售收入	100 000	110 000	10 000	10%
减：变动成本	60 000	66 000	6 000	10%
边际贡献	40 000	44 000	4 000	10%
减：固定成本	20 000	20 000	—	—
息税前利润	20 000	24 000	4 000	20%

华宇公司的经营杠杆系数为

$$DOL = \frac{20\%}{10\%} = 2$$

或

$$= \frac{20\ 000 \times (5-3)}{20\ 000 \times (5-3) - 20\ 000} = 2$$

经营杠杆系数为 2，表明在销售量为 20 000 件的基础上，销售量每增加 1 个百分点，息税前利润就增加 2 个百分点。

3. 经营杠杆的作用

（1）说明销售量的变动对息税前利润变动的影响程度，从而可以预测下一期的息税前利润。

$$息税前利润变动率 = 销售量变动率 \times 经营杠杆系数$$
$$预计息税前利润 = 基期息税前利润 \times (1 + 息税前利润变动率)$$

【例 6-14】 有甲、乙两家公司，甲公司的固定成本总额为 100 万元，产品单位售价为 10 元，单位变动成本为 5 元；乙公司的固定成本总额为 250 万元，产品单位售价为 15 元，单位变动成本为 5 元。两家公司的销售量均为 30 万件，如果在下一年两家公司的销售量均增长 20%，则两家公司的息税前利润将如何变化？

甲公司：

$$经营杠杆系数 = \frac{300\,000 \times (10-5)}{300\,000 \times (10-5) - 1\,000\,000} = 3$$

$$息税前利润变动率 = 20\% \times 3 = 60\%$$

$$基期息税前利润 = 300\,000 \times (10-5) - 1\,000\,000 = 500\,000\,(元)$$

$$预计息税前利润 = 500\,000 \times (1+60\%) = 800\,000\,(元)$$

乙公司：

$$经营杠杆系数 = \frac{300\,000 \times (15-5)}{300\,000 \times (15-5) - 2\,500\,000} = 6$$

$$息税前利润变动率 = 20\% \times 6 = 120\%$$

$$基期息税前利润 = 300\,000 \times (15-5) - 2\,500\,000 = 500\,000\,(元)$$

$$预计息税前利润 = 500\,000 \times (1+120\%) = 1\,100\,000\,(元)$$

（2）衡量企业的经营风险。在某一产销量水平上，经营杠杆系数越大，息税前利润的变动幅度就越大，从而经营风险就越大。

【例 6-15】 某公司生产 A 产品，固定成本为 60 万元，变动成本率为 40%。当公司的销售额分别为 400 万元、200 万元和 100 万元时，其经营杠杆系数分别是多少？

当销售量为 400 万元时：

$$经营杠杆系数\ DOL_{(1)} = \frac{400 - 400 \times 40\%}{400 - 400 \times 40\% - 60} = 1.33$$

当销售量为 200 万元时：

$$经营杠杆系数\ DOL_{(2)} = \frac{200 - 200 \times 40\%}{200 - 200 \times 40\% - 60} = 2$$

当销售量为 100 万元时：

$$经营杠杆系数\ DOL_{(3)} = \frac{100 - 100 \times 40\%}{100 - 100 \times 40\% - 60} = \infty$$

例 6-15 的计算表明，在固定成本不变的情况下，经营杠杆系数的作用体现在以下两方面。① 销售额增长（减少）所引起利润增长（减少）的幅度。比如，$DOL_{(1)}$ = 1.33 说明销售额在400 万元时，销售额的增长（减少）会引起利润 1.33 倍的增长（减少）；$DOL_{(2)}$ = 2 说明销售额在 200 万元时，销售额的增长（减少）会引起利润 2 倍的增长（减少）。② 销售规模越大，经营杠杆系数越小，经营风险也就越小；相反，销售规模越小，经营杠杆系数越大，经营风险也就越大。当销售额达到盈亏临界点时，经营杠杆系数趋于无穷大，此时公司经营只是保本。在这种情况下，只有销售额有所增加，公司才可获得经营收益；如果销售额下降，公司便会发生亏损。

【例 6-16】甲、乙两家公司属于同一行业，都生产 A 产品，并且在性能和质量上均无大的差异。甲公司固定成本总额为 40 万元，乙公司固定成本总额为 10 万元。假设两家公司产品的市场销售价格相同，并且两家公司的变动成本率均为 60%。20×3 年至 20×5 年，甲公司 A 产品销售收入分别为 200 万元、160 万元和 240 万元。乙公司 A 产品销售收入分别为 100 万元、80 万元和 120 万元。测算两家的经营风险，有关的测算如表 6-6 所示。

表 6-6　甲、乙两家公司经营风险测算表　　　　　单位：万元

公　司	项　目	20×3 年	20×4 年	20×5 年
甲公司	销售收入	200	160	240
	销售收入变动率/%	—	-20	50
	变动成本总额	120	96	144
	固定成本总额	40	40	40
	息税前利润	40	24	56
	息税前利润变动率/%	—	-40	133.33
乙公司	销售收入	100	80	120
	销售收入变动率/%	—	-20	50
	变动成本总额	60	48	72
	固定成本总额	10	10	10
	息税前利润	30	22	38
	息税前利润变动率/%	—	-26.67	72.73

甲公司 20×4 年的经营杠杆系数为

$$DOL = \frac{-40\%}{-20\%} = 2$$

或

$$= \frac{200-120}{200-120-40} = 2$$

甲公司 20×5 年的经营杠杆系数为

$$DOL = \frac{133.33\%}{50\%} = 2.67$$

或

$$= \frac{160-96}{160-96-40} = 2.67$$

乙公司 20×4 年的经营杠杆系数为

$$DOL = \frac{-26.67\%}{-20\%} = 1.33$$

或

$$= \frac{100-60}{100-60-10} = 1.33$$

乙公司 20×5 年的经营杠杆系数为

$$DOL = \frac{72.73\%}{50\%} = 1.45$$

或

$$= \frac{80-48}{80-48-10} = 1.45$$

上述计算表明，两家公司的固定成本总额保持不变。甲、乙公司 20×4 年的销售收入都比上年下降了 20%，甲公司的息税前利润下降了 40%，而乙公司的息税前利润则下降了 26.67%；甲、乙公司 20×5 年的销售收入都比上年增长了 50%，甲公司的息税前利润增长了 133.33%，而乙公司的息税前利润则增长了 72.73%。由此可见，甲公司息税前利润的变动幅度大于乙公司息税前利润的变动幅度，甲公司的经营杠杆系数大于乙公司的经营杠杆系数。原因是运用了固定成本这一杠杆且运用的程度不同，甲公司的固定成本比乙公司高，说明在销售收入增长的情况下，甲公司获得的经营杠杆利益大于乙公司；而在销售收入下降的情况下，甲公司的经营风险也大于乙公司。

6.2.3 财务风险与财务杠杆

财务风险也称融资风险或筹资风险，是指企业为了获得财务杠杆利益而利用负债、优先股等方式筹资所产生的应由普通股股东承担的风险，是财务杠杆作用的结果。影响企业财务风险的基本因素主要有：① 资本结构，在资本结构中负债所占的比率越高，财务风险越大；② 利率水平的变化；③ 息税前利润。其中资本结构的变化，即财务杠杆的利用程度对财务风险的影响最为综合。

1. 财务杠杆

财务杠杆主要是反映息税前利润与普通股每股收益之间的关系，特别是用于衡量息税前利润变动对普通股每股收益变动的影响程度。两者的关系可用公式表示为

$$EPS = \frac{(EBIT-I)(1-T)-D}{N}$$

式中：EPS——普通股每股收益；

　　　　D——优先股股利；

　　　　N——发行在外的普通股股数。

企业财务杠杆来自固定的资本成本，固定的资本成本包括债务的利息和优先股股利。在企业资本结构一定的情况下，不论企业的息税前利润如何变化，债务利息和优先股股利都是相对固定的。当息税前利润增大时，每一元盈余所负担的固定财务费用就会相对减少，这会给普通股股东带来更多的盈余；相反，当息税前利润减少时，每一元盈余所负担的固定财务

费用就会相对增加,这就会减少普通股股东的盈余。这种由于固定财务费用的存在,使普通股每股收益变动幅度大于息税前利润变动幅度的现象,就是财务杠杆作用。

2. 财务杠杆系数

企业资本结构中只要有债务与优先股筹资,就会存在财务杠杆作用。财务杠杆作用的大小可通过财务杠杆系数来衡量。财务杠杆系数(degree of financial leverage,DFL)是使普通股每股收益变动率相当于息税前利润变动率的倍数。其计算公式为

$$DFL = \frac{\Delta EPS / EPS}{\Delta EBIT / EBIT}$$

式中:DFL——财务杠杆系数;

ΔEPS——普通股每股收益变动额。

上述公式是按照概念给出的,通过推导可得出计算时的实用公式。

公式 1:在企业资本结构中,只有负债和普通股,没有优先股。

$$DFL = \frac{EBIT}{EBIT - I}$$

公式 2:在企业资本结构中,既有负债和普通股,又有优先股。

$$DFL = \frac{EBIT}{EBIT - I - \dfrac{D}{1-T}}$$

公式中的资料来源均为基期的数字。

【例 6-17】承接例 6-13,假设华宇公司的资本来源为:债券 100 000 元,年利率为 5%;优先股 500 股,每股面值 100 元,年股利率为 7%;该公司流通在外的普通股为 500 股,所得税税率为 50%。根据前述资料,计算该公司不同息税前利润下的每股收益。有关计算如表 6-7 所示。

表 6-7 华宇公司不同息税前利润下每股收益计算表 单位:元

项　　目	本　　年	预　　计	变动额	变动率/%
销售收入	100 000	110 000	10 000	10
减:变动成本	60 000	66 000	6 000	10
边际贡献	40 000	44 000	4 000	10
减:固定成本	20 000	20 000	—	—
息税前利润	20 000	24 000	4 000	20
减:利息费用	5 000	5 000		
减:所得税	7 500	9 500	2 000	26.67
税后利润	7 500	9 500	2 000	26.67
减:优先股股利	3 500	3 500		
普通股收益	4 000	6 000	2 000	50
每股收益	8	12	4	50

华宇公司的财务杠杆系数为

$$DFL = \frac{50\%}{20\%} = 2.5$$

或

$$DFL = \frac{20\ 000}{20\ 000 - 5\ 000 - \dfrac{3\ 500}{1 - 50\%}} = 2.5$$

财务杠杆系数为 2.5，表示息税前利润每变动一个百分点，普通股每股收益就变动 2.5 个百分点。

3. 财务杠杆的作用

（1）说明息税前利润变动对普通股每股收益的影响程度，从而预测下期普通股的每股收益。其计算公式为

$$普通股每股收益变动率 = 息税前利润变动率 \times 财务杠杆系数$$
$$预计普通股每股收益 = 基期普通股每股收益 \times (1 + 普通股每股收益变动率)$$

【例6-18】 甲、乙两家经营业务相同的公司，其资本总额相等，均为 2 000 万元。但两家公司的资本结构不同，甲公司的负债比例为 25%，发行在外的普通股为 30 万股，每股面值 50 元，负债利率为 6%；乙公司的负债比例为 60%，发行在外的普通股为 16 万股，每股面值 50 元，负债利率为 10%。公司所得税税率为 25%。假定本年两家公司的息税前利润为 200 万元，下一年可能增加 20%，那么普通股每股收益将发生怎样的变化？

甲公司：

$$年利息费用(I) = 2\ 000 \times 25\% \times 6\% = 30(万元)$$

$$财务杠杆系数(DFL) = \frac{200}{200 - 30} = 1.18$$

$$普通股每股收益变动率 = 20\% \times 1.18 = 23.6\%$$

通过已知条件，可以计算出甲公司上一年的普通股每股收益为

$$EPS = \frac{(200 - 30) \times (1 - 25\%)}{30} = 4.25(元/股)$$

如果下一年息税前利润增长 20%，则

$$预计普通股每股收益 = 4.25 \times (1 + 23.6\%) = 5.253(元/股)$$

乙公司：

$$年利息费用(I) = 2\ 000 \times 60\% \times 10\% = 120(万元)$$

$$财务杠杆系数(DFL) = \frac{200}{200 - 120} = 2.5$$

$$普通股每股收益变动率 = 20\% \times 2.5 = 50\%$$

上一年的普通股每股收益为

$$EPS = \frac{(200-120) \times (1-25\%)}{16} = 3.75(元/股)$$

如果下一年息税前利润增长 20%，则

预计普通股每股收益 = 3.75 × （1+50%）= 5.625 （元/股）

思考：如果下一年两家公司的息税前利润都下降了 10%，那么普通股每股收益又将发生怎样的变化？

（2）衡量企业的财务风险。甲、乙两公司经营业务相同，资本总额相等，但甲公司的负债比例小于乙公司，财务杠杆系数小于乙公司。在下一年息税前利润都增长 20% 的情况下，甲公司普通股每股收益增长 23.6%，而乙公司普通股每股收益增长 50%。如果进一步假设两家公司下一年息税前利润都下降 10%，那么乙公司普通股每股收益的下降率要大于甲公司。由此可见，两家公司虽然息税前利润变动率相同，但普通股每股收益的变动率却有较大差异。乙公司普通股每股收益的变动率高于甲公司，说明乙公司的财务风险比甲公司大。

6.2.4 复合杠杆与企业总风险

1. 复合杠杆

复合杠杆也称总杠杆或联合杠杆，是企业经营杠杆与财务杠杆综合作用的结果。在企业经营活动中，往往既存在经营杠杆，又存在财务杠杆，这两种杠杆会综合地发挥作用。这样，当企业的产销量发生较小的变动时，在经营杠杆和财务杠杆的综合作用下，会导致每股收益发生较大的变动。复合杠杆既可为企业带来杠杆利益，也会为企业带来杠杆风险。复合杠杆作用的大小取决于经营杠杆作用和财务杠杆作用的大小。

2. 复合杠杆系数

为了计量复合杠杆的作用程度，需要计算复合杠杆系数。复合杠杆系数（degree of combined leverage，DCL）是指普通股每股收益（税后净利润）变动率相当于销售量变动率的倍数。销售量和每股收益之间的关系可列公式如下。

$$EPS = \frac{[Q(P-V)-F-I] \times (1-T) - D}{N}$$

在经营杠杆的计算中，销售量是自变量；在财务杠杆的计算中，息税前利润是自变量；而在复合杠杆中，息税前利润不再作为一个独立的变量，它被分解为：销售量×单位边际贡献-固定成本总额，这时销售量又变成了自变量。复合杠杆系数计算公式为

$$DCL = \frac{\Delta EPS / EPS}{\Delta Q / Q}$$

上述公式经过推导可得出以下公式。

公式 1：

$$DCL = DOL \times DFL$$

公式 2：

$$DCL = \frac{Q(P-V)}{Q(P-V)-F-I}$$

或

$$DCL = \frac{Q(P-V)}{Q(P-V)-F-I-\dfrac{D}{1-T}}$$

如例 6-13、例 6-17，当销售量为 20 000 件时，该企业的复合杠杆系数可计算如下。

$$DCL = 2 \times 2.5 = 5$$

或

$$= \frac{50\%}{10\%} = 5$$

或

$$DCL = \frac{20\,000 \times (5-3)}{20\,000 \times (5-3) - 20\,000 - 5\,000 - \dfrac{3\,500}{1-50\%}} = 5$$

计算表明，在销售量为 20 000 件的基础上，销售量每变动 1 个百分点，普通股每股收益就变动 5 个百分点。或者说，当销售量增长 10% 时，普通股每股收益就增长 50%；相反，当销售量下降 10% 时，普通股每股收益就下降 50%。

3. 复合杠杆的作用

（1）说明销售量的变动对普通股每股收益的影响程度，从而预测下期普通股的每股收益。其计算公式为

普通股每股收益变动率＝销售量变动率×复合杠杆系数
预计普通股每股收益＝基期普通股每股收益×(1+普通股每股收益变动率)

如例 6-13、例 6-17，当销售量增长 10% 时，预计下一年普通股的每股收益为

预计普通股每股收益＝8×(1+10%×5)＝12

（2）衡量企业的总体风险。在企业经营活动中，由于经营杠杆和财务杠杆的综合作用，当企业的产销量以较小幅度增长时，会使普通股每股收益（税后净利润）发生较大幅度的增长，由此而产生的利益就是复合杠杆利益；相反，当企业的产销量以较小幅度下降时，普通股每股收益（税后净利润）就会发生较大幅度的下降。因此，在复合杠杆的作用下，企业的经营结果会变得更加不确定，企业的总风险会增加。

6.3　资 本 结 构

中外财务管理实践证明，合理的资本结构有利于企业的健康发展，而不合理的资本结构可能导致企业出现财务危机。

6.3.1　资本结构概述

1. 资本结构的概念

资本结构是指企业各种资金的构成及其比例关系，是财务结构的一部分。在实务中，资

本结构有广义和狭义之分。狭义的资本结构是指长期资本（长期负债、优先股、普通股）的构成及其比例关系；广义的资本结构是指全部资金（包括长期资金和短期资金）的结构。财务管理中的资本结构多指狭义的资本结构。

企业的资本结构是由企业采用各种筹资方式筹集的资本而形成的，各种筹资方式组合类型的不同决定着企业资本结构及其变化。企业的筹资方式虽然很多，但总的来看主要分为负债资本和权益资本两大类。因此，资本结构问题可以说是负债资本的比率问题。

2. 资本结构中负债的意义

在企业资本结构中合理地安排负债资本，对企业有着重要的意义。

（1）一定程度上负债有利于降低企业资本成本。企业利用负债资本要定期支付利息并按时还本，所以债权人的风险比较小。债务筹资所支付的利息率要低于支付给股东的股息率。另外，债务利息从税前支付，有抵税作用。以上因素使得债务的资本成本明显低于权益的资本成本。在一定限度内增加负债，就可以降低企业的综合资本成本。

（2）负债筹资具有财务杠杆作用。不论企业的利润有多少，债务的利息通常都是固定不变的。当息税前利润增大时，每一元盈余所负担的固定利息就会相对减少，这给每一股普通股带来更多的收益，这就是前面讲过的财务杠杆作用。因此，在企业息税前利润较多、增长幅度较大时，适当地增加负债资本，可以增加企业的每股盈余。

（3）负债资本会加大企业的财务风险。财务风险是指企业由于财务杠杆作用而利用负债、优先股方式筹资而产生的应由普通股股东承担的风险。企业为了获得财务杠杆利益而增加负债，必然增加利息等固定费用的负担。另外，由于财务杠杆的作用，在息税前利润下降时，普通股每股收益会下降得更快。

3. 影响资本结构的因素

1）企业财务状况

企业获利能力越强、财务状况越好、变现能力越强，就越有能力负担财务上的风险。因而，随着企业变现能力、财务状况和盈利能力的增加，举债筹资就越有吸引力。当然，有些企业因为财务状况不好，无法顺利发行股票，只好以高利率发行债券来筹集资金。

2）企业资产结构

企业资产结构会以多种方式影响企业的资本结构：① 拥有大量固定资产的企业主要通过长期负债和发行股票筹集资金；② 拥有较多流动资产的企业，更多依赖流动负债来筹集资金；③ 资产适用于抵押贷款的公司，举债额较多，如房地产公司的抵押贷款就相当多；④ 以技术研究开发为主的公司则负债很少。

3）企业产品销售情况

企业产品销售是否稳定对企业资本结构具有重要影响。如果企业的销售比较稳定，其获利能力也相对稳定，则企业负担固定财务费用的能力相对较强；如果销售具有较强的周期性，则负担固定的财务费用将冒较大的财务风险。另外，企业销售的增长速度，也决定财务杠杆能在多大程度上扩大每股利润，如果销售增长较高，使用具有固定财务费用的债务筹资，就会扩大普通股的每股利润。

4）投资者和管理人员的态度

企业投资者和管理人员的态度对资本结构也有重要影响，因为企业资本结构的决策最终是由他们做出的。一个企业的股票如果被众多投资者所持有，可能会更多地采用发行股票的方式来筹集资金，因为企业的所有者并不担心控制权的旁落。相反，有的企业被少数股东所控制，企业为了保证少数股东的绝对控制权，往往采用优先股或负债方式筹集资金。

管理人员对待风险的态度，也是影响资本结构的重要因素。喜欢冒险的财务管理人员，可能会安排比较高的负债比例；相反，一些持稳健态度的财务人员则只使用比较少的债务。

5）贷款人和信用评级机构的影响

每位企业财务经理对如何运用财务杠杆都有自己的分析，但贷款人和信用评级机构的态度往往成为决定财务结构的关键因素。

一般而言，企业财务管理人员都会与贷款人和信用评级机构商讨其财务结构，并充分尊重他们的意见。大部分贷款人都不希望企业的负债比例太大，如果企业坚持使用过多债务，则贷款人可能拒绝贷款。同样，如果企业债务太多，信用评级机构可能会降低企业的信用等级，这样会影响企业的筹资能力，提高企业的资金成本。

6）行业因素

不同行业，资本结构有很大差别。财务经理必须考虑本企业所处的行业，以便考虑最佳的资本结构。

7）所得税税率的高低

企业利用负债可以获得减税利益，因此所得税税率越高，负债的好处越多；相反，如果税率很低，则采用举债方式的减税利益就不十分明显。

8）利率水平的变动趋势

利率水平的变动趋势也会影响到企业的资本结构。如果企业财务管理人员认为利率暂时较低，但不久的将来有可能上升，便会大量发行长期债券，从而在若干年内把利率固定在较低水平上。

6.3.2 最佳资本结构的确定

债务资本具有双重作用，企业适当地利用负债，可以降低企业的资本成本；但当企业负债比率过高时，会给企业带来较大的财务风险。企业必须权衡财务风险和资本成本的关系，确定最佳资本结构。

所谓最佳资本结构，是指在一定条件下使企业综合资本成本最低、企业价值最大的资本结构。从理论上讲，最佳资本结构是存在的，但由于企业内部条件和外部环境经常发生变化，寻找最佳资本结构十分困难。一般判断企业的最佳资本结构可以使用以下几个标准：① 企业综合资本成本最低；② 普通股每股收益最大；③ 企业总体价值最大。

确定最佳资本结构的核心是根据衡量资本结构优劣的某一标准来确定合适的负债比率。上述衡量资本结构的 3 个标准对应确定最佳资本结构的 3 种方法。

1. 比较资本成本法

企业在做出筹资决策之前，先拟订若干个备选方案，分别计算各方案的综合资本成本，并根据计算出的综合资本成本的高低来确定最佳资本结构的方法，叫比较资本成本法。现举例说明如下。

【例 6-19】华夏公司原来的资本结构如表 6-8 所示。普通股每股面值 1 元，发行价格 10 元，目前价格也为 10 元，今年期望股利为 1 元/股，预计以后每年增加股利 5%。假设该企业所得税税率为 30%，发行多种证券均无筹资费用。

表 6-8　华夏公司资本结构

筹资方式	金额/元
债券（年利率 10%）	800
普通股（每股面值 1 元，发行价 10 元，共 80 万股）	800
合　　计	1 600

该企业现拟增资 400 万元，以扩大生产经营规模，现有以下两个方案可供选择。

甲方案：增加发行 400 万元的债券，因负债增加，投资人风险加大，债券利率增至 12% 才能发行，预计普通股股利不变，但由于风险加大，普通股市价降至 8 元/股。

乙方案：发行债券 200 万元，年利率为 10%，发行股票 20 万股，每股发行价 10 元，预计普通股股利不变。

为了确定上述哪个方案最好，下面分别计算其综合资金成本。

（1）计算原有的综合资本成本。

① 各种资本的比重和个别资本成本分别为

$$W_B = \frac{800}{1\ 600} = 50\%$$

$$W_S = \frac{800}{1\ 600} = 50\%$$

$$K_b = 10\% \times (1 - 30\%) = 7\%$$

$$K_S = \frac{1}{10} + 5\% = 15\%$$

② 综合资本成本为

$$K_W = 50\% \times 7\% + 50\% \times 15\% = 11\%$$

（2）计算甲方案的综合资本成本。

① 各种资本的比重和个别资本成本分别为

$$W_{B1} = \frac{800}{2\ 000} = 40\%$$

$$W_{B2} = \frac{400}{2\ 000} = 20\%$$

$$W_S = \frac{800}{2\ 000} = 40\%$$

$$K_{b1} = 10\% \times (1 - 30\%) = 7\%$$

$$K_{b2} = 12\% \times (1-30\%) = 8.4\%$$

$$K_S = \frac{1}{8} + 5\% = 17.5\%$$

② 综合资本成本为

$$K_W = 40\% \times 7\% + 20\% \times 8.4\% + 40\% \times 17.5\% = 11.48\%$$

（3）计算乙方案的综合资本成本。

① 各种资本的比重和个别资本成本分别为

$$W_B = \frac{800 + 200}{2\,000} = 50\%$$

$$W_S = \frac{800 + 200}{2\,000} = 50\%$$

$$K_b = 10\% \times (1-30\%) = 7\%$$

$$K_S = \frac{1}{10} + 5\% = 15\%$$

② 综合资本成本为

$$K_W = 50\% \times 7\% + 50\% \times 15\% = 11\%$$

从以上计算可以看出，乙方案的综合资本成本比甲方案低，所以应选用乙方案，即该企业应保持原来的资本结构，50%为负债资金，50%为自有资金。

这种方法通俗易懂，计算过程也不是十分复杂，是确定资本结构的一种常用方法。但因所拟订的方案数量有限，故有把最优方案漏掉的可能。

2. 息税前利润-每股收益分析法

负债的偿还能力是建立在未来盈利能力基础之上的，企业的盈利能力一般用息税前利润（EBIT）表示。负债筹资是通过杠杆作用来增加股东财富，股东财富一般用普通股每股收益（EPS）来表示。

将以上两方面联系起来，分析息税前利润与每股收益之间的关系，进而确定合理的资本结构的方法，叫作息税前利润-每股收益分析法，简写为 EBIT-EPS 分析法。

这种方法要确定每股收益的无差别点。所谓无差别点，是指使不同资本结构的普通股每股收益相等时的息税前利润。在此点上，不同资本结构的每股收益都相等，因此在理论上说，选此弃彼或选彼弃此，对普通股每股收益都没有影响，因此又叫每股收益无差别点分析。

【例 6-20】某公司目前有资金 75 万元，因生产发展需要准备再筹集 25 万元资金。现有两个方案可供选择：A 方案是全部发行股票，发行价格为每股 25 元，面值 10 元；B 方案是全部发行债券，债券利息率为 8%。表 6-9 列示了公司原资本结构和筹资后资本结构的情况。

表 6-9　公司资本结构变化情况表　　　　　　　　　　　单位：元

筹资方式	原资本结构	增加筹资后资本结构	
		增发普通股（A）	增发公司债
公司债（8%）	100 000	100 000	350 000
普通股（面值 10 元）	200 000	300 000	200 000
资本公积	250 000	400 000	250 000
留存收益	200 000	200 000	200 000
资本总额合计	750 000	1 000 000	1 000 000
普通股股数	20 000	30 000	20 000

根据上述资料计算有关指标，计算结果如表 6-10 所示。

表 6-10　公司不同资本结构下的每股收益　　　　　　　单位：元

项目	A 方案	B 方案
预计息税前利润（EBIT）	200 000	200 000
减：利息费用	8 000	28 000
税前利润	192 000	172 000
减：所得税（50%）	96 000	86 000
税后利润	96 000	86 000
普通股股数	30 000	20 000
普通股每股收益（EPS）	3.2	4.3

此表反映了普通股每股收益对不同筹资方法的敏感程度。根据此表的数据可以绘制 EBIT-EPS 分析图，如图 6-1 所示。

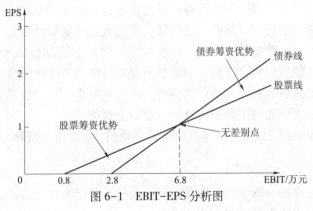

图 6-1　EBIT-EPS 分析图

在绘图时，选用的第一点是当 EBIT 为 200 000 元时，采用普通股筹资的 EPS 为 3.2 元，采用债券筹资的 EPS 为 4.3 元。另外一点选取的是 EPS 为 0 时，采用股票筹资时 EBIT 必须负担 8 000 元的利息费用，而采用债券筹资必须负担 28 000 元的利息。这样我们可以画出两条线，即普通股线和债券线，两条线相交于 68 000 元处。

EBIT-RPS 分析图简单明了，从图中可以看到，当 EBIT 大于 68 000 元时，债券筹资的

EPS 大于普通股筹资的 EPS；当 EBIT 小于 68 000 元时，普通股筹资的 EPS 大于债券筹资的 EPS；而当 EBIT 等于 68 000 元时，两种筹资方式的 EPS 相等。此点称为"无差别点"。

上述无差别点的确定可以用下列公式计算：

$$\frac{(\overline{EBIT}-I_1)(1-T)-D_1}{N_1}=\frac{(\overline{EBIT}-I_2)(1-T)-D_2}{N_2}$$

式中：$\overline{EBIT}$——两种筹资方式下无差别点时的息税前利润；

I_1，I_2——两种筹资方式下的年利息；

D_1，D_2——两种筹资方式下的优先股股利；

N_1，N_2——两种筹资方式下的普通股股数。

将例题中有关资料代入公式中：

$$\frac{(\overline{EBIT}-8\ 000)(1-50\%)}{30\ 000}=\frac{(\overline{EBIT}-28\ 000)(1-50\%)}{20\ 000}$$

解得$\overline{EBIT}=68\ 000$（元）。

这就是说，当 EBIT > 68 000 元时，利用负债筹资较为有利；当 EBIT < 68 000 元时，不应再增加负债，以发行普通股为宜。当 EBIT 为 68 000 元时，采用两种方式无差别。公司预计的息税前利润是 200 000 元，大于 68 000 元，所以应采用发行公司债的方式较为有利。

这种分析方法只考虑了资本结构对普通股每股收益的影响，并假定每股收益最大，股票价格也就最高；没有考虑随着负债的增加，投资者的风险加大，股票价格和企业价值也会有下降的趋势。

3. 企业价值最大分析法

以上以每股收益的高低作为衡量标准对筹资方式进行了选择。这种方法的缺陷在于：没有考虑风险因素。从根本上讲，财务管理的目标在于追求企业价值的最大化或股价最大化。然而只有在风险不变的情况下，每股收益的增长才会直接导致股价的上升，在实际中经常是随着每股收益的增长，风险也加大。如果每股收益的增长不足以补偿风险增加所需的报酬，尽管每股收益增加，股价仍然会下降。因此，企业的最佳资本结构应当是可使企业的总体价值最大，而不一定是每股收益最大的资本结构。同时，在企业总价值最大的资本结构下，资本成本也是最低的。可以通过下列公式计算企业的总价值。

企业的市场总价值（V）应该等于其股票的总价值（S）加上债券的价值（B）。

$$V=S+B$$

为简化起见，假设债券的市场价值等于它的面值。假设净投资为零，净利润全部作为股利发放，股票的市场价值则可通过下式计算：

$$S=\frac{(EBIT-I)(1-T)}{K_S}$$

采用资本资产定价模型计算股票的资本成本为

$$K_S=R_F-\beta(R_M-R_F)$$

式中：R_F——无风险报酬率；

　　　R_M——市场平均风险必要报酬率。

而公司的资本成本，则应采用综合资本成本（K_W）来表示，其公式为

$$K_W = K_B \cdot \frac{B}{V} (1-T) + K_S \cdot \frac{S}{V}$$

式中：K_B——税前的债务资本成本。

【例 6-21】某公司年息税前盈余为 500 万元，资本全部由普通股资本组成，股票账面价值为 2 000 万元，所得税税率为 40%。该公司认为目前的资本结构不够合理，准备用发行债券购回部分股票的办法予以调整。经咨询调查，目前的债务利率和权益资本的成本情况如表 6-11 所示。

表 6-11　不同债务水平对公司债务资本和权益资本成本的影响

债券的市场价值 B/百万元	税前债务资本成本 K_B/%	股票 β 值	无风险报酬率 R_F/%	平均风险股票必要报酬率 R_M/%	权益资本成本 K_S/%
0	—	1.20	10	14	14.8
2	10	1.25	10	14	15
4	10	1.30	10	14	15.2
6	12	1.40	10	14	15.6
8	14	1.55	10	14	16.2
10	16	2.10	10	14	18.4

根据表 6-11 的资料，运用上述公式即可计算出筹借不同金额的债务时公司的价值和资本成本。计算结果如表 6-12 所示。

表 6-12　公司市场价值和资本成本

债券的市场价值 B/百万元	股票市场价值 S/百万元	公司的市场价值 V/百万元	税前债务资本成本 K_B/%	权益资本成本 K_S/%	综合资本成本 K_W/%
0	20.27	20.27	—	14.8	14.8
2	19.20	21.20	10	15	14.15
4	18.16	22.16	10	15.2	13.54
6	16.46	22.46	12	15.6	13.46
8	14.37	22.37	14	16.2	13.41
10	11.09	21.09	16	18.4	14.23

从表 6-12 中可以看出，在没有债务的情况下，公司的总价值就是其原有股票的市场价值。当公司用债务资本部分地替换权益资本时，一开始公司总价值上升，综合资本成本下降；在债务达到 600 万元时，公司总价值最高，综合资本成本最低；债务超过 600 万元后，公司总价值下降，综合资本成本上升。因此，债务为 600 万元时的资本结构是该公司最佳的资本结构。

探讨有关确定资本结构的方法，可以有效地帮助财务管理人员确定合理的资本结构。但这些方法并不能作为绝对的判断标准，在应用这些方法时，还应结合其他因素，以便使资本

结构趋于最优。

6.3.3　资本结构的调整

当企业现有资本结构与目标资本结构存在较大差异时，企业需要进行资本结构的调整。资本结构调整的方法有以下几种。

1. 存量调整

在不改变现有资产规模的基础上，根据目标资本结构的要求，对现有资本结构进行必要的调整。存量调整的方法有：① 债转股，股转债；② 增发新股偿还债务；③ 调整现有负债结构，如与债权人协商，将短期负债转为长期负债，或将长期负债列入短期负债；④ 调整权益资金结构，如优先股转换为普通股，以资本公积转增股本。

2. 增量调整

即通过增加筹资量，从增加总资产的方式来调整资本结构。其主要途径是从外部取得增量资本，如发行新债、举借新贷款、进行筹资租赁、发行新股票等。

3. 减量调整

即通过减少资产总额的方式来调整资本结构，如提前归还借款、收回发行在外的可提前收回债券、股票回购减少公司股本、进行企业分立等。

6.4　资本结构理论[*]

资本结构是财务管理中的核心问题之一，如何合理地确定资本结构，实现企业价值最大化，一直是财务管理理论和实践中的一个重要问题。长期以来，对这个问题的探讨形成了一套比较完整的理论体系，即资本结构理论。资本结构理论是研究资本结构与企业价值、资本成本、财务风险之间的关系，其核心问题是如何确定最优资本结构，以提高企业价值。

从 20 世纪 50 年代开始，企业的资本结构问题逐渐被西方主流经济学家所重视。资本结构理论发展及演变过程错综复杂。一般认为，1958 年由莫迪格拉尼（Franco Modigliani）和米勒（Merto H. Millier）在其《资本成本、公司财务和投资理论》中提出的 MM 理论划分了早期资本结构理论和现代资本结构理论。早期的资本结构理论是建立在判断和经验基础之上，缺乏严格的推理及证明。而现代资本结构理论是由于数学模型等被大量应用于财务管理研究，极大地丰富了财务管理理论，开辟了新的财务问题研究方法。现代资本结构理论是以 MM 理论为中心，其后又出现了权衡理论、信息不对称理论等。

6.4.1　早期资本结构理论

1952 年，美国财务学家戴维·杜兰德（David Durand）把当时对资本结构的见解概括为 3 种理论：净收益理论、净营业收益理论和传统理论。

1. 净收益理论

净收益理论（the method of net income）认为，企业增加负债，提高财务杠杆度，可以降低其加权平均资本成本，增加企业的总价值。也就是说，在企业资本结构中，负债的比例

---

* 此部分内容为选学内容。

越大，企业的净收益就越多，从而企业的价值就越高。该理论假设债务成本和普通股成本不受负债比例的影响，无论负债程度有多高，企业的债务成本和普通股成本都不会发生变化。负债资本成本一般要低于股权资本成本，这样企业就可以更多地利用负债筹资。在资本结构中，负债的比例越高，企业加权平均资本成本就会越低，企业价值就越大。当负债比例为100%时，企业加权资本成本最低，企业的价值达到最大。企业加权资本成本与企业价值的变动关系可用图6-2表示。

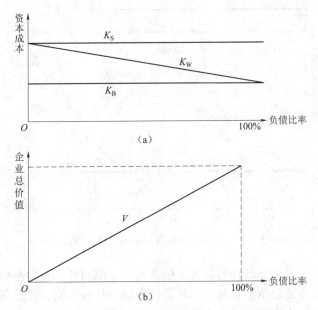

图 6-2　企业加权资本成本与企业价值的变动关系 1

　　净收益理论是一种极端的资本结构理论观点，这种观点虽然考虑到财务杠杆利益，但忽略了财务风险。很明显，如果企业的负债比例过高，财务风险就会不断提高，股东及债权人要求的报酬率就会提高，企业的加权资本成本就会上升，企业的价值反而会下降。

2. 净营业收益理论

　　净营业收益理论（the method of net operating income）认为，企业资本结构中负债比例的高低与企业的价值没有关系，即资本结构与企业的价值无关。该理论假设负债的资本成本是固定不变的，而股权资本成本是变动的。企业的负债比例越高，财务风险就越大，股权资本成本就越高；企业的负债减少，财务风险就小，股权资本成本就低。这样，负债与股权资本成本的一升一降，企业加权资本成本保持不变。因此，不存在最佳资本结构，决定企业价值的真正因素，应该是企业的净营业收益。净营业收益理论可用图6-3表示。

　　净营业收益理论认识到了负债比例的变动会产生财务风险，进而会影响企业股权的资本成本。但实际上企业的加权资本成本不是一成不变的，而且企业负债资本成本也会随着企业财务杠杆程度的提高而有所提高。

3. 传统理论

　　介于上述两种极端情形之间的一种资本结构理论被称为传统理论。该理论认为，企业增加负债资本有利于提高企业价值，但负债资本规模必须适度。当负债比率在一定水平以下时，负债比率的提高不会导致负债资本成本上升，虽然此时由于财务风险会使股权成本有所

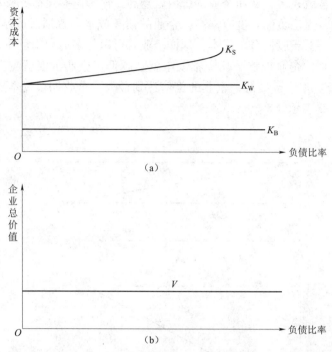

图 6-3　企业加权资本成本与企业价值的变动关系 2

提高，但幅度不大。由于财务杠杆利益大于财务风险，故负债比率提高的结果使企业加权平均资本成本下降，而企业总价值提高。当负债比率进一步提高时，企业获取的财务杠杆利益不能抵消因财务风险加大而使股权资本成本增加的部分，这使得企业加权平均资本成本先降后升，从而导致企业价值下降。只有在企业加权平均资本成本达到最低点时，才是最佳资本结构，可以使企业价值最大。传统理论可用图 6-4 表示。

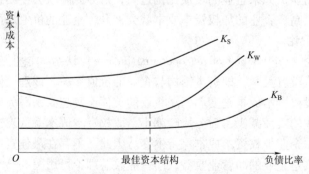

图 6-4　企业加权资本成本与企业价值的变动关系 3

6.4.2　现代资本结构理论

现代资本结构理论是以 MM 理论的产生为标志的。莫迪格拉尼和米勒于 1958 年在其《资本成本、公司财务和投资理论》中提出的资本结构无关论（简称 MM 理论），构成了现代资本结构理论的基础。

MM 理论是在一系列严格的假设条件下进行论证并得出相关结论的。由于这些假设条件过于严格，所描述的情况在现实中根本不存在，因此人们对其假设条件进行了放宽，对资本结构理论做了进一步研究，进行了理论创新，形成了一些资本结构理论的新学说。

1. 无税情况下的 MM 理论

1）MM 理论的基本论点

在不课税情况下，企业总体价值大小与负债比例高低无关。导致这一结论的假设条件如下。

（1）资本市场是一个完全有效的市场。在这一市场，证券买卖人数众多，任何的买者或卖者均无法对市场产生影响，任何投资者都可无偿取得市场信息，投资者买卖证券没有交易成本。

（2）企业和个人都能以相同的市场利率借款，且借款利率不随负债比例的增加而上升。

（3）企业的经营风险是可以衡量的，有相同经营风险的企业处于同类风险等级。

（4）投资者对企业息税前利润的估计完全相同，即投资者对未来收益和收益风险的估计是完全相同的，且企业的息税前利润处于零增长状态，是一种永续年金。

2）MM 理论基本符号的含义

S 代表企业普通股市价（每股价格×发行在外的普通股股数）；

B 代表负债的市价，为了简化，省略了优先股并假设企业只使用一种负债，即固定年金式债券；

$$企业总价值\ V = S + B$$

EBIT 代表息税前利润，为了简化，假设预期的息税前利润为一个常数，实际的息税前利润可高可低，但预期息税前利润在未来任何一年都相等；

K_B 代表企业负债的利息率；

K_S 代表股票资本成本或企业普通股股东要求的必要报酬率；

K_W 代表加权平均资本成本；

K_{SL} 为负债企业的股本成本或负债企业股东要求的必要收益率；

K_{SU} 为无负债企业股本成本或无负债企业股东要求的收益率；

T 代表企业所得税税率。

3）无公司税时的 MM 理论

MM 理论认为，在不考虑税收的情况下，由于市场上套利机制的作用，企业价值将不受资本结构的影响，即经营风险相同但资本结构不同的企业，其总价值相等。或者说，当企业的债务比重由零增至 100% 时，企业资本成本及企业价值不会因此而改变。MM 理论提出并证明了以下两个命题。

命题一：总价值命题。只要息税前利润相等，那么处于同一经营风险等级的企业，无论是负债经营还是无负债经营，其总价值相等。其计算公式为

$$V_L = V_U = \frac{ERIT}{K_{SU}} = \frac{ERIT}{K_W}$$

这里，V_L 为有负债企业的价值，V_U 无负债企业的价值。根据无税的 MM 理论，企业的价值不会受资本结构的影响；负债企业加权平均资本成本等于同一风险等级中无负债企业的

股本成本。也就是说，不论企业是否有负债，企业的加权平均资本成本是不变的。

命题二：风险补偿命题。负债企业的股本成本等于同一风险等级中某一无负债企业的股本成本加上风险溢酬，风险溢酬的多少取决于负债比率的大小。其计算公式为

$$K_{SL} = K_{SU} + (K_{SU} - K_B) B/S$$

从命题二中可以看出，随着企业负债比率的增加，其股本成本也在增加。

把上述两个命题联系起来可以看出，MM 命题意味着低成本的举债利益正好会被股本成本的上升所抵消。因此，更多的负债将不会降低企业加权平均资金成本，也不会增加企业的价值。MM 理论的结论是：在无税情况下企业的资本结构不会影响企业的价值和资本成本。

2. 有企业所得税时的 MM 理论

因为公司所得税是客观存在的，为了考虑纳税的影响，MM 理论还提出了包括公司税的第二组模型。在这种情况下，由于利息可以抵税，使企业的价值会随着负债比率的提高而增加。他们也提出了两个命题：

命题一：总价值命题。负债企业的价值等于相同风险等级的无负债企业的价值加上税负节约的价值。其计算公式为

$$V_L = V_U + TB$$

从公式中可以看出，当引入公司所得税后，负债企业的价值会超过无负债企业的价值，负债越多，这个差异越大，所以当负债达到 100% 时，企业价值最大。

命题二：风险补偿命题。在考虑所得税的情况下，负债企业的股本成本等于同一风险等级中某一无负债企业的股本成本，加上无负债企业的股本成本和负债成本之差，以及公司税率所决定的风险报酬。其计算公式为

$$K_{SL} = K_{SU} + (K_{SU} - K_B)(1 - T) B/S$$

从上式可以看出，企业的股本成本会随财务杠杆扩大而增加，这是因为股东面临更大的财务风险，但由于 $(1-T)$ 总是小于 1，税赋会使股本成本上升的幅度低于无税时上升的幅度，从而使加权平均资本成本降低，正是这一特性产生了命题一的结论，即负债的增加提高了企业价值。

3. 权衡理论

MM 理论只考虑负债带来的纳税利益，却忽略了负债带来的风险和额外费用。权衡理论既考虑负债带来的利益，也考虑由负债带来的各种成本，并对它们进行适当平衡来确定资本结构。当然，权衡理论也是在 MM 理论的基础上发展起来的，但因考虑了更多的现实因素，更能符合实际情况。

1）财务拮据成本

财务拮据是指企业没有足够的偿债能力，不能及时偿还到期债务而影响企业正常的生产经营。许多企业都要经历财务拮据的困扰，其中一些企业可能会破产。当一个企业出现财务拮据时，可能会出现以下情况：① 大量债务到期，债权人纷纷上门讨债，企业不得不以高利率借款以便清偿到期债务；② 当陷入财务困境企业的客户和供应商意识到企业出现问题时，它们往往不再购买产品或供应材料，这可能会引起企业破产；③ 当企业出现严重的经济拮据时，为解燃眉之急，管理人员往往会出现短期行为，如推迟机器的大修、降低产品质

量以节约成本费用，这些短期行为均会降低企业的市场价值；④ 当破产发生时，律师费、诉讼费和其他行政开支会花掉企业大量财富。以上财务危机发生时，即使最终企业不破产，也会产生大量的额外费用或机会成本，这便是财务拮据成本。财务拮据成本是由负债造成的，会降低企业价值。

2）代理成本

由于债权和股权的性质不同，债权人与股东之间存在利益冲突。在股份制企业中，股东和债权人均把资金交给企业的经理人员，由经理人员代其管理，这便是所谓的代理关系。但经理往往是由股东聘任的，因此经理人员在管理中更多地是考虑股东利益，其次才是债权人的利益。债权人为了保护自身的利益，通常在借款合同中加入一些限制性条款，对企业的各种行为进行监督，这就要发生额外的监督费用；另外，这些限制性条款在一定程度上约束了企业的经营活动，可能导致一些筹资机会和投资机会的丧失，产生机会成本。这些机会成本和监督费用属于代理成本。代理成本的存在提高了负债成本，降低了企业价值。

权衡理论认为，企业的资本结构应权衡负债的节税利益与负债成本才能达到最优。如果MM 公司税模型正确，那么随着负债比率的增加，企业的价值也会不断增加，当负债为100%时，企业价值达到最大。但当把财务拮据成本和代理成本考虑进去后，负债企业价值的计算则有所变化。在负债比率不高时，负债的财务危机成本和代理成本不明显，企业可以用负债的节税利益提高企业价值；随着负债比率的提高，负债的财务危机成本和代理成本就会明显增加，在负债的这两种成本之和大于负债的节税利益后，负债比率的提高只会降低企业的价值。因此，最优的资本结构就是使负债的财务危机成本和代理成本之和等于负债的节税利益时的负债比率，此时企业价值达到最大。权衡模型可表达为

$$V_L = V_U + TB - \text{FPV} - \text{TPV}$$

式中：FPV——预期财务拮据成本的现值；

TPV——代理成本的现值。

权衡理论的数学模型可用图 6-5 予以说明。

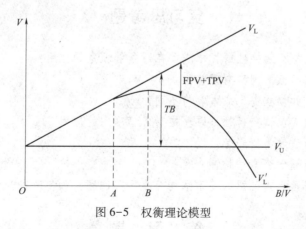

图 6-5 权衡理论模型

在图 6-5 中，V_U 表示无负债时的企业价值；V_L 表示 MM 理论的企业价值；V_L' 表示权衡理论的企业价值；TB 表示负债纳税利益的现值；FPV+TPV 表示财务拮据和代理成本的现值。

在图6-5中，负债量达到 A 点前，负债的节税利益起完全支配作用。超过 A 点，财务拮据和代理成本的作用显著增强，抵消部分节税利益。在 B 点上节税的边际收益完全被负债损失抵消；超过 B 点，损失将超过节税收益。这就是说，权衡理论认为，企业有其最佳资本结构，这就是图中的 B 点，当负债比率在此点时，企业的价值最大。

本 章 小 结

　　资本成本是指企业筹集和使用资本而付出的代价。资本成本包括筹资费用和用资费用两部分。个别资本成本主要包括债券成本、长期借款成本、普通股成本、优先股成本和留存收益成本，前两种称为债务资本成本，后3种称为权益资本成本。综合资本成本一般是以各种资本占全部资本的比重为权数，对个别资本成本进行加权平均确定的。边际资本成本是指企业每增加一个单位量的资本所负担的成本。边际资本成本也是按加权平均法计算的，它取决于两个因素：一是追加资本的结构；二是追加资本的个别资本成本水平。

　　财务管理中的杠杆作用是指由于固定性成本费用的存在，当业务量发生较小的变化时，会引起利润较大的变化。财务管理中的杠杆效应有3种形式，即经营杠杆、财务杠杆和复合杠杆。

　　资本结构是企业筹资的核心问题，最佳的资本结构是指在一定条件下使企业加权资本成本最低、企业价值最大的资本结构。一般来说，判断企业的最佳资本结构可以使用以下几个标准：企业综合资本成本最低；普通股每股收益最大；企业总体价值最大。

复习思考题

1. 什么是资本成本？怎样理解资本成本在财务管理中的作用？
2. 影响资本成本高低的因素有哪些？
3. 债务资本成本和权益资本成本有何不同？
4. 什么是杠杆效应？试分析杠杆原理在财务管理中的应用。
5. 如何理解企业适度举债经营？
6. 如何确定企业最优资本结构？
7. 你认为目前我国上市公司的资本结构存在哪些问题？如何改进？

练 习 题

1. 某公司发行一笔期限为5年的债券，债券面值为1 000万元，票面利率为10%，每年末付息一次，筹资费用率为5%，公司所得税税率为25%，试计算该债券的成本。

2. 某公司向银行借入一笔长期借款，借款年利率为 12%，公司所得税税率为 25%，试计算该银行借款的成本。

3. 某公司发行普通股股票 2 000 万元，筹资费用率为 6%，第一年末股利率为 12%，预计股利每年增长 2%，公司所得税税率为 25%，试计算该普通股的成本。

4. 某公司原有资金 5 000 万元，其中普通股 2 000 万元（面值 1 元，2 000 万股），留存收益 1 000 万元，银行借款 2 000 万元，年利率 9%。公司现准备扩大经营规模，增资 2 000 万元，有以下两种筹资方案。

（1）全部发行普通股。增发 1 000 万股普通股，每股面值 1 元，发行价格 2 元。

（2）全部发行债券。发行 2 000 万元债券，年利率 12%。

公司所得税税率为 25%，问应选择哪种筹资方案？

5. 某公司目前有 A、B、C、D 4 个互相独立的投资项目可供选择，其投资额与投资收益率如表 6-13 所示。

表 6-13　4 个项目的投资额和投资收益率

项　　目	投资额/万元	投资收益率/%
A	1 000	12.5
B	1 200	12
C	800	13
D	1 500	11

经分析，公司确定的目标资本结构为：长期债券占 50%，优先股占 10%，普通股占 40%。在追加筹资中将始终保持这一目标资本结构不变。根据市场调查分析，追加筹资时各种资本在不同筹资数额范围内的个别资本成本如表 6-14 所示。

表 6-14　各种筹资方式的个别资本成本

筹资方式	目标资本结构/%	追加筹资数额范围	个别资本成本/%
长期债券	50	0 ～ 450 万元	8
		450 万～ 800 万元	9
		800 万元以上	10
优先股	10	0 ～ 110 万元	12
		110 万元以上	14
普通股	40	0 ～ 1 000 万元	16
		1 000 万元以上	18

要求：根据以上资料，对该公司的投资与筹资决策进行分析，并计算该方案的投资总收益和筹资总成本。

6. 某公司资金总额为 8 000 万元，其中债券 3 000 万元，年利率为 12%；优先股为 1 000 万元，年股利率为 15%；普通股为 800 万股（每股 1 元），公司所得税税率为 25%，今年的息税前利润为 1 500 万元。

要求：（1）计算公司的财务杠杆系数；

（2）计算公司的普通股每股收益；

（3）当 EBIT 增加 10% 时，普通股每股收益应增加多少？

7. 某公司基期实现销售收入 300 万元，变动成本总额为 150 万元，固定成本为 80 万元，利息费用为 10 万元，试计算该公司经营杠杆系数。

8. 某公司拟筹资 5 000 万元，其中按面值发行债券 2 000 万元，票面年利率为 10%，筹资费用率为 2%；发行优先股 800 万元，股息率为 12%，筹资费用率为 3%；发行普通股 2 200 万元，筹资费用率为 5%，预计第一年股利率为 12%，以后每年按 4% 递增，所得税税率为 25%。

要求：（1）计算债券资本成本；

（2）计算优先股资本成本；

（3）计算普通股资本成本；

（4）计算综合资本成本。

9. 某公司目前发行在外普通股 100 万股（每股面值 1 元），并发行利率为 10% 的债券 400 万元。该公司打算为一个新的投资项目融资 500 万元，新项目投产后每年的息税前利润将增加到 200 万元。现有两个方案可供选择：方案一，按 12% 的利率发行债券 500 万元；方案二，按每股 20 元的价格发行新股。公司所得税税率为 25%。

要求：（1）计算两个方案的每股利润；

（2）计算两个方案的每股利润无差异点的息税前利润；

（3）计算两个方案的财务杠杆系数；

（4）判断哪个方案最佳。

10. 某公司 20×5 年销售产品 10 万件，单价 50 元，单位变动成本 30 元，固定成本总额 100 万元。公司负债 60 万元，年利率为 12%，必须每年支付优先股股利 10 万元，公司所得税税率为 25%。

要求：（1）计算 20×5 年的边际贡献；

（2）计算 20×5 年的息税前利润总额；

（3）计算公司的复合杠杆系数。

11. 某公司拟筹资 1 000 万元，现有甲、乙两个备选方案，有关资料如表 6-15 所示。

表 6-15　备选方案有关资料

筹资方式	甲方案		乙方案	
	筹资额/万元	资本成本	筹资额/万元	资本成本
长期借款	200	9%	180	9%
债券	300	10%	200	10.5%
普通股	500	12%	620	12%
合计	1 000		1 000	

试用比较资本成本法确定该公司的最佳资本结构。

12. 某公司资产总额为 780 万元，负债比率为 50%，负债年利率为 13%。该企业销售额为 1 140 万元，固定成本为 106 万元，变动成本率为 45%。

要求：计算该企业的经营杠杆系数、财务杠杆系数和复合杠杆系数。

13. 某公司拥有长期资金 800 万元，其中长期借款 120 万元，长期债券 240 万元，普通股 440 万元。由于该公司扩大经营规模，拟筹集新资金。经分析，认为筹集新资金后仍然保持现有的资本结构。此外随着筹资额的增加，各种资本成本的变化情况如表 6-16 所示。

表 6-16　各种资本成本的变化情况

筹资方式	个别资本筹资分界点	资本成本
长期借款	0~9 万元	3%
	9 万~18 万元	6%
	>18 万元	8%
长期债券	0~30 万元	10%
	30 万~90 万元	12%
	>90 万元	14%
普通股	0~55 万元	14%
	55 万~110 万元	15%
	>110 万元	18%

要求：（1）计算筹资总额分界点；
　　　（2）确定筹资总额范围，计算边际资本成本。

案例分析

案例一　大宇集团资本结构神话

1. 大宇集团的基本情况

韩国第二大企业集团大宇集团 1999 年 11 月 1 日向新闻界正式宣布，该集团董事长金宇中以及 14 名下属公司的总经理决定辞职，以表示"对大宇的债务危机负责，并为推行结构调整创造条件"。韩国媒体认为，这意味着"大宇集团解体进程已经完成，大宇集团已经消失"。

大宇集团于 1967 年奠基立厂，其创办人金宇中当时是一名纺织品推销员。经过 30 年的发展，通过政府的政策支持、银行的信贷支持和在海内外的大力购并，大宇集团成为直逼韩国最大企业——现代集团的庞大商业帝国：1998 年年底，总资产高达 640 亿美元，营业额占韩国 GDP 的 5%；业务涉及贸易、汽车、电子、通用设备、重型机械、化纤、造船等众多行业；国内所属企业曾多达 41 家，海外公司数量创下 600 家的纪录，鼎盛时期，海外雇员多达几十万人，大宇成为国际知名品牌。大宇集团是"章鱼足式"扩张模式的积极推行者，认为企业规模越大，就越能立于不败之地，即所谓的"大马不死"。据报道，1993 年金宇中提出"世界化经营"战略时，大宇集团在海外的企业只有 15 家，而到 1998 年年底已增至 600 多家，"等于每 3 天增加一个企业"。还有更让韩国人为大宇集团着迷的是：在韩国陷入金融危机的 1997 年，大宇集团不仅没有被危机困倒，反而在国内的集团排名中由第 4 位上升到第 2 位，金宇中本人也被美国《幸福》杂志评为亚洲风云人物。

1997 年年底韩国发生金融危机后，其他企业集团都开始收缩，但大宇集团仍然我行我素，结果债务越背越重。尤其是 1998 年年初，韩国政府提出"五大企业集团进行自律结构调整”方针后，其他集团把结构调整的重点放在改善财务结构方面，努力减轻债务负担。大宇集团却认为，只要提高开工率，增加销售额和出口就能躲过这场危机。因此，它继续大量发行债券，进行“借贷式经营”。1998年大宇集团发行的公司债券达7万亿韩元（约58.33亿美元）。1998年第4季度，大宇集团的债务危机已初露端倪，在各方援助下才避过债务灾难。此后，在严峻的债务压力下，大梦方醒的大宇集团虽做出了种种努力，但为时已晚。1999年7月中旬，大宇集团向韩国政府发出求救信号；7月27日，大宇集团因“延迟重组”，被韩国4家债权银行接管；8月11日，大宇集团在压力下屈服，割价出售两家财务出现问题的公司；8月16日，大宇集团与债权人达成协议，在1999年年底前，将出售盈利最佳的大宇证券公司，以及大宇电器、大宇造船、大宇建筑公司等，大宇集团的汽车项目资产免遭处理。“8月16日协议”的达成，表明大宇集团已处于破产清算前夕，遭遇“存”或“亡”的险境。由于在此后的几个月中，经营依然不善，资产负债率仍然居高，大宇集团最终不得不走向本文开头所述的那一幕。

2. 财务杠杆与举债经营

大宇集团为什么会倒下？在其轰然坍塌的背后，存在的问题固然是多方面的，但不可否认有财务杠杆的消极作用在作怪。所谓财务杠杆，是指由于固定性财务费用的存在，使企业息税前利润（EBIT）的微量变化所引起的每股收益（EPS）大幅度变动的现象。也就是，银行借款规模和利率水平一旦确定，其负担的利息水平也就固定不变。因此，企业盈利水平越高，扣除债权人拿走某一固定利息之后，投资者（股东）得到的回报也就越多。相反，企业盈利水平越低，债权人照样拿走某一固定的利息，剩余给股东的回报也就越少。当盈利水平低于利率水平时，投资者不但得不到回报，甚至可能倒贴。

由于利息是固定的，因此举债具有财务杠杆效应。而财务杠杆效应是一把“双刃剑”，既可以给企业带来正面、积极的影响，也可以带来负面、消极的影响。其前提是：总资产利润率是否大于利率水平。当总资产利润率大于利率时，举债给企业带来的是积极的正面影响；相反，当总资产利润率小于利率时，举债给企业带来的是负面、消极的影响。

大宇集团在政府政策和银行信贷的支持下，走上了一条“举债经营”之路。试图通过大规模举债，达到大规模扩张的目的，最后实现“市场占有率至上”的目标。如前所述，举债经营能否给企业带来积极效应，关键是两点：一是资金的利用效果如何，二是资金收回速度的快慢。资金得到充分利用，当总资产利润率大于利率时，举债可以提高企业的盈利水平。资金投入能得到充分有效利用，能够及早产生效益并收回所投资金，则到期债务本息的偿付就越有保证。1997年亚洲金融危机爆发后，大宇集团已经显现出经营上的困难，其销售额和利润均不能达到预期目的，与此同时，债权金融机构又开始收回短期贷款，政府也无力再给它更多支持。1998年年初韩国政府提出“五大企业集团进行自律结构调整”方针后，其他集团把结构调整的重点放在改善财务结构方面，努力减轻债务负担。但大宇集团却认为，只要提高开工率，增加销售额和出口就能躲过这场危机。因此，它继续大量发行债券，进行“借贷式经营”。正是由于经营上的不善，再加上资金周转上的困难，韩国政府于7月26日下令债权银行接手对大宇集团进行结构调整，以加快这个负债累累的集团的解散速度。由此可见，大宇集团的举债经营所产生的财务杠杆效应是消极的，不仅难以提高企业的盈利能力，反而因巨大的偿付压力使企业陷于难以自拔的财务困境。从根本上说，大宇集团的解散，是其财务杠杆消极作用影响的结果。

3. 从资本结构原理看"大马不死"的神话

大宇集团是"章鱼足式"扩张模式的积极推行者，认为企业规模越大，就越能立于不败之地。从资本结构理论的角度看，有规模不一定有效益。资本结构理论的目的在于，寻求一种能使股东价值达到最大的负债与权益结构。其基本思路有两条：一是"做饼原理"，即在保持现有资本结构不变的条件下，尽可能通过提高企业的 EBIT 水平来实现提高 EPS 的目的；二是"分饼原理"，即在 EBIT 保持不变的条件下，如何通过改变资本结构来实现提高 EPS 的目的。

很显然，大宇集团走的是一条传统思路，即"做饼原理"。试图通过扩大企业规模来实现提高企业盈利水平的目的。而要把饼做大需要相应的资金，资金来源不同，其所决定的资本结构也不同，相应地，财务杠杆的作用程度也不同。要将企业规模做大容易，只要像大宇集团那样，通过大规模举债即可实现，问题是所投入的资金能否产生效益。以债台高筑为基础的急剧扩张式企业，其所面临的不仅仅是"逆水行舟，不进则退"的局面，更多地是一旦资金没有得到有效利用而难以产生相应效益，就将产生消极的财务杠杆作用，而且在这种负面的财务杠杆的作用下以几倍的速度将企业推向亏损甚至破产的境地。如前所述，有规模又要有效益，必须具备总资产利润率大于借款利率这一基本前提。与此同时，企业一旦具备这一前提，就更应考虑资本结构理论的另一条思路，即"分饼原理"。当企业投入某一数额的资金可以产生一定 EBIT 水平时，企业应及时合理调整其资本结构，据此提高企业的 EPS 水平。而要实现这一思路，在理财上，必须遵循以下基本理财步骤：首先必须对投资项目进行严格的可行性研究，通过可行性研究把握市场和项目的盈利能力；在此基础上，再根据项目的盈利能力谨慎地选择相应的筹资模式，以充分、合理地利用财务杠杆的积极作用效应，提高企业的 EPS 水平。

由此可见，"不求最大，但求最好"是比较正确的经营思路。将有限的财务资源投资到企业最具竞争能力的业务上，不仅可以提高企业的核心竞争能力，提高企业的竞争优势，而且可以避免不必要的债务负担和财务危机。

4. 启示和思考

（1）举债经营对企业的影响是双方面的，其基本前提是总资产利润率能否大于借款利率。只有当总资产利润率大于借款利率时，才会给企业带来有利的、积极的财务杠杆作用；反之，将会给企业带来负面、消极的影响。任何企业不能无条件地从事举债经营。

（2）不求最大，但求最好。有规模并不等于一定有效益。一个企业的大小应取决于企业核心竞争能力大小的要求。只有拥有核心竞争能力，才能将企业做得最好。没有核心竞争能力的企业，一味追求企业规模的扩大，其结果只能是无功而返，甚至陷入困境。

（3）我国资本市场上大批 ST、PT 上市公司及大批靠国家政策和信贷支持发展起来而又债务累累的国有企业，应从"大宇神话"破灭中吸取教训，加强企业自身管理的改进，及时从多元化经营的幻梦中醒悟过来，清理与企业核心竞争能力无关的资产和业务，保留与企业核心竞争能力相关的业务，优化企业资本结构，进一步提高企业的核心竞争能力。

案例二　PPP吃空了东方园林？

东方园林的 2018 年可谓命运多舛。今年 5 月 21 日，东方园林公告称 2018 年公司债券（第一期），原计划 2 个品种发行规模不超 10 亿元，但最终仅发行了 0.5 亿元。在债券遭遇无人问津后，股票更是从 5 月 21 日的 18.83 元/股大跌至 5 月 24 日的 14.86 元/股，跌幅逾 20%，市值蒸发百亿，寒风中的东方园林只得匆匆停牌自保。

10 月 17 日，北京证监局向相关机构发函称，建议各债权人从大局考虑，给予公司控股股东化解风险的时间，暂不采取强制平仓、司法冻结等措施，避免债务风险恶化影响公司稳定经营。这封函件被网上疯传，但也暴露东方园林控股股东何巧女及其一致行动人共质押股份 11.13 亿股，占其持股比例的 82.88%。也正是当晚，其公司财务负责人周舒向董事会提交了书面辞职报告。

作为环保行业的"中流砥柱"，东方园林的一举一动都牵动着资本市场的神经。遥想当年，东方园林与贵州茅台、中国船舶、山东黄金、神州泰岳有 A 股"五虎"之美名，每股价格都在 200 元之上，再看看现在 8 元左右起伏的股价，令人倍感寒酸。

作为中国园林上市第一股，业绩好、增长快，究竟是什么让其走上了业绩持续增长、股价持续下跌的囧途？根据东方园林 2017 年年报数据，截至 2017 年年底，东方园林共中标 PPP 项目 88 个，累计投资额 1 434.51 亿元，是参与该领域 PPP 项目的重要民营企业。

PPP 概念随即浮出水面，PPP 模式是政府（尤其是地方政府）与社会资本的一场"联姻"，即工程公司自己掏钱做，然后 N 年后市政府再收回来。PPP 模式通常需要企业先垫资后收款，不可避免地受到地方政府资金状况及周转速度影响，这就造成了存货无法按时结算和部分应收账款无法回收的风险。自从 2014 年东方园林与 PPP 攀了亲，3 年半的时间里，总负债翻了近两番，从 2014 年年底的约 73 亿元至 2018 年中的约 282 亿元，资产负债率也从 56.22% 攀升至 70.21%。

引起负债规模迅速扩大的，是东方园林的金融负债。短期借款、长期借款、短期融资券、超短期融资券、公司债券，各类融资工具一应俱全、规模不断扩大。就 2018 年上半年末，金融负债合计高达 101.05 亿元。其中，有 73.61 亿元需要在未来的一年时间内偿还，如图 6-6 所示。

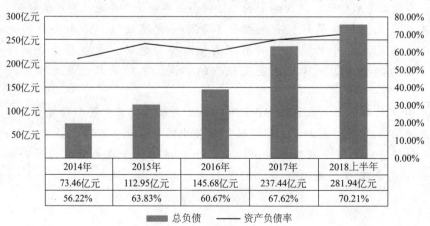

	2014年	2015年	2016年	2017年	2018上半年
总负债	73.46亿元	112.95亿元	145.68亿元	237.44亿元	281.94亿元
资产负债率	56.22%	63.83%	60.67%	67.62%	70.21%

图 6-6　负债规模

　　与超过 100 亿元金融负债并存的，是不足 10 亿元的不受限货币资金。(2018 年上半年末，东方园林货币资金 20.34 亿元，其中 11.08 亿元因开具保函、承兑汇票、信用证等而作为保证金被冻结，剩余可随时支配的货币资金仅 9.29 亿元。9.29 亿元可支配货币资金 PK 101.05 亿元金融负债，形如冰山一角。东方园林的短期偿债能力存在严重问题。)

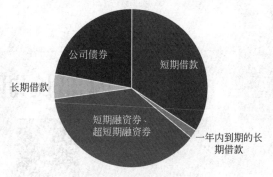

图 6-7　金融负债构成

　　有行业专家分析，PPP 项目需垫资 20% 以上资本金，而项目净利润率仅为 15%，长期来看存在 5% 的资本缺口。同时项目净利润的一半以上又转化成了存货及应收账款（存货周转天数在 372 天左右，应收账款周转天数在 150 天左右），从垫资到收回现金需要将近 1 年半的时间。此规律同样适用于东方园林。在东方园林资产规模迅速扩大时，"应收账款"和"存货"占据了总资产的半壁。

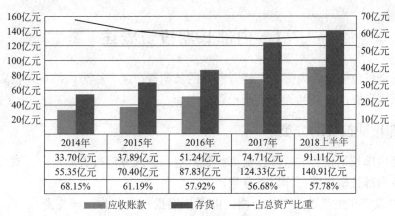

	2014年	2015年	2016年	2017年	2018上半年
	33.70亿元	37.89亿元	51.24亿元	74.71亿元	91.11亿元
	55.35亿元	70.40亿元	87.83亿元	124.33亿元	140.91亿元
	68.15%	61.19%	57.92%	56.68%	57.78%

■ 应收账款　■ 存货　— 占总资产比重

图 6-8　应收账款和存货

思考题：

　　东方园林营业收入、净利润持续增长，市盈率只有 16 倍了，股价却"跌跌不休"，反映了市场对当前去杠杆、地方财政吃紧的大环境下 PPP 模式的高度担忧，担心大量的应收款成为坏账。怎么办？

第 7 章　内部长期投资的管理

7.1　内部长期投资概述

　　企业把资金投放到企业内部生产经营所需的长期资产上，称为内部长期投资。内部长期投资主要包括固定资产投资和无形资产投资。

7.1.1　内部长期投资的分类

　　为了加强内部长期投资的管理，提高投资效益，必须分清投资的性质，对投资进行科学的分类。企业内部长期投资可作以下分类。

　　（1）根据投资在生产过程中的作用，内部长期投资可分为新建企业投资、简单再生产投资和扩大再生产投资。新建企业投资是指为一个新企业建立生产、经营、生活条件所进行的投资，其特点是投入的资金通过建设形成企业的原始资产；简单再生产投资是指为了更新生产经营中已经老化的物质资源和人力资源所进行的投资，其特点是把原来生产经营过程中收回的资金再重新投入生产过程；扩大再生产投资是为扩大企业现有的生产经营规模所进行的投资，其特点是追加资金投入，扩大企业资产的数量。

　　（2）根据对企业前途的影响，内部长期投资可分为战术性投资和战略性投资。战术性投资是指不牵涉整个企业前途的投资，如为提高劳动生产率而进行的投资、为改善工作环境而进行的投资等；战略性投资是指对企业全局有重大影响的投资，如企业转产投资、增加新产品投资等。战略性投资一般所需资金多、回收时间长、风险大。

　　（3）根据投资项目之间的关系，内部长期投资可分为相关性投资和非相关性投资。如果采纳或放弃某一项目并不显著地影响另一项目，则可以说这两个投资项目在经济上是不相关的。例如，一个制造公司在专用机床上的投资和它在某些办公设施上的投资，就是两个不相关的投资项目。如果采纳或者是放弃某个投资项目，可以显著地影响另一个投资项目，则可以说这两个投资项目在经济上是相关的。例如，对油田和输油管道的投资便属于相关性投资。

（4）根据决策的分析思路，内部长期投资可分为采纳与否投资和互斥选择投资。采纳与否投资决策，是指决定是否投资于某一项目的决策。例如，是否要购入一台设备、是否要购入一块地皮、是否要建一栋厂房都属于采纳与否投资决策。在两个或两个以上的投资项目中，只能选择其中之一的决策，叫互斥选择投资决策。例如，是投资于股票还是投资于债券、是购买厂房还是租用厂房等都属于互斥选择投资决策。

7.1.2　内部长期投资的特点

内部长期投资一般具有以下特点。

1. 内部长期投资的回收时间较长

内部长期投资决策一经做出，便会在较长时间内影响企业。一般的内部长期投资中的固定资产投资都需要几年甚至几十年才能收回，所以固定资产投资对企业今后长期的经济效益，甚至对企业的命运都有着决定性的影响。这就要求企业进行内部长期投资必须小心谨慎，进行认真的可行性研究。

2. 内部长期投资的变现能力较差

内部长期投资的实物形态主要是厂房和机器设备等固定资产，这些资产不宜改变用途，出售困难，变现能力较差。因此，内部长期投资一经完成，再想改变用途，不是无法实现，就是代价太大，所以有人称内部长期投资具有不可逆转性。

3. 内部长期投资的数额大

企业内部长期投资，特别是战略性的扩大生产能力投资一般都需要较多的资金，其投资额往往是企业或其投资人多年的资金积累，在企业总资产中占有相对大的比重。因此，企业内部长期投资对企业未来的现金流量和财务状况都将产生深远的影响。

4. 内部长期投资的次数相对较少

企业内部长期投资一般较少发生，特别是大规模的固定资产投资，一般要几年甚至几十年才发生一次。虽然发生次数少，但每次资金的投放量却比较多，对企业未来的财务状况有较大的影响。根据这一特点，在进行内部长期投资时，可以用较多的时间进行专门的研究和评价，并要为内部长期投资做专门的筹资工作。

7.1.3　内部长期投资的程序

企业内部长期投资是财务管理中最重要的决策，一旦决策失误，就会严重影响企业的财务状况和现金流量，甚至会导致企业破产。因此，企业内部长期投资决策不能在缺乏调查研究的情况下轻易做出，必须按规定的程序，运用科学的方法进行可行性研究，以确保决策的正确、有效。企业内部长期投资的程序一般包括以下几个步骤。

1. 寻找并确定投资项目

企业各级领导者都可以提出新的投资项目。一般情况下，企业的高层领导提出的投资项目，大多数是大规模的战略性投资，其方案一般由生产、市场、财务等各方面专家组成的专门小组做出。基层或中层人员提出的主要是战术性投资项目，其方案由主管部门组织人员拟订。

2. 进行投资项目的评价

对投资项目进行评价，是可行性研究的核心内容。企业在确定可行性投资项目后，接下来就是分析、估测各个投资项目的成本、收益，并考虑与此相关的风险，为投资决策提供财务数据。然后采用一定的财务评价指标，对各个投资项目的风险和报酬做出评估，从而为选择最好的投资项目做准备。

3. 对投资项目做出决策

投资项目经过评价后，企业领导要做最后的决策。投资额较小的项目，有时中层人员就有决策权；投资额较大的项目，一般由总经理做出决策；投资额特别大的项目，要由董事会甚至股东大会投票表决。估算投资方案的收益与风险和选择投资方案是投资决策过程中最主要的两个步骤。

4. 投资项目的实施

决定对某投资项目进行投资后，要积极筹措资金，实施投资。企业应当根据投资计划中指定的筹资方案，及时足额地筹集资金，以便顺利实施投资方案。在投资项目实施过程中，要对工程进度、工程质量、施工成本进行控制，以便使投资按预算规定保质、如期完成。

5. 进行投资项目的监测

对投资项目进行监测，可以评价企业在选择投资方案过程中，对投资项目的收益、成本与风险的估算是否正确，是否要根据实际情况对投资计划加以修订和调整。例如在筹资过程中，如果资本市场发生剧烈变化，使得资金筹措困难或资本成本大幅度上升，从而使原先有利可图的投资方案变得无利可图甚至亏损，那么企业就有必要调整其投资计划；在项目建设过程中，如果产品市场发生重大变化，原有的投资决策已经变得不合理，那么就要对投资决策是否中途停止做出决策，以避免重大的损失。

7.2 现金流量分析

投资决策的关键是做好投资方案的经济评价工作，在投资决策过程中，通常采用现金流量作为对投资方案进行经济评价的基础，现金流量的估算是投资决策中最为关键且难度最大的环节。采用现金流量作为投资决策指标，比利润更能可靠地衡量企业的投资收益。

7.2.1 现金流量及其构成

1. 现金流量概述

企业投资决策中的现金流量是指与投资决策有关的现金流入和现金流出的数量。现金流入量是指某项目引起的现金流入的增加额，即以产品销售收入、营业外收入、项目终结时回收的固定资产余值和垫支的流动资金等形式体现的流入项目系统的现金。现金流出量是指某项目引起的现金流出的增加额，即以投资成本、经营成本、税金、营业外支出等形式体现的流出项目系统的现金。现金净流量是指相应的一定期间内的现金流入量与现金流出量的差额。

在确定投资项目相关的现金流量时，应遵循的最基本的原则是：只有增量现金流量才是与项目相关的现金流量。所谓增量现金流量，是指接受或拒绝某个投资项目时，企业总现金流量因此发生的变动。只有那些由于采纳某个项目引起的现金支出增加额，才是该项目的现金流出；只有那些由于采纳某个项目引起的现金流入增加额，才是该项目的现金流入。

这里的"现金"是广义的现金，不仅包括各种货币资金，而且还包括项目需要投入的企业拥有的非货币资产的变现价值。如一个项目需要使用原有的厂房、设备和材料等，则相关的现金流量是指它们的变现价值，而不是其账面价值。

现金流量作为评价投资项目经济效益的基础，具有以下优点。

（1）现金流量的估算采用收付实现制，它以企业实际收到或付出的款项作为计算基础，避免了企业因使用权责发生制而出现的应收应付问题给企业计算收益带来的弊端。

（2）利润在各年的分布受人为因素的影响，如存货的计价、折旧方法的选择和费用的摊配等有较大的主观随意性。而现金流量的分布不受这些人为因素的影响，可如实反映现金流量发生的时间与金额，保证方案评价的客观性。

（3）现金流量概念使货币时间价值在计量企业的投资收益中得以应用，有利于企业的投资者更新观念。

（4）在投资分析中，对项目效益的评价是以假设其收回的资金再投资为前提，使用现金流量反映的盈亏状况比利润反映的盈亏状况更重要。

2. 现金流量的构成

投资决策中的现金流量，一般分为初始现金流量、营业现金流量和终结现金流量3部分。

1）初始现金流量

初始现金流量是指开始投资时发生的现金流量，主要包括以下几类。

（1）购置设备、建造厂房和各种生产设施等固定资产的支出。

（2）购买无形资产，如专利使用权、商标使用权、土地使用权等的支出。

（3）项目投资前的筹建费用、培训费用、注册费用等。

（4）垫支的流动资金。包括对材料、在产品、产成品和现金等流动资产上的投资。

（5）原有固定资产的变价收入。指固定资产更新时原有固定资产的变价所得的现金收入。

（6）所得税效应。指固定资产更新项目变价收入的税赋损益。按规定，出售资产时的资本利得（出售价高于原价或账面净值的部分）应缴纳所得税，构成现金流出量；出售资产时发生的损失（出售价低于原价或账面净值的部分）可以抵减当年所得税支出，少缴纳的所得税构成现金流入量。

假设某设备原价100 000元，已使用5年，设备净值为50 000元，所得税税率为25%。如果以50 000元出售此设备，所得税效应为0，出售设备的净现金流量为50 000元。如果以40 000元出售此设备，出售旧设备的净现金流量为42 500元[40 000+（50 000-40 000）×25%]。如果以60 000元出售，出售旧设备的净现金流量为57 500元[60 000-（60 000-50 000）×25%]。

（7）不可预见费。不可预见费是指在投资项目正式建设之前不能完全估计到的，但很有可能发生的一系列费用，如设备价格的上涨、出现自然灾害等。这些因素也要合理预测，以便为现金流量预测留有余地。

例如，某企业准备建一条新的生产线，经过研究与分析，预计各项支出如下：设备购置费500 000元；安装费100 000元；建筑工程费用400 000元；投产时需垫支营运资金50 000元；不可预见费按上述总支出的5%计算，则该生产线的投资总额为

$$（500\ 000+100\ 000+400\ 000+50\ 000）×（1+5\%）= 1\ 102\ 500（元）$$

2）营业现金流量

营业现金流量是指项目投入使用后，在寿命期内由于生产经营所带来的现金流入和流出的数量。现金流量一般是按年计算的。这里的现金流入一般指的是营业现金流入；现金流出

212 财务管理学

是指营业现金流出（指付现成本，即不包括折旧的成本）和交纳的税金。经营期现金流量可用下列公式计算：

营业现金流量＝营业收入－付现成本－所得税

或＝营业收入－（营业成本－折旧）－所得税

＝营业收入－营业成本－所得税＋折旧

或＝营业收入×（1－所得税税率）－付现成本×（1－所得税税率）＋折旧×所得税税率

＝税后净利润＋折旧

现举例说明营业现金流量的计算。

【例7-1】A、B两个公司的基本情况相同，唯一的区别在于二者的折旧额不同，其现金流量的计算如表7-1所示。

表7-1　营业现金流量计算表　　　　　单位：元

项　目	A公司	B公司
销售收入	100 000	100 000
付现营业成本	50 000	50 000
折旧	15 000	20 000
合计	65 000	70 000
税前利润	35 000	30 000
所得税（40%）	14 000	12 000
税后利润	21 000	18 000
营业现金净流量：		
净利润	21 000	18 000
折旧	15 000	20 000
合计	36 000	38 000

3）终结现金流量

终结现金流量是指项目经济寿命终了时发生的非经营现金流量。主要包括以下几方面。

（1）固定资产残值变价收入及出售时的税赋损益。出售时税赋损益的确定方法与初始投资时出售旧设备发生的税赋损益相同，如果固定资产报废时残值收入大于税法规定的数额，就应上缴所得税，形成一项现金流出量；反之则可抵减所得税，形成现金流入量。

（2）垫支流动资金的收回。这部分资金不受税收因素的影响，税法视为资金的内部转移，就如同把存货和应收账款换成现金一样，因此收回的流动资金仅仅是现金流量的增加。

7.2.2　估算现金流量应注意的问题

企业在估算现金流量时会涉及很多变量，并且可能需要企业多个部门的参与。例如，需要市场部门负责预测市场需求量及售价；需要研发部门估计投资的研发成本、设备购置、厂房建筑等；需要生产部门负责估计工艺设计、生产成本等；需要财务人员协调各参与部门的人员，为销售和生产等部门建立共同的基本假设条件，估计资金成本及相关的现金流量等。

　　为了正确计算投资方案的现金流量，需要正确判断哪些支出会引起企业总现金流量的变动，哪些支出只是引起某个部门现金流量的变动而不引起企业总现金流量的变动。在进行判断时，需要注意以下几个问题。

1. 区分相关成本和非相关成本

　　相关成本是指与特定决策有关的、在分析评价时必须加以考虑的成本。与此相反，与特定决策无关的、在分析评价时不必加以考虑的成本是非相关成本，如沉没成本。所谓沉没成本，是指已经付出且不可收回的成本。例如，某公司在20×5年打算新建一个厂房，并请有关专家进行了可行性分析，支付了咨询费1万元，后来由于公司有了更好的投资机会，该项目被搁置下来，该笔咨询费已经入账。20×9年旧事重提，又想建新厂房，那么该笔咨询费是否属于相关成本呢？不管公司是否要新建这个厂房，这笔咨询费都无法收回，与公司未来的总现金流量无关，因此属于沉没成本。

2. 机会成本

　　机会成本是指为了进行某项投资而放弃其他投资所能获得的潜在收益。在投资决策中不能忽视机会成本。例如，公司新建厂房需要使用公司拥有使用权的一块土地，这块土地如果出租，每年可获取租金收入10万元，那么在对新项目投资时，这10万元的租金就是新建项目的机会成本，在计算营业现金流量时将其视作现金流出。

3. 部门间的影响

　　当公司选择一个新的投资项目后，该项目可能会对公司的其他部门造成有利或不利影响。例如，若公司新建生产线的产品上市后，可能会减少其他产品的销售额。因此，公司在进行投资决策分析时，不应将新建生产线的销售收入作为增量收入来处理，而应扣除其他部门因此减少的销售收入。也可能发生相反的情况。

7.2.3　现金流量的估算

　　为了正确地评价投资项目的优劣，必须依据可靠、准确的现金流量数据，才能做出科学的分析。

　　在对投资项目现金流量的估算中，营业现金流量是一个重要的环节，它涉及现金流入与现金流出的计算。在此基础上，结合初始现金流量（主要表现为现金流出量）和终结现金流量（主要表现为现金流入量），便可确定投资方案的现金流量。

　　【例7-2】某企业准备购入设备以扩充生产能力，现有甲、乙两个方案可供选择。甲方案需投资60 000元，使用寿命为5年，假设5年后设备无残值。5年中每年销售收入为40 000元，每年的付现成本为14 000元。乙方案需投资70 000元，另外在第一年垫支流动资金5 000元，使用寿命也为5年，使用期满有残值收入3 500元。5年中第一年的销售收入为50 000元，以后逐年减少1 000元。付现成本第一年为14 500元，以后随着设备的陈旧将逐年增加修理费500元。该企业采用直线法计提折旧，所得税税率为25%，试计算两个方案的现金流量。

　　两方案的现金流量计算过程如下。

　　（1）计算两个方案的每年折旧额。

$$甲方案每年折旧额 = \frac{60\,000}{5} = 12\,000(元)$$

$$乙方案每年折旧额 = \frac{70\,000 - 3\,500}{5} = 13\,300(元)$$

（2）计算两个方案的营业现金流量。

甲、乙两个方案的营业现金流量计算如表7-2所示。

表7-2　投资方案营业现金流量计算表　　　　　　　　单位：元

项目	t				
	1	2	3	4	5
甲方案：					
销售收入	40 000	40 000	40 000	40 000	40 000
付现成本	14 000	14 000	14 000	14 000	14 000
折旧	12 000	12 000	12 000	12 000	12 000
税前利润	14 000	14 000	14 000	14 000	14 000
所得税	3 500	3 500	3 500	3 500	3 500
税后利润	10 500	10 500	10 500	10 500	10 500
营业现金流量	22 500	22 500	22 500	22 500	22 500
乙方案：					
销售收入	50 000	49 000	48 000	47 000	46 000
付现成本	14 500	15 000	15 500	16 000	16 500
折旧	13 300	13 300	13 300	13 300	13 300
税前利润	22 200	20 700	19 200	17 700	16 200
所得税	5 550	5 175	4 800	4 425	4 050
税后利润	16 650	15 525	14 400	13 275	12 150
营业现金流量	29 950	28 825	27 700	26 575	25 450

（3）两个方案全部现金流量的计算如表7-3所示。

表7-3　投资方案全部现金流量计算表　　　　　　　　单位：元

项目	t					
	0	1	2	3	4	5
甲方案：						
固定资产投资	-60 000					
营业现金流量		22 500	22 500	22 500	22 500	22 500
现金净流量	-60 000	22 500	22 500	22 500	22 500	22 500
乙方案：						
固定资产投资	-70 000					
垫支流动资金	-5 000					

续表

项目	t					
	0	1	2	3	4	5
营业现金流量		29 950	28 825	27 700	26 575	25 450
固定资产残值						3 500
流动资金收回						5 000
现金净流量	−75 000	29 950	28 825	27 700	26 575	33 950

值得注意的是，在表 7-2 和表 7-3 中，$t=0$ 代表第一年年初，$t=1$ 代表第一年年末，$t=2$ 代表第二年年末，以此类推。在现金流量的计算中，为了简便起见，一般都假定固定资产投资在年初进行，各年营业现金流量在年末发生，终结现金流量看作是最后一年年末发生的。

案例链接

彩扩项目投资决策

如王先生准备开一个彩扩店，通过调查研究，提出如下方案。

（1）设备投资：冲扩设备购价 20 万元，预计可使用 5 年，报废时无残值收入，使用直线法折旧；计划在 20×9 年 1 月 1 日购进并立即投入使用。

（2）门面装修：装修费用预计 8 万元，在装修完工的 20×9 年 1 月 1 日支付。

（3）收入和成本预计：预计 20×9 年 1 月 1 日开业，前 6 个月每月收入 3 万元，以后每月收入 4 万元；耗用相纸和冲扩液等成本为收入的 60%；人工费、水电费和房租费每个月 0.8 万元（不包括设备折旧、装修费摊销）。

（4）营运资金：开业时垫付 2 万元。

（5）所得税税率为 30%。

（6）王先生要求的投资收益率最低为 10%。

请帮王先生对该彩扩项目的现金流量进行估算。

7.3　投资决策评价方法

在投资决策中，估计项目的现金流量固然重要，但是现金流量的多少并不能告诉管理者该项目是否可行。因此，还需要采用一定的方法对投资项目进行分析和评价，从而做出决策。投资决策评价方法的种类很多，根据是否考虑货币的时间价值可分为非贴现现金流量评价方法和贴现现金流量评价方法。

7.3.1　非贴现现金流量评价方法

非贴现现金流量评价方法是指不考虑货币时间价值的评价方法，也叫静态评价方法。具体包括投资回收期法和投资报酬率法。

1. 投资回收期法

投资回收期是指收回初始投资所需要的时间，一般以年为单位来表示。投资回收期越短，说明投入资金的回收速度越快，所承担的投资风险越小。

投资回收期的计算，因每年的营业现金净流量（NCF）是否相等而有所不同。如果每年的营业现金净流量相等，投资回收期可按下列公式计算：

$$投资回收期 = \frac{原始投资额}{每年营业现金净流量（NCF）}$$

现以例7-2资料为例，根据表7-2的数据，甲方案每年的营业现金净流量相等，故

$$甲方案的回收期 = \frac{60\ 000}{22\ 500} \approx 2.67（年）$$

如果每年的营业现金净流量不相等，计算回收期要根据每年年末尚未回收的投资额加以确定。在例7-2中，乙方案每年的营业现金净流量不相等，乙方案各年尚未收回的投资额如表7-4所示。

表7-4　乙方案各年现金净流量及年末尚未收回的投资额 单位：元

年　　次	投资额	每年现金净流量	年末尚未收回的投资额
0	(75 000)		
1		29 950	45 050
2		28 825	16 225
3		27 700	—
4		26 575	—
5		33 950	—

$$乙方案的回收期 = 2 + \frac{16\ 225}{27\ 700} \approx 2.59（年）$$

甲方案的投资回收期为2.67年，乙方案的投资回收期为2.59年，若采用投资回收期法选择投资方案，应选择乙方案。

投资回收期法的概念容易理解，计算也比较简单。但这一指标没有考虑现金流量发生的时间，同时也没有考虑回收期满后的现金流量状况。因此，单纯地运用投资回收期作为投资决策评价方法，不能准确反映投资方案的经济效益，有可能形成错误决策。因此，在评价投资方案时，投资回收期一般只能作为辅助标准，必须和其他标准相结合，用以判断项目的可行性。

【例7-3】 假设有两个方案的预计现金流量如表7-5所示，试计算回收期，并比较优劣。

表7-5　A、B两个方案的预计现金流量 单位：元

t	0	1	2	3	4	5
A方案现金流量	−10 000	4 000	6 000	4 000	4 000	4 000
B方案现金流量	−10 000	4 000	6 000	6 000	6 000	6 000

两个方案的回收期相同，都是2年。如果用投资回收期进行评价，似乎两个方案不相上下，实际上B方案明显优于A方案。

2. 投资报酬率法

投资报酬率是指投资项目寿命期内平均的年投资报酬率，也称平均投资报酬率。年均报酬可用年均净利指标，也可用年均现金流量指标。其计算公式为

$$投资报酬率 = \frac{年均净利（年均现金流量）}{初始投资额} \times 100\%$$

在采用平均报酬率指标时，应事先确定一个企业要求达到的平均报酬率，或称必要报酬率。在进行决策时，只有高于必要的平均报酬率的方案才能入选。而在有多个方案的互斥选择中，则应选择平均报酬率最高的方案。

仍以例 7-2 资料为例，根据表 7-2 和表 7-3 的数据，若以年均净利为指标条件，甲、乙两方案的投资报酬率计算如下。

$$甲方案投资报酬率 = \frac{10\ 500}{60\ 000} \times 100\% = 17.5\%$$

$$乙方案投资报酬率 = \frac{(16\ 650 + 15\ 525 + 14\ 400 + 13\ 275 + 12\ 150)/5}{75\ 000} \times 100\% = 19.2\%$$

若以平均现金流量为指标条件，甲、乙两方案的投资报酬率计算如下。

$$甲方案投资报酬率 = \frac{22\ 500}{60\ 000} \times 100\% = 37.5\%$$

$$乙方案投资报酬率 = \frac{(29\ 950 + 28\ 825 + 27\ 700 + 26\ 575 + 33\ 950)/5}{75\ 000} \times 100\% = 39.2\%$$

上述计算表明，若用投资报酬率法选择投资方案，应选乙方案。

投资报酬率法的优点是简明、易算、易懂，考虑了投资方案在其寿命周期内的全部收益状况和现金流量，从这一点上讲优于投资回收期法。其缺点是没有考虑货币的时间价值，第一年的现金流量与最后一年的现金流量被看作具有相同的价值。单纯地运用平均报酬率进行投资项目的决策，有时会做出错误的决策。在实际决策中可以配合其他方法加以运用。

7.3.2　贴现现金流量评价方法

贴现现金流量评价方法是指考虑了货币时间价值的评价方法，也叫动态评价方法。具体包括净现值法、获利指数法和内含报酬率法。

1. 净现值法

净现值（net present value，NPV）是反映投资项目在建设和生产服务年限内获利能力的动态指标。一个项目的净现值是指该项目未来现金净流量的现值与投资额现值之间的差额，是评估项目可行的最重要的指标。其计算公式为

$$净现值 = 未来现金净流量现值之和 - 投资额现值之和$$

或

$$NPV = \sum_{t=0}^{n} \frac{NCF_t}{(1 + K)^t}$$

式中：NPV——净现值；

    NCF_t——第 t 年的现金净流量；

      K——贴现率（企业的资本成本或要求的报酬率）；

      n——项目的预计使用年限。

以例 7-2 的资料为例来说明净现值的计算。假设企业的资本成本为 10%，根据表 7-3 的资料计算如下。

甲方案每年的现金净流量相等，可按年金系数进行折算。

$$甲方案的净现值 = 22\,500 \times (P/A, 10\%, 5) - 60\,000 =$$
$$22\,500 \times 3.790\,8 - 60\,000 = 25\,293(元)$$

乙方案的现金净流量不相等，故列表 7-6 计算如下。

表 7-6 乙方案净现值计算表   单位：元

年　　次	各年的现金净流量 （1）	现值系数（P/F, 10%, n） （2）	现　　值 （3）=（1）×（2）
1	29 950	0.909 1	27 227.54
2	28 825	0.826 4	23 820.98
3	27 700	0.751 3	20 811.01
4	26 575	0.683 0	18 150.72
5	33 950	0.621 09	21 079.56
未来现金流量的总现值			111 089.81
减：初始投资额			75 000
净现值			36 089.81

影响项目净现值大小的因素有两个：项目的现金流量和贴现率。前者与净现值的大小呈同向变化，后者与净现值的大小呈反向变化。根据企业价值最大化的原则，利用净现值法进行项目决策的原则是：如果项目的净现值大于零，表明该项目投资获得的收益大于资本成本或投资者要求的收益率，则项目是可行的；反之，项目应舍弃。若存在若干个净现值大于零的互斥方案，则应选择净现值最大的方案，或对净现值的大小进行排队，对净现值大的方案应优先考虑。如例题中甲、乙两方案的净现值均大于零，说明两项目的投资报酬率均大于资本成本，可以增加股东的财富，都是可取的。但乙方案的净现值大于甲方案的净现值，故应选择乙方案。

净现值法考虑了项目整个寿命期的各年现金流量的现时价值，反映了投资项目可获收益，在理论上较为完善。这一指标在应用中的主要难点是如何确定贴现率。在实务中，一般有以下几种方法确定项目的贴现率。

（1）以投资项目的资本成本作为贴现率。企业进行投资的目的是在未来获得一定的收益，这一收益至少应抵偿为筹措资金而花费的各项成本。

（2）以资本的机会成本作为贴现率。所谓资本的机会成本，是指资金如果不用于兴建这个项目，而用于其他项目可能获得的投资收益率。这个收益率是确定该项目是否可以接受的最低收益率。

（3）根据不同阶段采用不同的贴现率。在计算项目建设期现金流量的现值时，以贷款的实际利率作为贴现率；在计算项目生产期现金流量的现值时，以全社会资金平均收益率作为贴现率。

（4）以行业平均收益率作为项目贴现率。

2. 获利指数法

获利指数（profitability index，PI）也称现值指数，是指未来现金净流量的现值与投资额现值的比率。其计算公式为

$$获利指数 = \frac{未来现金净流量现值之和}{投资额现值之和}$$

仍以例7-2为例，根据净现值计算的有关结果，计算获利指数如下。

$$甲方案的获利指数 = \frac{85\ 295.5}{60\ 000} \approx 1.42$$

$$乙方案的获利指数 = \frac{111\ 070.375}{75\ 000} = 1.48$$

获利指数实质上是净现值的一种变形。获利指数法进行项目决策的原则是：接受获利指数大于1的项目，放弃获利指数小于1的项目。若有多个投资方案备选，则应选择获利指数最大者。本例中应选择乙方案。

获利指数是相对数指标，反映投资的效率，即获利能力。当备选方案的投资额不等且彼此之间相互独立时，可用获利指数法确定方案的优劣次序；若为互斥方案，当采用净现值法和获利指数法，出现结果不一致时，应以净现值的结果为准。因为净现值是一个绝对指标，反映投资的效益，更符合财务管理的基本目标。

3. 内含报酬率法

内含报酬率（internal rate of return，IRR）也称为内部收益率，它与投资贴现率的选择无关，而其目的是力图在项目内找出一个事先并不知道的贴现率——即项目净现值为零时的贴现率或项目现金净流量的现值之和与投资额的现值之和相等时的贴现率。

净现值法和获利指数法虽然考虑了时间价值，可以说明投资项目的报酬率高于或低于资本成本，但没有揭示项目本身可以达到的报酬率是多少。内含报酬率是根据项目的现金流量计算的，反映了投资项目本身的报酬率，目前越来越多的企业使用该项指标对投资项目进行评价。其计算公式为

$$未来现金净流量现值之和 - 投资额现值之和 = 0$$

或

$$\sum_{t=0}^{n} \frac{NCF_t}{(1 + IRR)^t} = 0$$

内含报酬率的计算步骤如下。

（1）如果各年的现金净流量相等，初始投资在建设期一次投入，可以用年金求现值的方法计算。

第一步，计算年金现值系数。

$$每年的现金净流量×(P/A,\ IRR,\ n)-初始投资额=0$$
$$(P/A,\ IRR,\ n)=初始投资额/每年的现金净流量$$

第二步，查阅年金现值系数表，在相同的期数内，找出与上述年金现值系数相同的贴现率，或相邻近的较大和较小的两个贴现率。

第三步，根据上述两个相邻近的贴现率和年金现值系数，采用插值法计算该方案的内含报酬率。

在例 7-2 中，甲方案每年的现金净流量相等，而且初始投资在建设期一次投入，可以采用以上方法计算内含报酬率。

$$年金现值系数(P/A,\ IRR,\ n)=\frac{初始投资额}{每年的现金净流量}=\frac{60\ 000}{22\ 500}\approx2.666\ 7$$

查阅年金现值系数表，第 5 期与 2.666 7 相邻近的年金现值系数在 20% 和 24% 之间，采用插值法计算：

贴现率	年金现值系数
20%	2.990 6
IRR	2.666 7
24%	2.745 4

$$IRR=20\%+\frac{2.990\ 6}{2.990\ 6+2.745\ 4}\times(24\%-20\%)=22.09\%$$

（2）如果每年的现金净流量不相等，内含报酬率的计算通常采用"逐年测试法"。首先估计一个贴现率，并按此贴现率计算净现值。如果计算出的净现值为正数，则表示估计的贴现率小于该项目的实际内含报酬率，应提高贴现率后进一步测算；如果计算出的净现值为负数，则表示估计的贴现率大于该项目的实际内含报酬率，应降低贴现率后进一步测算。经过如此反复测算，直至找到使净现值由正到负或由负到正的两个贴现率。然后根据上述两个邻近的贴现率，使用插值法计算方案的内含报酬率。

在例 7-2 中，乙方案每年的现金净流量不相等，因此必须逐次进行测算，测算过程如表 7-7 所示。

表 7-7　内含报酬率测算表　　　　　　　　　　　单位：元

时间/t	NCF	测试 20%		测试 24%		测试 28%	
		复利现值系数	现　值	复利现值系数	现　值	复利现值系数	现　值
0	-75 000	1.00	-75 000	1.000	-75 000	1.000	-75 000
1	29 950	0.833 3	24 957.34	0.806 5	24 154.68	0.781 3	23 399.94
2	28 825	0.694 4	20 016.08	0.650 4	18 747.78	0.610 4	17 594.78
3	27 700	0.578 7	16 029.99	0.524 5	14 528.65	0.476 8	13 207.36
4	26 575	0.482 3	12 817.12	0.423 0	11 241.23	0.372 5	9 899.19
5	33 950	0.401 9	13 644.51	0.341 1	11 580.35	0.291 0	9 879.45
NPV	—	—	12 465.04	—	5 252.69	—	-1 019.28

在表 7-7 中，先按 20% 的贴现率进行测算，净现值为正数，便把贴现率提高到 24%，进行第二次测算，净现值仍为正数，于是把贴现率提高到 28% 进行测算，净现值为负数，说明该项目的内含报酬率一定在 24% 和 28% 之间。采用插值法计算：

贴现率	净现值
24%	5 252.69
IRR	0
28%	−1 019.28

$$IRR = 24\% + \frac{5\ 252.69}{5\ 252.69 + 1\ 019.28} \times (28\% - 24\%) = 27.35\%$$

需要注意的是，投资项目的内含报酬率与资本的机会成本是不同的，内含报酬率是用来衡量项目的获利能力，它是根据项目本身的现金流量计算得出的；而资本的机会成本是用来衡量项目是否可行的切割率，它是根据同等风险项目投资最低收益率确定的。资本的机会成本与项目的内含报酬率计算无关，但与项目决策有关。

利用内含报酬率标准选择投资项目的基本原则是：若 IRR 大于项目的资本成本或投资最低收益率，接受该项目；反之，则放弃。在有多个互斥项目的选择中，选用 IRR 最大的投资项目。从以上例题中两个方案的内含报酬率可以看出，乙方案的内含报酬率高，故乙方案比甲方案好。

7.3.3　投资决策指标的比较研究

关于投资项目的评价标准，人们在理论和实务中采用了许多标准，运用这些标准评估独立项目，一般能够做出一致的取舍决策。但对于互斥项目，按不同的标准，有时会得出不同的结论。

1. 净现值曲线

净现值曲线描绘的是项目净现值与贴现率之间的关系。如果投资项目的现金流量属于传统型，即在投资有效期内只改变一次符号，那么净现值是贴现率（资本成本或投资者要求的必要报酬率）K 的单调减函数，即随着贴现率 K 的增大，净现值单调减少，如图 7-1 所示。

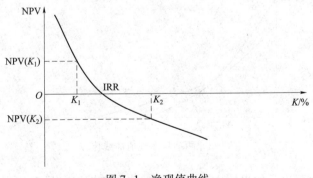

图 7-1　净现值曲线

净现值曲线与横轴的交点是内含报酬率（IRR），当项目的贴现率在 K_1 点时，说明内含报酬率大于贴现率（资本成本），同时净现值大于零，按两种标准判断，均应接受该项目。当项目的贴现率在 K_2 点时，说明内含报酬率小于贴现率（资本成本），同时净现值小于零，按两种标准判断，均应放弃该投资项目。显然，在 IRR 点左边的 NPV 均为正数，而在 IRR 点右边的 NPV 均为负数。这表明，如果 NPV 大于零，内含报酬率必然大于资本成本贴现率；相反，如果 NPV 小于零，内含报酬率必然小于资本成本贴现率。由此可知，如果净现值标准得到满足，内含报酬率标准也必然得到满足，反之亦同。不论采取哪种判断标准，其结论是一致的。

2. 净现值法和内含报酬率法的比较

在多数情况下，运用净现值法和内含报酬率法这两种方法进行决策时得出的结论是相同的，但在以下两种情况下，有时会产生差异：一是项目的投资规模不同，即一个项目的初始投资大于另一个项目的初始投资；二是项目现金流量模式不同，即一个项目在最初几年现金流入较多，另一个项目在最后几年现金流入较多。尽管是在这两种情况下使二者产生了差异，但引起差异的原因是共同的，即两种方法假定中期产生的现金流量进行再投资时会产生不同的报酬率。净现值法假定产生的现金流入量重新投资会产生相当于企业资本成本的利润率。而内含报酬率法却假定现金流入量重新投资产生的利润率与此项目的特定内含报酬率相同。下面以投资规模不同，举例加以说明。

【例 7-4】假设有两个投资项目 C 与 D，其有关资料如表 7-8 所示。

表 7-8　投资项目 C 与 D 的有关资料　　　　　　　　　　　　　单位：元

项　　目	NCF_0	NCF_1	NCF_2	NCF_3	NCF_4	IRR	NPV（12%）
C	−26 900	10 000	10 000	10 000	10 000	18%	3 470
D	−55 960	20 000	20 000	20 000	20 000	16%	4 780

上述 C 和 D 两个项目的初始投资额不同，但两个项目的内含报酬率均大于贴现率 12%，净现值均大于零，如果可能，两个项目都应接受。如果两个项目只能选取一个，按内含报酬率标准应该选择 C 项目，按净现值标准则应该选择 D 项目，这两种标准的结论是矛盾的。两个项目的净现值曲线如图 7-2 所示。

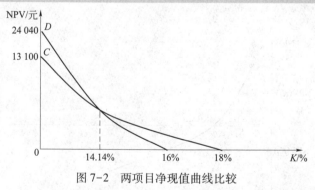

图 7-2　两项目净现值曲线比较

从图 7-2 中可以看出，如果按内含报酬率法排序应拒绝项目 D 而采纳项目 C，如果按净现值法排序，结果将与所选择的贴现率有关，如果贴现率 $K < 14.14\%$，项目 D 优于项目 C；如果贴现率 $K > 14.14\%$，项目 C 优于项目 D；如果贴现率 $K = 14.14\%$，则两个项目的净现值相等，或者说 14.14%代表了两个项目具有相同净现值时的收益率。产生上述差异的根本原因是：内含报酬率法假定项目 C 前期产生的现金流量进行再投资，会产生 18%的报酬率，而项目 D 前期的现金流量若进行再投资则会得到 16%的报酬率。与此相反，净现值法假定前期产生的现金流量进行再投资，其报酬率是一样的，在本例中贴现率是 12%。在没有资本限量的情况下，项目 D 虽然投资较多，但净现值也较高，可为企业带来较多的财富。也就是说，净现值法总是正确的，而内含报酬率法有时却会做出错误的决策。因而，在无资本限量的情况下，净现值法是一个比较好的方法。

3. 净现值法和获利指数法的比较

由于净现值法和获利指数法使用的是相同信息，在评价投资项目的优劣时，它们常常是一致的，但有时也会产生分歧。下面再来看例 7-4 中的项目 C 和项目 D（这两个项目的初始投资不一致），在贴现率（资本成本）为 12%时，项目 C 有净现值 3 470 元，获利指数为 1.13。项目 D 有净现值 4 780 元，获利指数为 1.09。如果用净现值法，应选择项目 D；如果用获利指数法，则应选择项目 C。

只有当初始投资规模不同时，净现值法和获利指数法才会产生差异。由于净现值法是用各期现金净流量现值减去投资额的现值，而获利指数法是用各期现金净流量的现值除以投资额的现值，因而评价的结果可能会不一致。

最高的净现值符合企业的最大利益，也就是说，净现值越高，企业的收益越大。获利指数只反映投资回收的程度，而不反映投资回收的多少，在没有资本限量情况下的互斥选择决策中，应选用净现值较大的投资项目。也就是说，当净现值法和获利指数法得出不同结论时，应以净现值法为准。

总之，在无资本限量的情况下，利用净现值法在所有的投资评价中都能做出正确的决策。而利用内含报酬率法和获利指数法在采纳与否决策中也能做出正确的决策，但在互斥选择决策中有时会做出错误的决策。因而，在这 3 种评价方法中，净现值法是最好的评价方法。

7.4　投资决策指标的运用

7.4.1　独立项目投资决策

独立项目是指一组相互独立、互不排斥的项目。在独立项目中，选择某一项目并不排斥选择另一项目。例如，麦当劳打算在一个偏远小岛上开设一家汉堡包餐厅，这个方案是否被采纳都不会受到其他开设新餐厅的投资决策的影响，它们是相互独立的。独立项目投资决策可以不考虑任何其他投资项目是否得到采纳和实施，独立项目投资收益和成本也不会因其他项目的采纳与否而受影响。

对于独立项目的决策，可运用投资回收期、投资收益率、净现值、获利指数和内含报酬率等任何一个合理的标准进行分析，决定项目的取舍。如果满足以下条件，则完全具备可行性：净现值（NPV）≥0；获利指数（PI）≥1；内含报酬率（IRR）≥基准折现率；包括建设期的投资回收期≤项目计算期的一半；不包括建设期的投资回收期≤经营期的一半；投资报酬率≥基准投资收益率（事先给定）。

7.4.2 互斥项目投资决策

互斥项目是指接受一个项目就必须放弃另一个项目的情况，通常是为解决一个问题设计的两个备选方案。例如，为了生产一个新产品，可以选择进口设备，也可以选择国产设备。企业只需购买其中之一就可以解决目前的问题，而不会同时购置。互斥项目又分为寿命期相等的互斥项目投资决策和寿命期不等的互斥项目投资决策。

1. 寿命期相等的互斥项目投资决策

在对寿命期相等的互斥项目进行投资决策分析时，可采用排列顺序法。在排列顺序法中，全部待选项目可分别根据它们各自的 NPV 或 PI 或 IRR 按降级顺序排列，然后进行项目决策，通常选其大者为最优。通常情况下，按上述 3 个评价标准对互斥项目进行排序选择的结果是一致的，如例 7-2 中，排序下来乙方案最好。但在某些情况下也会得出不一致的结论，即排序出现矛盾。在这种情况下，应以净现值作为选择标准。

2. 寿命期不等的互斥项目投资决策

前面涉及的互斥项目都是有相同寿命期的项目。实际上企业进行投资决策时经常会在多个寿命期不等的互斥项目中做出选择。由于寿命期不等，因而就不能对它们的净现值、内含报酬率和获利指数进行直接比较。为了使投资项目的各项指标具有可比性，必须设法使两个项目在相同的寿命周期内进行比较。下面举例加以说明。

【例 7-5】某公司要在两个投资项目中选取一个，A 项目需要初始投资 160 000 元，每年产生 80 000 元的现金净流量，项目的使用寿命为 3 年，3 年后必须更新且无残值；B 项目需要初始投资 210 000 元，使用寿命为 6 年，每年产生 64 000 元的现金净流量，6 年后必须更新且无残值。公司的资本成本为 16%，那么公司该选用哪个项目呢？

两个项目的净现值计算如下。

$$A \text{ 项目的净现值}(NPV) = 80\ 000 \times (P/A, 16\%, 3) - 160\ 000 =$$
$$80\ 000 \times 2.245\ 9 - 160\ 000 = 19\ 672(\text{元})$$
$$B \text{ 项目的净现值}(NPV) = 64\ 000 \times (P/A, 16\%, 6) - 210\ 000 =$$
$$64\ 000 \times 3.684\ 7 - 210\ 000 = 25\ 821(\text{元})$$

项目的净现值表明 B 项目优于 A 项目，应选用 B 项目。但这种分析是不完全的，因为没有考虑两个项目的寿命是不相等的。如果采用 A 项目，在 3 年以后还要进行相同的投资，才能与 B 项目的寿命相同。为了使指标的对比更加合理，必须考虑对相同年度内的两个项目的净现值进行比较，或者是对两个项目的年均净现值进行比较，于是便出现了进行合理比较的两种基本方法——最小公倍寿命法和等值年金法。

1）最小公倍寿命法

使投资项目的寿命周期相等的方法是最小公倍寿命法。也就是说，求出两个项目使用年限的最小公倍数。对于例 7-5 的 A 项目和 B 项目，它们的最小公倍数是 6 年。由于 B 项目的净现值原来就是按 6 年计算的，所以不用调整。对于 A 项目，必须计算一个新的、假设项目要在第 0 年和第 3 年进行相同投资的净现值，具体计算如表 7-9 所示。

表 7-9　投资项目的现金流量表　　　　　　　　　　　　　单位：元

项目	第 0 年	第 1 年	第 2 年	第 3 年	第 4 年	第 5 年	第 6 年
第 0 年投资的现金流量	-160 000	80 000	80 000	80 000			
第 3 年投资的现金流量				-160 000	80 000	80 000	80 000

计算 A 项目 6 年现金流量的净现值：

$$A \text{ 项目 6 年现金流量的净现值} = 19\ 672 + 19\ 672 \times (P/F, 16\%, 3) =$$
$$19\ 672 + 19\ 672 \times 0.640\ 7 = 32\ 276 (\text{元})$$

这里，可以把两个项目的净现值进行比较，因为 A 项目的净现值是 32 276 元，而 B 项目的净现值是 25 821 元，因此该公司应选择 A 项目。

对于以上两个项目来说，最小公倍寿命是 6 年。但在有些情况下，计算两个项目的最小公倍数是很麻烦的。例如，一个项目的寿命为 5 年，另一个项目的寿命为 9 年，那么最小公倍寿命为 45 年。在这种情况下，应用最小公倍寿命法评价这两个项目，工作量非常大。

2）等值年金法

等值年金法是将互斥项目的净现值按资本成本等额分摊到每年，求出项目每年的平均净现值，又叫年均净现值法。由于化成了年金，项目在时间上是可比的，而且从净现值转化为年金只是做了货币时间价值的一种等值交换，两种方法是等价的。因此，用等值年金法和净现值法得出的结论应该是一致的。其计算公式为

$$\text{等值年金} = \frac{\text{NPV}}{(P/A, i, n)}$$

在例 7-5 中，两个项目的等值年金分别计算如下。

$$A \text{ 项目的等值年金} = \frac{19\ 672}{(P/A, 16\%, 3)} = \frac{19\ 672}{2.245\ 9} = 8\ 759 \text{（元）}$$

$$B \text{ 项目的等值年金} = \frac{25\ 821}{(P/A, 16\%, 6)} = \frac{25\ 821}{3.684\ 7} = 7\ 008 \text{（元）}$$

通过计算，项目 A 的等值年金比项目 B 大，所以公司应选用项目 A。这一计算结果与最小公倍寿命法计算的结果是一致的。

从以上分析可以看出，对寿命期不等的互斥方案进行决策时，无论是采用最小公倍寿命法还是等值年金法，都是建立在项目现金流年限相等的基础上进行的，这体现了评价方法在时间上的可比性。等值年金法计算简单，故在寿命期不等的互斥方案比较中较为常用。

7.4.3　固定资产更新改造决策

固定资产更新是对技术上或经济上不宜继续使用的旧资产，用新的资产更换或用先进的技术对原有设备进行局部改造。固定资产更新决策主要研究两个问题：一个是决定是否更新；另一个是决定选择什么样的资产进行更新。

1. 寿命期相等的更新决策——差额分析法

在新旧设备未来使用年限相同的情况下，分析时普遍使用的方法是差额分析法，用以计

算两个方案（出售旧设备购置新设备和继续使用旧设备）的现金流量之差及净现值差额。如果净现值差额大于零，则购置新设备，否则继续使用旧设备。

【例7-6】某公司5年前以100 000元的价格购买了一台机器，预计使用寿命为10年，10年后的残值为10 000元，直线法计提折旧。现在市场上有一种新机器，其性能及技术指标均优于原有设备。新机器价格为150 000元（包括安装费），使用寿命为5年。5年内可以每年降低经营费用50 000元，5年后无残值，直线法计提折旧。新机器投入后需增加净营运资本12 000元。

旧机器现在可以按65 000元出售，若公司所得税税率为30%，折现率为15%。问该公司现在是否应该更新设备？

对这一问题的分析有两种可能的结果：一是继续使用旧机器；二是买新机器卖旧机器。这两个结果公司只能选其一，因此构成互斥方案。公司的资产更新实际上是这两个互斥方案的比较选择问题。以下分析它们的差额（增量）现金流量。

（1）买新机器卖旧机器所需投资支出如下：购买新机器的费用为150 000元；出售旧机器的市场价为65 000元；出售旧机器税款增加3 000元［65 000-55 000)×30%］；净营运资本增加额为12 000元；初始现金流量差额为100 000元。

（2）项目寿命期内营业现金净流量差额。新机器投入使用后，每年的经营成本比使用旧机器少，此外，还有因新机器的折旧费增加而引起的所得税节约。具体计算如表7-10所示。

表7-10　项目寿命期内营业现金净流量差额计算　　　　　单位：元

年　　次	1	2	3	4	5
税前经营成本节约	50 000	50 000	50 000	50 000	50 000
税后经营成本节约	35 000	35 000	35 000	35 000	35 000
新机器折旧额	30 000	30 000	30 000	30 000	30 000
旧机器折旧额	9 000	9 000	9 000	9 000	9 000
折旧差额	21 000	21 000	21 000	21 000	21 000
折旧税款节约	6 300	6 300	6 300	6 300	6 300
营业现金净流量差额	41 300	41 300	41 300	41 300	41 300

（3）终结点非营业现金净流量差额。新机器预计净残值为0元；旧机器预计净残值为10 000元；净营运资本回收额为12 000元；终结点现金流量差额为2 000元。

公司使用新、旧设备互斥项目逐年现金净流量差额如表7-11所示。

表7-11　互斥项目逐年现金净流量差额　　　　　单位：元

年　　次	0	1	2	3	4	5
现金净流量差额	-100 000	41 300	41 300	41 300	41 300	43 300

当折现率为15%时，利用表7-11中现金净流量数据，可计算机器更新的差额净现值：

$$NPV = -100\ 000 + 41\ 300 \times (P/A, 15\%, 4) + 43\ 300 \times (P/F, 15\%, 5) =$$
$$-100\ 000 + 41\ 300 \times 2.855\ 0 + 43\ 300 \times 0.497\ 2 = 39\ 440.26(元)$$

由于净现值是正的，说明资产更新比不更新时的获利能力大，应选择购买新机器、出售旧机器的方案。

上例中的资产更新决策并不改变企业的生产能力，不增加企业的现金流入，即使有少量的残值变价收入，也属于支出的抵减，而非实质上的流入增加。在这种情况下，往往将两个方案投资的差额（即购置新机器的投资减去出售旧机器的收入）作为更新的现金流出，每年的税后经营费用节约额视同现金流入，每年折旧差额的纳税减少额也视同现金流入。

2. 投资寿命期不相等的更新决策——平均年成本法

固定资产的平均年成本是指该资产引起的现金流量的年平均值。如果不考虑货币时间价值，它是未来使用年限内现金流出总额与使用年限的比值。如果考虑货币的时间价值，它是未来使用年限内现金流出总现值与年金现值系数的比值，即平均每年的现金流出。

【例 7-7】某公司目前使用的设备是 4 年前购置的，原始购价为 20 000 元，使用年限为 10 年，预计还可以使用 6 年，每年付现成本为 4 800 元，期末残值为 800 元。目前市场上有一种较为先进的设备，价值为 25 000 元，预计使用为 10 年，每年付现成本为 3 200元，期末无残值。此时如果以新设备更新旧设备，旧设备可作价 8 000 元。公司要求的最低投资收益率为 14%，那么公司是继续使用旧设备，还是以新设备替代旧设备？（假设不考虑所得税因素）

（1）如果不考虑货币的时间价值：

$$旧设备平均年成本 = \frac{8\,000 + 4\,800 \times 6 - 800}{6} = 6\,000(元)$$

$$新设备平均年成本 = \frac{25\,000 + 3\,200 \times 10}{10} = 5\,700(元)$$

（2）如果考虑货币的时间价值：

$$旧设备平均年成本 = \frac{8\,000 + 4\,800 \times (P/A, 14\%, 6) - 800 \times (P/F, 14\%, 6)}{(P/A, 14\%, 6)} =$$

$$\frac{8\,000 + 4\,800 \times 3.888\,7 - 800 \times 0.455\,6}{3.888\,7} = 6\,763(元)$$

$$新设备平均年成本 = \frac{25\,000 + 3\,200 \times (P/A, 14\%, 10)}{(P/A, 14\%, 10)} =$$

$$\frac{25\,000 + 3\,200 \times 5.216\,1}{5.216\,1} = 7\,993(元)$$

上述计算表明，使用旧设备的年均成本现值低于使用新设备年均成本现值 1 230 元（7 993 - 6 763），故公司应继续使用旧设备。

7.4.4 资本限额决策

资本限额是指公司资本有一定限度，不能投资于所有可接受的项目。也就是说，有很多获利项目可供投资，但无法筹集到足够的资本，特别是那些以内部融资为经营策略或外部融资受到限制的企业。此外，出于公司管理能力的限制也可能有意识地控制公司的发展规模和速度。

【例7-8】某公司面临A、B、C三个投资项目，各项目的现金净流量如表7-12所示。

表7-12 某公司A、B、C三个投资项目的现金净流量 单位：元

年 次	0	1	2	3	4	5
A	−100 000	30 000	30 000	30 000	30 000	30 000
B	−300 000	80 000	80 000	80 000	80 000	80 000
C	−200 000	50 000	50 000	50 000	50 000	50 000

假定公司要求的必要报酬率是10%，资本预算为400 000元，公司如何在A、B、C三个投资项目中进行选择？

根据相关资料，分别计算出三个项目的净现值和获利指数：A项目的净现值与获利指数为13 730元和1.137；B项目的净现值与获利指数为3 280元和1.011；C项目的净现值与获利指数为8 505元和1.043。

三个项目的投资额不同，但净现值都大于0，获利指数都大于1。如果公司有充足的资本都可以进行投资。但公司的资本预算为400 000元，如何进行决策？公司应将资金安排在增值能力最强的项目上，按照获利指数由高到低依次选择。在项目可分的情况下，公司应该选择全部的A项目，然后选择C项目，最后将剩余的100 000元投资于部分B项目。如果项目不可分，公司可以选择A和B组合，也可以选择A和C组合。但A和C组合的净现值总额要大于A和B组合。因此，公司应选择A和C组合。

本 章 小 结

企业把资金投放到企业内部生产经营所需的长期资产上，称为内部长期投资。为了加强内部长期投资管理，提高投资效益，必须分清投资的性质，对投资进行科学的分类，了解内部长期投资的特点和程序。

投资决策的关键是做好投资方案的经济评价工作，在投资决策过程中，通常采用现金流量作为对投资方案进行经济评价的基础，现金流量的估算是投资决策中最为关键且难度最大的环节。现金流量包括初始现金流量、营业现金流量和终结现金流量。

在投资决策中，需要采用一定的方法对投资项目进行分析和评价，从而做出决策。根据是否考虑货币的时间价值，投资决策评价方法可分为非贴现现金流量评价方法和贴现现金流量评价方法。非贴现现金流量评价方法主要包括投资回收期法和平均报酬率法；贴现现金流量评价方法主要包括净现值法、获利指数法和内含报酬率法。在所有的评价方法中，净现值法是最好的评价方法，其符合企业价值最大化的财务管理目标。

复习思考题

1. 试述现金流量的数额及时间分布在内部长期投资决策中的重要性。

2. 内部长期投资决策指标有哪些？各有什么优缺点？

3. 什么是现金流量？其构成情况如何？

4. 为什么在进行单项或互斥方案决策时，人们普遍认为净现值法优于内部收益率法？

练 习 题

1. 假定某企业建设一个新项目，经测算有关资料如下。

① 该项目固定资产投资共 160 万元，第一年初投入 120 万元，第二年初投入 40 万元，两年建成投产，投产后一年达到正常生产。

② 投产前需要垫支流动资金 30 万元。

③ 固定资产可用 10 年，预计净残值 8 万元，采用平均年限法计提折旧。

④ 根据市场调查和预测，投产后第一年的产品销售收入为 50 万元，以后各年为 160 万元；第一年的付现成本为 30 万元，以后各年为 100 万元。

⑤ 企业所得税税率为 30%，折现率为 10%。

要求：计算净现值，判断方案是否可行。

2. 万里公司根据需要扩大生产能力，现有甲、乙两种备选方案。甲方案需要资金 10 000 元，使用期限为 5 年，每年实现销售收入 6 000 元，每年的付现成本为 2 000 元。乙方案需要投资 12 000 元，使用期限为 5 年，每年实现销售收入 8 000 元，付现成本第一年为 3 000 元，以后每年增加 400 元，即 3 400 元。两方案固定资产均采用直线法折旧，并且甲方案设备无残值，乙方案设备有残值 2 000 元，如果所得税税率为 40%，折现率为 10%。

要求：（1）计算甲、乙两个方案的全部现金流量；

　　　　（2）计算甲、乙两个方案的投资回收期；

　　　　（3）计算甲、乙两个方案的投资平均报酬率；

　　　　（4）计算甲、乙两个方案的净现值。

3. 杜威公司准备购入一台设备以扩充生产能力，现有甲、乙两个方案可供选择。甲方案需投资 20 000 元，使用寿命为 5 年，采用直线法计提折旧，5 年后设备无残值，5 年中每年销售收入为 12 000 元，每年的付现成本为 3 000 元。乙方案需投资 18 000 元，也采用直线法计提折旧，使用寿命也为 5 年，5 年后设备有残值收入 3 000 元，5 年中每年的销售收入为 15 000 元，付现成本第一年为 4 000 元，以后随着设备陈旧，逐年将增加修理费 800 元。另需垫支营运资金 5 000 元（设备报废时收回），假设所得税税率为 40%。

要求：（1）计算两个方案的营业现金流量；

　　　　（2）结合初始现金流量和终结现金流量编制两个方案的全部现金流量计算表。

4. 某企业生产需要一台机床，如自己购买，买价为 150 000 元，可用 5 年，期末无残值；如租赁，每年付租赁费为 40 000 元，租赁期 5 年，假设贴现率为 10%，所得税税率为 40%。

要求：对购置或租赁该机床做出决策。

5. 为了生产某种产品，有 A、B 两种投资方案可供选择。投资总额为 120 000 元，每年的现金流量如表 7-13 所示。

表 7-13　不同投资方案各年现金流量　　　　　　　　　　单位：元

年　次	A 方案		B 方案	
	现金流入量	现金流出量	现金流入量	现金流出量
0		120 000		120 000
1	50 000		32 000	
2	40 000		32 000	
3	30 000		32 000	
4	20 000		32 000	
5	20 000		32 000	
合计	160 000	120 000	160 000	120 000

假设该企业资金成本率为 10%，要求计算 A、B 方案的净现值，并判断应选择哪个方案。

案例分析

案例一　美多公司固定资产更新决策

对于一个经营良好的公司来说，必须时常关注市场上出现的新机会。美多印刷公司的管理者们正在考虑一个设备更新方案，他们打算购买新型高效的激光印刷机来代替现在使用的设备。现在使用的设备的账面净值为 220 万元，如果不替换，还可以再使用 10 年。购买激光印刷机的成本是 130 万元，预计使用年限同样是 10 年。使用激光印刷机能够降低公司的营运成本，增加公司的营业收入，从而增加每年的现金流量。苏同是美多印刷公司的会计主任，编制了表 7-14，给出使用激光印刷机对每年收益和现金流量的预计影响。

表 7-14　年现金流量预计增加额　　　　　　　　　　单位：元

项　目	现金流量	增加额
增加的收入	1 400 000	
节约的成本（扣除折旧因素）	1 100 000	2 500 000
年折旧费用减少额		
现有设备的折旧	2 200 000	
激光印刷机的折旧	1 300 000	900 000
缴纳所得税前预计收益增加额	3 400 000	
年缴纳所得税增加额（40%）	1 360 000	
年净收益预计增加额	2 040 000	
年净现金流量预计增加额（2 500 000−1 360 000）	1 140 000	

唐刚是美多印刷公司的一位董事，提出了自己的看法："这些预计数字看上去不错，但现在问题是要使用新的激光印刷机，我们就得出售现在使用的旧设备，我们是否应考虑一下公司因此而蒙受的损失呢？既然现在发明了激光印刷机，我怀疑我们的旧设备能卖上多少钱。"为了回答唐刚先生的质疑，苏同又给出了以下资料来说明出售现存旧设备可能会发生的损失。

现存旧设备的账面价值	2 200 000
预计市场价格（扣除清理费用的净值）	200 000
缴纳所得税前预计出售损失	2 000 000
作为损失抵减本年度所得税税额（40%）	800 000
出售现有设备的净损失（考虑节税后）	1 200 000

唐刚禁不住叫起来，"我的上帝，我们的损失竟然跟激光印刷机的成本差不多，激光印刷机的成本是 130 万元，加上这 120 万元的损失，那么如果我们要使用新设备就得投入 250 万元。130 万元的成本我们还可以接受，但 250 万元无论如何也不行。"

思考题：

1. 对美多印刷公司来说，使用激光印刷机的成本是否如唐刚所说的是 250 万元？

2. 计算出售现有设备、购买激光印刷机这一方案的净现值，假设要求的年投资报酬率为 15%。在计算时，有关现金流量的时间假设如下：

① 年初用现金购买激光印刷机；

② 年初出售现有设备并马上收到现金；

③ 出售现有设备带来的所得税利益在年末实现；

④ 以后 10 年每年的净现金流量视为在年末收到。

3. 美多公司该如何决策？

案例二　固特异轮胎公司的投资项目

固特异轮胎公司经过长期细致的研发工作，研制出了一种新轮胎——"超级胎面"，现需要对生产和销售"超级胎面"的投资必要性进行决策。

这种新型轮胎除了能用于一般的快车道外，对行驶于湿滑路面和野地也非常合适。到目前为止，该公司为研制"超级胎面"已花费了 1 000 万美元的研发成本，此后，又花费了 500 万美元的市场调研费用，得出了这样一个结论："超级胎面"牌轮胎有相当大的市场，上市后至少可在市场销售 4 年。

固特异轮胎公司需要马上投资 12 000 万美元购买生产设备以制造"超级胎面"，初始营运成本需求为 1 100 万美元，此后的净营运资本需求为销售额的 15%。此设备预计有 7 年的使用寿命，第 4 年末时可以 5 142.85 万美元出售，固特异公司打算在以下两类市场上销售"超级胎面"。

一是初级设备制造商（OEM）市场。OEM 市场包括为新车购买轮胎的主要大汽车公司（如通用汽车公司），在 OEM 市场上，"超级胎面"预计能以 36 美元/只的价格出售，生产轮胎的变动成本为 18 美元/只。

二是更换市场。更换市场包括所有汽车出厂后购买的轮胎，这个市场上的利润率较高，估计售价为 59 美元/只，变动成本与 OEM 市场相同。

汽车行业分析家预测汽车制造商今年将生产出 200 万辆新车，此后产量以每年 2.5% 的速度增长，每辆新车需要 4 只轮胎，固特异公司能占有 11% 的 OEM 市场。

行业分析家预测更换轮胎市场今年的规模为 1 400 万只，且每年将增长 2%，固特异轮胎公司期望能占有该市场 8% 的份额。

固特异轮胎公司打算以高于通货膨胀率 1% 的速度提高价格，可变成本也以同样的速度增加。另外，"超级胎面"项目第 1 年将发生 2 500 万美元的销售和管理费用（在以后年份将以通货膨胀率的速度增加）。

固特异轮胎公司的所得税税率为 40%，年通货膨胀率预计保持在 3.25%。公司使用 16% 的折现率来评价新产品决策，假设采用直线法折旧，期末无残值。

思考题：

假设你是固特异轮胎公司的财务分析师，运用所学的有关知识，对"超级胎面"项目进行评估并提供一份进行投资的建议书。

第 8 章

证券投资管理

学习目标

　　通过本章的学习，了解证券投资的概念、特点、分类及面临的风险；熟悉债券、股票、基金及权证与可转换公司债券的含义、特点和基本分类；掌握债券、股票、基金、认股权证、可转换公司债券的估价方法及投资收益率的计算方法。

8.1　证券投资概述

　　投资是经济学的一个重要范畴，其包含两层含义：一层含义是指投资主体为了在未来获得经济效益或社会效益而进行的实物资产的投资，如购建厂房、机器设备等，这也是人们通常所说的"直接投资"；另一层含义是指企业或个人用其积累起来的货币购买股票、债券、基金等有价证券，借以获得收益的一种投资行为，人们将这种行为称作"间接投资"。在我国，一般人们所讲的"投资"指的都是第一层含义，如果专门指第二层含义，人们习惯将"投资"一词前冠以"证券"二字，称为"证券投资"。

8.1.1　证券投资的特点与目的

1. 证券投资的特点

　　无论是实物资产投资，还是证券投资，都是以盈利为目的，即都以投资的盈利性与风险性相比较为基础进行决策。但由于投资对象不同，决定了两者具有完全不同的特点。证券投资与实物资产投资相比，具有以下特点。

　　1）可分割性

　　实物资产投资具有整体性要求，亦即投资者不可能建造 1/2 的厂房，购买 2/3 台设备，或准备生产经营活动所需的 1/2 的存货，否则企业正常的生产经营活动就会受到影响。而证券投资则具有可分割的特点，具体表现在：任何一个证券发行公司都将其总股本按等额的形式划分为若干份股份，由此决定了任何一个投资者都可以根据自己的意愿购买一定百分比的股份，而不必一定要百分之百地持股。由此，在对证券投资的效益进行分析时，不必考虑规模经济问题。

　　2）流动性

　　投资者若将资金投资于实物资产，则这些资金将在较长的时期内受到束缚而不能流动。

无论是固定资产上的投资还是存货、应收账款等流动资产上的投资，都有一个回收期或周转期。固定资产上的投资只有经过一定时期投资收回后才能周转使用。但在现代市场经济中，金融市场高度发达，金融资产上的投资，可以不受时间的约束。绝大部分金融证券，不论其期限如何，投资者随时都可以根据自身的意愿通过证券市场将其购入或出售，具有较高的流动性。因此，进行证券上的投资可以不必考虑时间因素。

3）相容性

投资者不可能同时投资于各投资项目，而必须借助于净现值、内部收益率等经济评价指标对各投资项目进行优化选择。然而，证券资产具有的可分割性决定了证券具有相容性，即投资者可以同时购买几种或多种金融证券，而不必依据个别证券的净现值和内部收益率进行择优决策。故证券投资可以不必关心投资额的大小问题。

由此可见，证券投资中现金流量的时间因素和数量因素并不重要，重要的是各证券之间的相关性和风险、报酬及其相互关系问题，企业可以依据风险-报酬的比较，实现证券投资的优化选择。

2. 证券投资的目的

企业进行证券投资的目的主要有以下几个方面。

1）暂时存放闲置资金

企业一般都持有一定量的有价证券，以替代较大量的盈利性较差的现金余额，并在现金流出大于现金流入时将其售出，以增加现金。证券投资在多数情况下都是出于预防的动机，因为大多数企业都依赖银行信用来应付短期交易对现金的需要，但银行信用有时是不可靠的或不稳定的，所以必须持有有价证券以防银行信用的短缺。

2）与筹集长期资金相配合

处于成长期或扩张期的公司一般每隔一段时间就会发行长期证券（股票或公司债券）。但发行长期证券所获得的资金一般并不一次用完，而是逐渐、分次使用。这样，暂时不用的资金可投资于有价证券，以获取一定收益，而当企业进行投资需要资金时，则可出售有价证券，以获得现金。

3）满足未来的财务需求

假如企业在不久的将来有一笔现金需求，如建一座厂房或归还到期债务，则将现有现金投资于证券，以便到时售出，满足所需要的现金需求。

4）满足季节性经营对现金的需求

从事季节性经营的公司在一年内的某些月份有剩余现金，而在另几个月则会出现现金短缺，这些公司通常在现金有剩余时购入证券，而在现金短缺时出售证券。

5）获得对相关企业的控制权

有些企业往往从战略上考虑要控制另外一些企业，这可以通过股票投资实现。例如，一家汽车制造企业欲控制一家钢铁企业以便获得稳定的材料供应，这时便可动用一定资金来购买钢铁企业的股票，直到其所拥有的股权能控制这家钢铁企业为止。

8.1.2 证券投资的种类

金融市场上的证券很多，证券投资按其投资的对象不同，可分为以下几种。

1. 债券投资

债券投资是指投资者购买债券以取得资金收益的一种投资活动。企业将资金投向各种各样的债券，如企业购买国库券、公司债券和短期筹资券等都属于债券投资。与股票投资相比，债券投资能获得稳定收益，投资风险较低。当然，也应看到，投资于一些期限长、信用等级低的债券，也会承担较大风险。与股票投资相比，债券投资的风险较小，相应地，其收益也比较低。

根据债券的发行主体不同，债券分为政府债券、金融债券和企业债券。从投资风险和收益的角度来看，政府债券的风险较小，金融债券次之，企业债券的风险视企业的规模、财务状况和其他情况而定。

2. 股票投资

股票投资是指投资者将资金投向股票，通过股票买卖获取收益的投资行为。企业将资金投向优先股、普通股都属于股票投资。企业投资于股票，尤其是投资于普通股票，要承担较大风险，但在通常情况下，也会取得较高收益。根据股票的性质不同，股票投资可分为优先股股票投资和普通股股票投资。

3. 基金投资

基金投资是指投资者通过购买基金股份或受益凭证来获取收益的投资方式。这种方式可使投资者享受专家服务，有利于分散风险，获得较大的投资收益。

4. 期货投资

期货投资是指投资者通过买卖期货合约躲避价格风险或赚取利润的一种投资方式。所谓期货合约，是指为在将来一定时期以指定价格买卖一定数量和质量的商品而由商品交易所制定的统一的标准合约，它是确定期货交易关系的一种契约，是期货市场的交易对象。期货投资可以分为商品期货投资和金融期货投资。

一般来讲，期货投资有两种方式：一是套期交易，也称套期保值；二是投机性交易。随着商品经济的发展，期货投资已成为一种重要的投资方式，并在许多国家和地区得到了普遍、迅速的发展。与其他投资方式相比，期货投资具有以下一些特点：① 期货投资采取交纳保证金的形式，所需资金少、见效快、方便灵活；② 期货投资的对象是标准期货合约，对于交易商品的质量和数量、交易地点、方式、环境等都有严格的限制；③ 期货投资在多数情况下根本无须进行商品的实际交割，而是经过"对冲"，进行差额结算；④ 期货投资可以转移价格波动的风险，起到套期保值的作用，并有利于推动市场竞争，形成商品价格；⑤ 期货投资具有较大的投机性，且易发生欺诈行为，因此受到严格的法律和规则限制。

5. 期权投资

期权投资是指为了实现盈利的目的或避免风险而进行期权买卖的一种投资方式。根据期权买进卖出的性质划分，期权投资可分为看涨期权投资、看跌期权投资和双向期权投资；根据期权合同买卖的对象划分，期权投资又可分为商品期权投资、股票期权投资、债券期权投资、期货期权投资等。

期权投资与期货投资作为投资方式，在交易投资方法、特点与作用上都有着许多相似之处，如两者都有套期交易方式和投机性交易方式；都具有套期保值和价格发现的作用等。然而期权投资同期货投资相比，还具有一些自身的特点：① 期权投资买卖的是一种特殊权利，而不必一定履行合同。投资者在支付期权费、购买期权合同之后，便获得了买或卖的选择权，即可自行决定是否行使该项权利；② 期权投资的风险小于期货投资，期权投资者的损失仅限于期权费；③ 期权投资可在交易所内进行，也可在场外进行；④ 由于期权合同投资者可以放弃权利，因此其需要真正进行商品交割的比例更低；⑤ 期权投资可以双向操作，因此其规避风险的范围比期货投资更广泛。

8.1.3　证券投资的风险

证券投资风险按风险性质分为系统风险和非系统风险两大类别。

1. 系统风险

系统风险也称为不可分散风险、市场风险，是由于外部经济环境因素变化引起整个金融市场的不确定性，从而对市场上所有证券都产生影响的共同性风险。系统风险主要包括以下几种。

1）利率风险

由于利率变动而引起金融资产价格波动，致使投资人遭受损失的风险，叫利率风险。由于证券价格会随市场利率的变动而变动，一般而言，银行利率下降，证券价格上升；银行利率上升，证券价格下跌。即使没有违约风险的国库券，也会有利率风险。不同期限的证券，利率风险不一样，期限越长，风险越大。

【例8-1】某公司20×4年按面值购进国库券50万元，票面利率为8%，三年期。购进后一年，市场利率上升到9%，则一年后这批国库券的价格下降到约52.18万元，损失1.82万元。

$$国库券到期值 = 50 \times (1 + 3 \times 8\%) = 62(万元)$$

$$一年后的现值 = \frac{62}{(1+9\%)^2} = 52.18(万元)$$

$$一年后的本利和 = 50 \times (1 + 8\%) = 54(万元)$$

$$损失 = 54 - 52.18 = 1.82(万元)$$

上述债券的到期时间越长，利率风险越大，但长期债券的利率一般比短期债券的高。减少利率风险的办法是分散债券的到期日。

2）再投资风险

再投资风险是指由于货币市场利率下降导致投资者今后进行再投资时遭受损失的可能性。根据流动性偏好理论，长期投资的收益率应当高于短期投资的收益率。为了避免市场利率变动的风险，投资者可能会投资于短期证券，但短期证券又会面临着市场利率下降的再投资风险，即无法按预定收益率进行再投资而实现所要求的预期收益。例如，长期债券的利率为10%，短期债券的利率为8%，某投资者为减少利率风险买了短期债券。在短期债券到期收回现金时，如果利率降到7%，这种情况下，购买短期债券就不如购买长期债券获取的收益高。为了弥补再投资风险，该投资者将不得不寻找报酬率高于7%的投资机会。

3）通货膨胀风险

通货膨胀风险也叫购买力风险，是指因通货膨胀而导致证券市场价格波动，投资者本金与收益发生贬值损失的可能性。例如，债券投资的收益率有名义收益率和实际收益率之分，在通货膨胀比较严重的情况下，实际收益率会低于名义收益率，因为这时的名义收益率中包含通货膨胀因素，所以在计算实际收益率时应剔除通货膨胀因素。一般而言，在通货膨胀情况下，固定收益证券要比变动收益证券承受更大的通货膨胀风险。由于可以减少通货膨胀损失，普通股票被认为能够比公司债券和其他有固定收入的证券更好地避免购买力风险。

2. 非系统风险

非系统风险也称为可分散风险、公司特有风险，是由于特定经营环境或特定事件变化引起的不确定性，从而对个别证券产生影响的特有性风险。主要包括以下几种。

1）违约风险

证券发行人无法按期支付利息或偿还本金的风险，称为违约风险。导致发行人违约的原因有以下几个方面：① 政治、经济形势发生重大变动；② 发生自然灾害，如水灾、火灾等；③ 企业经营管理不善、成本高、浪费大；④ 企业在市场竞争中失败，主要顾客消失；⑤ 企业财务管理失误，不能及时清偿到期债务。一般而言，政府发行的证券，违约风险较小；金融机构发行的证券，违约风险次之；工商企业发行的证券，违约风险较大。避免违约风险的方法是不买质量差的证券。

案例链接

华盛顿公共能源公司债券违约

1983 年 7 月 23 日，华盛顿公共能源公司未能支付 20 亿元的债券，构成违约。至今为止，它是历史上最大的一笔市政债券违约。该违约案件与两个未建成的核电站项目有关，一些财务问题使得该项目被迫取消，并最终导致债券违约。

尽管华盛顿公共能源公司违约前社会上已有一些传闻，但当公司发布其违约消息时还是震惊了公众。违约使得该公司债券价格急剧下降，几周之内，债券的交易价格从 1 美元下降到 8.5 美分。同时，代表债券投资者的违约诉讼也相继涌现。大约在 5 年以后，也就是 1988 年年底，原告与被告（华盛顿州、100 多家公共企业、工厂建造合同商及一些债券发行公司）之间达成初步的协议，由被告向原告支付 7.5 亿美元。联邦法庭同意将这些资金逐年返还给个人债券持有者，最终期限为 1992 年。对于债券持有人而言，每 1 美元也仅仅返还了 45 美分，所获赔偿金不到债券面值的一半，违约使投资者付出了惨重的代价。

2）流动性风险

流动性风险是指证券能否顺利地按目前合理的市场价格出售的风险。这就是说，如果投资者遇到另一个更好的投资机会，想出售目前持有的证券以便进行再投资，但短期内找不到合适的买主按合理的价格将证券出售，该投资者不是丧失投资机会就是蒙受降价损失，则说明该证券的流动性差，流动性风险也较大。相反，如果投资者能够在短期内顺利地将所持有证券按合理的价格出售，则说明该债券的流动性强，流动性风险也小。例如，购买小公司的债券，想立即出售比较困难，因而流动性风险较大，但若购买国库券，几乎可以立即出售，则流动性风险小。

3）破产风险

破产风险是指在证券发行者破产清算时，投资者无法收回应得权益的风险。当证券发行者由于经营管理不善而持续亏损、现金周转不畅而无力清偿债务或其他原因导致难以持续经营时，他可能会申请破产保护。破产保护会导致债务清偿的豁免，使投资者无法取得应得的投资收益，甚至无法收回投资的本金。

8.1.4　证券的投资价格和收益率

证券本身并没有任何使用价值，也没有真正的价值，它只是表示因资本的供求关系而产生的一种权利。这种权利可以给投资者带来收益，因而权利可以在证券市场上进行买卖并形成一定的价格，从而也使它具有了投资价值。

有价证券的价格主要取决于证券预期的收入量和当时银行存款利率这两个因素，它同前者成正比，同后者成反比。同时，证券价格又强烈地受到市场上证券供求关系的影响。

从投资人的角度看，投资者的收益是让渡一定资产使用权获得的报酬。证券投资收益包括证券交易现价与原价的价差及定期的股利或利息收益。收益的高低是影响证券投资的主要因素。

8.1.5　证券投资的程序

多数企业的证券投资由企业财务部门设置相应机构进行操作，具体步骤包括证券投资的分析与选择，开户与买卖委托，成交、清算、交割、交收与过户等一系列程序。

1. 证券投资的分析与选择

证券投资的分析与选择是指业务人员在进行证券投资时，首先要对各种可选证券加以分析并做出投资时机和投资对象的合理确定。这也是证券投资能否达到预期目的的关键。证券投资分析的核心是证券价格的变动。价格的变化受多种因素的制约和影响，包括宏观经济的高涨和衰退、行业的景气和循环、发行者的经营业绩、政府的金融政策、税收政策与投资者的预期等。这就要求企业的相关人员充分收集有关情报和信息，对上述各种影响因素加以正确分析，从而做出证券价格走势及参与证券投资时机的选择，并形成证券投资组合。投资后，还必须对证券投资组合进行经常性的检查和分析，随时做出对各种证券买进和卖出的决策。

2. 开户与买卖委托

当投资者不能直接进入证券交易所买卖证券时，只能委托证券经纪人代理证券的买卖事项。在代理买卖之前，企业要在交易所的任何一家会员公司办理登记，并开立资金账户和证券账户，从而确定企业与证券经纪公司的委托代理关系。具体的委托方式多种多样，但无论采取何种方式，都必须明确指示经纪人买进或卖出证券的名称与数量、委托价格等事项。证券经纪人在其营业所内接受客户的买卖委托后，经过验证、审单、查验资金及证券后，将投资者委托指令报盘证券交易所主机。

3. 成交、清算、交割、交收与过户

目前，深、沪两个交易所采取计算机终端申报竞价方式。证券商接受投资者的买卖委托后，经过对委托指令的核查，依序将各种买卖指令通过其与证券交易所联网的交易系统传输至证券交易所的计算机交易主机，证券交易所交易主机接到买卖申报指令后，自由撮合系统按照价格优先、时间优先的原则排列申报买卖的价格和数量，并按申报要求进行自动配对，撮合成交。投资者可通过自己的账户来查询是否成交。一旦买卖成交，就要办理证券交割与资金交收。所谓证券交割与资金交收，是指买入证券方交付价款领取证券，卖出证券收取价款的收交活动。目前的证券交易多采用计算机联网系统，所以证券的交割时间较短，一般在证券成交的第二个工作日即办理证券交割。对于记名证券，还需要办理证券的过户手续，只有在过户以后，证券交易的整个过程才算是最终结束。目前，证券交易的清算、交割、交收、过户手续，全部由中国证券登记结算公司统一办理，交易之后便会自动实现，不需要投资者亲自到各个股票发行公司去办理。

8.2　债 券 投 资

债券投资是企业通过购入债券成为债券发行单位的债权人，并获取债券利息的投资行为。这种投资行为既可以在一级市场（发行市场）上进行，也可以在二级市场（交易市场）上进行；既可用于长期债券投资，又可用于短期债券投资。企业进行短期债券投资的目的是合理利用暂时的闲置资金，调节现金余缺，获得收益。企业进行长期债券投资的目的是获得稳定的收益。

8.2.1　债券投资的特点

债券投资相对于股票投资而言，具有以下特点。

（1）债券投资属于债权性投资。虽然债券投资、股票投资都属于证券投资，但投资的性质不同：债券投资属于债权性投资，债券持有人作为发行公司的债权人，可以定期获取利息并到期收回本金，但无权参与公司的经营管理；股票投资属于股权性投资，股票持有人作为发行公司的股东，有权参与公司的经营管理。因此，债券体现债权、债务关系，股票体现所有权关系。

（2）债券投资的风险较小。债券具有规定的还本付息日，其求偿权位于股东之前，因此债券投资到期能够收回本金（或部分本金），其风险比股票投资小。特别是政府发行的债券，由于有国家财力作后盾，其本金的安全性非常高，通常视为无风险证券。

（3）债券投资的收益较稳定。债券投资的收益是按票面金额和票面利率计算的利息收入及债券转让的价差，与发行公司的经营状况无关，因而其投资的收益比较稳定。

（4）债券价格的波动性较小。债券的市场价格尽管有一定的波动性，但由于前述原因，债券的价格毕竟不会偏离其价值太多，其波动性相对较小。

（5）市场流动性好。许多债券如政府及大企业发行的债券，一般都可在金融市场上迅速出售，具有较好的流动性。

8.2.2　债券的估价

投资者在进行债券投资时，首先遇到的问题就是所选择的债券价值是多少、是否值得投资。债券估价就是对债券的价值进行估算。任何一种金融工具的理论价值都等于这种金融工具能为投资者提供的未来现金流量的现值，债券价值实际表达了投资者为了获取投资收益目前愿意支付的价格，如果实际成交的价格低于或等于债券的价值，投资该债券就达到了投资者所要求的投资收益率。

债券价值因计息方法的不同，可以有以下几种计算方法。

1. 债券估价的基本模型

典型的债券是固定利率、每年计算并支付利息、到期归还本金。按照这种模式，债券估价的基本模型为

$$V=\frac{I_1}{(1+i)}+\frac{I_2}{(1+i)^2}+\cdots+\frac{I_n}{(1+i)^n}+\frac{M}{(1+i)^n}=$$

$$\sum_{t=1}^{n}\frac{I}{(1+i)^t}+\frac{M}{(1+i)^n}=$$

$$I(P/A, i, n)+M(P/F, i, n)$$

式中：V——债券的内在价值；

M——债券面值；

I——债券每年的利息；

i——市场利率或投资者要求的必要收益率；

n——付息总期数。

【例8-2】 某债券面值为 1 000 元，票面利率为 8%，期限为 5 年。某企业拟对该债券进行投资，要求的必要收益率为 10%，问该债券价值为多少？

$$V=1\ 000×8\%×(P/A, 10\%, 5)+1\ 000×(P/F, 10\%, 5)=$$
$$80×3.790\ 8+1\ 000×0.620\ 9≈924.16(元)$$

即这种债券的价格必须低于或等于 924.16 元时，该企业才可以购买。

2. 到期一次还本付息且不计复利债券估价的模型

这种债券平时不支付利息，到期一次支付本金和利息且不计复利。其估价的计算公式为

$$V=\frac{M+M\cdot i\cdot n}{(1+i)^n}=(M+I×n)×(P/F, i, n)$$

式中符号含义同前式。

【例8-3】 某企业拟购买另一企业发行的债券，该债券面值为 1 000 元，期限 3 年，票面利率为 9%，到期一次还本付息。目前的市场利率为 7%，该债券的投资价值应为多少？

$$V=(1\ 000+1\ 000×9\%×3)×(P/F, 7\%, 3)=$$
$$1\ 270×0.816\ 3≈1\ 036.70(元)$$

即该债券的投资价值应低于或等于 1 036.70 元。

3. 贴现债券的估价模型

有些债券低于面值发行且没有票面利率，到期按面值偿还，称为贴现债券。其估价模型为

$$V=\frac{M}{(1+i)^n}=M×(P/F, i, n)$$

式中的符号含义同前式。

【例8-4】某债券面值为 1 000 元，期限为 4 年，以贴现方式发行，期内不计利息，到期按面值偿还，当前的市场利率为 10%，其发行价格为多少时，投资者才可以购买？

$$V = 1\,000 \times (P/F,\ 10\%,\ 4) = 1\,000 \times 0.683\,0 = 683(元)$$

即该债券的发行价格只有低于或等于 683 元时，投资者才能购买。

以上计算表明，债券价值的变化是由于其现值取决于当前的市场利率。在现金流量固定的情况下，当市场利率等于票面利率时，债券的价值等于其面值；当市场利率高于票面利率时，债券价值将低于其面值，并且随着市场利率的增加，债券价值将不断降低；当市场利率低于票面利率时，债券将增值，其价值将高于其面值，并且随着市场利率的降低，债券价值将不断增加。

8.2.3　债券的投资收益

投资债券的目的是到期收回本金的同时得到固定的利息。债券的收益水平通常用到期收益率来衡量。到期收益率是指以特定价格购买债券并持有到到期日所能获得的收益率。债券的收益率包含两部分：一是债券的年利息收入，这是债券发行时就决定的。一般情况下，债券利息收入不会改变，投资者在购买债券前就可得知。二是资本利得，即买入价与卖出价的差额，投资者很难在投资前做出准确预测。当然有时候也表现为资本损失。具体而言，债券的收益率是使未来现金流入等于债券购入价格的折现率。

1. 每年计息、到期还本债券的投资收益率

计算到期收益率的方法是求解含有贴现率的方程，即

现金流出＝现金流入的现值

购进价格＝每年利息×年金现值系数＋面值×复利现值系数

$$P = I(P/A,\ R,\ n) + M(P/F,\ R,\ n)$$

式中：P——债券的购买价格；

　　　R——债券到期收益率。

【例8-5】某公司 20×5 年 2 月 1 日平价购买了一张面值为 1 000 元的债券，其票面利率为 8%，每年 2 月 1 日计算并支付一次利息，并于 5 年后的 1 月 31 日到期。公司打算持有该债券至到期日，计算该债券的到期收益率。

$$1\,000 = 1\,000 \times 8\% \times (P/A,\ R,\ 5) + 1\,000 \times (P/F,\ R,\ 5)$$

求解该方程要用逐步测试法。

用 R=8% 试算：

$$80 \times (P/A,\ 8\%,\ 5) + 1\,000 \times (P/F,\ 8\%,\ 5) =$$
$$80 \times 3.992\,7 + 1\,000 \times 0.680\,6 = 1\,000(元)$$

可见，购买平价发行债券的到期收益率等于票面利率。

接上例，如果购买债券的价格为 1 105 元，则

$$1\ 105 = 1\ 000 \times 8\% \times (P/A, R, 5) + 1\ 000 \times (P/F, R, 5)$$

通过前面试算已知，$i = 8\%$ 时等式右边为 1 000 元，小于 1 105 元，可判断收益率低于 8%，降低贴现率进一步试算。

用 $R = 6\%$ 试算：

$$1\ 000 \times 8\% \times (P/A, 6\%, 5) + 1\ 000 \times (P/F, 6\%, 5) =$$
$$80 \times 4.212\ 4 + 1\ 000 \times 0.747\ 3 \approx 1\ 084.29 (元)$$

由于计算结果仍然小于 1 105 元，还应进一步降低贴现率。

用 $R = 4\%$ 试算：

$$1\ 000 \times 8\% \times (P/A, 4\%, 5) + 1\ 000 \times (P/F, 4\%, 5) =$$
$$80 \times 4.451\ 8 + 1\ 000 \times 0.821\ 9 \approx 1\ 178.04 (元)$$

计算结果大于 1 105 元，可以判断，其收益率应该在 4%~5% 之间。用插值法计算债券的收益率：

$$R = 4\% + \frac{1\ 178.04 - 1\ 105}{1\ 178.04 - 1\ 084.29} \times (6\% - 4\%) \approx 5.56\%$$

以上使用逐步测试法计算收益率比较麻烦，也可用下面的简便算法求得近似结果：

$$R = \frac{I + (M - P)/n}{(M + P)/2} \times 100\%$$

式中：P——债券购买价格；

M——债券面值；

I——每年的利息；

n——付息总期数。

式中的分母是平均的资金占用，分子是每年平均收益。在例 8-5 中，如果购买债券的价格为 1 105 元，将有关数据代入公式：

$$P = \frac{80 + (1\ 000 - 1\ 105)/5}{(1\ 000 + 1\ 105)/2} \times 100\% = 5.6\%$$

以上计算表明，如果债券的买价和面值不相等，那么债券的到期收益率与票面利率就不同。

2. 贴现债券的投资收益率

贴现债券无票面利率，购买价格与票面面值的差价就是债券的利息。

购进价格=面值×复利现值系数

$$P = M(P/F, R, n)$$

【例 8-6】某贴现债券面值为 1 000 元，20×5 年 6 月 1 日发行，期限 3 年，发行价格为 816 元，要求计算该债券的到期收益率。

$$816 = 1\ 000 \times (P/F, R, 3)$$
$$(P/F, R, 3) = 0.816$$

查表求得：$R = 7\%$。

思考：到期一次还本付息且不计复利债券的投资收益率如何计算？

8.3　股　票　投　资

股票是股份公司发行的，表示其股东按其持有的股份享受权益和承担义务的可转让的书面凭证。股票作为股份公司的股份证明，表示其持有者在公司的地位与权利，股票持有者即为公司的股东。股票投资的目的主要有两种：一是获利，即作为一般的证券投资，获取股利收入及股票买卖差价；二是控股，即通过购买某企业的大量股票达到控制该企业的目的。

8.3.1　股票投资的特点

股票投资相对于债券投资而言，具有以下特点。

1. 股票投资是股权性投资

股票投资与债券投资虽然都是证券投资，但投资的性质不同：股票投资属于股权性投资，股票是代表所有权的凭证，持有人作为发行公司的股东，有权参与公司的经营决策；而债券投资属于债权性投资，债券是代表债权债务的凭证，持有人作为发行公司的债权人，可以定期获取利息，但无权参与公司的经营决策。

2. 股票投资的风险大

投资者购买股票之后，不能要求股份公司偿还本金，只能在证券市场上转让。所以股票投资者至少面临两方面的风险：一是股票发行公司经营不善所形成的风险。如果公司经营状况较好，盈利能力强，则股票投资者的收益就多；如果公司的经营状况不佳，发生了亏损，就可能没有收益；如果公司破产，由于股东的求偿权位于债权人之后，所以股东可能部分甚至全部不能收回投资。二是股票市场价格变动所形成的价差损失风险。股票价格的高低，除了取决于公司经营状况外，还受政治、经济、社会等多种因素的影响，因而股票价格经常处于变动之中，其变动幅度往往高于债券价格的变动幅度。股票价格的变动既能为股东带来价格上升的收益，也会带来价格下跌的损失。

3. 股票投资的收益较高

由于投资的高风险性，股票作为一种收益不固定的证券，其收益一般高于债券。股票投资收益的高低，取决于公司盈利水平和整体经济环境的好坏。当公司经营状况好、盈利水平高而社会经济发展繁荣稳定时，股东既可以从发行公司领取高额股利，又可因股票升值获取转让收益。

4. 股票投资的收益不稳定

股票投资的收益主要是公司发放的股利和股票转让的价差收益，相对债券而言，其稳定性较差。股票股利直接与公司的经营状况相关，公司盈利多，就可能多发股利，公司盈利少，就可能少发或不发股利；股票转让的价差收益主要取决于股票市场的行情，股市行情好，出售股票就可以得到较大的价差收益，股市低迷时，出售股票将会遭受损失。

5. 股票价格的波动性大

通常股票是有票面价格的，但股票的买卖价格一般与股票的票面价格不一致。股票价格既受发行公司经营状况影响，又受股市投机等因素的影响，波动性极大。这就决定了不宜冒险的资金最好不要用于股票投资，而应选择风险较小的债券投资。

8.3.2 股票的估价

股票估价实际上是对股票内在价值或投资价值进行的评估。任何一种金融工具的内在价值都等于这种金融工具能为投资者提供的未来现金流量的现值。股票内在价值是指股票某一时刻的真正价值，是股票未来现金流入（收益）的现值，它是股票的真实价值，也是股票的投资价值。股票的未来现金流入包括两部分：每期预期股利与出售时得到的收入。股票的内在价值由一系列股利和将来出售时售价的现值所构成。股票股利与股票价值受多种因素的影响，比如公司的财务状况、盈利能力、成长性等，都对股票股利、股票价值有着举足轻重的作用。考虑到以上因素，实务中形成了以下几种常用的股票估价方法，这些都是以期望股利为基础的股票价值。

1. 股票估价的基本模型

在一般情况下，投资者投资于股票，不仅希望得到股利收入，还希望在股票价格较高时抛出以获取价差收入。因此，股票带给投资者的现金流入包括两部分：股利收入和出售时的售价。股票的内在价值由一系列的股利和将来出售股票时售价的现值所构成。股票的价值为

$$V = \frac{D_1}{(1+R_S)} + \frac{D_2}{(1+R_S)^2} + \cdots + \frac{D_n}{(1+R_S)^n} + \frac{P_n}{(1+R_S)^n} = \sum_{t=1}^{n} \frac{D_t}{(1+R_S)^t} + \frac{P_n}{(1+R_S)^n}$$

式中：V——股票的内在价值（理论价值）；

P_n——未来出售时预计的股票价格；

R_S——投资者需求的必要报酬率；

D_t——第 t 期的预期股利；

n——预计持有股票的期数。

如果股东永远持有股票，他只获得股利，股利是一个永续的现金流入。这个现金流入的现值就是股票的价值：

$$V = \frac{D_1}{(1+R_S)} + \frac{D_2}{(1+R_S)^2} + \cdots + \frac{D_n}{(1+R_S)^n} = \sum_{t=1}^{n} \frac{D_t}{(1+R_S)^t}$$

【例8-7】现在市场上有一种股票，预计年股利为 3 元/股，预计一年后的市价为 38 元/股，投资者要求的必要报酬率为 10%，试计算该股票的投资价值。

$$V = \frac{3}{1+10\%} + \frac{38}{1+10\%} = 37.27(元)$$

即该股票的价格只有低于或等于 37.27 元时，投资者才可以购买。

$V = \sum_{t=1}^{n} \frac{D_t}{(1+R_S)^t}$ 是股票估价的一般模型，它在实际应用时，面临的主要问题是如何预计未来每年的股利。D_t 可随意变化：它可以升降、大幅度变动甚至等于零，但是该等式仍然有效。

2. 长期持有、股利固定成长的股票价值

企业的股利不应当是固定不变的，但是在很多情况下，股利是以固定的比率增长。各公司的成长率不同，但就其平均来说，应等于国民生产总值的成长率。如果一个公司的股利不断增长，投资人的投资期又非常长，则股票的估价就变得十分困难。为了简化计算，一般假定公司每年股息增长率为一确定值 g；D_0 为最近一次发放的股利，它已经支付；D_1 是第一次期望发放的股利，$D_1 = D_0 \times (1+g)^1$；依次类推，第 t 年的股利为：$D_t = D_0 \times (1+g)^t$。则股利固定增长股票内在价值的计算公式为

$$V = \frac{D_0 \times (1+g)^1}{(1+R_S)^1} + \frac{D_0 \times (1+g)^2}{(1+R_S)^2} + \cdots + \frac{D_0 \times (1+g)^n}{(1+R_S)^n} = \sum_{t=1}^{n} \frac{D_0 \times (1+g)^t}{(1+R_S)^t}$$

假定 $R_S > g$，上式两边同乘以 $(1+R_S)/(1+g)$，再减去上式得

$$\frac{V \times (1+R_S)}{(1+g)} - V = D_0 - \frac{D_0 \times (1+g)^n}{(1+R_S)^n}$$

由于 $R_S > g$，当 $n \to \infty$ 时：

$$\frac{D_0 \times (1+g)^n}{(1+R_S)^n} \to 0$$

所以

$$V = \frac{D_1}{R_S - g}$$

这就是常数增长型的戈登模型（Gordon model）。

【例8-8】某公司的股票为固定增长型股票，每年的股利增长率为 4%，刚发放的股利为每股 2 元，投资者的预期报酬率为 12%，则该股票的内在价值为

$$V = \frac{D_1}{R_S - g} = \frac{2 \times (1+4\%)}{12\% - 4\%} = 26(元)$$

即该公司股票的市场价格只有低于 26 元时，投资者购买该股票才有利。

应该指出的是，在现实生活中，并不存在严格的常数增长型股票，因为这里讨论的预期

股价和报酬率，往往和后来的实际发展有很大差别。而且计算过程中也未充分考虑未来的利率变化、整个股市兴衰等因素对股票价格的影响。但是并不能因此就否定预期和分析的必要性和有用性。许多市场分析人员相信，当从整体上考虑股票市场时，戈登模型是估计股票市场公平价格的一种有效方法。

3. 长期持有、股利固定不变的股票价值

在每年股利固定不变（即 $g=0$）、投资人持有时间很长的情况下，其股利的支付过程是一个永续年金，则股票价值的计算公式为

$$V = \frac{D}{R_S}$$

【例8-9】假定上例中的股票为长期持有且股利固定不变的股票，其投资价值应为

$$V = \frac{3}{10\%} = 30(元)$$

即在股票的价格低于或等于30元时购买，才能达到投资者要求的必要报酬率。

4. 非固定成长股票的价值

在现实生活中，有的公司的股利是不固定的。例如，在一段时间里高速成长，在另一段时间里正常固定成长或固定不变。在这种情况下，就要分段计算，才能确定股票的价值。

【例8-10】某投资者持有A公司的股票，他的投资最低报酬率为15%。预计A公司未来3年股利将高速增长，增长率为20%。在此以后转为正常增长，增长率为12%，公司最近支付的股利是2元。计算该公司股票的内在价值。

首先，计算非正常增长期的股利的现值，计算过程如表8-1所示。

表8-1　非正常增长期股利现值计算

年　次	股利（D_t）	现值系数（15%）	现　值
1	2×1.2=2.4	0.870	2.088
2	2.4×1.2=2.88	0.756	2.177
3	2.88×1.2=3.456	0.658	2.274
合　计			6.539

其次，计算第三年底的股票内在价值：

$$V_3 = \frac{D_4}{R_S - g} = \frac{D_3 \times (1+g)}{R_S - g} = \frac{3.456 \times (1+12\%)}{15\% - 12\%} = 129.02(元)$$

计算其现值：

$$129.02 \times (P/F, 15\%, 3) = 129.02 \times 0.6575 = 84.83(元)$$

最后，计算该股票的内在价值：

$$V = 6.539 + 84.83 = 91.432(元)$$

8.3.3　股票的投资收益

前面主要讨论如何估计股票的价值，以判断某种股票是否被市场高估或低估。那么，如果投资者欲以某一价格购买某股票，收益率是多少？股票的收益水平通常用期望收益率来衡量。股票收益是指投资者从购入股票开始到出售股票为止整个持有期间的收入。期望收益是由股息和资本利得两部分构成。股票收益主要取决于股份公司的经营业绩和股票市场的价格变化及公司的股利政策，但与投资者的经验与技巧也有一定关系。

期望收益率＝期望股利收益率＋期望增长率或资本利得收益率

1. 长期持有、股利固定成长的股票收益率

因为

$$V = \frac{D_1}{R_S - g}$$

所以

$$R_S = \frac{D_1}{P_0} + g$$

这个公式表明，股票的总收益率可以分为两个部分：第一部分是 D_1/P_0，叫作股利收益率，它是根据预期现金股利除以当前股价计算出来的；第二部分是增长率 g，叫作股利增长率。由于股利的增长速度也就是股价的增长速度，因此 g 可以解释为股价增长率或资本利得收益率。g 的数值可以根据公司的可持续增长率估计。P_0 为当前实际的股票价格或投资者购买的价格。V 是股票的内在价值或理论价值，是投资者对股票内在价值的估计值，V 可能不等于 P_0，但只有 V 大于或等于 P_0 时，投资者才会购买。

如例 8-8 中，股票的内在价值为 26 元，假如投资者以 26 元的价格买入该股票并期望一年后支付股利，$D_1 = 2 \times (1 + 4\%) = 2.08$，则期望收益率为 12%。

$$R_S = \frac{2.08}{26} + 4\% = 12\%$$

在这个等式中，R_S 是期望收益率，它包括期望股利收益率（2.08/26＝8%）和期望股利增长率或资本利得收益率（$g = 4\%$）。

假如投资者以低于 26 元的价格 20 元购买，那么期望收益率为 14.4%。

$$R_S = \frac{2.08}{20} + 4\% = 14.4\%$$

2. 长期持有、股利固定不变的股票收益率

因为

$$V = \frac{D}{R_S}$$

所以

$$R_S = \frac{D}{P_0}$$

如例 8-9 中，股票为长期持有且股利为 3 元/股固定不变的股票，其投资价值为 30 元。

当然市场上的股价不一定就是 30 元，还要看投资者对风险的态度，可能高于或低于 30 元。如果当时的市价为 25 元，每年固定股利为 3 元，则期望的投资收益率为 12%。

$$R_S = \frac{3}{25} = 12\%$$

案例链接

央视深入獐子岛　獐子岛事件成股市最大笑话

獐子岛事件引发广泛关注后，央视深入獐子岛调查，发现獐子岛扇贝之死并非如公告所称的天气原因，很有可能是人为造成的。

1. 獐子岛事件调查

狗年开工第一天，央视将炮火对准了獐子岛——一家两度上演扇贝跑了戏码的公司。第一次扇贝跑了，说是冷水团造成的；第二次跑了，说是天气造成的。两次爆雷，导致股价大跌，让不少投资者跟着遭殃。这也太离谱了！

这不，事件发生后，深交所连续追问，要求獐子岛对公众关注的疑点进行回应。目前，证监会也开始对獐子岛进行调查。獐子岛这一次能否全身而退尚未可知。

而与此同时，央视也将目光锁定在獐子岛身上。据央视的报道，獐子岛扇贝第一次大量死亡，原因是员工贪腐，投苗作假。当地居民因此事举报过獐子岛造假行为。扇贝第二次大量死亡；一是苗不好、投放之时已出现死亡；二是捕捞不当，破坏海底生态；三是捕捞过度，导致扇贝数量急剧减少。此外，獐子岛员工还存在监守自盗等现象。

值得注意的是，獐子岛披露扇贝异常死亡公告之前，股东精准减持。这不得不让人对信披时间点存疑。

2. 獐子岛股价狗年大涨

受扇贝事件所拖累，獐子岛股价暴跌。然而，让人意外的是，春节后第一天开盘，獐子岛收涨 8.82%，股价报 4.44 元/股。这么多人火中取栗，够胆量！

不过，受央视报道所影响，23 日开盘，獐子岛低开，截至发稿，股价报 4.36 元/股，下跌 1.8%。

8.4　基金投资

投资基金是一种利益共享、风险共担的集合证券投资方式，即通过发行基金股份或受益凭证等有价证券将众多投资者的资金集中起来，交由专业投资机构经营运作，谋求投资收益的证券投资工具。基金根据投资的对象可分为证券投资基金、产业投资基金、风险投资基金等，本节以证券投资基金为主。

8.4.1　投资基金的特点

证券投资基金是一种利益共享、风险共担的集合证券投资方式，即通过发行基金单位，集中投资者的资金，由基金托管人托管，由基金管理人管理和运用资金，从事股票、债券等金融工具投资。在我国，基金托管人必须由合格的商业银行担任，基金管理人必须由专业的基金管理公司担任，基金投资人享受证券投资基金的收益，也承担亏损的风险。证券投资基金的特点如下。

（1）证券投资基金是由专家运作、管理并专门投资于证券市场的基金。基金资产由专业的基金管理公司负责管理，基金管理公司配备了大量的有广博投资分析和投资组合理论知识与丰富投资经验的专家，同时基金管理公司拥有广泛、灵活的信息渠道，能够及时获取各种相关信息，从而使投资决策建立在充实、正确的信息基础上。因此，证券投资基金可使投资者享受专业的理财服务。

（2）证券投资基金是一种间接的证券投资方式。投资者是通过购买基金而间接投资于证券市场的。投资者直接投资股票、债券，属于直接证券投资；投资者若购买证券投资基金，则是由基金管理人来具体管理和运作基金资产，进行证券的买卖活动。因此，对投资者来说，证券投资基金是一种间接证券投资方式。

（3）证券投资基金具有组合投资、分散风险的好处。证券投资基金通过汇集众多中小投资者的小额资金，形成雄厚的资金实力。各国一般通过法律要求基金投资采取组合投资的策略，基金管理人会把投资者的资金分散投资于各种股票，使某些股票跌价造成的损失可以用其他股票涨价的盈利来弥补，分散了投资风险。因此，证券投资基金使小额投资者也能享受大额资金的规模优势，并且有效地将风险控制在较低的范围内。

（4）证券投资基金具有投资起点低的优点。在我国，每份基金单位面值为人民币 1 元，证券投资基金最低投资额一般较低，中小投资者入市的门槛低。

8.4.2　证券投资基金的种类

1. 根据组织形态的不同分类

1）契约型基金

契约型基金又称为信托型投资基金，是指把受益人（投资者）、管理人、托管人三者作为基金的当事人，由管理人与信托人通过签订信托契约的形式发行受益凭证而设立的一种基金。契约型基金是基于基金契约原理而组织起来的代理投资行为，通过信托契约来规范三方当事人的行为。基金管理人负责基金的管理操作；基金托管人作为基金资产的名义持有人，负责基金资产的保管和处置，对基金管理人的运作实行监督。

2）公司型基金

公司型基金是按照《公司法》，以公司形态组成的以盈利为目的投资公司，该公司以发行股份的方式募集资金，一般投资者购买该公司的股份即为认购基金，也就成为该公司的股东，凭其持有的基金份额依法享有投资收益。公司型基金的特点有以下两点。① 基金公司的设立程序类似于一般股份公司，基金公司本身依法注册为法人。但不同于一般股份公司的是，它是委托专业的基金管理公司来经营与管理。② 基金公司的组织结构与一般股份公司类似，设有董事会和持有人大会，基金资产由公司所有，投资者则是这家公司的股东，承担风险并通过持有人大会行使权利。

契约型基金与公司型基金的不同点有以下几个方面。① 资金的性质不同。契约型基金的资金是信托财产，公司型基金的资金为公司法人的资本。② 投资者的地位不同。契约型基金的投资者购买受益凭证后成为基金契约的当事人之一，即受益人；公司型基金的投资者购买基金公司的股票后成为该公司的股东，以股息或红利形式取得收益。因此，契约型基金的投资者没有管理基金资产的权利，而公司型基金的股东通过股东大会和董事会享有管理基金公司的权利。③ 基金的运营依据不同。契约型基金依据基金契约运营基金，公司型基金依据基金公司章程运营基金。

2. 根据变现方式及基金规模是否可变分类

1）封闭式基金

封闭式基金是指基金的发起人在设立基金时，限定了基金单位的发行总额，筹集到这个总额后，基金即宣告成立，并进行封闭，在一定时期内不再接受新的投资，也不允许投资者赎回基金份额，在整个存续期内，即基金从成立之日起到结束之日止的整个时间，基金规模保持不变。基金单位的流通则采取在交易所上市的办法，投资者以后要买卖基金单位都必须经过证券经纪商，在二级市场上进行竞价交易。

2）开放式基金

开放式基金是指基金发起人在设立基金时，基金单位的总数是不固定的，可视经营策略和发展需要追加发行。投资者也可根据市场状况和各自的投资决策，或者要求发行机构按现期净资产值扣除手续费后赎回股份或受益凭证，或者再买入股份或受益凭证，增加基金单位份额的持有比例。

封闭式基金与开放式基金的区别有以下几方面。① 期限不同。封闭式基金通常有固定的封闭期，而开放式基金没有固定期限，投资者可随时向基金管理人赎回。② 基金单位的发行规模要求不同。封闭式基金在招募说明书中列明其基金规模，开放式基金没有发行规模限制。③ 基金单位转让方式不同。封闭式基金的基金单位在封闭期限内不能要求基金公司赎回，只能寻求在证券交易场所出售或柜台市场上出售给第三者。开放式基金的投资者则可以在首次发行结束一段时间（多为 3 个月）后，随时向基金管理人或中介机构提出购买或赎回申请。④ 基金单位的交易价格计算标准不同，封闭式基金的买卖价格受市场供求关系的影响，并不必然反映公司的净资产值。开放式基金的交易价格则取决于基金的每单位资产净值的大小，其卖出价一般是基金单位资产净值加 5% 左右的首次购买费，买入价即赎回价，是基金券所代表的资产净值减去一定的赎回费，基本不受市场供求影响。⑤ 投资策略不同，封闭式基金的基金单位数不变，资本不会减少，因此基金可进行长期投资，基金资产的投资组合能有效地在预定计划内进行。开放式基金因基金单位可随时赎回，为应付投资者随时赎回兑现，基金资产不能全部用来投资，更不能把全部资本用来长线投资，必须保持基金资产的流动性，在投资组合上需保留一部分现金和可随时兑现的金融商品。

3. 根据投资对象的不同分类

1）股票型基金

股票型基金是所有基金品种中最为重要和流行的一种类型，是指以股票为主要投资对象的基金，其投资对象通常包括普通股和优先股，风险程度较个人直接投资股票低，但大于其他类型的基金。根据中国证监会的证券投资基金分类标准，60% 以上的基金资产投资于股票就界定为股票型基金，股票型基金风险高，潜在收益也高。

2）债券型基金

债券型基金是指基金管理公司为稳健型投资者设计的，以政府债券、市政公债、企业债券等各类债券为投资对象的基金。由于债券会承诺定期还本付息，因此债券型基金风险和收益水平通常比股票型基金低。根据中国证监会的证券投资基金类型分类标准，80%以上的基金资产投资于债券就为债券型基金。

3）货币市场基金

货币市场基金是以短期金融工具（货币市场工具）为投资对象的基金，投资的短期金融工具包括银行短期存款、国库券、剩余期限较短的政府公债与公司债券、银行承兑票据及商业票据等。这类基金的投资风险小，投资成本低，安全性和流动性较高，在整个基金市场上属于低风险的安全基金。根据中国证监会的证券投资基金类型分类标准，仅以货币市场工具为投资对象的基金就为货币市场基金。

4）混合型基金

根据中国证监会的证券投资基金类型分类标准，投资于股票、债券、货币市场工具，但股票、债券投资的比例不符合股票型、债券型基金规定的为混合型基金。

从投资风险角度看，几种基金给投资人带来的风险是不同的。其中股票型基金风险最高，混合型基金次之，货币市场基金风险最小，债券基金的风险也小，但大于货币市场基金。相同品种的投资基金由于投资风格和策略不同，风险也会有所区别。比如，股票型基金按风险程度又可分为平衡型、稳健型、指数型、成长型、增长型。当然，风险程度越高，收益率相应也会越高；风险程度越低，收益率相应也要低一些。

8.4.3　证券投资基金的估价与收益率

1. 基金的估价

基金也是一种证券，与其他证券一样，基金的内含价值也是指在基金投资上所能带来的现金净流量。但是，基金内含价值的具体确定依据与股票、债券等其他证券又有很大的区别。

1）基金价值的内涵

债券的价值取决于债券投资所带来的利息收入和所收回的本金，股票的价值取决于股份公司净利润的稳定性和增长性，这些利息和股利都是未来收取的，也就是说，未来的而不是现在的现金流量决定着债券和股票的价值。基金的价值则取决于现在能给投资者带来的现金流量，这种现在的现金流量用基金的净资产价值来表达。

基金的价值取决于基金净资产的现在价值，其原因在于：股票的未来收益是可以预测的，而投资基金的未来收益是不可预测的。由于投资基金不断变换投资组合对象，再加上资本利得是投资基金收益的主要来源，变幻莫测的证券价格波动，使得对投资基金未来收益的预计变得不大现实。既然未来不可预测，投资者把握的就是"现在"，即基金资产的现有市场价值。

2）基金单位净值

基金单位净值也称为单位净资产值或单位资产净值。基金的价值取决于基金净资产的现在价值，因此基金单位净值是评价基金业绩最基本和最直观的指标，也是开放式基金申购价格、赎回价格及封闭式基金上市交易价格确定的重要依据。

基金单位净值是在某一时点每一基金单位（或基金股份）所具有的市场价值，计算公式为

$$基金单位净值=\frac{基金净资产价值总额}{基金单位总份额}$$

其中

$$基金净资产价值总额=基金资产总额-基金负债总额$$

在基金净资产价值的计算中，基金资产总额是按照每个交易日基金所投资的各种资产的收市价与数量计算的市场价值，基金的负债主要包括基金应承担的管理费、托管费、运作费、交易费用等。相对来说，基金的负债金额是固定的，基金净资产的价值主要取决于基金总资产的价值。这里，基金总资产的价值并不是指资产总额的账面价值，而是指资产总额的市场价值。

3）基金的价格

从理论上说，基金的价值决定了基金的价格，基金的交易价格是以基金单位净值为基础的，基金单位净值高，基金的交易价格也高。封闭式基金在二级市场上竞价交易，其交易价格由供求关系和基金业绩决定，围绕着基金单位净值上下波动。开放式基金的柜台交易价格则完全以基金单位净值为基础，通常采用两种报价形式：认购价（卖出价）和赎回价（买入价）。

开放式基金柜台交易价格的计算方式为

$$基金认购价=基金单位净值+首次认购费$$
$$基金赎回价=基金单位净值-基金赎回费$$

基金认购价也就是基金经理公司的卖出价，卖出价中的首次认购费是支付给基金经理公司的发行佣金。基金赎回价也就是基金经理公司的买入价，赎回价低于基金单位净值是由于抵扣了基金赎回费，以此提高赎回成本，防止投资者的赎回，保持基金资产的稳定性。

2. 基金收益率

基金收益率用来反映基金增值的情况，它通过基金净资产的价值变化来衡量。基金净资产的价值是以市价计量的，基金资产的市场价值增加，意味着基金的投资收益增加，基金投资者的权益也随之增加。基金收益率的计算公式为

$$基金收益率=\frac{年末持有份数×年末基金单位净值-年初持有份数×年初基金单位净值}{年初持有份数×年初基金单位净值}×100\%$$

式中，持有份数是指基金单位的持有份数。如果年末和年初基金单位的持有份数相同，基金收益率就简化为基金单位净值在本年内的变化幅度。

年初的基金单位净值相当于是购买基金的本金投资，基金收益率也就相当于一种简便的投资报酬率。

【例8-11】假设某开放式基金某一交易日收盘后持有3种股票，数量分别为10万股、50万股、100万股，当日每股的市价分别为30元、20元、10元，银行存款为1 000万元，该基金负债有两项：对托管人和管理人应付未付的报酬为500万元，应付税金为500万元，该基金已出售的基金单位为2 000万份，计算基金单位净值。

$$(10×30+50×20+100×10+1\ 000-500-500)/2\ 000=1.15（元）$$

【例 8-12】某开放式基金 20×7 年的相关资料如表 8-2 所示。

表 8-2　某开放式基金 20×7 年的相关资料

项　目	年　初	年　末
基金资产账面价值	1 000 万元	1 200 万元
负债账面价值	300 万元	320 万元
基金资产市场价值	1 500 万元	2 000 万元
基金单位	500 万份	500 万份

假设公司收取首次认购费，认购费为基金净值的 5%，不再收取赎回费。

要求：（1）计算年初的下列指标：① 该基金净资产价值总额；② 基金单位净值；③ 基金认购价；④ 基金赎回价。

（2）计算年末的下列指标：① 该基金净资产价值总额；② 基金单位净值；③ 基金认购价；④ 基金赎回价。

（3）计算 20×7 年基金收益率。

解：（1）年初有关指标：

① 基金净资产价值总额=基金资产市场价值-负债总额=
$$1\ 500-300=1\ 200（万元）$$

② 基金单位净值=1 200/500=2.4（元）

③ 基金认购价=基金单位净值+首次认购费=2.4+2.4×5%=2.52（元）

④ 基金赎回价=基金单位净值-基金赎回费=2.4（元）

（2）年末有关指标：

① 基金净资产价值总额=基金资产市场价值-负债总额=
$$2\ 000-320=1\ 680（万元）$$

② 基金单位净值=1 680/600=2.8（元）

③ 基金认购价=基金单位净值+首次认购费=2.8+2.8×5%=2.94（元）

④ 基金赎回价=基金单位净值-基金赎回费=2.8（元）

（3）20×7 年基金收益率=（600×2.8-500×2.4）/（500×2.4）×100%=40%

8.5　认股权证和可转换债券投资

8.5.1　认股权证投资

1. 认股权证的概念

认股权证又称"认股证"或"权证"，是指一种以约定的价格和时间购买或者出售标的资产的期权。认股权证通常既可由上市公司发行也可由专门的投资银行发行，权证所代表的权利包括对标的资产的买进（看涨）和卖出（看跌）两种期权。

2. 认股权证的基本要素

认股权证的基本要素是指认股权证发行、交易及行使诸环节中所涉及的一些常用术语或规则，一般包括以下基本要素。

1）标的资产

标的资产是指权证发行所依附的基础资产，即权证持有人行使权利时所指向的可交易的资产。权证作为期权的一种，其标的资产的种类是极为广泛的。理论上，凡有明确估价且在法律上为可融通物，如股票（单一股票或是一揽子股票或类股）、股价指数、黄金、外汇或其他实物商品等均可成为权证的标的资产。而最常见的标的资产则是股票，即所谓"正股"。

2）各相关主体

权证的发行及交易过程中主要涉及以下主体。

（1）权证发行人。认股权证的发行主体一般可分为两类：一类为发行标的资产（常为股票）的上市公司本身；另一类为标的资产发行人以外的第三人，通常为资信卓越的证券公司、投资银行等金融机构。

（2）权证认购人。指在一级市场上支付相应的权利金而购买权证的投资者，或者在认购权证发行人的股票或债券时，因接受发行人赠送而持有权证的投资者。

（3）权证持有人。权证上市后可在各个投资者之间相互转让，这意味着权证的持有人可能是权证发行时的认购人，也可能是二级市场上购买权证的投资者。

（4）权证行使人。指权证到期时有权行使权证的选择权利，即提出要求认购或认沽标的资产的履约要求的人。权证的行使人只能是权证的持有人。

3）存续期

即权证的有效期。

4）行权比例

确定每一单位认股权证可以认购或沽售多少普通股的数量。

5）行权时间

行权时间是指权证持有者可以行使权利的起始日至截止日的期间。根据《上市公司证券发行管理办法》的规定，认股权证自发行结束至少已满 6 个月起方可行权，行权期间为存续期限届满前的一段期间，或者是存续期限内的特定交易日。

3. 认股权证的估价

1）权证市场价格

即权证在一级市场上发行或在二级市场上交易时的单位价格，其实质为认股权证所代表期权的价格。权证市场价格受供求关系影响，围绕着其理论价值上下波动。

2）权证理论价格

权证理论价格由内在价值和时间价值两部分组成：权证价格＝内在价值+时间价值。

（1）内在价值。又称内含价值，即权证立即履约的价值。对于认购权证，若正股市价高于权证行使价，则内在价值为正，此时有履约价值，权证为价内权证；而当正股市价等于或低于权证行使价时，该权证就丧失了履约价值，权证为价平权证或价外权证。用公式表示如下，（以认购权证（看涨期权）为例）。

正股市价<权证行使价，内在价值<0；价外权证。

正股市价＝权证行使价，内在价值＝0；价平权证。

正股市价>权证行使价，内在价值>0；价内权证（正股市价-权证行使价＝内在价值）。

认沽权证（看跌期权）相反。

【例8-13】某认购权证的行权比例为1∶1，每份权证行权价为8元/股，若公司当前的普通股市场价为10元/股，计算该认购权证的内在价值，并说明是否具有履约价值。

内在价值＝正股市价－权证行使价＝10－8＝2（元），因内在价值>0，因此该权证具有履约价值。

（2）时间价值。时间价值等于权证的总价值减去权证的内在价值，可以理解为从现在至权证到期日这段时间，正股上升（下降）可能对认购（认沽）权证造成的升值。由于时间价值代表权证在到期之前因正股的波动给持有人带来收益的可能性，一般来说，权证的剩余期限越长，其时间价值相应也越大。但权证所代表的是一种权利而非义务，即使在正股市价低于权证行使价时，权证的内在价值仍为零。而对于认沽权证，则刚好相反，因为在权证的有效期内，距到期日时间越长，则权证的时间价值就越大。

越接近到期日，认股权证的时间价值越低（时间萎缩），这是由于相关资产价格在到期日前升越于行使价（对认购证而言）或跌低于行使价（对认沽权证而言）的机会日渐减少，故反映等待价值的时间价值亦越低（假设其他因素整个期间保持不变）。

【例8-14】某认购权证当前的市场价为6元/份，行权价为10元/股，行权比例为1∶1，当该权证正股市价为15元时，甲、乙两投资者分别用1 500元进行股票与认购权证的投资，计算当股票市价为21元时，甲、乙两投资者的收益率。

甲投资者收益＝（21－15）×1 500/15＝600（元）
甲投资者收益率＝600/1 500＝40%
乙投资者收益＝[（21－10）－6]×1 500/6＝1 250（元）
乙投资者收益率＝1 250/1 500＝83.33%

上例表明，用同样的资本去进行权证与股票的投资，权证投资收益率较高，具有明显的杠杆效应。

8.5.2　可转换公司债券投资

1. 可转换公司债券的概念

可转换公司债券是可转换证券的一种。从广义上来说，可转换证券是一种证券，其持有人有权将其转换成另一种不同性质的证券，如期权、认股权证等都可以称为可转换证券，但从狭义上来看，可转换证券主要包括可转换公司债券和可转换优先股。可转换公司债券是一种公司债券，它赋予持有人在发债后一定时间内，可根据自己的意愿，选择是否依约定的条件将持有的债券转换为发行公司普通股股票的权利。换言之，可转换公司债券持有人可以选择持有至债券到期，要求公司还本付息；也可选择在约定的时间内转换成股票，享受股利分配或资本增值。可转换优先股虽然与可转换公司债券一样可以转换成普通股股票，但是它毕竟是股票，固定所得不是债息，而是股票红利；它的价格随着公司权益价值的增加而增加，并随着红利派现而下跌；而且破产时对企业财产的索赔权落后于债权人。由此来看，可转换优先股与可转换公司债券还是有着本质的不同。

2. 可转换公司债券的基本要素

1) 票面利率

与普通债券一样，可转换公司债券也设有票面利率。可转换公司债券的票面利率通常要比普通债券的低，有时甚至还低于同期银行存款利率。可转换公司债券的票面利率之所以这样低，是因为可转换公司债券的价值除了利息之外还有股票期权这部分价值，一般情况下，该部分的价值可以弥补股票红利的损失，这也正是吸引投资者的主要原因。

2) 面值

我国可转换公司债券面值是 100 元，最小交易单位 1 手是 1 000 元面值。

3) 发行规模

可转换公司债券的发行规模不仅影响企业的偿债能力，而且还影响未来企业的股本结构，因此发行规模是可转换公司债券很重要的因素。根据《上市公司证券发行管理办法》，我国可转换公司债券本次发行后累计公司债券余额不超过最近一期末净资产额的 40%。

4) 债券期限

可转换公司债券发行公司通常根据自己的偿债计划、偿债能力及股权扩张的步伐来制定可转换公司债券的期限，国际市场上可转换公司债券期限通常较长，一般在 5～10 年。根据《上市公司证券发行管理办法》，我国发行的可转换公司债券的期限最短为 1 年，最长为 6 年。

5) 转换期

转换期是指可转换公司债券转换为股份的起始日至截止日的期间。

6) 标的股票

对于股票期权而言，投资者行权时要买卖的股票称为正股。可转换公司债券的正股就是可以转换的标的股票，即发行公司的股票。

7) 转股价格与转股比例

转股价格是指可转换公司债券募集说明书事先约定的可转换公司债券转换为每股股份所支付的价格。根据《上市公司证券发行管理办法》，转股价格应不低于募集说明书公告日前 20 个交易日该公司股票交易均价和前一个交易日的均价。

与转股价格密切相关的一个概念是转股比例。转股比例是指一定单位可转换公司债券转换成股票的数量，即

$$转股比例 = \frac{一张可转换公司债券的面值}{转股价格} = \frac{100\ 元}{转股价格}$$

8) 赎回条款

赎回是指在一定条件下公司按事先约定的价格买回未转股的可转换公司债券。发行公司设立赎回条款的主要目的是降低发行公司的发行成本，避免因市场利率下降而给自己造成利率损失，同时也是出于加速转股过程、减轻财务压力的考虑。通常该条款可以起到保护发行公司和原有股东权益的作用。赎回实质上是买权，是赋予发行公司的一种权利，发行公司可以根据市场的变化而选择是否行使这种权利。赎回条款一般包括赎回保护期、赎回时间、赎回条件和赎回价格。

9) 回售条款

回售条款是为投资者提供的一项安全性保障，当可转换公司债券的转换价值远低于债券

面值时，持有人必定不会执行转换权利，此时投资人依据一定的条件可以要求发行公司以面额加计利息补偿金的价格收回可转换公司债券。为了降低投资风险、吸引更多的投资者，发行公司通常设置该条款。它在一定程度上保护了投资者的利益，是投资者向发行公司转移风险的一种方式。回售实质上是一种卖权，是赋予投资者的一种权利，投资者可以根据市场的变化选择是否行使这种权利。回售条款一般包括回售条件和回售时间。

3. 可转换公司债券的转换价值、转换平价

1) 转换价值

转换价值是可转换公司债券实际转换时按转换成普通股的市场价格计算的理论价值。转换价值等于每股普通股的市价乘以转换比例，用公式表示为

$$CV = P \cdot R$$

式中：CV——转换价值；

　　　P——股票价格；

　　　R——转换比例。

由于可转换公司债券有一定的转换期限，在不同时点上，股票价格不同，转换价值也不相同。

2) 转换平价

使可转换公司债券市场价值（即市场价格）等于该可转换公司债券转换价值时标的股票的每股价格。

转换平价＝可转换公司债券的市场价格/转换比例

可转换公司债券的市场价格＝转换比例×转换平价

可转换公司债券的转换价值＝转换比例×标的股票市场价格

当转换平价>标的股票市场价格时，可转换公司债券的市场价格>可转换公司债券的转换价值；当转换平价<标的股票市场价格时，可转换公司债券的市场价格<可转换公司转债券转换价值。

转换平价可被视为已将可转换公司债券转换为标的股票的投资者的盈亏平衡点，只有当可转换公司债券的市场价格<可转换公司债券的转换价值时，投资者转股才有利。此时，市场将会出现套利行为，即投资者可以市价买入可转换公司债券并立即转股，从而获得无风险收益。

【**例 8-15**】某公司发行的可转换公司债券每张面值 100 元，转股价格为 12.5 元。假设目前公司股票市场价格为 15 元，可转换公司债券每张市场价为 104 元，问投资者现在以市场价买入可转换公司债券转股出售股票是否有利？

转换比例＝100/12.5＝8

转换平价＝可转换公司债券的市场价格/转换比例＝104/8＝13（元）

转换价值＝转换比例×标的股票市场价格＝8×15＝120（元）

转换平价（13 元）<股票市场价格（15 元），可转换公司债券的市场价格（104 元）<可转换公司债券的转换价值（120 元），因此投资者现在以市场价买入可转换公司债券转股出售股票有利（假设第二交易日股票价格仍在 15 元价位上）。

4. 可转换公司债券的估价

可转换公司债券实质上是一种由普通债权和股票期权两个基本工具构成的复合融资工

具，投资者购买可转换公司债券等价于同时购买了一个普通债券和一个对公司股票的看涨期权。在实际中，由于可转换公司债券中包含投资者买入期权和卖出期权，发行人赎回期权及强制换股权及各种形式的转股价特别修正条款等复杂的期权，而所有这些期权因素都会影响可转换公司债券的价值，从而使可转换公司债券的定价也变得复杂。

可转换公司债券的价值可以近似地看作是普通债券与股票期权的组合体。

首先，由于可转换公司债券的持有者可以按照债券上约定的转股价格，在转股期内行使转股权利，这实际上相当于以转股价格为期权执行价格的美式买权，一旦市场价格高于期权执行价格，债券持有者就可以行使美式买权从而获利。

其次，由于发行人在可转换公司债券的赎回条款中规定，如果股票价格连续若干个交易日收盘价高于某一赎回启动价格（该赎回启动价格要高于转股价格），发行人有权按一定金额予以赎回，所以赎回条款相当于债券持有人在购买可转换公司债券时就无条件出售给发行人的一张美式买权。当然，发行人期权存在的前提是债券持有人的期权还未执行，如果债券持有人实施转股，发行人的赎回权对该投资者也归于无效。

本 章 小 结

证券投资是企业或个人用其积累起来的货币购买股票、债券、基金等有价证券，借以获得收益的行为。人们将这种行为称作"间接投资"。

债券投资是企业通过购入债券成为债券发行单位的债权人并获取债券利息的投资行为。债券投资的特点包括：属于债权性投资，风险小、收益稳定、价格波动小、市场流动性好。债券估价主要确定债券的投资价值，计算到期收益率。债券投资的风险包括经营风险、违约风险、利率风险、通货膨胀风险、流动性风险、再投资风险。

股票投资的目的：一是获利，二是控股。股票投资的特点包括：属于股权性投资，风险大、收益高、收益不稳定、价格波动性大。股票估价主要是为了确定股票的投资价值，计算期望收益率。

投资基金是一种利益共享、风险共担的集合投资方式。投资的对象可以是公司的股票、债券，也可以是货币市场上的短期票据和银行同期拆借，还可以是商品期货及各种金融衍生工具，甚至是房地产。相对于个体投资者，投资基金有其明显的优势。

认股权证又称"认股证"或"权证"，是一种金融衍生工具，是指一种以约定的价格和时间购买或者出售标的资产的期权。认股权证对投资人来讲，有损失有限、获利无穷的好处，也可成为风险对冲工具。

可转换公司债券是一种公司债券，它赋予持有人在发债后一定时间内，可根据自己的意愿，选择是否依约定的条件将持有的债券转换为发行公司普通股股票的权利。可转换公司债券具有股票和债券的双重属性，对投资者来说是一种"进可攻，退可守"的投资工具。

复习思考题

1. 债券投资、股票投资和基金投资各有何特点?
2. 如何进行债券投资决策和股票投资决策?
3. 证券投资的风险包括哪几种?

练 习 题

1. 一张面值为 1 000 元的债券,票面利率为 10%,期限为 3 年,每年支付利息,发行价格为 980 元。试计算该种债券的实际收益率。

2. 某股份公司普通股的年股利为 6 元,欲使其投资收益率达到 15%,请计算该普通股的内在价值。

3. 某股份有限公司普通股的基期股利为 6 元,估计今后股利的年增长率为 5%,公司的期望投资收益率为 15%。试计算该普通股的内在价值。

4. 某公司准备购买一种预期未来股利不变的零成长股票,预期该股票的股利为每股 2 元,该公司要求的最低投资报酬率为 10%,目前市场上的实际利率为 8%,则该股票的价格为多少时公司才可以购买?

5. 某种股票当前的市场价格是 40 元,基期每股股利是 2 元,预期的股利增长率是 5%,则其市场决定的预期收益率为多少?

6. 某公司欲投资于某种债券,面值为 200 元,票面利率为 8%,投资期限为 10 年。公司要求的必要报酬率为 10%。此债券价格为多少时才可以进行投资?

7. 某股份有限公司打算投资东宇公司的普通股,预计第一年股利为每股 0.5 元,以后每年以 5% 的增长率增长。茂兴公司的必要报酬率为 7%,则只有该股票价格不高于多少时,投资才比较合算?

8. 某债券面值 1 000 元,期限 5 年,市场利率为 12%,分别计算以下情况下债券的内在价值:

(1) 债券每年末付息一次,票面利率为 10%;

(2) 债券一次还本付息,单利计息,票面利率为 10%;

(3) 债券以贴现方式发行,到期按面值偿还,没有票面利率。

9. 甲企业计划利用一笔长期资金投资购买股票,现有 M 公司股票和 N 公司股票可供选择,甲企业只准备投资一家公司股票。已知 M 公司股票现行市价为每股 9 元,上年每股股利为 0.15 元,预计以后每年以 6% 的增长率增长。N 公司股票现行市价为每股 7 元,上年每股股利为 0.60 元,股利固定不变。甲企业要求的投资必要报酬率为 8%。

要求:(1) 利用股票估价模型,分别计算 M、N 公司的股票价值;

(2) 为甲企业做出股票投资决策。

10. 某企业于债券发行日投资 950 元购买了一张面值 1 000 元,票面利率为 5%,每年末付息一次的 5 年期债券。

要求:(1) 计算该企业持有至到期日的投资收益率;

(2) 如果该债券是到期一次还本付息,投资收益率又是多少?

11. A 公司拟购买某公司债券作为长期投资（打算持有至到期日），要求的必要收益率为 6%。现有三家公司同时发行 5 年期、面值均为 1 000 元的债券，其中：甲公司债券的票面利率为 8%，每年付息一次，到期还本，债券发行价格为 1 041 元，乙公司债券的票面利率为 8%，单利计息，到期一次还本付息，债券发行价格为 1 050 元，丙公司债券的票面利率为零，债券发行价格为 750 元，到期按面值还本。

要求：（1）计算 A 公司购入甲公司债券的价值和收益率；

（2）计算 A 公司购入乙公司债券的价值和收益率；

（3）计算 A 公司购入丙公司债券的价值和收益率；

（4）根据上述计算结果，评价甲、乙、丙三家公司债券的决策。

营运资金管理

学习目标

通过本章的学习，了解营运资金的概念、特点，熟悉现金管理、应收账款管理和存货管理的有关概念及其基本原理，掌握与流动资产管理相关的各种管理模型的计算评价方法，提高流动资产的管理能力。

营运资金是企业财务管理中必不可少的组成部分，一个企业应当拥有多少营运资金是财务管理的重要内容。

9.1 营运资金管理概述

9.1.1 营运资金的概念

营运资金又称循环资本，是指一个企业维持日常经营所需要的资金。营运资金有广义和狭义之分，广义的营运资金是指企业生产经营活动中占用在流动资产上的资金，指一个企业流动资产上的总额；广义的营运资金管理既包括流动资产的管理，也包括流动负债的管理。狭义的营运资金也称净营运资金，是指流动资产与流动负债之间的差额，它与流动比率、速动比率等结合可用来衡量企业资产的流动性。

1. 流动资产

流动资产是指可以在一年内或超过一年的一个营业周期内变现或者耗用的资产。企业拥有较多的流动资产，可在一定程度上降低财务风险。流动资产可按以下标准进行分类。

（1）按其实物形态，流动资产可分为现金、短期有价证券、应收及预付款项和存货。

① 现金是指企业在生产经营过程中由于种种原因而持有的、停留在货币形态的资金，主要包括库存现金和存入银行的各种存款。

② 短期有价证券是指企业购买的，准备随时变现的各种有价证券。

③ 应收及预付款项是指企业在商业信用条件下延期收回和预先支付的款项，包括应收票据、应收账款、其他应收款、预付货款等。

④ 存货是指企业在生产经营过程中为销售或者耗用而储备的各种资产，包括产成品、半成品、在产品、原材料、辅助材料、低值易耗品、包装物等。

（2）按其在再生产过程中的作用，流动资产可分为生产领域的流动资产和流通领域的流动资产。

① 生产领域的流动资产是指在产品生产过程中发挥作用的流动资产，包括在产品、原材料、半成品、辅助材料、低值易耗品等。

② 流通领域中的流动资产是指在商品流通过程中发挥作用的流动资产，包括产成品、现金、外购半成品等。

（3）按其盈利能力，流动资产可分为收益性流动资产和非收益性流动资产。

① 收益性流动资产是指可以直接给企业带来收益的各种流动资产，包括短期投资、商品产品、应收账款、应收票据等。企业将资金投资于这类流动资产，其目的主要是取得收益，提高企业的整体经济效益。

② 非收益性流动资产是指不能直接给企业带来收益的流动资产，包括现金、银行存款、预付账款、其他应收款、待摊费用等。这类流动资产虽然不能给企业带来明显的收益，但它是维持企业正常生产经营活动、加速资金的循环和周转的基础和前提。

2. 流动负债

流动负债是指将在一年或超过一年的一个营业周期内用流动资产或举借新的流动负债来偿还的债务。流动负债又称短期融资，具有成本低、偿还期短等特点。流动负债可按以下标准分类。

（1）按其应付金额是否确定，流动负债可分为应付金额确定的流动负债和应付金额不确定的流动负债。

① 应付金额确定的流动负债是指那些根据合同或法律规定，在到期日必须偿付，并有确定金额的流动负债，包括短期借款、应付票据、应付账款、应付短期融资券等。

② 应付金额不确定的流动负债是指由过去或目前业已完成的经济活动所引起的金额无法确定，但必须于未来某一日期偿付的流动负债，如应交税金、应交利润、应付产品质量担保债务、票据兑换债务等。对于这类负债，企业必须根据已掌握的资料和以往的经验，予以合理地估计。

（2）按其形成情况，流动负债可分为自然性流动负债和人为性流动负债。

① 自然性流动负债是指那些由于法定结算程序的原因自然形成的支付时间晚于形成时间的流动负债。

② 人为性流动负债是指那些由财务人员根据企业对短期资金的需求情况，通过人为安排而形成的流动负债，如银行短期借款、应付短期融资券等。

9.1.2 营运资金的基本特征

为了能够有效地管理营运资金，必须研究营运资金的特征，以便有针对性地进行管理。营运资金的本质特征是流动性。营运资金只有不断流动，才能实现企业价值的补偿和增值。具体需从流动资产和流动负债两个方面予以说明。

1. 流动资产的特点

流动资产投资又称经营性投资，与固定资产相比，有以下特点。

（1）投资回收期短。投资于流动资产的资金一般在一年或一个营业周期内收回，对企业影响的时间比较短。因此，流动资产投资所需要的资金一般可通过商业信用、短期银行借款等加以解决。

（2）流动性。流动资产在循环周转过程中，经过供、产、销 3 个阶段，其占用形态不断变化，即按现金、材料、在产品、产成品、应收账款、现金的顺序转化。这种转化循环往复，川流不息。流动性使流动资产的变现能力较强，如遇意外情况，可迅速变卖流动资产，以获取现金。这对于财务上满足临时性资金需求具有重要意义。

（3）并存性。在流动资产的周转过程中，每天不断有资金流入，也有资金流出，流入和流出总要占用一定的时间，从供、产、销的某一瞬间看，各种不同形态的流动资产同时存在。因此合理地配置流动资产各项目的比例，是保证流动资产得以顺利周转的必要条件。

（4）波动性。占用在流动资产的投资并非一个常数，随着供、产、销的变化，其资金占用时高时低，起伏不定，季节性企业如此，非季节性企业也如此。随着流动资产占用量的变动，流动负债的数量也会相应变化。

2. 流动负债的特点

与长期负债融资相比，流动负债融资具有以下特点。

（1）速度快。申请短期借款往往比申请长期借款更容易、更便捷，通常在较短时间内便可获得。长期借款的借贷时间长，贷方风险大，贷款人需要对企业的财务状况评估后方能做出决定。因此，当企业急需资金时，往往首先寻求短期借款。

（2）弹性高。与长期债务相比，短期贷款给债务人更大的灵活性。长期债务债权人为了保护自己的利益，往往要在债务契约中对债务人的行为加以种种限制，使债务人丧失某些经营决策权。而短期借款契约中的限制条款比较少，使企业有更大的行动自由。对于季节性企业，短期借款比长期借款具有更大的灵活性。

（3）成本低。在正常情况下，短期负债筹资所发生的利息支出低于长期负债筹资的利息支出。而某些"自然融资"（如应付税金、应计费用等）则没有利息负担。

（4）风险大。一方面是短期债务的借款利率随市场利率的变化而变化，时高时低，使企业难以适应；另一方面，如果企业过多筹措短期债务，当债务到期时，企业不得不在短期内筹措大量资金还债，这极易导致企业财务状况恶化，甚至会因无法及时还债而破产。

9.1.3 营运资金管理的基本模式

营运资金管理的基本模式实际上就是营运资金战略的制定，包括营运资金投资战略、营运资金筹资战略、营运资金战略组合等具体内容。

1. 营运资金投资战略

营运资金投资战略就是要解决在既定的总资产水平下，流动资产与固定资产及无形资产等长期资产之间的比例关系问题。这一比例关系可由流动资产占总资产的百分比来表示。可供企业选择的营运资金投资战略可归纳为以下 3 种。

1）中庸的营运资金投资战略

企业流动资产占总资产的比例适中，流动资产在保证正常需要的情况下，再适当增加一定的保险储备。

2）激进的营运资金投资战略

企业流动资产占总资产的比例相对较少，流动资产一般只能保证正常需要的情况，不安排或只安排很少的保险储备。

3）保守的营运资金投资战略

企业流动资产占总资产的比例相对较大，除正常需要量及基本保险储备量外，再增加一定的额外储备量。

2. 营运资金筹资战略

营运资金筹资战略就是要解决在既定的总资产水平下，流动负债筹资与长期资本筹资的比例关系问题。这一比例关系可由流动负债占总资产的百分比来表示。可供企业选择的营运资金筹资战略可归纳为以下 3 种。

1）中庸的营运资金筹资战略

筹资来源的到期日与资本占用的期限长短相匹配，即临时性流动资产所需资金以流动负债即短期资本来筹集，而永久性流动资产（指企业经常占用的一部分最低的产品和原材料储备）、固定资产、无形资产等长期资产所需资本则由长期负债、自有资金等长期资本来筹集。

2）激进的营运资金筹资战略

临时性流动资产和一部分永久性流动资产由流动负债即短期资本来筹集，其余的长期资产则由长期资本来筹集。更加极端的表现是，有的企业所有的永久性流动资产乃至一部分固定资产所需资金也由流动负债即短期资本来筹集。在这种情况下，短期筹资过度利用，流动负债即短期资本占全部资产的比例大大提高。

3）保守的营运资金筹资战略

全部长期资产及部分临时性流动资产所需资金均由长期资本来筹集，其余部分临时性流动资产由短期资本来筹集。在这种情况下，短期筹资的使用及流动负债占全部资产的比例均被限制在一个较低水平上。

3. 营运资金战略组合

综合前面对营运资金投资战略和营运资金筹资战略的分析和考察，可得出如表 9-1 所示的几种营运资金战略组合。

表 9-1　营运资金战略组合

		筹资战略（流动负债比例）		
		激进（高）	中庸（一般）	保守（低）
投资战略（流动资产比例）	激进（低）	最激进	激进	中庸
	中庸（一般）	激进	中庸	保守
	保守（高）	中庸	保守	最保守

1）最激进的营运资金管理战略

企业营运资金的筹资战略和投资战略都十分激进，这种情况下，企业的收益水平最高，但相应的风险水平也最高。

2）激进的营运资金管理战略

具体又有两种情况：① 激进的筹资战略和中庸的投资战略组合；② 中庸的筹资战略和激进的投资战略组合。在这些情况下，企业的收益水平较高，相应的风险水平也较高，但程度比最激进的营运资金管理战略要低一些。

3) 中庸的营运资金管理战略

具体又有 3 种情况：① 激进的筹资战略和保守的投资战略组合；② 保守的筹资战略和激进的投资战略组合；③ 中庸的筹资战略和中庸的投资战略组合。在①和②两种情况下，流动负债比例及流动资产比例对风险水平和收益水平的影响具有一种相互抵消的作用，从而使企业的风险水平和收益水平的表现均为一般。在第③种情况下，企业的风险水平和收益水平也均为一般。

4) 保守的营运资金管理战略

具体又有两种情况：① 保守的筹资战略和中庸的投资战略组合；② 中庸的筹资战略和保守的投资战略组合。在这些情况下，企业的收益水平较低，相应的风险水平也较低，但程度比下一种最保守的营运资金管理战略要高一些。

5) 最保守的营运资金管理战略

企业营运资金的筹资战略和投资战略均十分保守，在这种情况下，企业的收益水平最低，相应的风险水平也最低。

不同营运资金战略组合的选定同样是由企业根据自身的具体情况和外部的理财环境，对风险和收益进行综合权衡后确定的。

知识链接

OPM 战略

OPM 战略是指企业充分利用做大规模的优势，增强与供应商的讨价还价能力，将占用在存货和应收账款的资金及其资金成本转嫁给供应商的运营资本管理战略。简言之，OPM 战略本质上是一种创新的盈利模式，是"做大做强"的生动实践。

实施 OPM 战略的关键是看企业在价值链中有没有竞争优势，比如产品优势、销售渠道优势等。成功的 OPM 战略不仅有助于增强企业的财务弹性，还可增加经营活动产生的现金流量。通过预收购买方的部分货款，延期支付供应商货款，降低采购价格使企业账面上长期存有大量浮存现金，将这些现金用于规模扩张可以进一步提升企业竞争力，进而带来更多的账面浮存现金。

由于 OPM 战略涉及企业的经营性现金流量、现金储备等指标，反映了企业抓住投资机会和面对突然的市场逆境其还本付息能力及股利支付能力。所以现金循环周期是决定 OPM 战略有效实施的最主要标准。

在大部分情况下，当现金转化周期小的时候，或者为负值时，说明企业在运营资本管理中应付账款的周转天数越长，占用供应商资金的能力越强，同时应收账款和存货的管理能力较强，和客户一般能采取现金交易等迅速变现的方式交易，所以企业的现金流运用效率比较高。OPM 战略增强了企业的财务弹性。但同时应该注意，OPM 战略占用了一部分供应商的资金，使得自己的营运资本的管理处于一种低成本的状态。但是 OPM 战略也增加了企业的风险。OPM 战略增强了企业的财务弹性，这指的是企业对市场机遇和市场逆境的应变能力。从这里可以看出，OPM 战略运用得越好，企业抓住好的投资机会实现企业价值创造和缓解财务困难的能力就越强，企业的财务弹性就越大。

9.2 现金管理

现金是可以立即投入流动的交换媒介。它的首要特点是普遍的可接受性，即可以立即用来购买商品、货物、劳务或偿还债务。因此，现金是企业中流动性最强的资产，但盈利性也最弱。属于现金内容的项目有企业的库存现金、各种形式的银行存款和银行本票、银行汇票等。

9.2.1 企业持有现金的目的和现金成本

现金有广义和狭义之分，狭义的现金只包括库存现金，而广义的现金则包括库存现金、各种银行存款、有价证券等。现金是公司流动资产的重要内容。持有过量的现金，可以提高公司的支付能力，降低财务风险，但同时从现金的收益能力上看，公司应拒绝持有过量现金；公司现金短少，就会影响公司日常交易活动。因此，企业现金管理的目的就是在保证生产经营所需现金的同时，尽可能减少现金的持有量，而将闲置的现金用于投资以获取一定的投资收益。这样，首先就必须了解企业持有现金的动机和与现金有关的成本。

1. 企业持有现金的目的

企业持有现金的目的是满足下列 3 个方面的需要。

1）交易性需要

在企业生产经营过程中，支付现金的交易是经常发生的。交易性需要是指企业为了应付日常生产经营活动的需要而持有现金，包括购买原材料、支付工资和管理费用、支付税款和支付股利等的需要。尽管企业会经常取得销售收入，但不可能总是在时间上和数量上恰好满足支出的需要。如果没有适当的现金余额，企业的生产经营活动就不可能正常运转下去。一般来说，公司为满足交易性需要所持有的现金余额主要取决于公司销售水平和收回应收账款的能力。

2）预防性需要

这是指企业需要持有现金用于防止意外。企业在日常管理中预测的现金持有额会由于市场行情的瞬息万变和其他各种不测因素的存在等使现金收支失去平衡，而且企业现金的收支预测通常不可能做到准确无误，这使得企业不得不置存一定现金余额以防不测。预防性现金需要量的多少，取决于现金收支预测的可靠程度、企业临时借款的能力和企业愿意承担风险的程度 3 个因素。

3）投机性需要

这是指企业置存现金可用于不同寻常的购买机会。例如遇有廉价物资供应机会，可以适时购入；在适当时机购入价格有利的短期有价证券等。这种为了投机性需要而置存的现金，其目的在于增加企业收益。投机性动机只是企业确定现金余额时所需考虑的次要因素，其持有量的大小往往与企业在金融市场的投机机会及企业对待风险的态度有关。

公司除了基于以上 3 项原因持有现金外，也会基于满足将来某一特定要求或为在银行维持补偿性余额等其他原因而持有现金。公司在确定现金余额时，一般应综合考虑各方面的持有动机。但需要注意的是，由于各种动机所需的现金可以调剂使用，公司持有的现金总额并不等于各种动机所需现金余额的简单相加，前者通常小于后者。另外，上述各种动机所需保持的现金，并不要求必须是货币形态，也可以是能够随时变现的有价证券及能够随时融入现金的其他各种存在形式，如可随时借入的银行信贷资金等。

2. 现金的持有成本

现金的持有成本是指企业为了持有一定数量的现金而发生的费用或者现金发生短缺时所付出的代价。与现金有关的成本通常包括以下 4 部分。

1）机会成本

持有现金作为企业的一项资金占用是有代价的，这种代价就是它的机会成本。机会成本是指企业因持有现金而丧失的再投资收益。机会成本＝现金持有量×有价证券利率（或报酬率）。比如，公司欲持有 20 000 元现金，就只能放弃 2 000 元的证券投资收益（假设证券收益率为 10%）。机会成本随着企业现金持有量的增加而呈正比例上升。现金持有量越大，机会成本越高，现金持有量过多所造成的机会成本大幅度提高，对企业是极为不利的。

2）管理成本

管理成本是指企业因持有一定数量的现金而发生的管理费用，如现金管理人员的工资、保管现金发生的安全措施费用等。管理成本是一种固定成本，在一定范围内与现金持有量之间无明显的比例关系。

3）短缺成本

短缺成本是指企业在发生现金短缺的情况下所造成的损失，如丧失的购买机会（甚至因供应不足，造成停工损失）、造成信用损失和得不到折扣的好处等。现金短缺与现金持有量成反比，现金短缺成本随现金持有量的增加而下降，随现金持有量的减少而上升。

4）转换成本

转换成本是指公司用现金购入有价证券及用有价证券换取现金时付出的交易费用，即现金同有价证券之间相互转换的成本，如委托买卖佣金、委托手续费、证券过户费、印花税、实物交割费等。转换成本可以分为两类：一是与委托金额相关的费用，如委托买卖佣金和印花税，这些费用通常是按照委托成交金额计算的，属于变动转换成本；二是与委托金额无关，只与转换次数有关的费用，如委托手续费、过户费等。转换成本与现金持有量的关系是：当全年资金需要量一定时，现金持有量越少，证券变现的次数越多，相应的转换成本就越大；反之，就越小。

9.2.2　最佳现金持有量的确定

现金是变现能力最强的资产，可以用来满足企业生产经营开支的各种需要，还可以用于企业还本付息和履行纳税义务。因此，拥有足够的现金对于降低企业的风险、增强资产的流动性和债务的可清偿性有着重要的意义。然而，现金属于非营利资产，即使是银行存款，其利率也非常低。现金持有量过多，会降低企业的收益水平。因此，企业必须合理确定现金持有量，使现金不但在数量上而且在时间上相互衔接，以便在保证企业正常生产经营活动的同时，尽量减少企业闲置的现金数量，提高资金收益率。

最佳现金持有量是指对企业正常生产经营活动最有利的现金余额。下面介绍 3 种确定最佳现金持有量的方法。

1. 成本分析模式

成本分析模式是通过分析持有现金的有关成本费用，寻找使总成本最低的现金持有量。

采用这种方法确定现金最佳持有量，假定持有一定量的现金产生的机会成本、管理成本及短缺成本，而不予考虑转换成本，这 3 种成本费用合计最小时的现金余额就是最佳现金持有量。其计算公式为

$$最佳现金持有量=\min\{机会成本+管理成本+短缺成本\}$$

机会成本、管理成本和短缺成本同现金持有量之间的关系如图 9-1 所示。

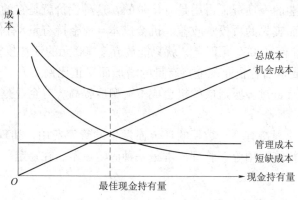

图 9-1　现金持有量与现金成本的关系 1

从图 9-1 可看出，管理成本线为一条水平线，机会成本线向右上方倾斜，短缺成本线向右下方倾斜，由于各项成本同现金持有量的变动关系不同，使得总成本曲线呈抛物线形，该抛物线的最低点是持有现金的最低总成本，它所对应的横轴线上的点就是最佳现金持有量。

成本分析模式正是运用上述原理确定现金持有量的。在实际工作中，运用该模式确定最佳现金持有量的具体步骤为：

（1）根据不同现金持有量测算并确定有关成本数值；

（2）按照不同现金持有量及其有关成本资料编制最佳现金持有量测算表；

（3）在测算表中找出总成本最低时的现金持有量，即最佳现金持有量。

下面举例说明如何采用成本分析模式确定最佳现金持有量。

【例 9-1】某企业有甲、乙、丙、丁 4 种现金持有方案，有关成本费用资料如表 9-2 所示。

表 9-2　成本费用资料　　　　单位：元

项　　目	方　　案			
	甲	乙	丙	丁
现金持有量	10 000	20 000	30 000	40 000
机会成本率	10%	10%	10%	10%
管理成本	1 500	1 500	1 500	1 500
短缺成本	5 000	2 500	800	0

根据表 9-2 资料编制企业最佳现金持有量测算表如表 9-3 所示。

表 9-3　最佳现金持有量测算表　　　　　　　　　　　　　单位：元

方案	项目				
	现金持有量	机会成本	管理成本	短缺成本	总成本
甲	10 000	1 000	1 500	5 000	7 500
乙	20 000	2 000	1 500	2 500	6 000
丙	30 000	3 000	1 500	800	5 300
丁	40 000	4 000	1 500	0	5 500

通过分析比较各方案的总成本可知，丙方案的总成本最低，故该企业的最佳现金持有量为 30 000 元。

2. 存货模式

存货模式又称鲍莫尔模式（Baumol model），它是 1952 年由美国经济学家 William J. Baumol 第一次提出的，他认为公司现金持有量与存货的持有量有相似之处，存货经济订货批量模型可用于确定目标现金持有量，并以此为出发点，建立了鲍莫尔模式。

存货模式的着眼点也是现金持有的有关总成本最低，在这些成本中，固定费用因其相对稳定，同现金持有量的多少关系不大，因此在存货模式中将其视为与决策无关的成本而不予考虑。同时，由于现金是否会发生短缺、短缺多少、概率多大及各种短缺情形发生时可能的损失如何，都存在很大的不确定性和无法计量性。因此，在利用存货模式计算现金最佳持有量时，对短缺成本也不予考虑。在存货模式中，只对机会成本和转换成本予以考虑。能够使现金管理的机会成本与转换成本之和保持最低的现金持有量，即为最佳现金持有量。

现金持有量与机会成本、转换成本之间的关系如图 9-2 所示。

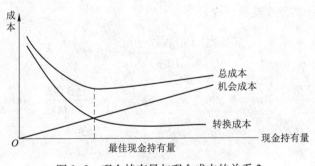

图 9-2　现金持有量与现金成本的关系 2

从图 9-2 可以看出，持有现金的机会成本与现金持有量成正比，现金的余额越大，持有现金的机会成本就越高。相反地，现金余额越大，有价证券的转换次数也越少，其转换成本也就越小。持有现金的机会成本与转换成本相等时，现金管理的总成本最低，此时的现金持有量为最佳现金持有量。

运用存货模式确定最佳现金持有量时的假设前提是：

（1）公司所需要的现金可通过证券变现取得，且证券变现的不确定性很小；

（2）公司预算期内现金流入量稳定并且可以比较准确地预测其数量；

（3）现金的支出过程比较稳定，波动较小，而且每当现金余额降至零时，均可通过部分证券变现得到补足，即没有短缺成本；

（4）证券的利率或报酬率及每次固定性交易费用可以获悉；

（5）不考虑管理费用。

如果这些条件基本得到满足，公司便可以利用存货模式来确定现金的最佳持有量。

设 T 为一定时期内现金需要总量，F 为每次转换有价证券的固定成本，Q 为最佳现金持有量，K 为有价证券利息率，TC 为现金管理相关总成本，则

$$现金管理相关总成本 = 机会成本 + 转换成本$$

$$TC = \frac{Q}{2} \times K + \frac{T}{Q} \times F$$

现金管理总成本最低时，现金持有量为最佳现金持有量。TC 最小值的确定，可用求导数的方法得到

$$TC' = \left(\frac{Q}{2} \times K + \frac{T}{Q} \times F \right)' = \frac{K}{2} - \frac{TF}{Q^2}$$

令 TC' = 0，则

$$\frac{K}{2} = \frac{TF}{Q^2}, \quad Q^2 = \frac{2TF}{K}$$

所以，最佳现金持有量 $Q = \sqrt{\dfrac{2TF}{K}}$。

【例 9-2】某企业现金收支状况比较稳定，预计全年（按 360 天计算）需要现金 150 000 元，现金与有价证券转换成本为每次 300 元，有价证券的年利率为 10%。

根据上述资料计算企业最佳现金持有量：

$$Q = \sqrt{\frac{2 \times 150\,000 \times 300}{10\%}} = 30\,000 \text{（元）}$$

其中：机会成本 = $\dfrac{30\,000}{2} \times 10\% = 1\,500$（元）；转换成本 = $\dfrac{150\,000}{30\,000} \times 300 = 1\,500$（元）；有价证券交易次数 = $\dfrac{150\,000}{30\,000} = 5$（次）；有价证券交易间隔期 = $\dfrac{360}{5} = 72$（天）。

通过计算可知，机会成本与转换成本相等时，现金管理总成本最低，现金持有量为最佳现金持有量。

存货模式可以精确地测算最佳现金持有量和变现次数，可以表述现金管理中基本成本结构，对加强企业的现金管理有一定作用。但是这种方法以现金支出均匀发生、现金持有成本和转换成本易于预测为前提，只有在这些条件具备的情况下才能使用。

案例链接

唯品会现金周转期的负数

唯品会一度因其合作品牌的强大而名声大噪，在过去几年的路演资料中以其"负 14 天"的现金周转期引起了极大的关注。现金周转期不仅可以无限小甚至可以为负，唯品会的资金周转期 2011 年曾为"-14 天"，主要就在于其充分利用了时间因子这一关键因素，通过减少库存、延迟向供应商付款等节约商品流通中的资金占用时间从而达到这一结果的。

根据唯品会的路演材料可以知道：唯品会 2009 年、2010 年、2011 年的现金周转期分别为 67 天、8 天、"-14 天"。在现今这个各公司纷纷放弃单纯的成本战略转而瞄准时间战略，求得时间和成本之间均衡并行的竞争激烈的时代，要想达到负的现金周转期确实不易。这个"-14天"的现金周转期表明，唯品会是在付款给供应商之前就已经收回了货款，还有可能在约定付款给供应商的时间点之前偿还债务，顺便享受到提前付款的折扣优惠，同时还赢得了良好信誉，可谓一举多得。

资金周转期＝库存周转天数+应收账款周转天数-应付账款周转天数。根据相关资料显示，唯品会正是分别从库存周转天数和应付账款周转天数这两个方面的时间因子进行掌控的。首先，唯品会通过搭建"大而利"的平台同越来越多的品牌商建立合作关系，逐渐得以获得用代销的模式从供应商那里取得货物，销售短短几天之后即刻下架，将剩下的货物退还给供应商，这就几乎实现了"零库存"，从而大大缩短了库存周转天数。其次，唯品会依靠越做越大的经营规模渐渐提高了自己与供应商的谈判话语权，同时也偶尔因为现金短缺而尽量拖延支付。站在供应商的角度，将唯品会喜人的销售额摊到近两千个品牌，就单个品牌来说，平均生意规模并不算大，卖不掉的商品在迟迟等不到唯品会的付款之后，选择自己拿回家，而不愿意多等上好几个月才收回并不算太多的货款。供应商的这种无奈之举很大程度上促成了唯品会延长应付账款周转天数的理想结果。当存货周转天数无限缩短、应收账款周转天数没有明显变化，而应付账款周转天数又尽量延长时，唯品会负的现金周转天数就得以出现。由此可见，唯品会负的现金周转期出现的根源就在于其抓住了现金周转期中多个要素中的时间因子这一灵魂因素。

3. 现金周转模式

现金周转期是指从现金投入生产经营开始，到最终转化为现金的过程。现金周转期模式是根据现金周转期来确定现金最佳持有量的方法。现金周转期包括以下 3 个方面。

（1）存货周转期。指将原材料转化为产成品并出售所需要的时间。

（2）应收账款周转期。指将应收账款转换为现金所需要的时间，即从产品销售到收回现金的时间。

（3）应付账款周转期。指从收到尚未付款的原材料到现金支出之间所用的时间。

以上 3 个方面与现金周转期的关系如图 9-3 所示。

根据图 9-3，现金周转期就是现金周转一次所需要的天数，其计算公式为

现金周转期=存货周转期+应收账款周转期-应付账款周转期

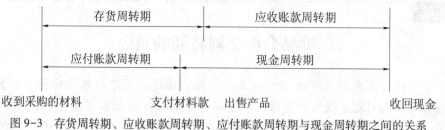

图 9-3 存货周转期、应收账款周转期、应付账款周转期与现金周转期之间的关系

从此公式可以看出，要想缩短现金周转期，就必须缩短存货周转期和应收账款周转期，延长应付账款周转期。因此，加强存货、应收账款和应付账款管理，提高生产效率、销售效率和收账效率是缩短现金周转期的主要途径。

现金周转模式的使用条件是：第一，公司预计期内现金总需要量可以预知；第二，现金周转天数和次数可以测算，测算结果应符合实际。最佳现金持有量计算公式为

$$最佳现金持有量=\frac{企业年现金需求总量}{现金周转率}$$

$$现金周转率=\frac{计算期天数（360天）}{现金周转期}$$

或

$$最佳现金持有量=\frac{企业年现金需求总额}{360}\times现金周转期$$

【例 9-3】某公司材料采购和产品销售都采用赊销方式，应收账款周转期为 40 天，存货周转期为 55 天，应付账款周转期为 35 天。预计 20×9 年现金需求总量为 720 万元。求公司 20×9 年最佳现金持有量。

现金周转期 = 40+55-35 = 60（天）

现金周转率 = 360/60 = 6（次）

最佳现金持有量 = 720/6 = 120（万元）

上述几种模式分别从不同角度计算企业最佳现金持有量，由于各种模式各有自身的特定要求和优缺点，计算结果也会存在差异，有时甚至出入很大。在实际工作中，上述几种模式可结合起来使用。此外，各种方法基本上都是根据数学原理主观推算的，而现实经济生活复杂多样。现金持有量的多少是多种因素综合作用的结果，数学模型并不能把各种因素的变化都考虑进去，因此在大多数情况下还需财务管理人员结合企业的实际情况对所测算出来的数字予以适当调整，以确定最佳现金持有量。

9.2.3 现金的日常管理

知识链接

现 金 池

现金池（cash pooling）也称现金总库。最早是由跨国公司的财务公司与国际银行联手

开发的资金管理模式，以统一调拨集团的全球资金，最大限度地降低集团持有的净头寸。现金池业务主要包括的事项有：成员单位账户余额上划，成员企业日间透支，主动拨付与收款，成员企业之间委托借贷及成员企业向集团总部的上存、下借分别计息等。

企业在确定了最佳现金持有量、进行现金收支预算后，还应采取各种措施，加强现金的日常管理，在保证现金安全和完整的基础上，加速现金的周转速度，提高现金的使用效率。现金日常管理的基本思路是：第一，尽快收回应收账款；第二，在保持公司信誉的前提下，尽可能延迟付款。

1. 现金回收管理

为了最大限度地发挥现金的使用效能，在不影响未来销售的情况下，企业要尽量加速款项的回收过程。一般来讲，企业款项的回收包括客户开出支票、企业收到支票和银行清算支票 3 个阶段。那么，企业款项的回收时间包括支票邮寄时间、支票在企业停留时间及银行支票结算的时间，这些时间的长短，不但与客户、企业、银行之间的距离有关，而且与收款的效率有关。企业要缩短款项的回收时间，应满足以下要求：① 减少顾客付款的邮寄时间；② 减少公司收到顾客开来支票与支票兑现之间的时间；③ 加速资金存入自己往来的银行。为达到以上要求，企业除了建立科学的信用政策，科学地选择转账结算方式并采用有效的催收策略外，还可以借鉴西方国家常用的两种收款方法：邮政信箱法和银行业务集中法。

1）邮政信箱法

邮政信箱法又称锁箱法，采用这种方法，企业要在各主要城市租用专门邮政信箱，并开立分行存款账户，授权当地银行每日开启信箱，在取得客户支票后立即予以结算，并通过电汇将款项转账划拨到企业总部所在地银行。在这种方法下，客户将支票直接寄给所在地邮箱而不是企业总部，这样缩短了支票邮寄和支票在企业的停留时间。

应当注意的是，这种方法成本较高，企业需支付给开启邮政信箱银行的额外服务劳务费和办理转账手续费。因此，要比较节约资金带来的收益与额外支出的费用，以决定是否采用锁箱法及采用锁箱法时邮政信箱租用的数量。

2）银行业务集中法

银行业务集中法是通过建立多个收款中心来加速现金流转的方法。采用这种方法，企业总部所在地开户银行为集中银行，并在收款额较集中的地区设置若干个收款中心；客户将款项直接交给当地收款中心，中心收款后存入当地银行；当地银行向总部所在地银行划拨款项。这种方法缩短了现金从客户到企业的中间周转时间。

银行业务集中法的基本做法是：

（1）根据客户分布的地理状况和收款业务的多少，选择客户较为集中、收款业务较多和数额较大的地区，建立服务于该地区的收款中心；

（2）将所确定的收款中心通知各地区的客户，让其将支票直接寄到当地的收款中心；

（3）各收款中心收妥款项后，将补偿性余额以上的部分及时交汇总部所在地的开户银行。

银行业务集中法的主要优点如下。

（1）可以大大缩减账单和款项的邮寄时间。由各个收款中心向该地区客户寄发付款账单，客户付款直接邮寄到最近的收款中心，由此可以大大缩短账单和款项的邮寄时间。

（2）缩短支票兑现的时间。各个收款中心收到客户交来的支票，直接存入当地的银行，而支票的付款银行通常也在该地区，这样支票兑现较方便。

银行业务集中法存在的缺点如下。

（1）增加现金的持有成本。各个收款中心的地区银行都要求有一定的补偿性余额。补偿性余额是一种闲置的不能自由支配的资金。设立的收款中心越多，补偿性余额就越多，现金的持有成本就越高。

（2）增加公司的管理费用。设立收款中心需要一定的人力、物力和财力，会加大公司的管理费用。

因此，在采用银行业务集中法时，要权衡利弊，遵从经济效益原则，以取得更好的效果。

2. 现金支出管理

与现金收入管理相反，现金支出的管理是尽可能延缓现金支出的时间，快速收款与慢速付款相结合。现金支出的控制有以下几种策略。

1）合理利用浮游量

现金浮游量是指企业账户上现金余额与银行账户上实际存款余额的差额。企业开出的有些支票，企业账上已经做了现金减少处理，但是客户尚未到银行兑现，就形成了银行账户上现金余额大于企业账户上现金余额的现金浮游量，如果能正确预测浮游量并加以利用，可节约大量资金。在使用现金浮游量时，一定要控制好使用时间，否则会发生银行存款的透支。现金浮游的时间包含3个方面：一是邮寄时间，是收款和付款过程中支票处于邮政系统的时间；二是处理延迟时间，是支票接收方处理付款和将支票存入银行准备收款的时间；三是到账延迟时间，是支票在银行系统内部进行清算所花费的时间。一般来讲，公司使用现金浮游量主要取决于两个因素：① 公司收到客户交来票据时，加速收款的能力；② 公司在开出票据后，延期付款的能力。

2）利用商业信用

这种方法是在不影响企业信誉的前提下，尽可能推迟应付款的支付期，充分利用供货方提供的商业信用。比如，企业在支付采购款项时，应选择在信用期最后一天付款，并尽可能利用给予的现金折扣。如遇公司急需现金，甚至可以放弃供货方的折扣优惠，在信用期的最后一天支付款项。当然，这要权衡折扣优惠与急需现金之间的利弊得失而定。对于企业的各种应付债务，包括应付工资、应付税金等，一般应安排在最后到期日支付，做到既不提早偿还也不拖账。此外，还应合理使用汇票付款方式，充分利用汇票的承兑和付款时间差，达到延缓现金支付的目的。

3）改进员工工资支付模式

企业可以为支付工资专门设立一个工资账户，通过银行向职工支付工资。为了最大限度地减少工资账户的存款余额，公司要合理预测开出的支付工资的支票到职工去银行兑现的具体时间。通常，总有一定比例的职工并不是立刻到工资账户上兑现工资，而是在数日后才去兑现，这样企业就可以将工资账款陆续存入，以减少该账户的存款余额，达到充分利用现金的目的。假如某企业每月20日发工资，根据历史资料，20日、21日、22日、23日、24日及25日以后的兑现比率分别为30%、20%、20%、15%、5%和10%。这样，该企业就可以按照这一比率逐日将款项存入工资账户，既可以满足职工兑现工资的要求，又可以减少工资账户的闲置现金。

4）力争现金流出与现金流入同步

企业应尽量使现金流出与流入同步，这样就可以降低交易性现金余额，同时还可以减少有价证券转换为现金的次数，提高现金的利用效率，节约转换成本。为此，企业应认真编制现金预算，有效地组织销售及其他现金流入，合理安排购货等现金支出，使现金流入线与现金流出线的波动基本一致。

3. 闲置现金管理

企业在生产经营过程中会产生大量的现金，这些现金在用于资本投资或其他业务活动之前，通常会闲置一段时间。这些现金可用于短期证券投资以获取利息收入或资本利得；而当企业现金短缺时，又可以通过出售各种证券获取现金。因此，如果闲置现金管理得当，可为企业增加相当可观的净收益。

企业现金管理的目的首先是保证主营业务的现金需求，其次才是使这些现金获得较多的收益。这两个目的要求企业把闲置资金投入到流动性高、风险性低、交易期限短的金融工具中，以期在容易变现的条件下获得较多的收入。在货币市场上，财务人员通常使用的金融工具主要有国库券、大额定期可转让存单、企业债券、企业股票、回购协议等。

案例链接

内部银行——资金进出的唯一"漏斗"

内蒙古鄂尔多斯羊绒集团公司根据"统一管理，分级实施"的原则，确立了以内部银行为中心的资金管理体制，其内涵是在"四统一分"的框架下，以内部银行作为集团内部全资、控股企业资金流程的必经之地和调控中枢，以资金统一管理和集中运作为核心，各全资、控股企业原有的银行账户统归财务公司内部银行接管，内部银行利用总体财务收支预算杠杆，实施现金流监控，调剂资金余缺，发挥资金最大效能。

财务公司成立后，内部银行接管了成员企业原有的银行账户，银行预留印鉴、空白票据全部交存内部银行，并对应开设内部账户。统一管理资金账户后，各企业的回款仍回到自己的账户，内部银行出具内部收款通知，作为记账凭证。内部银行可根据企业业务量大小，统筹调剂安排资金，资金由"散存"变为"统存"，最大限度地发挥资金"蓄水池"作用，实现了一个漏斗进出资金，一个账户管住开户企业。2000年内部存款企业全年平均存款18 534万元，而银行账户存款为9 395万元，调剂使用9 000多万元，节约财务费用1 653万元。

企业因生产经营资金周转困难，可向内部银行申请流动资金借款。内部银行通过对借款人经营状况、资产结构、负债比重、销售回款、营业利润、信用程度进行严格审查，在确认申贷合理、资信可靠、具备偿还能力的情况下，给予短期周转借款。借款完全由内部银行进行监督使用，专款专用。内部银行利用企业资金使用的时间差和空间差，1999年内部银行为企业调剂资金总量1亿元，2000年增加到1.4亿元，真正实现了财尽其力和管好用活资金。

内部银行作为集团公司资金的流转结算中心，承担着资金统一运营和有效调剂的职能。受羊绒行业资金季节性交错制约，每年原料收购旺季的资金"瓶颈"较为突出。从4月份开始，原料收购进入旺季，需要筹集大量的资金确保原料收储，而羊绒衫销售市场却因气候因素在4—8月基本上处于销售淡季，销售回款难以满足原料资金需求。在每年原料收购资金大幅度增加的情况下，内部银行积极利用统存统贷和利率杠杆，还高贷低、还旧贷新，大力压缩贷款规模，降低资金成本，避免了逾期贷款产生的高额罚息。

9.3 应收账款管理

应收账款是指因对外销售产品、材料、供应劳务及其他原因，应向购货单位或接受劳务的单位及其他单位收取的款项，包括应收销售款、其他应收款、应收票据等。应收账款的产生与商业信用的提供密切相关。应收账款管理的目的就是正确衡量信用成本和信用风险，合理确定信用政策，及时收回账款，保证流动资产的真实性。

知识链接

应收账款保理

随着市场经济的发展及商业信用的普遍推广和运用，保理业务日益成为一项集贸易融资、商业资信调查、应收账款管理及信用风险担保于一体的新兴综合性金融服务。随着中国经济的发展和法律体系的不断完善，商业信用越来越盛行，企业应收账款的资金占用量日益膨胀，严重影响了企业的资金周转，加大了企业风险。更有企业因大量应收账款不能收回，致使生产经营难以为继，陷入破产的境地。应收账款的大量沉淀成为公司管理层头疼的问题。应收账款保理业务使得企业可以把由于赊销而形成的应收账款有条件地转让给银行，银行再为企业提供资金，并负责管理、催收应收账款和坏账担保等。企业可借此收回账款，加快资金周转。

应收账款保理是企业将赊销形成的未到期应收账款在满足一定条件的情况下，转让给商业银行，以获得银行的流动资金支持，加快资金周转。理论上讲，保理可以分为买断型保理（非回购型保理）和非买断型保理（回购型保理）、有追索权保理和无追索权保理、明保理和暗保理、折扣保理和到期保理。中国企业应收账款的数量呈现逐年上升的趋势，企业流动资金短缺与大量债权无法变现之间的矛盾异常突出。应收账款的不断增长使不少企业运营资金拮据，应收账款占用资金加大了企业的机会成本，而应收账款难以收回又使公司的坏账增加，从而增加企业的费用，致使许多企业虚盈实亏，影响企业的利润。

应收账款保理的主要作用是：① 低成本融资，加快资金周转。保理业务的成本要明显低于短期银行贷款的利息成本，银行只收取相应的手续费用。而且如果企业使用得当，可以循环使用银行对企业的保理业务授信额度，从而最大限度地发挥保理业务的融资功能。尤其是对于那些客户实力较强，有良好信誉，而收款期限较长的企业作用尤为明显。② 增强销售能力。由于销售商有进行保理业务的能力，会对采购商的付款期限做出较大让步，从而大大增加了销售合同成功签订的可能性，拓宽了企业的销售渠道。③ 改善财务报表。在无追索权的买断式保理方式下，企业可以在短期内大大降低应收账款的余额水平，加快应收账款的周转速度，改善财务报表的资产管理比率指标。④ 融资功能。应收账款保理，其实质上还是一种利用未到期应收账款这种流动资产作为抵押从而获得银行短期借款的一种融资方式。

9.3.1 应收账款的功能与成本

1. 应收账款的功能

应收账款在企业的生产经营过程中，具有两方面的功能。

1）促进销售

企业在出售商品产品时，采用的两种基本销售结算方式是现销和赊销，当然现销方式是企业最期望的一种结算方式，它使企业的应计现金流入量和实际现金流入量完全吻合，从而使企业收回的款项得以投入再增值的过程。但是在激烈的市场竞争经济条件下，仅采用现销的方式是不够的，企业适时地采用各种有效的赊销方式，也是很有必要的，赊销方式虽然会发生一些呆坏账损失，但它对于企业占领市场增加销售额尤为重要。

2）减少存货

在企业的生产经营过程中，当商品或产成品存货较多时，企业可以采用较为优惠的信用条件进行赊销，尽快地实现商品产品存货向销售收入的转化，变持有存货为持有应收账款，以降低商品产品存货的管理费用、仓储费和保险费等支出。

2. 应收账款成本

企业在采用赊销方式促进销售的同时，也会由于持有应收账款而付出一定的代价，这种代价就是应收账款的成本，其内容包括机会成本、管理成本和坏账成本。

1）机会成本

应收账款的机会成本是指资金投放在应收账款上被客户占用而丧失的其他收入，如投资收益。应收账款机会成本的大小通常与企业维持赊销业务所需要的资金数量、资金成本率或有价证券利息率有关。

机会成本的计算过程如下。

$$应收账款周转率=\frac{日历天数（360天）}{应收账款周转期}$$

$$应收账款平均余额=\frac{赊销收入净额}{应收账款周转率}$$

$$维持赊销业务所需要的资金=应收账款平均余额\times\frac{变动成本}{销售收入}=$$

$$应收账款平均余额\times变动成本率$$

$$应收账款机会成本=维持赊销业务需要资金\times资金成本率$$

2）管理成本

应收账款的管理成本是指与应收账款管理有关的费用，包括调查客户信用情况的费用、收集各种信息的费用、账簿记录费用和收账费用等。在应收账款一定数额范围内，管理成本一般为固定成本。

3）坏账成本

应收账款是基于商业信用而产生，坏账成本是指应收账款收不回来而给企业造成的经济损失。存在应收账款就难以避免坏账的发生，企业可按有关规定以应收账款的一定比例提取坏账准备。坏账成本一般与应收账款的数额大小、拖欠时间有关。

9.3.2　信用政策

信用政策即应收账款的管理政策，是企业为了实现应收账款管理目标而制定的赊销与收账政策，包括信用标准、信用条件和收账政策3个方面的内容。通过制定信用政策，指导和协调各机构业务活动，从客户的资信调查、付款方式的选择、信用限额的确定，到款项回收等环节实行全面监督和控制，以保障应收账款的安全、及时回收。

1. 信用标准

信用标准是客户获得企业商业信用所应具备的基本条件，通常以预期的坏账损失率表示。企业制定信用标准的高低，与客户的信用状况有着密切的关系。

1）"5C"信用评级系统

客户的信用状况由客户的信用品质、偿付能力、资本、抵押品和经济条件5个方面决定，简称"5C"信用评级系统。

信用品质（character）是指客户履约或赖账的可能性，这是决定是否给予客户信用的首要条件。企业可通过了解客户以往的付款履约情况进行评价。

偿付能力（capacity）是客户付款的能力。客户偿付能力的高低，取决于其资产特别是流动资产的数量、可变现能力及与流动负债的比率大小。一般情况下，客户流动资产的数量越多，流动比率越大，表明其偿还债务的物质保证越雄厚。当然，对客户偿付能力的判定还要对其资产的变现能力及其负债的流动性进行分析。

资本（capital）反映了客户的经济实力与财务状况的优劣，是客户偿付债务的最终保证。

抵押品（collateral）是客户提供的担保付款的资产，客户提供了具有变现能力的抵押品，企业可以向他提供信用，这样即使客户不付款，企业可变卖抵押品，以满足其债权。

经济条件（conditions）是指不利经济环境对客户偿付能力的影响及客户是否具有较强的应变能力。

上述客户信用状况5个方面的资料，可通过以下途径取得：企业可通过商业代理机构或资信调查机构，提供客户信息资料及信用等级标准资料；委托往来银行信用部门向与客户有关联业务银行索取信用资料；与同一客户有信用关系的其他企业相互交换该客户信用资料；查阅客户财务报告资料或凭企业自身的经验或其他方面取得资料。

2）确立信用标准的定量分析

对信用标准进行定量分析，旨在解决两个问题：一是确定客户拒付账款的风险，即坏账损失率；二是具体确定客户的信用等级，以作为给予或拒绝信用的依据。这主要通过以下3个步骤来完成。

第一，设定信用等级的评价标准。即根据对客户信用资料的调查分析，确定评价信用优劣的数量标准，以一组具有代表性、能够说明付款能力和财务状况的若干比率（如流动比率、速动比率、应收账款平均收账天数、存货周转率、产权比率或资产负债率、赊购付款履约情况等）作为信用风险指标，根据数年内最坏年景的情况，分别找出信用好和信用差两类顾客上述比率的平均值，以此作为比较其他顾客的信用标准。

【例 9-4】按照上述方法确定的某行业的信用标准如表 9-4 所示。

表 9-4　信用标准一览表

指　　标	信用标准	
	信用好	信用差
流动比率	2.5：1	1.6：1
速动比率	1.1：1	0.8：1
现金比率	0.4：1	0.2：1
产权比率	1.8：1	4：1
已获利息倍数	3.2：1	1.6：1
有形净值负债率	1.5：1	2.9：1
应收账款平均收账天数	26	40
存货周转率/次	6	4
总资产报酬率/%	35	20
赊购付款履约情况	及时	拖欠

　　第二，利用既有或潜在客户的财务报表数据，计算各自的指标值，并与上述标准比较。比较的方法是：若某客户的某项指标值等于或低于差的信用标准，则该客户的拒付风险系数（即坏账损失率）增加 10 个百分点；若客户的某项指标值介于好与差的信用标准之间，则该客户的拒付风险系数（坏账损失率）增加 5 个百分点；当客户的某项指标值等于或高于好的信用标准时，则视该客户的这一指标无拒付风险；最后，将客户的各项指标的拒付风险系数累加，作为该客户发生坏账损失的总比率。

【例 9-5】甲客户的信用状况评价表如表 9-5 所示。

表 9-5　甲客户的信用状况评价表

指　　标	指标值	拒付风险系数/%
流动比率	2.6：1	0
速动比率	1.2：1	0
现金比率	0.3：1	5
产权比率	1.7：1	0
已获利息倍数	3.2：1	0
有形净值负债率	2.3：1	5
应收账款平均收账天数	36	5
存货周转率/次	7	0
总资产报酬率/%	35	0
赊购付款履约情况	及时	0
累计拒付风险系数		15

　　在表 9-5 中，甲客户的流动比率、速动比率、产权比率、已获利息倍数、存货周转率、

总资产报酬率、赊购付款履约情况等指标均等于或高于好的信用标准值，因此这些指标产生拒付风险的系数为0；而现金比率、有形净值负债率、应收账款平均收账天数3项指标值则介于信用好与信用差标准值之间，各自发生拒付风险的系数为5%，累计15%。这样即可认为该客户预期可能发生的坏账损失率为15%。

当然，企业为了能够更详尽地对客户的拒付风险做出准确判断，也可以设置并分析更多的指标数值，如增为20项，各项最高的坏账损失率为5%，介于信用好与信用差之间的，每项增加2.5%的风险系数。

第三，进行风险排队，并确定各有关客户的信用等级。依据上述风险系数的分析数据，按照客户累计风险系数由小到大进行排序。然后，结合企业承受违约风险的能力及市场竞争的需要，具体划分客户的信用等级，如累计拒付风险系数在5%以内的为A级客户，在5%～10%之间的为B级客户等。对于不同信用等级的客户，分别采取不同的信用对策，包括拒绝或接受客户信用订单，以及给予不同的信用优惠条件或附加某些限制条款等。

对信用标准进行定量分析，有利于企业提高应收账款投资决策的效果。但由于实际情况错综复杂，不同企业的同一指标往往存在很大差异，难以按照统一的标准进行衡量。因此，要求企业财务决策者必须在深刻考察各指标内在质量的基础上，结合以往的经验，对各项指标进行具体的分析、判断。

2. 信用条件

信用标准是企业评价客户等级，决定给予或拒绝客户信用的依据，一旦企业决定给予客户信用优惠，就需要考虑具体的信用条件。所谓信用条件，是指企业要求客户支付赊销款项的条件，主要包括信用额度、信用期限、折扣期限和现金折扣。

（1）信用额度就是允许客户赊欠的最高限额。

（2）信用期限是指企业允许客户从购货到延期付款的最长时间限定。例如，若某企业允许顾客在购货后的50天内付款，则信用期为50天。信用期过短，不足以吸引顾客，会使销售额下降；信用期过长，对销售额增加固然有利，但所得的收益有时会被增长的费用抵消，甚至造成利润减少。因此，企业必须研究确定恰当的信用期。信用期的确定，主要是分析改变现行信用期对收入和成本的影响。延长信用期，会使销售收入增加，与此同时应收账款、收账费用和坏账损失等也增加。决策时可列表计算各种信用期下收入和成本费用的净增加额，然后采用净增加额最大的信用期。

（3）现金折扣是企业为了鼓励客户在信用期限内尽早付款而给予的低于定价的优待。现金折扣期限是在信用期限内，客户可以得到现金折扣的时间限定，它的长短和折扣率的高低如果定得不适当就不能发挥现金折扣应有的作用。企业应根据行业的特点及所售产品的特点，权衡现金折扣利弊，制定出合理的折扣期限和折扣率。因此，在选择现金折扣期限和折扣率时应考虑其所产生的以下影响。

① 适当的现金折扣期限及折扣率能够激励客户提早付款，从而加速企业应收账款周转率，降低应收账款资金占用。

② 客户平均付款期限的缩短有利于降低坏账损失率和收账费用。

③ 适当的现金折扣能吸引更多的客户，从而使企业的销售量上升。

④ 客户如果获得现金折扣，对于企业来讲相当于货物降价出售，从而使单位产品的销售收入减少，因此折扣率定得较大而销售量又无显著上升就会使得企业销售额下降，从而导

致利润减少。

信用条件在发票账单中是这样表述的，如 "3/10, 2/20, n/45" 等，意思是：在 45 天的信用期限内，客户若能在开票后的 10 天内付款，可以得到 3% 的现金折扣，超过 10 天而在 20 天内付款时，可以得到 2% 的现金折扣，否则便要支付全额价款。在这里，45 天为信用期限，10 天为折扣率 3% 的现金折扣期限，20 天为折扣率 2% 的现金折扣期限。

3. 收账政策

收账政策是指企业向客户收取过期账款所制定和采用的程序和方法。积极的收账政策会减少企业应收账款的机会成本和坏账损失，但同时也会增加收账费用；反之，消极的收账政策虽然可以减少收账费用，但会增加企业应收账款的机会成本和坏账损失。因此，企业制定收账政策时，必须通过应收账款机会成本和坏账损失同收账费用进行比较，确定合理的收账政策。

案例链接

巨额应收账款为哪般

2005 年 4 月 16 日四川长虹披露的 2004 年年报爆出巨额亏损，2004 年亏损达 36.81 亿元，相当于该公司上市 10 年来净利润的 40%。造成亏损的主要原因是计提坏账准备 3.1 亿美元。这是由于该公司出口业务合作方——APEX 公司不能付清其拖欠的巨额货款而形成的。资料显示，从 2001 年 7 月起，长虹彩电就源源不断地发向美国，由 APEX 公司在美国直接提货，并冠以 APEX 公司的商标进行销售，但货款总是被长期拖欠，致使长虹的应收款出现异常。2001 年，长虹开始与 APEX 公司发生业务往来，当年只赊销，没有回款，形成应收账款 4 184 万美元，折合人民币 3.47 亿元。2002 年长虹应收账款由 2001 年的 28.8 亿元增至 42.2 亿元，其中 APEX 公司就占 38.29 亿元，这年长虹与 APEX 公司的交易占全年彩电销售的 54%，占当年海外销售的 91.41%。2003 年销售给 APEX 公司 4.24 亿美元的货物，回款 3.49 亿美元，但此时对 APEX 公司的应收账款已增至 5.37 亿美元，至 2004 年度，APEX 公司的应收账款达 4.6 美元。

长虹在与 APEX 公司的交易中，APEX 公司、保理公司、长虹三家签订协议后，保理公司会通知零售商（如沃尔玛），不得向 APEX 公司直接支付货款，而是把货款交给保理公司，由保理公司将货款按 10% 和 90% 的比例在 APEX 公司和长虹之间分账。为了防范沃尔玛可能倒闭带来的风险，还由长虹和 APEX 公司双方另外向保险公司投保。保理公司如果在两个月之内收不到货款，保险公司就要赔付。如果长虹急需回款，可以凭销售发票向保理公司贴现。

长虹与 APEX 公司的合作模式看起来天衣无缝，但这套程序并没有有效运转，保理公司没有发挥应有的作用，长虹的出口业务始终面临巨大风险：一是在美国市场上过度依赖 APEX 公司；二是采用赊销方式，虽然存在保理公司，但保理公司是金融性质，一般只是在交易出现资金困难时可以代为垫款，并不保证规避风险。而保理之外的投保程序也是有名无实。长虹根本找不到愿意为其高风险业务提供保险的公司。

为何身为后来者的长虹甘愿接受风险极高的先发货后收款的运作方式，与一个在信用上并不可靠的企业进行大规模合作呢？通过观察长虹 2002 年的关键财务数据我们似乎可以略知一二。根据长虹年报，2002 年，公司主营业务收入实现 125.8 亿元，同比增长 32.27%；其中出口收入 55.4 亿元，增长幅度达到 614%；净利润实现 1.76 亿元，同比增长 99%。大量对美出口对当时的长虹而言可算是一帖速效药。此后出口业务在长虹的主营业务收入中的重要地位一直延续。然而，在一连串漂亮的主营收入和出口数字之下。长虹报表中应收账款的幅度也连年见涨。从 2001 年开始，APEX 公司始终位列应收账款欠款金额前五名单位的第一名，所欠数额之庞大让人瞠目，其在应收账款总额（未扣除坏账准备前）中所占比重从 2001 年的 12% 上升到 2002 年的 91%。2004 年巨额计提冲销后，APEX 公司的应收账款净额还占长虹应收账款净额的 57%。与此同时，长虹的现金流量却捉襟见肘。2002 年主营业务收入迅猛增长的前提下却第一次出现经营活动现金流量为负。这样，企业为了维持运转就不得不求助外部借款。长虹的短期借款随之从 2001 年的 8 500 万元飙升到 2002 年的 16.2 亿元和 2003 年的 27 亿元，也就是，长虹貌似繁荣的出口业绩背后其实已经潜藏着巨大的资金隐患，天花乱坠的盈利数字只能是画饼充饥。

4. 信用政策备选方案的评价

虽然在信用管理政策中，企业已对那些客户的可以被接受的信用风险做了规定，但是当企业的生产经营环境发生变化时，就需要对信用政策中的某些规定进行修改和调整，并对改变条件的各种备选方案进行认真的评价。通过比较信用成本前的收益与信用成本，能够给企业带来信用净收益最大的政策就是理想的信用政策。

【例 9-6】某企业预测的赊销收入额为 276 万元，其信用条件是 n/30，变动成本率为 65%，资金成本率（或有价证券利息率）为 10%。假定企业的收账政策不变，固定成本总额不变。该企业准备了 3 个信用条件的备选方案，A 方案维持 n/30 的信用条件，B 方案将信用条件放宽到 n/60，C 方案将信用条件放宽到 n/90。

各种备选方案估计的赊销水平、坏账百分比和收账费用等有关资料如表 9-6 所示。

表 9-6 备选方案信用条件资料   单位：万元

项　目	方　案		
	A（n/30）	B（n/60）	C（n/90）
年赊销额	276	300	320
应收账款周转率/次数	12	6	4
应收账款平均余额	276/12 = 23	300/6 = 50	320/4 = 80
维持赊销业务所需资金	23×65% = 14.95	50×65% = 32.5	80×65% = 52
坏账损失/年赊销额	2%	3%	5%
坏账损失	276×2% = 5.52	300×3% = 9	320×5% = 16
收账费用	2.8	4.2	6.0

根据表 9-6 中的资料，可以计算收支的有关情况，并对 A、B、C 三个方案进行评价，如表 9-7 所示。

表9-7 备选方案信用条件分析评价表　　　　　　单位：万元

项　目	方　案		
	A（n/30）	B（n/60）	C（n/90）
年赊销额	276	300	320
变动成本	179.4	195	208
信用成本前收益	96.6	105	112
信用成本			
应收账款机会成本	14.95×10%=1.5	32.5×10%=3.25	52×10%=5.2
坏账损失	5.52	9	16
收账费用	2.8	4.2	6.0
小　计	9.82	16.45	27.2
信用成本后收益	86.78	88.55	84.8

根据表9-7中所计算的数据资料可知，在3种方案中，信用条件为n/60的B方案获利最大，为88.55万元。它既优于A方案，更优于C方案，所以在其他条件不变的情况下，当选B方案。

【例9-7】接例9-6，如果企业选择了B方案，但为了加速应收账款的回收，决定将赊销条件改为"2/10，1/20，n/60"（D方案），估计约有60%的客户（按赊销额计算）会利用2%的折扣，15%的客户将利用1%的折扣。坏账损失降为2%，收账费用降为3万元。根据上述资料，有关数据资料计算如下。

① 应收账款周转期=60%×10+15%×20+25%×60=24（天）
② 应收账款周转率=360/24=15（次）
③ 应收账款平均余额=300/15=20（万元）
④ 维持赊销业务所需要的资金=20×65%=13（万元）
⑤ 应收账款机会成本=13×10%=1.3（万元）
⑥ 坏账损失=300×2%=6（万元）
⑦ 现金折扣=300×（2%×60%+1%×15%）=4.05（万元）

根据计算的数据资料，编表9-8对B、D方案进行比较。

表9-8 备选方案信用条件分析评价表　　　　　　单位：万元

项　目	方　案	
	B方案（n/60）	D方案（2/10，1/20，n/60）
年赊销额	300	300
减：现金折扣		4.05
年赊销净额	300	295.95
减：变动成本	195	195
信用成本前收益	105	100.95
减：信用成本		

项　目	方　案	
	B 方案（n/60）	D 方案（2/10，1/20，n/60）
应收账款机会成本	3.25	1.3
坏账损失	9	6
收账费用	4.2	3
小　计	16.45	10.3
信用成本后收益	88.55	90.65

通过计算比较可知，企业应选择 D 方案（2/10，1/20，n/60），该方案可使企业获得最大收益。

总之，企业要制定合理的信用政策，就要把信用标准、信用条件和收账政策结合起来，根据企业产销情况和市场竞争程度，综合考虑三者的变化对销售额、应收账款机会成本、坏账损失和收账费用的影响，决策的原则仍是总收益大于因赊销带来的总成本。既要通过具体数字的测算比较进行数量分析，又要依靠管理经验和主观判断来决定。

9.3.3　应收账款的日常管理

当企业的信用政策建立后，还应加强对应收账款的日常管理。

1. 建立应收账款的坏账准备制度

不论企业采用怎样严格的信用政策，只要存在商业信用行为，坏账损失的发生就是不可避免的。企业应当在期末分析各项应收账款的可收回性，并预计可能产生的坏账损失。对预计可能发生的坏账损失，计提坏账准备。企业计提坏账准备的方法由企业自行确定。企业应当制定计提坏账准备的政策，明确计提坏账准备的范围、提取方法、账龄的划分和提取比例，按法律、行政法规的规定报有关各方备案，并备置于企业所在地。坏账准备计提方法一经确定，不得随意变更，且应当在会计报表附注中予以说明。

在确定坏账准备的计提比例时，企业应当根据以往的经验、债务单位的实际财务状况和现金流量等相关信息予以合理估计。除有确凿证据表明该项应收款不能够收回或收回的可能性不大外（如债务单位已撤销、破产、资不抵债、现金流量严重不足、发生严重的自然灾害等导致停产而在短时间内无法偿付债务等，以及 3 年以上的应收款项），下列各种情况不能全额计提坏账准备：

（1）当年发生的应收款项；

（2）计划对应收款项进行重组；

（3）与关联方发生的应收款项；

（4）其他已逾期，但无确凿证据表明不能收回的应收款项。

企业的预付账款，如有确凿证据表明其不符合预付账款性质，或者因供货单位破产、撤销等原因已无望再收到所购货物的，应当将原计入预付账款的金额转入其他应收款，并按规定计提坏账准备。

企业持有的未到期应收票据，如有确凿证据证明不能收回或收回的可能性不大时，应将其账面余额转入应收账款，并计提相应的坏账准备。

2. 监督应收账款的回收情况

企业可以采取以下方法实施对应收账款回收情况的监督。

（1）采用 ABC 分析法，即重点管理法（抓住重点，照顾一般）。把金额较大、欠款期限较久的应收账款列为管理重点，将最危险的客户往前排。

（2）账龄分析法。账龄分析法是通过编制账龄分析表，以显示应收账款存账时间（账龄）的长短，并按时间长短进行排序。企业应实施严密的监督，随时掌握应收账款的回收情况。实施对应收账款的全过程监督，可以通过编制账龄分析表进行。账龄分析表是一张能显示应收账款在外时间长短的报告，其格式如表 9-9 所示。

表 9-9　账龄分析表

应收账款账龄	账户数量/个	金额/万元	百分率/%
信用期内	200	8	40
超过信用期 1～20 天	100	4	20
超过信用期 21～40 天	50	2	10
超过信用期 41～60 天	30	2	10
超过信用期 61～80 天	20	2	10
超过信用期 81～100 天	15	1	5
超过信用期 100 天以上	5	1	5
合　　计	420	20	100

通过账龄分析表，企业财务管理部门可以掌握以下信息：① 有多少客户能够在折扣期限内付款；② 有多少客户能够在信用期限内付款；③ 企业有多少应收账款超过了信用期，有多少客户能够在信用期限过后才付款；④ 有多少应收账款拖欠太久，可能会成为坏账。

表 9-9 显示，有价值 80 000 元的应收账款处在信用期内，占全部应收账款的 40%。这些款项未到期，欠款是正常的；但到期后能否收回，还要待时再定，故及时的监督仍是必要的。有价值 120 000 元的应收账款已经超过了信用期，占全部应收账款的 60%。不过，其中拖欠时间较短的（20 天内）有 40 000 元，占全部应收账款的 20%，这部分欠款收回的可能性很大；拖欠时间较长的（21～100 天）有 70 000 元，占全部应收账款的 35%，这部分欠款收回有一定的难度；拖欠时间很长的（100 天以上）有 10 000 元，占全部应收账款的 5%，这部分欠款有可能成为坏账。

对不同拖欠时间的欠款，企业应采取不同的收账方法，制定经济、可行的收账政策；对可能发生的坏账损失，则应提前做好准备，估计这一因素对应收账款的影响。

（3）财务指标分析法。分析应收账款周转率和平均收账期，看流动资金是否处于正常水平，借以评价应收账款管理中的成绩与不足，并修正信用条件。

（4）清欠预算管理及快报。年初销售部门会同会计部门做好清欠预算，每月或每旬由销售部门或会计部门出具清欠报告，检查和分析清欠情况。据此，向销售部门及时发布客户状况预警（周转天数超过×天），并建立信用高风险名单，进行定期跟踪。

（5）平均收账期法。平均收账期法是通过计算应收账款从形成到收回的平均所经历的时间，并将其与目标值（如同行业有关数据等）进行比较分析，为加强应收账款的监控提供依据。企业对拖欠的应收账款无论采取哪种方式进行催收，均会发生一定的收账费用。通常，收账费用越高，收回的账款就越多，平均收款期也会相应缩短，应收账款投资额和坏账损失也就越小。企业财务人员应常对企业由于信用政策和收账政策变化所引起的企业各期平均收账期的变动进行分析比较，找出影响企业平均收账期变化的原因，掌握到底是由于信用期限的宽松还是收账政策的不力而引起平均收账期的延长，以便寻求有效的改进措施。平均收账期的变化，直接关系到企业资金的周转和利用效率，对其进行定期的分析评估，能促进企业制定合理的信用政策和改善收账的方法。

9.4 存货管理

存货是指企业在日常生产经营过程中为生产或销售而储备的物资。企业持有充足的存货，不仅有利于生产过程的顺利进行，节约采购费用与生产时间，而且能够迅速地满足客户各种订货的需要，避免因存货不足带来的机会损失。然而，存货的增加必然要占用更多的资金，使企业付出更大的持有成本（即存货的机会成本），而且存货的储存与管理费用也会增加，从而影响企业获利能力的提高。因此如何在存货的功能（收益）与成本之间进行利弊权衡，在充分发挥存货功能的同时降低成本、增加收益、实现它们的最佳组合就成为存货管理的基本目标。

9.4.1 存货的功能

存货的功能是指存货在企业生产经营过程中所具有的作用，主要表现在以下几个方面。

1. 保证生产和销售的正常进行

如果企业能在生产投料时随时购入所需的原材料，或能在销售时让顾客随时购入该项产品，就不需要存货了。但事实上，企业很难做到供、产、销在数量上和时间上的绝对平衡。因此，如果没有一定的存货，一旦生产和销售所需物资短缺，就会影响企业生产和销售的正常进行，严重时会导致生产和销售的中断，给企业造成严重损失。

2. 获取规模效益

批量采购原材料，可以获得价格上的优惠，还可以减少管理及采购费用；批量组织生产，可以使生产均衡，降低生产成本；批量组织销售，可以及时满足客户对产品的需求，有利于销售规模的迅速扩大。

9.4.2 存货的成本

1. 取得成本

取得成本是指为取得某种存货而支出的成本，通常用 TC_a 表示。其又分为订货成本和购置成本。

1）订货成本

订货成本是指取得订单的成本，如办公费、差旅费、邮资、电报电话费等支出。订货成本中有一部分与订货次数无关，如常设采购机构的基本开支等，称为订货的固定成本，用 F_1 表示；另一部分与订货次数有关，如差旅费、邮资等，称为订货的变动成本。每次订货的变动成本用 K 表示；订货次数等于存货年需要量 D 与每次进货量 Q 之商。订货成本的计

算公式为

$$订货成本 = F_1 + \frac{D}{Q}K$$

2）购置成本

购置成本是指存货本身的价值，经常用数量与单价的乘积来确定。年需要量用 D 表示，单价用 U 表示，于是购置成本为 DU。

订货成本加上购置成本，就等于存货的取得成本。其计算公式为

$$取得成本 = 订货成本 + 购置成本 = 订货固定成本 + 订货变动成本 + 购置成本$$

$$TC_a = F_1 + \frac{D}{Q}K + DU$$

2. 储存成本

储存成本是指为保持存货而发生的成本，包括存货占用资金所应计的利息（若企业用现有现金购买存货，便失去了现金存放银行或投资于证券本应取得的利息，视为"放弃利息"；若企业借款购买存货，便要支付利息费用，视为"付出利息"）、仓库费用、保险费用、存货破损和变质损失等，通常用 TC_c 来表示。

储存成本也分为固定成本和变动成本。固定成本与存货的数量无关，如仓库折旧，仓库职工的固定月工资等，常用 F_2 表示。变动成本与存货的数量有关，如存货资金的应计利息、存货的破损和变质损失、存货的保险费用等。单位成本用 K_c 表示，用公式表达的储存成本为

$$储存成本 = 储存固定成本 + 储存变动成本$$

$$TC_c = F_2 + K_c\frac{Q}{2}$$

3. 缺货成本

缺货成本是指由于存货供应中断而造成的损失，包括材料供应中断造成的停工损失、产成品库存缺货造成的拖欠发货损失和丧失销售机会的损失（还应包括需要主观估计的商誉损失）；如果生产企业以紧急采购代用材料解决库存材料中断之急，那么缺货成本表现为紧急额外购入成本（紧急额外购入的开支会大于正常采购的开支）。缺货成本用 TC_s 表示。

如果以 TC 表示储备存货的总成本，则其计算公式为

$$TC = TC_a + TC_c + TC_s = F_1 + \frac{D}{Q}K + DU + F_2 + K_c\frac{Q}{2} + TC_s$$

企业存货的最优化，就是使上式 TC 值最小。

案例链接

囤积彩管伤筋动骨

自 1998 年 7 月开始，长虹与国内 8 大彩管厂签订了近乎垄断的供货协议，将下半年国

产 76% 的 21 英寸、63% 的 25 英寸和绝大部分 29 英寸及以上大屏幕的彩管共计 300 万只收归自己所有。长虹此举意图非常明显：借助多年价格战的资金实力，大量囤积彩管，通过垄断上游关键元器件资源让部分彩电厂家出局，形成行业垄断，进而获得高额垄断利润。之后，长虹被国内另外几家彩电巨头一纸"诉状"告上了有关部委，政府增加了彩管进口配额，导致长虹彩管垄断计划落空。

囤积彩管的失败使长虹伤筋动骨。长虹本来充实的流动资金变成了仓库里堆积如山的库存，到 1998 年年末，长虹库存达到 77 亿元，比上年增加 116.78%（对存货变化，长虹在年报中解释为：主要原因是生产经营规模扩大，1998 年彩电市场疲软，库存商品增加）。同时，应付款项从 35.51 亿元直线上升到 61.9 亿元（长虹对应付票据大幅增加的解释为：应付票据 1998 年年底较 1997 年末增加 97.6%，主要是由于物资采购结算方式调整及采用承兑汇票集中批量采购所致），可见这与囤积彩管密不可分。当年长虹计划生产彩电 800 万台，但实际只销售 600 多万台。

这样的下滑却还仅仅是开始，囤积彩管带来的问题还没有全部爆发。1998 年长虹净利润尚有 20 亿元，随着彩电业的整体走低及规模扩张、存货增加、价格战之间的恶性循环，到了 2001 年年底，长虹勉强以 8 845 万元的净利润维持了不亏损的局面，净资产收益率只有 0.7%。在接下来的几年中，长虹的存货规模一直居高不下，在最低的 2001 年也有 59 亿元之多。2002 年、2003 年存货迅速跃升到 70 亿元以上，直到 2004 年计提大量存货跌价准备，将存货余额降低到 60 亿元。通过进一步的考察可以发现，长虹的存货总量中库存商品占了很大比例，暂不考虑减值准备，价值 70 多亿元的存货中库存商品一直稳定在近 50 亿元，占 60% 以上。彩电的换代升级周期极短，如果成品不能卖出，随着时间的推移必将迅速减值。但是，长虹直到 2004 年才大量计提存货减值准备，这也是长虹 2004 年度巨额亏损的主要原因。

9.4.3 存货决策

存货的决策涉及 4 项内容：决定进货项目、选择供应单位、决定进货时间和决定进货批量。决定进货项目和选择供应单位是销售部门、采购部门和生产部门的职责。财务部门要做的是决定进货时间和决定进货批量（分别用 T 和 Q 表示）。按照存货管理的目的，需要确定合理的进货批量和进货时间，使存货的总成本最低，这个批量叫作经济批量。有了经济订货量，可以很容易地找出最适宜的进货时间。

与存货总成本有关的变量（即影响总成本的因素）很多，为了解决比较复杂的问题，有必要简化或舍弃一些变量，先研究解决简单的问题，然后再扩展到复杂的问题。这需要设立一些假设，在此基础上建立经济订货量的基本模型。

1. 经济订货量基本模型

经济订货量基本模型需要设立的假设条件是：

（1）企业能够及时补充存货，即需要订货时便可立即取得存货；

（2）能集中到货，而不是陆续入库；

（3）不允许缺货，即无缺货成本，TC_s 为零，这是因为良好的存货管理本来就不应该出现缺货成本；

（4）需求量稳定且能预测，即 D 为已知常量；

（5）存货单价不变，不考虑现金折扣，即 U 为已知常量。

（6）企业现金充足，不会因现金短缺而影响进货；

（7）所需存货市场供应充足，不会因买不到需要的存货而影响其他。

设立上述假设后，存货总成本的公式可以简化为

$$TC = F_1 + \frac{D}{Q}K + DU + F_2 + K_c\frac{Q}{2}$$

当 F_1、K、U、F_2、K_c 为常数量时，TC 的大小取决于 Q。为了求出 TC 的极小值，对其进行求导演算，可得出下列公式：

$$Q^* = \sqrt{\frac{2KD}{K_c}}$$

这一公式为经济订货量基本模型，求出的每次订货批量可使 TC 达到最小值。

这个基本模型还可以演变为其他形式。

每年最佳订货次数公式为

$$N^* = \frac{D}{Q^*} = \sqrt{\frac{DK_c}{2K}}$$

与批量有关的存货总成本公式为

$$TC(Q^*) = \frac{KD}{\sqrt{\dfrac{2KD}{K_c}}} + \frac{\sqrt{\dfrac{2KD}{K_c}}}{2} \cdot K_c = \sqrt{2KDK_c}$$

最佳订货周期公式为

$$t^* = \frac{1}{N^*} = \frac{1}{\sqrt{\dfrac{DK_c}{2K}}}$$

经济订货量占用资金为

$$I^* = \frac{Q^*}{2}U$$

【例 9-8】某企业每年耗用某种材料 3 600 kg，该材料单位成本为 10 元，单位存储成本为 2 元，一次订货成本为 25 元，则

$$Q^* = \sqrt{\frac{2KD}{K_c}} = \sqrt{\frac{2 \times 3\ 600 \times 25}{2}} = 300 \text{（kg）}$$

$$N^* = \frac{D}{Q^*} = \frac{3\ 600}{300} = 12 \text{（次）}$$

$$\text{TC}(Q^*) = \sqrt{2KDK_c} = \sqrt{2 \times 25 \times 3\ 600 \times 2} = 600 \text{（元）}$$

$$t^* = \frac{1}{N^*} = \frac{1}{12} \text{（年）} = 1 \text{（月）}$$

$$I^* = \frac{Q^*}{2} U = \frac{300}{2} \times 10 = 1\ 500 \text{（元）}$$

经济订货量也可以用图解法求得：先计算一系列不同批量的各有关成本，然后在坐标图上描述由各有关成本构成的订货成本线、储存成本线和总成本线，总成本线的最低点（或者是订货成本线和储存成本线的交点）对应的批量，即经济订货量。

不同批量下的有关成本指标如表 9-10 所示。

表 9-10　不同批量下的有关成本指标

项　目	成本指标					
订货批量	100	200	300	400	500	600
平均存量	50	100	150	200	250	300
储存成本	100	200	300	400	500	600
订货次数	36	18	12	9	7.2	6
订货成本	900	450	300	225	180	150
总成本	1 000	650	600	625	680	750

对于例 9-8，不同批量的有关成本变动情况如图 9-4 所示。从以上成本指标的计算和图形中可以很清楚地看出，当订货批量为 300 kg 时总成本最低，小于或大于这一批量都是不合算的。

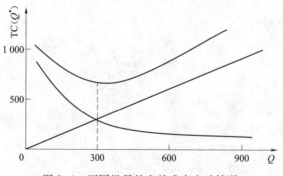

图 9-4　不同批量的有关成本变动情况

2. 基本模型的扩展

经济订货量的基本模型是在前述各假设条件下建立的，但现实生活中能够满足这些假设条件的情况十分罕见。为使模型更接近于实际情况，具有较高的可用性，需逐一放宽假设，同时改进模型。

1）订货提前期

一般情况下，企业的存货不能做到随用随补充，因此不能等存货用光了再去订货，而需要在没有用完时提前订货。在提前订货的情况下，企业再次发出订货单时，尚有存货的库存量，称为再订货点，用 R 表示。它的数量等于交货时间（L）和每日平均需用量（d）的乘积。

$$R = L \cdot d$$

续前例，企业订货日至到货期的时间为 10 天，每日存货需要量为 10 kg，那么

$$R = L \cdot d = 10 \times 10 = 100 \ (\text{kg})$$

即企业在尚存 100 kg 存货时，就应当再次订货，等到下批订货到达时（再次发出订货单 10 天后），原有库存刚好用完。此时，有关存货的每次订货批量、订货次数、订货间隔时间等并无变化，与瞬间补充相同。订货提前期的情形如图 9-5 所示。这就是说，订货提前期对经济订货量并无影响，可仍以原来瞬间补充情况下的 300 kg 为订货批量，只不过在达到再订货点（库存 100 kg）时即发出订货单罢了。

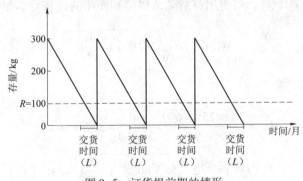

图 9-5　订货提前期的情形

2）存货陆续供应和使用

在建立基本模型时是假设存货一次全部入库，故存货增加时存货量变化为一条垂直的直线。事实上，各种存货可能陆续入库，使存量陆续增加。尤其是产成品入库和产品转移，几乎总是陆续供应和陆续耗用的。在这种情况下需要对图 9-4 所示的基本模型做一些修改。

【例 9-9】某零件年需用量（D）为 3 600 件，每日送货量（P）为 30 件，每日耗用量（d）为 10 件，单价（U）为 10 元，一次订货成本（生产准备成本）为 25 元，单位储存变动成本为 2 元。存货数量的变动如图 9-6 所示。

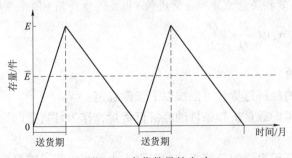

图 9-6　存货数量的变动

设每批订货数为 Q。由于每日送货量为 P，故该批货全部送达所需日数为 Q/P，称为送货期。因零件每日耗用量为 d，故送货期内的全部耗用量为 $\dfrac{Q}{P}d$。由于零件边送边用，所以最后一批送完时，最高库存量为 $Q-\dfrac{Q}{P}d$，平均存量则为 $\dfrac{1}{2}\left(Q-\dfrac{Q}{P}d\right)$。

图 9-6 中的 E 表示最高库存量，$\overline{E}$ 表示平均库存量。这样，与批量有关的总成本为

$$\mathrm{TC}(Q)=\frac{D}{Q}K+\frac{1}{2}\left(Q-\frac{Q}{P}d\right)K_{\mathrm{c}}=\frac{D}{Q}K+\frac{Q}{2}\left(1-\frac{d}{P}\right)K_{\mathrm{c}}$$

在订货变动成本与储存变动成本相等时，$\mathrm{TC}(Q)$ 有最小值，故存货陆续供应和使用的经济订货量公式为

$$Q^{*}=\sqrt{\frac{2KD}{K_{\mathrm{c}}}\cdot\frac{P}{P-d}}$$

将这一公式代入上述 $\mathrm{TC}(Q)$，可得出存货陆续供应和使用的经济订货量总成本公式为

$$\mathrm{TC}(Q^{*})=\sqrt{2KDK_{\mathrm{c}}\left(1-\frac{d}{P}\right)}$$

将上述例题数据代入，则

$$Q^{*}=\sqrt{\frac{2\times25\times3\ 600}{2}\times\frac{30}{30-10}}=367\ (\text{件})$$

$$\mathrm{TC}(Q^{*})=\sqrt{2\times25\times3\ 600\times\left(1-\frac{10}{30}\right)}=346\ (\text{元})$$

3）商业折扣的经济订货量

为了鼓励客户购买更多的商品，销售企业通常会给予不同程度的价格优惠，即实行商业折扣或称价格折扣。购买越多，所获得的价格优惠越大。此时，进货企业对经济订货量的确定，除了考虑进货费用与储存成本外，还应考虑存货的进价成本，因为此时的存货进价成本已经与订货数量的大小有了直接的联系，属于决策的相关成本。

在经济订货量基本模式其他各种假设条件均具备的前提下，存在数量折扣时的存货相关总成本可按下式计算：

$$存货相关总成本 = 存货进价 + 相关进货费用 + 相关存储成本$$

$$\mathrm{TC}=DU+\frac{D}{Q}K+\frac{Q}{2}K_{\mathrm{c}}$$

式中，U 为存货的单价。

数量折扣条件下的经济订货量可以按以下步骤确定：

第一步，计算不考虑数量折扣条件的经济订货量，作为订货量的第一选择，并计算相关存货总成本；

第二步，以销售公司提供的价格折扣的下限作为第二、第三或更多的选择，并按照这些

订货数量和相应价格分别计算相关的存货总成本；

第三步，对比不同订货数量下的存货总成本，找出总成本最低的方案，该订货量即为有数量折扣下的经济订货量。

【例 9-10】某种材料全年总需用量为 24 000 个。每次订货成本为 30 000 元，每件材料每个月的储存费为 10 元。购买 3 999 个以下每个买价为 100 元，购买 4 000 个以上每个买价为 95 元。

首先，计算不考虑数量折扣条件下的经济订货量。

$$Q^* = \sqrt{\frac{2DK}{K_c}} = \sqrt{\frac{2 \times 30\ 000 \times 24\ 000/12}{10}} \approx 3\ 464\ (个)$$

其次，计算每次订货 3 464 个和每次订货 4 000 个各自发生的费用成本。

$$T_{3\ 464} = \frac{3\ 464}{2} \times 10 \times 12 + \frac{24\ 000}{3\ 464} \times 30\ 000 \approx 415\ 692(元)$$

$$T_{4\ 000} = \frac{4\ 000}{2} \times 10 \times 12 + \frac{24\ 000}{4\ 000} \times 30\ 000 = 420\ 000(元)$$

虽然每次订货 4 000 个的成本费用比每次订货 3 464 个的费用高出 4 308 元（420 000-415 692），但可节省支付买价货款 24 000×（100-95）= 120 000（元）。总体来看，节省货款支付额远远大于费用成本增加额。因此，每次订货 4 000 个比每次订货 3 464 个更优。

在数量折扣条件下订购物资，并不是订货量越大越有高效益。增加订货量购买时，使节省买价支付额与费用成本增加额之间的差额最大，此时的订货量为最佳。

9.4.4　存货控制

1. ABC 控制法

ABC 控制法又称重点管理法，这种方法是把不同项目的存货按其重要程度分成 A、B、C 3 类，并对 A 类存货重点管理的一种方法。

ABC 控制法适用于大型企业对存货的管理控制。在一个大型企业，存货项目成千上万种，有的价值昂贵，有的价值低廉，有的数量庞大，有的寥寥无几，如果不分主次，面面俱到，对每一种存货都进行周密的规划、严格的控制，会浪费大量的人力、财力，而且也没有必要，采用 ABC 控制法就可以抓住重点，合理有效地控制存货资金。

运用 ABC 控制法控制存货资金占用量时，一般可分为以下几个步骤：

（1）计算每一种存货在一定时间内（一般为一年）的资金占用额；

（2）计算每一种存货资金占用额占全部存货资金占用额的百分比，并按大小顺序排列，编成表格；

（3）根据事先测定好的标准，把重要的存货划为 A 类，把一般存货划为 B 类，把不重要的存货划为 C 类，并画图表示出来；

（4）对 A 类存货进行重点规划和管理，对 B 类存货进行次重点管理，对 C 类存货只进行一般管理。

【例9-11】某企业共有40种材料，计划年度材料的耗用总额为1 000 000元，按占用资金多少的顺序排列后，根据企业规定的控制标准把40种材料划分为A、B、C 3类，编制材料资金A、B、C分类表，如表9-11所示。

表9-11　材料资金A、B、C分类表

材料品种	各种材料耗用资金数额	各种材料资金占用		各种材料品种		管理类别
		金　额/元	比 重/%	品种数/个	比　重/%	
1 #	300 000					
2 #	180 000	750 000	75	4	10	A
3 #	150 000					
4 #	120 000					
5 #	42 000					
6 #	30 000					
7 #	27 000	200 000	20	10	25	B
⋮	⋮					
13 #	12 000					
14 #	10 000					
15 #	9 200					
16 #	8 000					
17 #	6 800					
⋮	⋮	50 000	5	26	65	C
38 #	450					
39 #	230					
40 #	120					

根据已知资料，材料资金A、B、C分布图如图9-7所示。

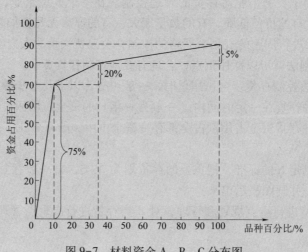

图9-7　材料资金A、B、C分布图

从表 9-11 和图 9-7 可以看出，A 类材料存货种类虽少，只有 4 种，占全部品种比例的 10%，但占用资金达 750 000 元之多，比重占 75%，所以对 A 类材料存货的收、发、经济量、储存期都要进行严格控制；C 类材料存货虽然品种多，有 26 种，占全部品种比例达 65%，但占用资金为 50 000 元，比重仅为 5%，所以对 C 类材料存货只作一般管理；而 B 类材料存货，介于 A 类与 C 类之间，不必像 A 类那样进行严格的控制，也应给予相当重视。

2. 存货的归口分级管理法

（1）存货资金的统一管理。财务部门对存货实行统一综合管理，实现资金使用的综合平衡。财务部门对存货统一管理的重要内容包括：① 根据财务制度和企业具体情况，制定资金管理的各种制度；② 测算原材料、在产品、产成品的资金占用定额，汇总编制存货资金计划；③ 将有关控制指标分别归口落实到供应、生产、销售等部门具体负责；④ 对各部门资金运用情况进行检查、分析和考核。

（2）存货资金归口管理。根据物资管理和资金管理相结合的原则，每项物资由哪个部门使用，其资金就由哪个部门管理。资金归口管理的分工一般如下：① 原材料、燃料、包装物等占用的资金归物资供应部门负责；② 在产品和自制半成品占用的资金归生产部门管理；③ 产成品占用的资金归销售部门负责；④ 工具、用具的占用资金归工具部门负责；⑤ 修理用备件占用的资金归维修部门负责。

（3）存货资金的分级管理。各归口管理部门要根据具体情况，将资金控制计划进行层层分解，分配给所属的仓库、车间、班组等基层单位：① 原材料资金计划指标分解给供应计划、材料采购、仓库保管、整理准备等业务组管理；② 在产品资金计划指标分解给各车间、半成品库管理；③ 产成品资金计划指标分解给仓库保管、成品发运、销售等业务组管理。

3. 存货储存期控制法

无论是商品流通企业，还是生产制造企业，其商品一旦买进入库、产品一旦生产完工入库，便面临如何尽快销售出去的问题。暂且不考虑未来市场供求关系如何变化，仅就存货储存本身而言就会给企业造成较多的费用支出。这些费用支出按照与储存时间的关系可以分为固定储存费和变动储存费两类，其中固定储存费的大小与存货储存期的长短没有直接联系，如进货运杂费、包装费、行政管理费等；变动储存费则随着存货储存期的长短呈正向增减变动，如保管费、库存商品占用资金的利息、储存期间损耗等。

企业在生产经营过程中，售出商品产品后，实现的毛利要抵补费用和税金，剩下的才是企业经营利润。其计算公式为

$$利润 = 毛利 - 固定储存费 - 销售税金及附加 - 变动储存费 \times 储存天数$$

由上式可见，变动储存费用的大小，会直接影响企业利润的减少与增加。这样随着存货储存期的延长，利润将日渐减少。当"毛利 - 固定储存费 - 销售税金及附加"的金额被变动储存费抵消到等于企业目标利润时，表明存货储存到了保利期，当完全被变动储存费抵消时，便意味着存货储存已经到了保本期。无疑，存货如果能够在保利期内售出，所获得的利润将会超过目标值，反之将难以实现预期的利润目标。如果存货不能在保本期内售出，便会使企业蒙受损失。

存货储存期控制法，就是要通过计算分析其保本期、保利期，尽量缩短存货储存时间，

节约资金使用，加速资金周转。其计算公式为

$$存货保本储存天数 = \frac{毛利-固定储存费-销售税金及附加}{每日变动储存费}$$

$$存货保利储存天数 = \frac{毛利-固定储存费-销售税金及附加-目标利润}{每日变动储存费}$$

【例9-12】某商品流通企业购进甲商品1 000件，单位进价（不含增值税）为100元，单位售价（不含增值税）为120元，经销该批商品固定费用为10 000元，若货款均来自银行贷款，年利率为10.8%，该批存货月保管费用率为3‰，销售税金及附加为800元。

要求：

（1）计算该批存货的保本储存期；

（2）若企业要求获得3%的投资利润率，计算保利期；

（3）若该批存货实际储存了200天，问能否实现目标投资利润额？差额是多少？

（4）若该批存货亏损了2 000元，则实际储存了多久？

有关指标计算如下。

（1）保本储存天数 $= \dfrac{(120-100) \times 1\,000-10\,000-800}{100 \times 1\,000 \times (10.8\%/360+3‰/30)} = \dfrac{9\,200}{40} = 230$（天）

（2）保利储存天数 $= \dfrac{(120-100) \times 1\,000-10\,000-800-100 \times 1\,000 \times 3\%}{100 \times 1\,000 \times (10.8\%/360+3‰/30)} = \dfrac{6\,200}{40} = 155$

（天）

（3）经销该批商品获利额 $= 40 \times (230-200) = 1\,200$（元）

（4）实际利润-目标利润 $= 1\,200-100 \times 1\,000 \times 3\% = -1\,800$（元）

（5）实际储存天数 $= 230 + \dfrac{2\,000}{40} = 280$（天）

通过对存货储存期的分析与控制，可以及时地将存货信息传递给经营决策部门，如有多少存货已过保本期或保利期，比重多高、金额多大，这样决策者就可以针对不同情况，采取相应的措施。一般而言，凡是已过保本期的存货，大多属于积压呆滞的存货，对此企业应当积极推销，降低损失；对超过保利期但未过保本期的存货，需尽早采取措施；至于那些尚未超过保利期的存货，应密切监督、控制，以实现企业经济效益。

4. 零存货管理

零存货管理系统（just-in-time inventory system）的特征是，争取存货为零，即在生产刚开始时，供应商发出的原材料刚好到达；在生产线上，没有留存的半成品，只有不断运动的在产品；产品一旦完工，马上销售出去。零存货库存突破了传统的存货库存模式，这种模式能够使企业加速流动资金周转，减少利息支出，减少库存仓储存放费用和运输装卸费用，降低原材料费用成本。同时还避免随着商品的不断更新，库存物资因不适合市场需要和生产质量工艺要求，出现削价处理、报废处理甚至霉烂变质等损失。

零存货管理要有严密的生产计划。企业根据产品销售订货合同，按照交货进度，与供应原材料企业订立供货原材料合同；按照原材料交货时间和质量标准、数量多少和交货时间来组织生产，安排生产计划，尽可能在生产、供应、销售3个环节实现零存货库存，进而逐步做到不需要建立原材料、外购件、在产品、半成品及产成品的库存准备或者少储存。同时，

这种管理模式也对供应商、员工、生产系统等提出了更高的要求。只有这些要求能够得到满足，零存货管理才能取得成功。

知识链接

供应商管理库存

供应商管理库存（vendor managed inventory，VMI）是供应商等上游企业基于其下游客户的生产销售与库存信息，对下游客户库存进行的管理与控制。通常上游企业判断客户库存是否需要补充，当需要补充时自动向本企业物流中心下达发货指令，补充客户库存。供应商管理库存是一种在供应链环境下的库存运作模式，本质上，它是将多级供应链问题变成单级库存管理问题，相对于按照传统用户发出订单进行补货的传统做法。供应商管理库存是以实际或预测的消费需求和库存量，作为市场需求预测和库存补货的解决方法，即由销售资料得到消费需求信息，供货商可以更有效和快速地反映市场变化和消费需求。

供应商管理库存是以供应商为中心，以双方最低成本为目标，在一个共同的框架协议下把下游企业的库存决策权代理给上游供应商，由供应商行使库存决策的权利、第三方物流参与的供应商管理库存系统，并通过对该框架协议经常性地监督和修改以实现持续改进。供应商收集分销中心、仓库和 POS 数据，实现需求和供应相结合，下游企业只需要帮助供应商制订计划，从而下游企业实现零库存，供应商的库存也大幅度减少。供应商管理库存是一种很好的供应链库存管理策略，它能够突破传统的条块分割的管理模式，以系统的、集成的管理思想进行库存管理，使供应链系统能够获得同步化的运作。

本 章 小 结

营运资金项目管理主要包括对现金、应收账款和存货的管理。

企业持有现金是为了满足对现金的交易需求、预防需求及投机需求，但过量持有现金会导致企业的获利能力降低，使企业的安全性受到挑战，为此必须确定最佳的现金持有金额。现金日常管理的内容包括现金回收管理、现金支出管理和闲置资金管理等。

企业持有应收账款的利益在于增加销售和降低存货占用，但相应地要承担机会成本、坏账成本和管理成本。信用政策是企业为了实现应收账款管理目标而制定的赊销与收账政策，包括信用标准、信用条件和收账政策3个方面。

企业持有存货的动机包括保证生产和销售的正常进行，获取规模效益等。相应的成本则包括取得成本、储存成本和缺货成本。存货决策主要有经济订货量基本模型、基本模型的扩展及在数量折扣、一定缺货条件下的决策方法。存货控制方法包括 ABC 控制法、存货的归口分级管理法、存货储存期控制法和零存货管理。

复习思考题

1. 公司持有现金的动机是什么？持有现金会产生哪些成本？
2. 如何设立集中银行？设立集中银行有什么优缺点？
3. 确定目标现金持有量有哪些模式？
4. 企业为什么会拥有闲置现金？应如何管理？
5. 为什么商业信用被企业广泛使用？
6. 信用政策的内容有哪些？企业在制定销售条件时应考虑哪些因素？
7. 如何测定存货资金占用量？
8. 什么是存货管理的 ABC 控制法？
9. 什么是零存货管理？有什么意义？

练 习 题

1. 某公司现有 A、B、C、D 4 种现金持有方案，有关成本数据如表 9-12 所示。

表 9-12　现金持有量备选方案

项　　目	A	B	C	D
现金持有量/元	15 000	20 000	25 000	30 000
机会成本率/%	12	12	12	12
管理费用/元	3 000	3 000	3 000	3 000
短缺成本/元	5 600	2 500	1 000	0

要求：根据表 9-12 编制该公司最佳现金持有量测算表，并确定该公司的最佳现金持有量。

2. 某公司材料采购和产品销售都采用赊销方式，应收账款周转期为 55 天，存货周转期为 75 天，应付账款周转期为 40 天。预计 20×9 年的现金需求总量为 1 500 万元。

要求：计算该公司 20×9 年的最佳现金持有量。

3. 某公司的现金流量稳定，预计全年的现金需求量为 400 000 元，有价证券的转换成本为每次 200 元，有价证券的利息率为 10%。

要求：计算该公司的最佳现金持有量。

4. 某公司预算年度的赊销收入净额为 1 000 万元，应收账款周转天数为 45 天，变动成本率为 60%，资金成本率为 10%。

要求：计算该公司应收账款的机会成本。

5. 为提高 2 400 万元的年销售额，L 公司准备尝试较宽松的信用标准。目前，该公司的平均收账期为 30 天。如果在更宽松的信用标准下会产生如表 9-13 所示的结果。

表 9-13　不同信用标准下增加的销售额及其平均收账期间

信用政策	A	B	C	D
比原有水平增加的销售额/万元	60	120	180	280
新增销售额的平均收账期间/天	45	60	90	144

其产品的平均价格为 20 元，平均变动成本为 18 元，预计没有坏账损失。如果该公司资金机会成本为 10%，那么应该采用哪一个信用政策？（假定一年为 360 天）

6. 你在分析音响系统零售商 AP 公司的存货政策时，已收集以下信息：

① 每年预期销售量为 18 000 单位；

② 每次定购费用为 1 000 美元，交货期为 3 天；

③ 每件音响的成本为 1 000 美元，其他存储和管理费用每年每单位为 10 美元。

要求：（1）计算公司的最佳存货量；

　　　（2）当你要为公司重新订货时，安全存货是多少？

　　　（3）估计该公司要维持的平均存货量。

7. 达时利公司全年需甲材料 43 200 kg，一次订货成本为 400 元，单位储存成本 20 元，该公司的订货陆续到货，每日到货量 200 kg。求该公司陆续到货情况下的经济量（一年按 360 天计算）。

8. 某公司正考虑是否选择在购入原材料时享受 1% 的销售价格折扣。如果每次订购超过 2 000 单位就可以享受销售折扣。该公司每年需要这种材料 16 000 单位，每次定购费用为 100 美元，每单位储存成本为 12.8 美元，折扣前每单位材料售价为 100 美元。该公司是否应该采用折扣购货？

9. 已知某企业用现金分析模式确定的机会成本为 4 000 元，用现金存货模式计算的现金持有量为 40 000 元，现金与有价证券的交易间隔期为 72 天。

要求：（1）计算现金存货模式下的机会成本；

　　　（2）计算机会成本率（有价证券年利率）；

　　　（3）计算现金年用量；

　　　（4）计算现金与有价证券的每次转换成本；

　　　（5）计算现金管理相关成本。

10. 假设 B 公司以赊购方式购买原料，以赊销方式销售产品，赊购原料的信用条件是 30 天付款，赊销产品是以 60 天收款；其平均应付账款延期支付期间为 35 天，平均应收账款收账期为 70 天，从原料购进至产品售出期间平均为 85 天，即平均存货周转期。公司每年经营投资额（现金）为 720 万元，一年以 360 天计算。

要求：（1）计算公司营业周期及现金周转期；

　　　（2）为保持正常经营，公司应持有多少现金？

　　　（3）假设公司的融资利率为 12%，若现金周转期缩短 20 天，每年可为公司节约多少现金？增加多少利润？

11. 某公司估计在目前的营运政策下，今年赊销净额将达 100 万元。该公司销售的变动成本率为 0.8，资本成本为 16%。目前的信用政策为 n/25，即无现金折扣。由于部分客户经常拖欠货款，平均收现期为 30 天，坏账成本比率为 1%。

该公司的财务主管拟改变信用政策，信用条件为"2/10，n/40"，预期影响如下：销售额增加 10 万元；增加部分的坏账成本比率为 4%；全部销售的平均收现期为 45 天；估计占赊销额 50% 的客户会享受折扣。此外由于销售规模增加，企业需每年追加存货资本 5 万元。

要求：（1）计算改变信用政策预期相关资本变动额；
　　　（2）计算改变信用政策预期利润变动额；
　　　（3）若信用期延长为 40 天，销售额增加 10 万元，增加部分的坏账成本比率为 4%；全部销售的平均收现期为 45 天，估计占赊销额 50% 的客户会享受折扣，企业所能提供的最高折扣率为多少？

12. VS 公司是一家面向零售商店的空气过滤器分销商，它从几家制造企业处购买过滤器。过滤器的订货批量为 1 000 件，每次订货成本为 40 元。零售店对过滤器的需求是每月 20 000 件，过滤器的储存成本是每月每件 0.1 元。

要求：（1）经济订货量应为多少个批量（即每次订货应是多少个 1 000 件)？
　　　（2）如果每件过滤器每月的储存成本下降 0.05 元，最佳订货量应是多少？
　　　（3）如果订货成本下降为每次 10 元，最佳订货批量应是多少？

13. Q 商店拟放弃现在经营的商品 A，改为经营商品 B，有关的数据资料如下。

①A 的年销售量为 3 600 件，进货单价为 60 元，售价为 100 元，单位储存成本为 5 元，一次订货成本为 250 元。

②B 的预计年销售量为 4 000 件，进货单价为 500 元，售价为 540 元，单位储存成本为 10 元，一次订货成本为 288 元。

③该商店按经济订货量进货，假设需求均匀、销售无季节性变化。

④假设 Q 商店投资所要求的必要收益率为 18%，不考虑所得税的影响。

要求：计算分析 Q 商店应否调整经营的品种（提示：要考虑资本占用的变化）。

14. 某企业计划生产 A、B 两种产品，耗用甲材料的单耗分别为 10 kg 和 20 kg，产量分别为 1 000 件和 500 件，甲材料的计划单价为 10 元，每次采购费用为 1 600 元，单位材料的年保管费为其价值的 40%。

要求：（1）计算甲材料的经济订货批量；
　　　（2）如果每次进货 5 000 kg 有 2% 折扣，应如何选择订货批量？

案例分析

案例一　开心麻花 2017 年净利 3.89 亿元，
高应收高存货致现金流趋紧

一片大好形势之下，开心麻花为什么突然撤回 IPO？这是令很多人都费解的一个问题，作为近年来影视行业迅速崛起的新锐，开心麻花取得的成绩有目共睹，为什么忽然就改变了主意？答案可能就藏在年报里，开心麻花虽然挣钱，但是拿不到现钱，现金流进一步趋紧。不出任何意外，开心麻花应该是今年新三板影视公司的盈利王，其盈利水平甚至超过大部分主板上市的影企。根据开心麻花的 2017 年年报，开心麻花实现营业收入 8.22 亿元，相比于

2016 年的 2.92 亿元增长达到 181.5%；实现净利润 3.89 亿元，相比于 2016 年的 0.72 亿元，增长达 440.3%。一片大好形势的开心麻花，与刚刚撤回 IPO 的形象似乎有点相去甚远。

在影视业务增大的情况下，开心麻花这种现金流问题会进一步严重，与其自身承压发展，不如卖个好价钱、引入好东家帮助发展。

1. 电影和艺人经纪业务成增长双引擎

开心麻花的业绩在 2017 年有一个本质的飞跃，得益于电影和艺人经纪两块的贡献，这也是 2017 年年报中最大的看点。

从电影方面来说，2017 年国庆档其出品的喜剧电影《羞羞的铁拳》，性别转换设定引发一连串喜剧效果具有看点，加上沈腾、马丽、艾伦等人的精彩演出，在国庆档几乎是一枝独秀，票房一路飘红，取得了超过 22 亿元的历史性成绩。

作为最主要的出品方，开心麻花 2017 年从这部电影的票房分账和新媒体版权中共获得了 4.09 亿元的收入，是其公司最大的一块收入，占到总营业收入的 49.74%，相比于 2016 年电影《驴得水》创造的 2 800 万元收入，更是暴增十几倍。

如果说电影业务是开心麻花已经开展好几年的成熟业务，艺人经纪则是开心麻花 2017 年新开展的业务。此前开心麻花虽然也有沈腾、马丽这样的知名艺人，但是并没有可以经营经纪业务，比如马丽的经纪约虽然在开心麻花，但是委托另一家经纪公司喜天影视打理。2017 年，开心麻花成立艺人经纪公司，全力经营旗下艺人的经纪业务，在 2017 年获得了 9 304.14 万元的收入，占营业收入的 11.31%。

因为电影业务、经纪板块相较于演出业务来说，都是轻资产业务，所以在 2017 年取得成绩的同时也自然提高了开心麻花的毛利率，从 2016 年的 54.45% 一下子提升到 2017 年的 63.49%，毛利率水平之高十分惊人。

2. 开心麻花终止 IPO 背后，可能是现金流承压

对于原因，外界猜测颇多，但是新浪财经认为比较靠谱的是开心麻花找到了一个类似于 BAT 这样的战略投资者，可能会像它的老朋友新丽传媒一样，直接"卖身"巨头。

近日，光线传媒以 33 亿元的价格向腾讯出售新丽传媒 27.64% 的股权。根据目前的综合消息来看，腾讯未来将会进一步加大资源投入直至完全控股新丽传媒，这也意味着新丽传媒将会放弃独立 IPO，融入腾讯体系内。

"与其自己辛苦打拼，不如找个好东家有更大的前途。"这是外界对于新丽传媒出售给腾讯的评价，在开心麻花上同样适用。

不要光看到开心麻花营业收入 8.22 亿元、净利润 3.89 亿元这样的光鲜一面，这些数据背后，开心麻花同样有着诸多不为人知的一面，而这些难以启齿的隐痛或许才是开心麻花下决心终止 IPO，卖个好东家的原因所在。

根据年报资料，开心麻花 2017 年应收账款为 4.55 亿元，相比于 2016 年的 3 795.34 万元，增长超过 10 倍，因为电影《羞羞的铁拳》的票房分账收益和网络版权授权收益相关款项尚未收回。

不仅应收账款大幅度增长，存货也增长超过 2 倍，预付账款增长超过 3 倍，而其他应收款更为夸张，增长超过 26 倍。

这一系列资金的占用造成开心麻花账面上的现金货币进一步减少至 3.67 亿元，相比于去年减少近 20%，现金流也由 2016 年的 1.48 亿元变为 2017 年的-4 500 多万元。

这些都是影视行业的通病，身处其中的开心麻花也不能避免，但如果是未上市企业，这样的状况并没有多大关系，而一旦真的 IPO 了，这样的资金储备和各种账款问题会比较麻烦，有时候一部电影的投资款动辄上亿元，开心麻花自然难以周转。

因此在业绩最好的时候，找个好东家，获得资金和资源上的支持，比自己独立 IPO 上市要划算得多。

案例二　武汉电信的 "3+1" 信用管理模式

20 世纪 90 年代末，武汉电信用户欠费问题较为突出，成为困扰企业发展的一大难题。作为公司主要的费用回收部门，账务信息中心积极参考国内外先进公司的管理经验，发现武汉电信与欧美实施信用管理的一流公司差距较大。以坏账率为例，欧美信用管理一流的公司坏账率般在 0.25%～0.5%，而武汉电信 20×6 年和 20×7 年的数据分别为 1.6% 和 1.25%。分析原因发现，欧美公司采用的信用管理模式为 "3+1"，即前期、中明、后期信用管理加组织管理，而武汉电信采用的则只有前期信用管理。进一步分析，他们还发现，用户坏账类型中属于信用管理中期失控的占 22.7%，后期失控的占 68.2%，中、后期失控的占 90.9%。也就是说，坏账完全属于管理失控，建立前、中、后的全程信用管理模式成为当务之急。账务信息中心首先明确了建立全程信用管理模式的基本思路，认为全程信用管理模式应强调与收账相关的各项业务，按照流程化的管理方式进行全过程系统化规划管理。尤其应针对企业部门职能分割过细和职责不清等问题做出全新的解决方案。其次，全程信用管理模式应按照企业内部控制的基本原理和方法对企业采用科学的制度化管理，以减少企业在业务决策中的风险损失。同时，还应该通过增加独立的信用组织管理职能，客观、专业化地解决欠费增长与控制风险损失的矛盾，最终建立一个理性的收账管理模式。通过对近 5 万户欠费客户的有效调查和分析，账务信息中心认为，建立有电信特色的 "3+1" 信用管理模式，按照现代信用公司和国际超一流公司的运营机制对欠费用户进行管理，可使欠费平均降低 1%～1.5%，直至实现零坏账的目标。在构建全程信用管理模式中，账务信息中心认为首先要从企业的经营管理体制入手解决信用风险问题。

账务信息中心组成由领导、部室主任和员工参与的项目组，以项目管理方式开始建立信用信息、信用管理和商账管理三大管理体系。在组织架构上，专设了信用及收账管理部，下设信用管理组、信用期收账组、逾期收账组、危机处理组。借鉴国外的先进管理经验，充分结合武汉电信实际，账务信息中心按照过程控制和系统分析的原理为企业制定了三个方面的信用管理制度。通过信用调查等流程，账务信息中心推行实施了资金回收预算报告、信用调查、信用申报、债务确认、月欠费报告、资金回收分析报告等一系列措施，建立起目标客户资料库，并根据实时的风险报告和催欠效果评价对目标客户资料库进行更新，从而进一步规范了客户信息资料管理和对客户信用的掌握分析。同时对客户拖欠话费收回的可能性进行客观分析判断，使欠费催收工作从经验型管理向分析型管理转变。对 20×6 年和 20×7 年的乙种用户，账务信息中心从账龄、欠费金额、欠费结构、缴费方式等各个角度进行统计分析，同时对武汉九大城区的欠费情况及收费室辖区每月欠费情况进行统计分析，综合归类撰写分析报告，掌握了欠费的规律与特征。账务信息中心制定了电话提醒流程、电话催欠流程、市话与数据非话的欠费管理规定、大客户服务及历史欠费管理模式等。实践证明，电信企业必须建立与客户直接的信用关系，实施直接管理，改变单纯依赖于收费和营业人员"间接管理"的状况。账务信息中心首先调用客户信息，根据不同的信用等级和风险等级实施不同的收账策略，同时引入风险意识和预算控制模式，强化对欠费的宏观控制。信用经理通过客户信用风险分析下达月度客户欠费催收预算，实行派工单制，并按预算执行情况进行考核。此外，账务信息中心积极探索客户支付能力规律，慎重对待每一步追账措施，以市场经济手段管理欠费。基于网龄、业务和消费积累等客户价值，制定终身享受优惠开办或试用新业务、赠送话务量等"营销型信用政策"，提高客户边际收益，引导客户成为忠实客户。账务信息中心制定客户信用风险申报及诊断处理流程，收账管理小组对高风险和疑难欠费实施三级管理；遇到客户风险时，采取风险预警和时时层层上报制，在首个责任人充分了解、调查、详细记录客户信用的情况下，由主管、经理等参与分析，及时对下属申报的问题给予指导和协助。同时，账务信息中心还加强资金回收分析，及时归纳和整理收费经验。账务信息中心员工利用业余时间，根据自己欠费催收的经验，通过总结欠费催收技巧和方法，自行整理了"经典案例集"，并利用每周一的晨会等机会进行讲评，找出最佳欠费催收途径，使大家都能掌握催收方法，提高收费效率。目前，员工之间个人回收率指标差距由原来的 3.38% 缩小到 0.17%，最好的员工回收率达到 100%。截至 20×8 年 10 月，武汉电信月均欠费由 10 万元下降至 0.86 万元，月均资金回收率达 99.97%，将近 10 万用户的坏账率降至 0.03%。两年来，武汉电信累计减少欠费 780 万元，远远低于世界一流信用管理公司 0.5% 的坏账率。

思考题：

(1) 试评价武汉电信信用管理政策的成功之处。

(2) 本案例在应收账款管理方面有何借鉴意义？

(3) 你认为该模式是否存在弊端？

案例三　企业如何做健康的现金流管理

当苹果公司手握 1 370 亿美元现金的时候，投资大师巴菲特曾跟乔布斯谈到如何使用现金，他说："我认为最好的选择是好好经营企业，股票会做出响应。我的经营方式是，让企业在未来 5 至 10 年里创造出最大的价值。我认为，苹果在创造价值方面做得很好。"

北大汇丰商学院的史永翔教授的观点与巴菲特不谋而合，他说："国内企业一般把现金流归结为财务问题，把现金流作为企业融资、资金周转等财务问题看待，从根本上讲，现金流不是一个财务问题，而是企业经营现状的一个体现。"

2012 年，李宁爆出了上市 8 年来的首次亏损。同时，上市 5 年以来，安踏首次出现业绩下滑。匹克的业绩大幅下滑 61%。六大运动品牌关店超过 3 000 家。商家和行业分析师都认为去年整个体育用品行业的库存调整及疲弱的经济状况对体育用品的需求造成了负面影响。史永翔教授则提出，库存是表现，本质上是这些企业的战略出了问题。

国内运动品牌这几年，总的经营思路是将企业快速做大。李宁前 CEO 张志勇 2011 年接受外界采访时表示，我们在中国的成长就是开店，每年开 800 家店，产品的价格适合消费者。我们 2011 年要做的第一是品牌，第二是通路的改革，对我们真正的挑战是对能力的挑战，包括快速把握消费需求的能力和效率管理能力。

"做大最简单的方法就是上新品种，上库存铺店，第一批货铺上来，卖掉70%，剩余30%存货是正常的。全球服装业的平均库存为38%，所有人都盯着70%的营业额带来的利润，而忽视30%的库存，最终导致资金流出现问题。"史永翔分析。

ZARA为什么做得成功？他们紧盯着库存。ZARA的库存只有6%，没有竞争对手32%的高库存，ZARA把26%放到口袋就是净利润。ZARA的成功来源于它的核心理念，即快速提供顾客买得起、限量的时装。它又在全球市场快速打造了适应战略的核心能力：掌控生产，快速响应市场需求，为顾客提供"买得起的快速时装"。连锁店存货水平很低，每种款式只有几件。建立新型供应链，快速销售，快速补充货源。

史永翔说，"国内企业美特斯邦威学习ZARA的经营模式，期望保持快速、低库存经营。但结果只学到了一半，企业管理就出现了问题。在暴增完美的业绩之下，存货也随着业绩一起水涨船高。销量起来了，存货却失控了。解决问题的关键是什么？销售的拉升不能用高库存作支撑，暂时的权宜之计可以从打折促销入手，但从长远来看，还是要提升品牌，加强销售。增加销量有条路径：第一，增加客户的数量；第二，增加客户的一次性购买量；第三，增加客户的重复购买量，留住顾客，服务一生。这些都是对企业管理能力的挑战。"

削减库存的本质是使企业的商品结构合理化，减少不好卖的东西。在这一点上ZARA的做法则是对库存当季打折，在生产上则是小批量、多品种、快交货。库存的产生一定是在两个部门的交接点，只有控制住交接点才能尽可能地减少库在的产生。重视库存对现金流的占用，最好的服装企业按天对库存提折旧，让存货的贬值清楚地体现出来。

思考题：

（1）近几年来，为何国内的运动品牌业绩下滑？

（2）你认为ZARA成功的原因是什么？

（3）如何做好库存管理？本案例带来的启示是什么？

第 10 章

利润分配管理

学习目标

通过本章的学习，了解利润分配的原则和程序；了解股利的基本理论，掌握股利分配政策及影响股利政策的因素；了解股利的支付方式和程序。

10.1 利润分配

10.1.1 利润分配的原则

利润分配是指企业把一定时期实现的净利润按照国家财务会计制度的规定，向国家、投资者和企业职工进行分配的过程。

企业税后净利润的分配是一项十分重要的工作，它不仅影响企业的筹资和投资决策，而且涉及国家、企业、投资者和职工多方面的利益关系，涉及企业长远利益与近期利益、整体利益与局部利益等关系的处理与协调。为合理组织企业财务活动和正确处理财务关系，企业在进行利润分配时应遵循以下原则。

1. 依法分配原则

企业的利润分配必须依法进行。为了规范企业的利润分配行为，维护各利益相关者的合法权益，国家制定和颁布了相关法规，这些法规规定了企业收益分配的基本要求、一般程序和重大比例，企业应认真执行，不得违反。

2. 处理好积累与分配的关系原则

企业进行利润分配，应当正确处理长远利益与近期利益的关系，将二者有机地结合起来，坚持分配与积累并重。考虑未来发展的需要，增强企业后劲，我国的现行法规规定，企业要按税后利润提取法定盈余公积。除提取法定盈余公积以外，企业可适当留存一部分利润作为积累以供未来所需，以增强企业抵抗风险的能力。

3. 兼顾各方面利益原则

企业的利润分配必须兼顾各方面的利益。企业是经济社会的基本单元，企业的收益分配涉及国家、企业股东、债权人和职工等多方的利益。正确处理各方的关系，协调其矛盾，对企业的生存、发展是至关重要的。可见，企业进行利润分配时，应统筹兼顾，合理安排，维护各利益相关者的合法权益。

4. 投资与收益对等原则

企业进行利润分配应当体现"谁投资谁受益"、收益大小与投资比例相对等的原则。这是正确处理投资者利益关系的关键。企业在向投资者分配利润时，应本着平等一致的原则，按照投资者投资额的比例进行分配，不允许任何一方随意多分多占，以从根本上实现收益分配的公开、公平和公正，保护投资者的利益。

10.1.2 利润分配的项目

支付股利（或利润）是公司一项税后净利润的分配，但不是利润分配的全部。按照我国《公司法》的规定，公司利润分配的项目包括以下部分。

1. 法定盈余公积金

盈余公积金从利润中提取形成，用于弥补公司亏损、扩大公司生产经营或者转为增加公司资本。公司分配当年税后利润时应当按照 10% 的比例提取法定盈余公积金；当盈余公积金累计数额达到公司注册资本的 50% 时，可不再继续提取。

2. 任意盈余公积金

根据《公司法》的规定，公司从税后利润中提取法定盈余公积金后，经股东大会决议，还可以从税后利润中提取任意盈余公积金。这是为了满足企业经营管理的需要，控制向投资者分配利润的水平，以及调整各年度利润分配的波动。

3. 股利（向投资者分配的利润）

公司向投资者支付股利（分配利润），要在提取盈余公积金之后进行。股利（利润）的分配应以各股东持有股份的数额为依据，每一股东取得的股利与其持有的股份数成正比。股份有限公司原则上应从累计盈利中分配，无盈利不得支付股利，即所谓"无利不分"原则。但如果公司用盈余公积金抵补亏损后，为维持其股票信誉，经股东大会特别决议，也可以用盈余公积金支付股利，不过这样支付股利后留存的法定盈余公积金不得低于注册资本的 25%。

知识链接

管理层收购

管理层收购（management buy-outs，MBO）是公司管理层利用高负债融资买断本公司的股权，使公司为私人所有，进而达到控制、重组公司的目的，并获得超常收益的并购交易。管理层收购属于杠杆收购的范畴，但其收购主体是管理层。与一般的企业买卖和资产重组强调收益权（买卖价差）和资本运营的增值不同，管理层收购还强调控制权、共享权和剩余价值索偿权。收购对象既可以是企业整体，也可以是企业的子公司、分公司，甚至是一个部门。

管理层收购的特点如下。

（1）MBO 的主要投资者是目标公司的经理和管理人员，他们往往对该公司非常了解，并有很强的经营管理能力。通过 MBO，他们的身份由单一的经营者角色变为所有者与经营者合一的双重身份。

（2）MBO 主要通过借贷融资来完成，因此 MBO 的财务由优先债（先偿债务）、次级债（后偿债务）与股权三者构成。目标公司存在潜在的管理效率提升空间。管理层是公司全方位信息的拥有者，公司只有在具有良好的经济效益和经营潜力的情况下，才会成为管理层的收购目标。

（3）通常发生在拥有稳定的现金流量的成熟行业。MBO 属于杠杆收购，管理层必须首先进行债务融资，然后再用被收购企业的现金流量来偿还债务。成熟企业一般现金流量比较稳定，有利于收购顺利实施。

10.1.3　利润分配的顺序

公司向投资者分配股利（利润），应按一定的顺序进行。企业当期实现的净利润，加上年初未分配利润（或减去年初未弥补亏损）和其他转入后的金额，为可供分配的利润。根据我国《公司法》的有关规定，公司利润分配应按下列顺序进行。

1. 企业亏损及其弥补

企业的营业收入减去营业成本、费用、税金，加上投资收益，加上或减去营业外收支净额以后，如果计算的结果大于零，即为企业实现的利润；如果计算的结果小于零，即为企业亏损。出现亏损以后，企业应认真分析原因，采取切实有效的措施，对症下药，尽快扭亏增盈。

企业经营中发生的亏损应当弥补。按照有关规定，企业年度亏损，可以由下一年度的税前利润弥补；下一年度税前利润尚不足以弥补的，可以由以后年度的利润继续弥补，但用税前利润弥补以前年度亏损的连续期不得超过 5 年。之所以如此规定，一方面是为了促使企业尽快扭亏，另一方面是为了保证国家的税基不被过多侵蚀。

税前利润未能弥补的亏损，只能由企业税后利润弥补。税后利润弥补亏损的资金：一是企业的未分配利润，即先用可向股东分红的资金弥补亏损，在累计亏损未得到弥补前，企业是不能也不应当分配股利的；二是公积金，即当企业的亏损数额较大，用未分配利润尚不足以弥补时，经企业股东大会决议，可以用提存的盈余公积金弥补亏损。企业未清算前，注册资本和资本公积金是不能用于弥补亏损的。

企业当年无利润不得向投资者分配利润。其中股份有限公司当年无利润时，原则上不得分配股利，但在用盈余公积金弥补亏损后，经股东大会特别决议，可以按照较低的比率用盈余公积金分配股利。在分配股利后，企业法定盈余公积金不得低于注册资本的 25%。

2. 法定盈余公积金

企业的利润在缴纳所得税以后，首先应当弥补被没收财物损失，支付各种税收的滞纳金和罚款，弥补以前年度亏损，其剩余额才可以用来计提盈余公积金。法定盈余公积金按税后利润做上述扣除以后的 10% 计提。之所以称为"法定"盈余公积金，是因为我国财务制度规定，无论何种企业，税后利润在扣除上述项目后必须按 10% 计提该项公积金。值得注意的是，法定盈余公积金应按抵减年初累计亏损后的本年净利润计提。提取法定盈余公积金的基数，不是可供分配的利润，也不一定是本年的税后利润。只有不存在年初累计亏损时，才能按本年税后利润计算应提取数。这种"补亏"是按账面数字进行的，与所得税的亏损后转无关。关键在于不能用资本发放股利，也不能在没有累计盈余的情况下提取法定盈余公积金。

3. 可供股东（投资者）分配的利润

企业可供分配的利润减去提取的法定盈余公积金后，为可供股东（投资者）分配的利润。可供股东（投资者）分配的利润，按下列顺序分配。

（1）应付优先股股利。优先股股利是指企业按照利润分配方案分配给优先股股东的现金股利。

（2）提取任意盈余公积金。任意盈余公积金是企业按照公司章程或股东大会决议，从向投资者分配的利润中提取的盈余公积金，其提取金额、比例及使用由公司自行决定。

（3）应付普通股股利。普通股股利是指企业按照利润分配方案分配给普通股股东的现金股利。需要注意的是，若企业当年出现亏损，不得向投资者分配利润。但为了维持企业信誉、保护股东权益，企业在采用盈余公积金弥补亏损后，经过股东大会特别决议，可以按照不超过股票面值的一定比率再用盈余公积金分配股利，以便保持企业股票价格的稳定，避免出现大幅震荡，从而促进企业持续稳定的发展。

（4）转作股本（或资本）的普通股股利。转作股本（或资本）的普通股股利是指企业按照利润分配方案以分派股票股利的形式转作企业的股本（或资本）。

可供股东（投资者）分配的利润，经过上述分配后，为企业未分配利润（或未弥补的亏损）。未分配利润可留待以后年度进行分配。企业如发生亏损，可以按规定由以后年度利润进行弥补。

知识链接

优先认股权与认股权证的区别

认股权证是授予持有人一项权利——购买公司发行的新股，而优先认股权是公司增发新股时为保护老股东的利益而赋予老股东的一种特权。

（1）认股权证是由公司发行的，能够按照特定的价格在特定的时间内购买一定数量该公司股票的选择权凭证，其实质是一种有价证券；而优先认股权则是公司在增发新股时为保护老股东的利益而赋予老股东的一种特权，老股东可以凭此权按特定的价格购买新股。

（2）认股权证是与股票同时发行的，但发行后则可独立于股票，形成自己的市场和价格；优先认股权则要在配股登记日前附着在股票上进行交易，登记日之后，优先认股权才脱离股票可以在市场上独立交易。

（3）两者的目的不同。优先认股权是赋予老股东的特权，允许老股东按其原来的持股比例购买新股；认股权证的发行则主要是为了更多地筹措资金，培养潜在的增资来源。

其实，二者最大的差异，便是认股权证更加独立。

10.2 股利政策

股利政策是企业就股利分配所采取的策略，如设计多大的股利支付率、以何种形式支付股利、何时支付股利等问题。股利政策主要是权衡公司与投资者之间、股东财富最大化与提供足够的资金以保证企业扩大再生产之间、企业股票在市场上的吸引力与企业财务负担之间的各种利弊之后，寻求股利与留存利润之间的比例关系。如果企业的股利很多，势必会加大企业股票在证券市场上的吸引力，使企业顺利地在市场上筹措到所需资金。但这样也势必会减少留存收益，加重企业财务负担和货币资金周转的压力。若企业的股利较少，就会出现与之相反的结果。因此，股利政策是企业股票在市场上的吸引力与企业财务负担之间的一种均衡。具体地讲，就是探寻股利与留存收益之间的比例关系。

10.2.1 股利的基本理论

股利理论是指企业发放股利对企业价值产生何种影响的理论。目前，股利理论主要分成3 个不同的学派：股利无关论、股利相关论和股利税差理论。

1. 股利无关论

股利无关论认为，在完善的市场条件下，企业的价值取决于投资决策和融资决策所决定的资产获利能力，而不是盈利在股利和留存收益之间的分割方式。因此，股利政策对企业价值不会产生任何影响。股利无关论通常有以下几种主要观点。

1) MM 理论

1961 年，美国的莫迪格拉尼和米勒发表了著名的《股利政策增长和股票价值》一文，提出了"股利无关论"。该理论建立在完美的假设基础之上：① 信息完全对称，即投资者与管理者拥有相同的信息；② 投资者都是理性的；③ 企业发行证券没有发行费用，证券交易瞬间完成且没有交易成本；④ 无任何个人和企业所得税；⑤ 企业的投资政策不变，投资回收没有风险。

在完美的市场条件下，MM 理论得出的股利无关论同资本结构无关论一样。MM 理论认为，在企业投资决策既定的情况下，股利的支付不过是一个细枝末节的小问题，不会影响股东的财富，企业的价值完全取决于企业当期资产的获利能力和随着企业投资决策的实施继续获利的能力。只要企业接受了所有净现值大于零的投资项目，并且当资金不足时，可以无成本地在资本市场上筹集到资金，那么企业就可以支付它愿意支付的任何一期任何水平的股利。因此，盈利在股利和留存收益之间的分割方式无法影响企业的价值。在这种条件下，投资者不再关心其收入是来自资本利得还是股利收入，因为投资者可以自制股利。如果投资者获得的股利比预期的少，可以通过出售部分股票来获得预期的收益；如果投资者获得的股利比预期的多，可以用股利购买该企业更多的股票。由于投资者完全可以"自制"股利，所以不同的股利政策没有优劣之分，股利政策是无关的。

MM 理论是以多种假设为前提的，而在现实中这些假设并不存在。

2) 股利剩余理论

股利剩余理论认为，企业的股利支付应由投资计划的报酬率来决定。如果一个企业有较多的有利可图的投资机会，则不应发放现金股利，而采用保留盈余的形式以满足投资所需的资金；反之，则应将所有盈余分配给股东。如果企业的盈余满足了所有有利可图的投资机会后还有剩余，则把剩余的盈余以现金股利的形式分配给股东。由此可见，把股利支付当作完全由投资计划的多少来决定的股利剩余理论认为，投资者不会计较股利与资本收益的差别。如果企业投资机会的预期收益率高于投资者要求的收益率，投资者宁愿企业保留盈余；如果企业投资项目的预期收益率等于投资者要求的收益率，投资者将对企业利润留存或作为股利分配的问题漠不关心；如果企业预期的收益率低于投资者要求的报酬率，那么投资者宁愿要股利。

股利剩余理论将股利政策看作是一种融资决策，既解决了企业对资金的需求，又降低了资本成本。因此，许多高速成长的企业在其成长期几乎不发放股利，而将全部盈余用于再投资。

2. 股利相关论

股利相关论认为，企业的股利政策会影响到企业股票的价格，股利政策对企业的市场价值并非无关而是相关的。股利相关论的代表性观点主要有以下几种。

1）"在手之鸟"理论

"在手之鸟"一词缘于"双鸟在林不如一鸟在手"。最早提出"在手之鸟"理论的是迈伦·戈登（Myron Gordon）和约翰·林特纳（John Lintner）。该理论认为，投资者对股利收益与资本利得是有偏好的，大部分投资者更偏向于股利收益，特别是正常的股利收益，因为正常的股利收益是投资者按时、按量、有把握取得的现实收益，好比在手之鸟，抓在手中是飞不掉的。而资本利得收益要靠出售股票才能得到，具有很大的不确定性，好比在林之鸟，不一定能够抓住。因此，资本利得的风险要比股利风险大得多。在这两者之间，投资者更偏向于选择股利支付率较高的公司的股票。根据这种理论，公司需要定期向股东支付较高的股利。公司分配的股利越多，公司的市场价值也就越大。

案例链接

在手之鸟：如何正确理性地看待现金股利政策？

作为历来"最土豪"的贵州茅台，2017 年每 10 股派发现金红利 109.99 元（含税）；"宇宙行"中国工商银行，2017 年度每 10 股分红 2.408 元（含税），累计分红约 700 亿元，独占鳌头，见表 10-1。那么两者谁更"豪爽"一些呢？

表 10-1　2017 年贵州茅台与中国工商银行的分红情况

	贵州茅台	中国工商银行
2017 年	10 股派 109.99 元（含税）	10 股派 2.408 元（含税）
以 2017 年 1 月 1 日的股价为基准的回报率	10.999/697.49＝1.58%	0.2408/5.42＝4.44%
以股权登记日当天收盘价为基准的回报率	10.999/775.13＝1.42%	0.2408/5.98＝4.03%
净利润	270.793 603 亿元	2 860.49 亿元
基本每股收益	21.56 元	0.79 元
每股未分配利润	63.693 2 元	3.079 5 元
每股经营现金流量	17.635 0 元	2.162 9 元

从单纯的现金股利的股息回报率来讲，中国工商银行回报率（超过 4%）远超过贵州茅台（约 1.5%），但是从基本收益对应的分配率来讲，好像贵州茅台更慷慨，基本每股收益中超过一半分配给了投资者。由此可见，每股现金分红绝对值的高低并不能代表现金股息率的高低。

我们把分析周期拉长一点，来看看贵州茅台和中国工商银行近 8 年的分红情况，具体数据如表 10-2 所示。

表 10-2 2010—2017 年贵州茅台与中国工商银行的分红情况

	贵州茅台	中国工商银行
2017	10 股派 109.99 元（含税）	10 股派 2.408 元（含税）
2016	10 股派 67.87 元（含税）	10 股派 2.343 元（含税）
2015	10 股派 61.71 元（含税）	10 股派 2.333 元（含税）
2014	10 股送 1 股 派 43.74 元（含税）	10 股派 2.554 元（含税）
2013	10 股送 1 股 派 43.74 元（含税）	10 股派 2.617 元（含税）
2012	10 股派 64.19 元（含税）	10 股派 2.39 元（含税）
2011	10 股派 29.97 元（含税）	10 股派 2.03 元（含税）
2010	10 股送 1 股 派 23 元（含税）	10 股派 1.84 元（含税）
现金股利（每 100 股）	累计约 4 889 元	累计约 185.15 元
股票股利（每 100 股）	三次送股（133.1 股）	累计约 185.15 元
2010.1—2018.11 累计现金分红率	57.6%	55.8%
2010.1—2018.11 股价增值率	5.79 倍	0.67 倍

从表 10-2 中可以看出，两家公司的股利政策都比较稳定，主要以现金股利为主。假设投资者以 2009 年 12 月 31 日的收盘价分别买入贵州茅台与中国工商银行 100 股，并持续持有至今，到底谁获利更多呢？

从现金股利来看，贵州茅台和中国工商银行最近 8 年累计现金分红比例比较接近（如果以贷款年回报率 6% 作为对比，2010 年后的 8 年的单利回报为 48%，复利回报为 59.38%）。由此可以得出结论，这两家公司的现金股利回报率（复利）约为 6%。但是，股价增长率却相差较大，接近 9 倍差距，这对投资者的总回报而言，影响较大。

如果您是投资者，会选择投资哪家公司呢？

2）股利传播信息论

这种理论认为，股利之所以对股票价格产生影响，是因为投资者把股利用来预测企业未来的经营成果，投资者一般只能通过企业的财务报告了解企业的经营状况和盈利能力，并据此来判断股票的价格是否合理。但是财务报告在一定时期内可以调整、润色，甚至还有虚假的成分。因此，投资者对企业未来的发展和收益的了解远不如企业管理人员清楚，即存在某种信息不对称。在这种情形下，现金股利的分配就成了一个难得的信息传播渠道，即股利的分配给投资者传递了关于企业盈利能力的信息。如果企业的股利支付率在过去一个较长的时期内很稳定，而现在却有所变动，投资者将会把这种现象看作企业未来收益变动的信号，股票市价将会对股利变动有所反应。有人认为："股利可能提供明确的证据来证明有关企业有能力创造现金，因此企业的股利政策将会影响股票价格，在当今充满不确定因素的现实世界里，企业的口头声明往往被忽视或误解，而它支付股利的实际行动却是一个强有力的证明，因为事实终究胜于雄辩。"

3）代理理论

代理理论认为，股利政策有助于减缓管理者与股东之间，以及股东与债权人之间的代理冲突。也就是说，股利政策相当于是协调股东与管理者之间代理关系的一种约束机制。股利政策对管理者的约束体现在两个方面：从投资者的角度看，当企业存在大量自由现金时，管理者通过股利发放不仅减少了因过度投资而浪费资源，而且有助于减少管理者潜在的代理成本，从而增加企业价值；从融资的角度看，企业发放股利减少了内部融资，导致进入资本市场寻求外部融资，从而可以经常接受资本市场的有效监督，这样通过资本市场的监督而减少代理成本，但同时也增加了企业的外部融资成本。因此，最优的股利政策应使两种成本之和最小。

3. 股利税差理论

最早提出税收差异理论的是布伦南（Brennan）。该理论认为，MM 理论中关于不存在个人和企业所得税这一假设是不存在的。事实上，不仅存在个人和企业所得税，而且股利的税率要高于资本利得的税率。这样，资本利得对于股东更为有利。即使股利和资本利得按相同的税率征税，由于支付的时间不同，股利收入纳税时间是在收取股利的当时，而资本利得纳税是在股票出售时才发生。考虑到货币的时间价值，将来支付一元钱的价值要比现在支付一元钱的价值小，这种税收延期的特点给资本利得提供了一个优惠。因此，当存在税收差异时，企业采用高股利政策会损害投资者的利益，而采用低股利政策则会抬高股价，增加企业的市场价值。

可以看出，上述 3 个理论是相互矛盾的，MM 理论认为股利大小与公司价值无关，即不存在最佳股利政策；"在手之鸟"理论认为高股利支付率可以提高公司的价值；税差理论则认为低股利支付率是最佳选择，可以获得减税效应。究竟应该以哪一种理论为依据进行股利分配，公司应视具体情况而定。

10.2.2 影响股利政策的因素

企业税后利润，可留存，也可用于分配。在企业利润有限的情况下，如何解决好留存与分红的比例，是处理短期利益与长期利益、企业与股东等关系的关键。股利分配政策的选择至关重要，应该综合考虑以下各因素。

1. 法律因素

为了保护债权人和股东的利益，法律法规就公司的利润分配做出了以下有关规定。

（1）资本保全约束。资本保全是企业财务管理应遵循的一项重要原则。它规定公司股利分配只能来源于企业当期利润或留存收益，不能来源于原始投资（或股本）。其目的在于维持企业资本的完整性，保护企业完整的产权基础，保护债权人的权益。

（2）资本积累约束。规定公司支付股利前应按净利润的一定比例计提法定公积金，股利只能从企业的可供分配利润中支付。另外，要求在具体的分配政策上，贯彻"无利不分"原则。

（3）偿债能力约束。要求公司考虑现金股利分配对偿债能力的影响，对股份公司而言，须确定在分配后仍能保持较强的偿债能力，以维持公司的信誉和借贷能力，从而保证公司的正常资金周转；如果支付现金股利后会影响公司偿还债务和正常经营时，公司发放现金股利的数额就会受到限制。

（4）超额累积利润约束。公司不得超额累积利润，如果公司的留存利润超过法律所认可的合理水平，将被加征额外税款。这是因为股东所获得的收益包括股利和资本利得，前者的税率一般大于后者，公司通过少发股利、累积利润使股价上涨来帮助股东避税。

2. 股东因素

（1）控股权。现有股东往往将股利政策作为维持其控制地位的工具。如果公司支付较高的股利，就会导致留存收益减少，公司将来依靠发行新股筹集资金的可能性加大，而发行新股意味着公司控制权有旁落他人或其他公司的可能。因此，在原股东追加投资较少时，可考虑多留少分，采取较紧的股利政策。

（2）避税。资本利得的所得税低于股利的所得税，因此，出于避税的考虑，高收入阶层的股东，通常愿意公司少支付股利而将较多的盈余保留下来再投资。

（3）稳定收入。公司股东的收益包括两部分，即股利收入和资本利得。一些依靠股利来维持生活的股东，往往要求公司支付稳定的股利，如果公司留存较多的收益，将受到这部分股东的反对。

（4）规避风险。在某些股东看来，公司留存收益带来的新收益或股票交易价格产生的资本利得具有很大的不确定性。因此，与其获得不确定的未来收益，不如得到现实的确定的股利。即便是现在较少的股利，也强于未来较多但是存在较大风险的资本利得，因此他们往往要求较多地支付股利。

3. 公司因素

（1）举债能力。不同的公司在资本市场上举借债务的能力有一定的差别。举债能力强的公司在资金缺乏时易举债筹资，可考虑多分少留，采用较宽松的股利政策；举债能力弱的公司在资金缺乏时不易举债筹资，可考虑多留少分，采用较紧的股利政策。

（2）未来投资机会。公司的股利政策与其所面临的新的投资机会密切相关。有良好的投资机会的公司，必然需要大量的现金支持，因而往往少发股利，将大部分盈余用于投资；缺乏良好投资机会的公司，保留大量现金会造成资金的闲置，于是倾向于支付较高的股利。正因为如此，许多成长中的公司，往往采用较低的股利政策，而处于经营收缩期的公司，却往往采用较高的股利政策。

（3）资本成本。与发行新股相比，采用留存收益作为内部筹资的方式，不需支付筹资费用，其资本成本较低。如果公司有扩大资金的需要，也应当采取低股利政策。

（4）资产的流动性。如果公司资产流动性较强，即持有大量的货币资金和其他流动资产，变现能力强，可以采用较高的股利政策；反之，如果资产流动性较弱，就应该采取低股利政策。

（5）盈利的稳定性。公司的股利政策在很大程度上会受其盈利能力的限制。一般而言，盈利能力较强的公司，通常采取较高的股利政策；盈利能力较弱或不稳定的公司，通常采取较低的股利政策。

（6）债务需要。公司可以通过举借新债、发行新股筹集资金偿还债务，也可以直接用经营积累偿还债务。当公司有较多的债务需要偿还时，应减少现金流出，可考虑多留少分，采取较紧的股利政策。

（7）其他考虑。促成可转换债券的转换时可考虑多分少留，促使股价上扬，实现转换；在反兼并、收购中，为促使股价上扬，便并购不易成功，也应考虑多分少留。

4. 其他因素

（1）债务合同契约。当公司以长期借款、债券、优先股、租赁合约等形式向外部筹资时，常常应对方的要求，接受一些有关股利支付的限制性条款，一般包括：限制用以前的留存收益支付股利；流动资金低于一定标准时不得支付股利；将利润的一部分以偿债基金的形式留存下来；利息保障倍数低于一定标准时不得支付股利等。企业出于方便未来负债筹资的考虑，一般都能自觉恪守与债权人事先签订的有关合同的限制性条款，以协调企业与债权人之间的关系。

（2）信息传递效应。股利分配是传递公司盈利状况的信息渠道，为传递有利信息，宜多分少留，采取较宽松的股利政策。

（3）通货膨胀。通货膨胀使得物价上涨，导致购买力水平下降，公司资金流失，长期资产重置资金缺口加大，外部筹资困难。因此，在通货膨胀时期，公司应多留少分，采取较紧的股利政策，满足公司资金需求。

10.2.3　股利政策

股利政策是指公司管理当局对股利分配有关事项所做出的方针与决策。在财务管理的实践中，公司进行股利分配时，常采取的股利分配政策主要有以下几种。

1. 剩余股利政策

剩余股利政策是指公司存在良好的投资机会时（投资机会的预期报酬率高于股东要求的必要报酬率时），根据目标资本结构的要求，将税后净利润首先用于满足投资所需的权益资本，然后将剩余的净利润再用于股利分配。在这种股利分配政策下，投资分红额（股利）成为企业新的投资机会的函数，随着投资资金的需求变化而起伏，只要存在良好的投资机会，就应当首先考虑其资金需要，最后考虑企业剩余收益的分配需要。因此，当企业投资机会较好时，为了降低资本成本，通常会采用剩余股利政策。

这种政策的优点是：能充分利用筹资成本最低的资金来源，满足投资机会的需要并能保持理想的资本结构，使加权平均资本成本最低，实现企业价值的长期最大化。但这种股利政策缺点在于：往往导致股利支付不稳定，不能满足希望取得稳定收入的股东的要求，也不利于树立企业良好的财务形象。剩余股利政策一般使用于公司初创阶段。

剩余股利政策的一般步骤如下。

（1）确定投资方案所需的资金额度。

（2）确定企业目标资本结构，使得在此结构下的加权平均资本成本最低。

（3）进一步确定为达到目标资本结构，投资所需增加的权益资本的数额。

（4）使用税后净利润能满足投资方案所需权益资本的最大限额。

（5）在满足上述需要后，将剩余利润作为股利支付。

【例10-1】某公司20×2年税后利润总额为2 400万元，按规定提取10%的盈余公积金，20×3年的投资计划需要资金2 100万元，公司的目标资本结构是维持借入资金与自有资金的比例为1∶2。按照剩余股利政策确定该公司20×2年投资者分红的数额。

① 投资方案所需资金总额＝2 100万元。

② 目标资本结构为1/3负债，2/3所有者权益。

③ 可供分配利润＝2 400×（1-10%）＝2 160万元。

④ 投资所需增加的权益资本数额＝2 100 × 2/3＝1 400万元。

⑤ 税后净利能满足投资需要的最大限额＝1 400万元。

⑥ 向投资者分红数额＝2 160 -1 400＝760万元。

2. 固定股利政策

固定股利政策是指公司在较长时期内都将支付固定的股利额，股利不随经营状况的变化而变动，除非公司预期未来收益将会有显著的不可逆转的增长而提高股利发放额。在这种股利政策下，当公司收益发生一般变化时，并不影响股利的支付，使股利始终保持在稳定的水平之上，向投资者传递的是公司经营业绩稳定、风险较小的信息。因此，那些收益比较稳定或正处于成长期、信誉一般的公司多采用这种股利政策。

这种政策的优点是：固定的股利有利于公司树立良好的形象，有利于公司稳定股票价格，从而增强投资者对公司的信心；另外，稳定的股利有利于投资者有规律地安排收入与支出，特别是那些对股利有着很强依赖性的股东尤其欢迎。这种股利政策的缺点在于：股利支付与公司盈利能力相脱节，造成投资风险与投资收益不对称；当净利润下降或现金紧张时，仍要保证股利的正常发放，容易引起公司资金短缺，导致财务状况恶化，使公司承担较大的财务压力。

3. 固定比例股利政策

固定比例股利政策是指公司每年不是按固定的股利支付额而是按固定的股利支付比例从净利润中支付股利。在这种股利政策下，公司的盈利能力是经常变动的，当盈利状况好时，股东的股利也相应增加；当盈利状况不好时，股东的股利也相应下降，即股利随盈利的变化而变化，始终保持股利与盈利间一定的比例关系，使股利支付与公司的盈利能力紧密关联。这实际上是一种变动的股利政策。

这种股利政策的优点是：股利与企业盈余紧密结合，体现多盈多分、少盈少分、不盈不分的原则；保持股利与利润间一定的比例关系，体现了风险投资与风险收益对等原则。但这种政策的不足之处在于：由于股利波动传递的是经营业绩不稳定的信息，容易使外界产生公司经营不善的印象，不利于股票价格的稳定与上涨，也不利于树立企业良好的财务形象；公司每年按固定比例从净利润中支付股利，缺乏财务弹性；确定合理的固定股利支付比例难度较大。因此，这种股利政策为那些盈利相对比较稳定的公司所采用。

4. 正常股利加额外股利政策

正常股利加额外股利政策是指企业每年按某一固定的较低的数额向股东支付正常股利，当企业盈利较大幅度增加时，再根据实际需要，向股东临时发放一些额外股利。这是一种介于固定股利政策与变动股利政策之间的折中股利政策，是对上述股利政策的综合。

这种股利政策的优点是：具有较大的灵活性，可给企业较大的弹性；由于正常股利发放水平较低，当企业盈利较少或投资需要资金时，企业只要支付较少的股利就可以仍然保持既定的股利发放水平，不会加大公司的财务压力且又能保证股东稳定的股利收入，可避免股价下跌的风险；当企业盈利增加或不需要投资时，企业就可以通过发放额外股利的方式，让其转移到股东的手中，也有利于股价的提高。因此，在企业的净利润与现金流量不够稳定时，采用这种股利政策对企业和股东都是有利的。由于该股利政策集灵活性与稳健性于一身，因此为大多数企业所采用。但这种股利政策也有一定的缺点：股利派发仍然缺乏稳定性，额外股利随盈利的变化而变化，时有时无，给人以漂浮不定的印象；如果公司较长时间一直发放额外股利，股东就会认为是正常股利，一旦取消，极易造成公司"财务状况"逆转的负面影响，股价下跌在所难免。

在实际经济生活中，固定股利政策、正常股利加额外股利政策为我国股份制企业所普遍采用，并为广大的投资者所认可。企业在进行股利分配时，应充分理解各种股利政策，结合实际情况，选择适宜于自己的股利分配政策。

10.3 股利政策的实施

10.3.1 股利支付的程序

股份公司分配股利必须遵循法定的程序，先由董事会提出分配预案，然后提交股东大会审议，股东大会决议通过分配预案之后，向股东宣布。股份有限公司向股东支付股利，前后要经历一个过程，依次为股利宣告日、股权登记日、除息日和股利支付日。

（1）股利宣告日。即公司董事会将股利支付情况予以公告的日期。公告中将宣布每股股利、股权登记日、除息日和股利支付日等事项。

（2）股权登记日。即有权领取本期股利的股东资格登记截止日期。凡是在此指定日期收盘之前取得公司股票，成为公司在册股东的投资者都可以作为股东享受公司分派的股利，而无论是现金股利还是股票股利。在这一天之后取得股票的股东则无权领取本次分派的股利。

（3）除息日。即领取股利的权利与股票相互分离的日期。在除息日前，股利权从属于股票，持有股票即享有领取股利的权利；到除息日，股利权与股票相分离，新购入股票的人不能分享股利。除息日的股票价格会下跌，其原因是除息日之前股票的价格包含了应得的股利。

（4）股利支付日。即公司按照公布的分红方案向股权登记日在册的股东发放股利的日期。

股利支付的程序可举例说明如下。

假定某公司在20×8年2月5日的股东大会决议中通过了股利分配方案，并于第二天由董事会对外发布公告，宣告股利分配方案为：当年每10股派发5元的现金股利，公司将于20×8年4月1日将股利支付给20×8年2月25日在册的公司股东。

该公司向股东支付股利的几个主要日期为：20×8年2月6日为股利宣告日；20×8年2月25日为股权登记日；20×8年2月26日为除息日；20×8年4月1日为股利发放日。

案例链接

海南天然橡胶产业集团股份有限公司
2010 年度利润分配实施公告

本公司及董事会全体成员保证公告内容的真实、准确和完整，没有虚假记载、误导性陈述或者重大遗漏，并对其内容的真实、准确和完整承担个别及连带责任。

重要内容提示：

本次利润分配采取派发现金股利的方式，向全体股东派发现金股利人民币314 493 728.00 元，即每10 股派发现金股利人民币0.80 元（税前）。

扣税前每股现金股利人民币0.08 元，扣税后实际每股派发现金股利人民币0.072 元。

股权登记日：2011 年7 月8 日。

除息日：2011 年 7 月 11 日。

现金股利发放日：2011 年 7 月 15 日。

1. 通过利润分配方案的股东大会届次和日期

海南天然橡胶产业集团股份有限公司（以下简称"公司"）2010 年度利润分配方案已经公司 2011 年 5 月 30 日召开的 2010 年度股东大会审议通过，股东大会决议公告已刊登于 2011 年 5 月 31 日的《中国证券报》《上海证券报》和上海证券交易所网站（www. sse. com. cn）。

2. 利润分配方案

经中审亚太会计师事务所有限公司审计，2010 年度公司（母公司报表）共实现的净利润为 544 069 277. 45 元，加上年初未分配利润 383 295 703. 20 元，减去 2010 年度分配的股利 157 258 580. 00 元，再提取 10% 的法定盈余公积 54 406 927. 75 元后，本年可供股东分配的利润为 715 699 472. 90 元。

10. 3. 2　股利支付的形式

在股份制企业，股利支付的形式一般有现金股利、股票股利、财产股利、负债股利等。

（1）现金股利。现金股利是以现金发放的股利，是公司最常见、最容易被投资者接受的股利支付方式。发放现金股利除了要有足够的留存收益外，还要有足够的现金。当然，发放现金的多少主要取决于公司的股利政策和经营业绩。上市公司发放现金股利主要出于 3 个原因：投资者偏好、减少代理成本和传递公司的未来信息。

（2）股票股利。股票股利是公司以增发的股票作为股利的支付方式，我国实务中通常也称送股或送红股。

知识链接

送红股和转增股的区别

红股来自公司的年度税后利润，只有在公司有盈余的情况下，才能向股东送红股。送红股是上市公司将本年的利润留在公司里，发放股票作为红利，从而将利润转化为股本。送股后，公司的资产、负债、股东权益的总额结构并没有发生改变，但股本增大了，同时每股净资产降低了。送红股视同现金分红，A 股市场要交 10% 的税。

转增股是指上市公司将资本公积金和盈余公积金转化为股本。转增股本并没有改变股东的权益，但增加了股本的规模，因而客观结果与送红股相似。资本公积金转增股本严格地说并不是对股东的分红回报，十股转增十股相当于把一杯糖开水分装两只杯子，含糖量不变。

与送红股、派发现金时需交所得税不同，上市公司用资本公积金转增股本时投资者不用缴纳所得税，这是因为资本公积金的来源并非上市公司的利润，既然并非上市经营"所得"，也就谈不上缴纳所得税了。而如果上市公司用盈余公积金转增股本，由于盈余公积金的来源属于利润（"所得"），因此也需要缴纳所得税。目前，盈余公积金转增股本的案例在 A 股上市公司中很少出现。

送红股和公积金转增股都是针对上市公司来说的，只是财务处理上的问题，无论上市公司送股或者转增股本，只要不派发现金，上市公司只会增加流动股，而不会发生现金流出。

（3）财产股利。财产股利是以现金之外的资产支付的股利，主要包括实物资产和公司所拥有的其他企业的有价证券，如债券、股票。

（4）负债股利。负债股利是公司以负债支付的股利，通常以公司的应收票据支付给股东，在不得已的情况下也可发行公司债券支付股利。由于负债均需还本付息，因此这种股利支付方式的支付压力较大，只能作为现金不足时的权宜之策。

财产股利和负债股利实际上是现金股利的替代，这两种方式目前在我国公司实务中很少使用。

10.3.3 股票股利和股票分割

1. 股票股利

股票股利是指公司以增发的股票作为股利的支付方式。从会计的角度看，股票股利只是将资金从留存收益（或资本公积）账户转移到其他股东权益账户，不会导致公司资产的流出和负债的增加，因而不是公司资金的使用，同时也并不因此而增加公司的财产，但会导致股东权益各项目的结构发生变化。

【例 10-2】某公司宣布发放 10% 的股票股利，并规定现有股东每持 10 股可得 1 股新发普通股，股票面额 1 元，股票当时市价为 10 元。发放股票股利前，公司资产负债表的股东权益情况如表 10-3 所示。

表 10-3　发放股票股利前的股东权益　　　　　　　　　　单位：元

项　　目	金　　额
普通股（面额 1 元，已发行 1 000 000 股）	1 000 000
资本公积	1 000 000
留存收益	5 000 000
股东权益合计	7 000 000

公司要增发 100 000 股（1 000 000 股×10%）的普通股，每股 10 元。随着股票的发放，留存收益中有 1 000 000 元（1 000 000 股×10%×10 元）的资金要转移到普通股和资本公积账户上。由于股票面额（1 元）不变，增发 100 000 股普通股，普通股账户上只增加 100 000 元，其余的 900 000 元应作为股票溢价转移到资本公积账户，而公司股东权益总额保持不变。发放股票股利后，公司资产负债表中股东权益情况如表 10-4 所示。

表 10-4　发放股票股利后的股东权益　　　　　　　　　　单位：元

项　目	金　额
普通股（面额 1 元，已发行 1 100 000 股）	1 100 000
资本公积	1 900 000
留存收益	4 000 000
股东权益合计	7 000 000

可见发放股票股利，不会对公司股东权益总额产生影响，但会发生资金在股东权益各项目间的再分配。就股东而言，发放股票股利后，如果公司盈利总额不变，其所持股份的比例不变，每位股东所持有股票的市场价值总额也保持不变，但会由于普通股股数增加而引起每股收益和每股市价的下降。

【例 10-3】假设上述公司本年盈余为 2 000 000 元，某股东持有该公司 100 000 股普通股，发放股票股利对股东的影响如表 10-5 所示。

表 10-5　发放股票股利对股东的影响

项　目	发放前	发放后
每股收益（EPS）/元	2 000 000/1 000 000＝2	2 000 000/1 100 000＝1.818
每股市价/元	10	10/（1＋10%）＝9.09
持股比例	100 000/1 000 000＝10%	110 000/1 100 000＝10%
所持股总价值/元	10×100 000＝1 000 000	9.09×110 000＝1 000 000

尽管股票股利不直接增加股东的财富，也不增加公司的价值，但对股东和公司都有特殊的意义。

股票股利对股东的意义有以下几方面。① 发放股票股利通常由成长中的公司所为，因此投资者认为发放股票股利预示着公司将会有较大的发展，利润将大幅度增长，足以抵消增发股票带来的消极影响。这种心理会稳定股价，甚至使股价略有上升。② 如果公司在发放股票股利之后，还能维持现金股利的发放，则股东因所持股数的增加而能得到更多的现金股利。③ 在股东需要现金时，可以将分得的股票股利出售。有些国家的税法规定出售股票所需交纳的资本利得税率比收到现金股利所需交纳的所得税率低，这使得股东可以从中获得纳税方面的好处。

就公司管理当局而言，发放股票股利可能出于下列动机和目的。① 可使股东分享公司的盈余而无须分配现金，使得公司留存大量现金，便于进行再投资，有利于公司持续发展。② 在盈余和现金股利预期不会增加的情况下，股票股利的发放可以有效地降低每股价格，可提高投资者的投资兴趣。③ 股票股利通常与企业的成长有关，在信息不对称的情况下，发放股票股利往往会向社会传递公司未来的盈利水平会进一步提高的信息，从而提高投资者对公司的信心，在一定程度上能稳定股价。但在某些情况下，发放股票股利会被认为是公司缺乏现金，从而降低投资者对公司的信心，加剧股价的下跌。

2. 股票分割

股票分割是指将面额较高的股票交换成面额较低的股票的行为。例如，将原来的一股股票交换成两股股票。股票分割不属于某种股利，但其所产生的效果与发放股票股利十分相近。

就会计而言，股票分割对公司的股东权益的总额、权益各项目的金额及其相互之间的比例不会产生影响，一般只会使发行在外的股数增加，每股面值降低，每股盈余下降。这与发放股票股利时的情况既有相同之处，又有不同之处。

知识链接

股票分割与公积金转增股本的特殊情况

在我国，目前各股份公司的股票面值均为 1 元/股，而在新股发行时，发行价均大大高于股票面值，使得资本公积金数倍于股本。比如，公司按照 15 元/股的价格发行股票，其股本只有 1 元/股，但资本公积金却高达 14 元/股。在这种情况下，再对 1 元/股的面值进行分割显得意义不大。

因此，在我国，上市公司对股票分割实际上多是采用公积金转增股本的形式进行。虽然严格地说，资本公积金转增股本并不属于股票分制，但起到了与股票分割同样的股票数量增加的作用。所不同的是，不是分割股票面值，而是推薄了每股资本公积金（因为资本公积金减少了，而股本增加了，股数增加了，所以每股的资本公积金降低了）。

在我国实务中，上市公司往往把资本公积金转增股本与股利分配混在一起，所谓盈利分配公告中的 10 送 2 转增 3 就是如此，它表明，公司盈利分配政策为 10 股送 2 股股票股利，另外再用资本公积金转增 3 股股票。由于我国上市公司发行股票时存在大量的资本公积金，因此在公司上市初期，不少公司均有能力大比例转增股票，以致让不少股票投资者将它视为一种盈利分配。因此，在我国，虽然不存在对面值进行分割的股票分割情形，但是资本公积金转增股本普遍存在，二者仅仅是表现形式不同而已。

【例 10-4】假设在例 10-2 中，公司决定实施两股换一股的股票分割计划来代替 10% 的股票股利，普通股每股面额从 1 元变为 0.5 元。分割前的股东权益如表 10-3 所示，分割后的股东权益如表 10-6 所示。

表 10-6　股票分割后的股东权益　　　　　　　　　　　　　单位：元

项　　目	金　　额
普通股（面额 0.5 元，2 000 000 股）	1 000 000
资本公积	1 000 000
留存收益	5 000 000
股东权益合计	7 000 000

由此可见，除了会计处理不同以外，股票分割与股票股利可以说基本相同。从实务上讲，两者之间的差别很小，所以一般要根据证券管理部门的具体规定对两者加以区分。例

如，有的国家的证券交易机构规定，发放 25% 以上的股票股利就属于股票分割。

就公司管理当局而言，实行股票分割的主要目的有 3 个方面。① 降低每股市价，吸引更多的投资者。② 为新股发行和公司兼并与合并做准备。在新股发行之前，利用股票分割降低股票价格，有利于股票流通，促进新发行股票的销售。③ 股票分割往往是成长中公司的行为，所以宣布股票分割后，这种有利的信息会对公司有所帮助。

尽管股票分割和发放股票股利都能达到降低公司股价的目的，但是只有在公司股价暴涨且预期难以下降时，才采用股票分割的办法降低股价；而在公司股价上涨幅度不大时，往往通过发放股票股利将股价维持在一个理想的范围之内。

3. 股票回购

股票回购实际上是现金股利的一种替代方式，是公司出资购回其所发行在外的股票。股票回购使发行在外的流通股减少。股票回购完成后，可以将所回购的股票注销，也可以将其作为"库藏股"保留。股票回购的方式主要包括公开市场回购、要约回购和协议回购 3 种。公开市场回购是指公司在公开交易市场上以当前市价回购股票；要约回购是指公司在特定期间内向股东发出的以高出当前市价的某一价格回购既定数量股票的要约；协议回购是指公司以协议价格直接向一个或几个主要股东回购股票。

就公司管理层而言，实行股票回购的主要目的如下。① 改善公司的资本结构。如果公司认为负债对权益的比例失衡，股东权益资本所占的比例过大，就可以通过举债回购发行在外的普通股，由此使公司的资本结构趋于合理。② 分配公司超额现金。如果公司的现金超过其投资机会所需现金，但又没有足够的盈利性投资机会可以使用这笔现金，就可以采用股票回购的方式，将现金分配给股东。③ 稳定或提高公司股票价格。股票回购可以引起每股收益增加，当公司认为其价值被市场严重低估时，可以通过股票回购来提高股票价格，维护公司形象。④ 满足企业兼并或收购。在企业兼并或收购的过程中，产权交换的支付方式无非是现金支付或股票换股票两种。如果企业通过股票回购，形成库藏股，就可使用库藏股来交换被并购公司的股票，由此可减少企业的现金支出。

【例 10-5】某公司流通在外的普通股有 5 000 000 股，每股市价 20 元，公司有税后净利 5 000 000 元。公司决定回购 1 000 000 股，如果公司的盈利水平不变，股票回购会引起每股市价提高，如表 10-7 所示。

表 10-7　股票回购前后每股市价对比

项　目	股票回购前	股票回购后
税后净利	500 万股	500 万股
流通股数	500 万股	400 万股
每股收益	1 元	1.25 元
每股市价	20 元	25 元

股票回购也给公司操纵股票价格、进行内部交易带来了可乘之机。纵观世界各国法律，可以看到各国从保护债权人利益和维护证券市场的正常交易秩序出发，大都对股票回购做出了较具体的限制性规定。这是因为股票回购存在以下弊端。① 公司回购其股票，意味着股东退股和公司资本减少，动摇了公司的资本基础，削弱了债权人的利益。② 股票回购致使公司持有自己的股票，成为自己的股东，公司的法律地位与股东的法律地位出现同一，公司

与股东之间的法律关系发生混淆，背离了公司与股东原本具有的法律含义。③上市公司回购本公司股票，易导致其利用内幕消息进行炒作，或对一系列财务报表指标进行人为操纵，加剧公司行为的非规范化，使投资者蒙受损失。股票回购的负面作用是显而易见的，但也并不是不可避免的。只要对上市公司回购股票的条件做出严格规定，也可以抑制其负面作用，发挥其积极的作用。

案例链接

上海陆家嘴金融贸易区开发股份有限公司减资回购案

1994年10月30日，上海陆家嘴金融贸易区开发股份有限公司（以下简称陆家嘴公司）临时股东大会决议通过了国家股减资的方案，由此陆家嘴公司成为我国第一家协议回购本公司股票并注销股份的上市公司。

陆家嘴公司成立于1992年8月30日，首次发行股票7.15亿股，其中国家股6.7亿股，法人股0.3亿股，个人股0.15亿股。6.7亿股国家股系国家以土地投入折价入股。公司在1992年5月29日公布的招股书中注明："公司注册资本总额7.15亿元，其中6.7亿元是国家以土地折价入股，而土地从批租到开发、转让是逐年渐进的，所以国家参与溢价和红利分配计算均以投入运转的资本为准。现已投入4.5亿元资本额，剩余资本一年后陆续投入运转。"上市前，经有关部门批准，公司通过股东内部协议有偿转让的办法，对公司股本结构进行调整，国家股股东将所持股份中的3000万股转让给个人股东，转让价格为每股2.9元，转让后社会公众股增至4500万股，占总股本的6.14%。1993年12月，公司以10∶4的比例向股东配股，公众股增至6300万股，所占比例增至8.6%（《公司法》明确规定，上市公司的股本总额超过4亿元的，其向社会公开发行股份的比例应为15%以上）。

1994年6月，陆家嘴公司以公司土地尚未完全投入开发、国家股部分资本仍然虚置，并且公司股权结构不合理为由进行减资，拟将国家股中尚未投入实际运作的部分资本额从注册资本中退出，即国家股6.4亿元中减少2亿元，公司总股本也相应减至5.33亿元。1994年9月30日公告，1个月之后即10月30日临时股东大会通过了该项决议。随后在1994年11月，陆家嘴公司成功发行了2亿股B股，使社会公众股所占比例达到了35.88%。此回购案的一个重要特点是：减资回购从而规范股权结构并不是最终目的，最终目的是通过国家股减资回购，再增发一定数量的流通股（B股），进一步增资扩股，以增强发展后劲。从这个意义上说，股份回购是一种"策略性"的资本运营工具。

本 章 小 结

利润分配是企业把一定时期实现的净利润按照国家财会制度的规定，向国家、投资者和企业职工进行分配的过程。利润分配的程序要按国家财会制度的规定进行分配。公司利润分配的项目包括法定盈余公积金、任意盈余公积金、股利（向投资者分配的利润）。

股利政策是指公司管理当局对股利分配有关事项所做出的方针与决策。股利政策包括剩余股利政策、固定股利政策、固定比例股利政策、正常股利加额外股利政策。影响股利分配政策的因素主要有法律因素、股东因素、公司因素等。股利支付的方式一般有现金股利、财产股利、负债股利和股票股利等。

复习思考题

1. 试述利润分配的项目与程序。
2. 股利理论有哪几种观点？它们的主要论点是什么？
3. 影响股利政策的因素有哪些？
4. 股份制企业常用的股利政策有哪些？股利形式有哪些？
5. 如何区分股票股利和股票分割？

练　习　题

1. 某股份公司有普通股 200 000 股，每股面值 2 元，无优先股。该公司明年的计划投资额为 800 000 元，今年的预计税后利润为 2 000 000 元。假定该公司明年投资计划的资金来源完全以今年的留存收益内部筹资完成（盈余公积金按 10% 提留）。

要求：（1）计算今年以剩余资金发放股利所能达到的每股股利；
　　　　（2）计算今年的股利发放率。

2. 某公司某年的净利润提取了公积金后为 1 000 万元，第二年的投资计划拟需资金 1 200 万元。该公司的目标资金结构为自有资金占 60%，借入资金占 40%。另外，该公司流通在外的普通股为 2 000 万股，没有优先股。

要求：计算该公司当年可发放的股利额及每股股利（采用剩余股利政策）。

3. 某公司今年年底的所有者权益总额为 9 000 万元，普通股 6 000 万股。目前的资本结构为长期负债占 55%，所有者权益占 45%，没有需要付息的流动负债。该公司的所得税率为 25%。预计继续增加长期债务不会改变目前的 11% 的平均利率水平。

董事会在讨论明年资金安排时提出：① 计划明年年末分配现金股利 0.05 元/股；② 计划明年全年为新的投资项目共筹集 4 000 万元的资金；③ 计划明年仍维持目前的资本结构，并且计划年度新增自有资金从计划年度内各月留用利润中解决，所需新增负债资金从长期负债中解决。

要求：测算实现董事上述要求明年所需实现的息税前利润。

4. 某公司今年实现的税后净利为 1 000 万元，法定盈余公积金比例为 15%，若明年的投资计划所需资金为 800 万元，公司的目标资本结构为自有资金占 60%。

要求：（1）若公司采用剩余股利政策，计算今年末可发放的股利；
　　　　（2）若公司发行在外的股数为 1 000 万股，计算每股利润及每股股利；

（3）若明年决定将公司的股利政策改为逐年稳定增长的股利政策，设股利的逐年增长率为 2%，投资者要求的必要报酬率为 12%，计算该股票的价值。

案例分析

案例一　苹果公司的股利分配方案

苹果公司于 1976 年成立，其发展过程也经历了无数坎坷。1986 年是苹果公司发展的分水岭。在这一年年底，苹果公司的收入为 19 亿美元，净利润为 1.54 亿美元。1980—1986 年，苹果公司净利润的年增长率达到 53%。其在 1984 年推出的新产品麦肯塔斯（Macintosh）计算机获得了巨大成功，尤其是在教育和家用个人计算机市场上。1986 年，苹果公司与马克·帕拉丝（Mac Plus）携手，集中精力向商用计算机市场（其主要竞争对手IBM 的领地）渗透。在 1987 年的早期，竞争是非常激烈的，太阳微系统公司（Sun Microsystem）大幅度削减其最昂贵的计算机的价格以阻止苹果的入侵。但是，苹果–马克公司以1987 年第四季度的高额利润和麦肯塔斯（Macintosh）计算机销售收入增长 42% 的骄人业绩令所有人都大吃一惊。为了强调其最近在麦肯塔斯（Macintosh）计算机上的成功和吸引更多的机构投资者，苹果公司在 1987 年 4 月 30 日宣布了它的首次季度股利：每股 0.12 美元，同时宣布进行 1∶2 的股票拆细。股票市场对苹果公司首次股利的反应非常强烈。股利宣布当天，股价上升了 1.75 美元，而且在 4 个交易日里，股价上涨了约 8%。

首次股利是良好的开始，接下来的 4 年是苹果公司的繁荣时期。到 1990 年年底，苹果公司的收入、利润和资本支出都达到了历史最高水平。不幸的是，1990 年以后是苹果公司的困难期，由于从高质高价的个人计算机生产商转为价格竞争更为激烈的商用计算机生产商，公司遇到了很多困难，其收入增长一般，利润开始下降，并在 1996 年和 1997 年出现亏损。由于软件开发商更注重能够在英特尔上运行的产品，苹果公司的市场份额变得越来越小。1997 年年底，苹果公司的股价是每股 24 美元，远低于 1990 年的 48 美元。苹果公司1981—1997 年的股利变化明显滞后于利润的变化。1992 年，当每股收益从 3.74 美元增长到4.33 美元时，股利并无变化。1993 年每股收益降至 2.45 美元，苹果公司也没有改变其每股股利。但是，到 1996 年，苹果公司的股利彻底停发了。苹果公司 1986—1997 年的主要盈利指标如表 10-8 所示。

表 10-8　苹果公司 1986—1997 年的主要盈利指标

项　　目	1986 年	1990 年	1986—1990 年年增长率/%	1997 年	1990—1997 年年增长率/%
收入/百万美元	1 902	5 558	31	7 081	4
净利润/百万美元	154	475	33	−379	—
资本支出/百万美元	66	223	36	63	−16
股价/美元	20	48	24	24	−10
长期负债/百万美元	0	0	0	950	—
每股股利/美元	0	0.45		0	−100

思考题：

运用所学到的有关股利政策知识，分析、评价苹果公司的股利问题。

（1）为什么苹果公司于 1987 年发放股利？

（2）你认为苹果公司发放首次股利是最佳决策吗？

（3）为什么苹果公司 1981—1997 年的股利变化明显滞后于利润的变化？

（4）为什么苹果公司 1996 年停发了股利？

案例二　格力不分红的难言之隐

2018 年 4 月 25 日，格力年报披露，公司 2017 年度营收 1 482.86 亿元，同比增长 37%，净利润 224.02 亿元，同比增长 45%，创出历史新高。然而，现金充足的格力却宣布公司 2017 年度没有分红计划。格力自 2007 年首次未分红以来已有 11 年之久。

毋庸置疑，投资者投资股票的目的是获得长期稳定增长的投资收益。对成熟的证券市场来说，上市公司增加现金分红额和股利支付率，逐步提高投资者的投资回报，是增加股票吸引力的有效办法。例如，美国把连续五年不支付股利列为上市公司退市的一个条件。因此，中国证券市场要想吸引长期价值投资者，促进中国股市健康发展，应该关注上市公司现金分红问题。

格力有 1 100 亿元现金，为什么不分红？

格力公布的财报显示，格力的现金流充足，资产质量很好。格力 2018 年第一季度的经营活动净现金流同比增加 63.6%，表现良好，主要原因是其他与经营活动有关的现金流入 70 亿元，同比大幅增长 64 亿元。格力账面现金+理财+应收票据规模近 100 亿元，扣除应付票据和有息负债后净现金近 1 100 亿元，资产质量优异。投资者用脚投票。2018 年 4 月 26 日格力股票跌停，2018 年 4 月 27 日格力股票收跌 3.29%，两日之内市值蒸发近 200 亿元。

格力称，公司留存资金将用于生产基地建设、智慧工厂升级，以及智能装备、智能家电、集成电路等新产业的技术研发和市场推广。前述投资项目尚处筹划阶段，公司将尽快明确资金需求和现金流测算，充分考虑投资者诉求，进行 2018 年度中期分红，分红金额届时依据公司资金情况确定。

格力 2017 年度净利润不再进行分红是出于研发新技术和布局新行业考虑后决定的，2018 年度中期分红是基于 2018 年度上半年中期业绩进行的，此举有利于市场预期。

思考题：

格力为什么不分红？简述我国上市公司现金分红的现状与影响因素。

案例三　股票回购新规出台后，上市公司回购股票的欲望大为增强

2018 年 10 月 28 日，恒力股份、辉隆股份、美盛文化等 16 家上市公司发布回购预案。另外，均胜电子、鹏博士、红豆股份等 25 家上市公司发布了回购提议或最新进展公告。按照回购规模上限计算，41 家上市公司回购预案规模约 168 亿元。2018 年 10 月 29 日，中国平安港股公告，拟酌情及适时回购公开发行的境内、境外股份，回购总额不超过总股本的 10%。

股票回购是指上市公司从股票市场上买回本公司发行在外股票的行为。事实上，2018 年 A 股的回购规模已超过以往任何一年。截至 2018 年 10 月 31 日，上市公司已实施的回购

金额合计约 315 亿元。A 股上市公司在 2015—2017 年三年间的回购金额分别为 50 亿元、109 亿元、92 亿元，这也意味着 2018 年前十个月的回购金额超过了 2015—2017 年回购金额的总和。

2018 年 10 月 26 日，第十三届全国人大常委会第六次会议审议通过了《全国人民代表大会常务委员会关于修改〈中华人民共和国公司法〉的决定》，对《公司法》第一百四十二条中有关公司股票回购的规定进行了专项修改，新规自公布之日起施行。

此次修改，丰富了回购股票的用途，简化了决策程序，还延长了回购股票的持有时间，让上市公司回购股份的欲望大为增强。在 2018 年 10 月 27 日至 10 月 29 日中午这两天半时间内，就有超过 60 家上市公司发布了回购公告，回购规模上限超过百亿元。

思考题：

2018 年 A 股的回购规模已超过以往任何一年，股票回购新规出台后，上市公司回购股票的欲望更是大为增强。上市公司为什么要回购股票？上市公司是否会利用股票回购去损害普通投资者的利益？

案例四　招商银行的现金股利政策

自 2010 年中国农业银行和光大银行上市起，16 家上市银行 2010—2014 年每年平均的股利支付率稳定保持在 20.87%～27.52% 的高水平上，尤其是四大国有银行均稳定在 30% 以上。对于银行业而言，稳定的股利支付率有利于保障银行声誉和整个金融体系的稳固。

1987 年成立于深圳经济特区的招商银行是中国境内第一家完全由企业法人持股的股份制商业银行。2002 年、2006 年招商银行分别在上海和香港上市，上市后采取积极的股利分配政策，总分红金额达 784.86 亿元，派现金额占募集金额的 139.56%，远高于市场平均水平。

表 10-9 列示了招商银行自 2002 年以来的股利支付情况，除 2008 年外，招商银行现金股利支付率一直保持在 20%～35% 并呈逐年上升的态势。到 2014 年，招商银行每 10 股现金分红达 6.7 元。2008 年受到金融危机影响，并且这一年招商银行斥资 300 亿港币收购了香港本土第四大银行——永隆银行，因此虽然现金股利较少，但通过每 10 股送 3 股的股票股利进行了弥补。

表 10-9　招商银行 2002—2014 年股利分配情况

会计年度	2002	2003	2004	2005	2006	2007	2008	2009	2010	2011	2012	2013	2014
每 10 股分红/元	1.2	0.92	1.1	0.8	1.2	2.8	1.0	2.1	2.9	4.2	6.3	6.2	6.7
股利支付率/%	39.49	23.54	23.96	21.12	24.82	27.01	7.02	22.75	25.42	26.3	31.66	32.01	32.57

思考题：

招商银行选择的是何种股利政策？招商银行的股利政策给招商银行带来了哪些影响？

1元复利终值、现值表和
1元年金终值、现值表

表 A-1 1元复利终值表

期数	1%	2%	3%	4%	5%	6%	7%	8%	9%	10%
1	1.010 0	1.020 0	1.030 0	1.040 0	1.050 0	1.060 0	1.070 0	1.080 0	1.090 0	1.100 0
2	1.020 1	1.040 4	1.060 9	1.081 6	1.102 5	1.123 6	1.144 9	1.166 4	1.188 1	1.210 0
3	1.030 3	1.061 2	1.092 7	1.124 9	1.157 6	1.191 0	1.225 0	1.259 7	1.295 0	1.331 0
4	1.040 6	1.082 4	1.125 5	1.169 9	1.215 5	1.262 5	1.310 8	1.360 5	1.411 6	1.464 1
5	1.051 0	1.104 1	1.159 3	1.216 7	1.276 3	1.338 2	1.402 6	1.469 3	1.538 6	1.610 5
6	1.061 5	1.126 2	1.194 1	1.265 3	1.340 1	1.418 5	1.500 7	1.580 9	1.677 1	1.771 6
7	1.072 1	1.148 7	1.229 9	1.315 9	1.407 1	1.503 6	1.605 8	1.713 8	1.828 0	1.948 7
8	1.082 9	1.171 7	1.266 8	1.368 6	1.477 5	1.593 8	1.718 2	1.850 9	1.992 6	2.143 6
9	1.093 7	1.195 1	1.304 8	1.423 3	1.551 3	1.689 5	1.838 5	1.999 0	2.171 9	2.357 9
10	1.104 6	1.219 0	1.343 9	1.480 2	1.628 9	1.790 8	1.967 2	2.158 9	2.367 4	2.593 7
11	1.115 7	1.243 4	1.384 2	1.539 5	1.710 3	1.898 3	2.104 9	2.331 6	2.580 4	2.853 1
12	1.126 8	1.268 2	1.425 8	1.601 0	1.795 9	2.012 2	2.252 2	2.518 2	2.812 7	3.138 4
13	1.138 1	1.293 6	1.468 5	1.665 1	1.885 6	2.132 9	2.409 8	2.719 6	3.065 8	3.452 3
14	1.149 5	1.319 5	1.512 6	1.731 7	1.979 9	2.260 9	2.578 5	2.937 2	3.341 7	3.797 5
15	1.161 0	1.345 9	1.558 0	1.800 9	2.078 9	2.396 6	2.759 0	3.172 2	3.642 5	4.177 2
16	1.172 6	1.372 8	1.604 7	1.873 0	2.182 9	2.540 4	2.952 2	3.425 9	3.970 3	4.595 0
17	1.184 3	1.400 2	1.652 8	1.947 9	2.292 0	2.692 8	3.158 8	3.700 0	4.327 6	5.054 5
18	1.196 1	1.428 2	1.702 4	2.025 8	2.406 6	2.854 3	3.379 9	3.996 0	4.717 1	5.559 9
19	1.208 1	1.456 8	1.753 5	2.106 8	2.527 0	3.025 6	3.616 5	4.315 7	5.141 7	6.115 9
20	1.220 2	1.485 9	1.806 1	2.191 1	2.653 3	3.207 1	3.869 7	4.661 0	5.604 4	6.727 5
21	1.232 4	1.515 7	1.860 3	2.278 8	2.786 0	3.399 6	4.140 6	5.033 8	6.108 8	7.400 2
22	1.244 7	1.546 0	1.916 1	2.369 9	2.925 3	3.603 5	4.430 4	5.436 5	6.658 6	8.140 3
23	1.257 2	1.576 9	1.973 6	2.464 7	3.071 5	3.819 7	4.740 5	5.871 5	7.257 9	8.254 3
24	1.269 7	1.608 4	2.032 8	2.563 3	3.225 1	4.048 9	5.072 4	6.341 2	7.911 1	9.849 7
25	1.282 4	1.640 6	2.093 8	2.665 8	3.386 4	4.291 9	5.427 4	6.848 5	8.623 1	10.835

续表

期数	1%	2%	3%	4%	5%	6%	7%	8%	9%	10%
26	1.295 3	1.673 4	2.156 6	2.772 5	3.555 7	4.549 4	5.807 4	7.396 4	9.399 2	11.918
27	1.308 2	1.706 9	2.221 3	2.883 4	3.733 5	4.882 3	6.213 9	7.988 1	10.245	13.110
28	1.321 3	1.741 0	2.287 9	2.998 7	3.920 1	5.111 7	6.648 8	8.627 1	11.167	14.421
29	1.334 5	1.775 8	2.356 6	3.118 7	4.116 1	5.418 4	7.114 3	9.317 3	12.172	15.863
30	1.347 8	1.811 4	2.427 3	3.243 4	4.321 9	5.743 5	7.612 3	10.063	13.268	17.449
40	1.488 9	2.208 0	3.262 0	4.801 0	7.040 0	10.286	14.794	21.725	31.408	45.259
50	1.644 6	2.691 6	4.383 9	7.106 7	11.467	18.420	29.457	46.902	74.358	117.39
60	1.816 7	3.281 0	5.891 6	10.520	18.679	32.988	57.946	101.26	176.03	304.48

期数	12%	14%	15%	16%	18%	20%	24%	28%	32%	36%
1	1.120 0	1.140 0	1.150 0	1.160 0	1.180 0	1.200 0	1.240 0	1.280 0	1.320 0	1.360 0
2	1.254 4	1.299 6	1.322 5	1.345 6	1.392 4	1.440 0	1.537 6	1.638 4	1.742 4	1.849 6
3	1.404 9	1.481 5	1.520 9	1.560 9	1.643 0	1.728 0	1.906 6	2.087 2	2.300 0	2.515 5
4	1.573 5	1.689 0	1.749 0	1.810 6	1.938 8	2.073 6	2.364 2	2.684 4	3.036 0	3.421 0
5	1.762 3	1.925 4	2.011 4	2.100 3	2.287 8	2.488 3	2.931 6	3.436 0	4.007 5	4.652 6
6	1.973 8	2.195 0	2.313 1	2.436 4	2.699 6	2.986 0	3.635 2	4.398 0	5.289 9	6.327 5
7	2.210 7	2.502 3	2.660 0	2.826 2	3.185 5	3.583 2	4.507 7	5.629 5	6.982 6	8.605 4
8	2.476 0	2.852 6	3.059 0	3.278 4	3.758 9	4.299 8	5.589 5	7.205 8	9.217 0	11.703
9	2.773 1	3.251 9	3.517 9	3.803 0	4.435 5	5.159 8	6.931 0	9.223 4	12.166	15.917
10	3.105 8	3.707 2	4.045 6	4.411 4	5.233 8	6.191 7	8.594 4	11.806	16.060	21.647
11	3.478 5	4.226 2	4.652 4	5.117 3	6.175 9	7.430 1	10.657	15.112	21.199	29.439
12	3.896 0	4.817 9	5.350 3	5.936 0	7.287 6	8.916 1	13.215	19.343	27.983	40.037
13	4.363 5	5.492 4	6.152 8	6.885 8	8.599 4	10.699	16.386	24.759	36.937	54.451
14	4.887 1	6.261 3	7.075 7	7.987 5	10.147	12.839	20.319	31.691	48.757	74.053
15	5.473 6	7.137 9	8.137 1	9.265 5	11.974	15.407	25.196	40.565	64.359	100.71
16	6.130 4	8.137 2	9.357 6	10.748	14.129	18.488	31.243	51.923	84.954	136.97
17	6.866 0	9.276 5	10.761	12.468	16.672	22.186	38.741	66.461	112.14	186.28
18	7.690 0	10.575	12.375	14.463	19.673	26.623	48.039	86.071	148.02	253.34
19	8.612 8	12.056	14.232	16.777	23.214	31.948	59.568	108.89	195.39	344.54
20	9.646 3	13.743	16.367	19.461	27.393	38.338	73.864	139.38	257.92	468.57
21	10.804	15.668	18.822	22.574	32.324	46.005	91.592	178.41	340.45	637.26
22	12.100	17.861	21.645	26.186	38.142	55.206	113.57	228.36	449.39	866.67

续表

期数	12%	14%	15%	16%	18%	20%	24%	28%	32%	36%
23	13. 552	20. 362	24. 891	30. 376	45. 008	66. 247	140. 83	292. 30	593. 20	1 178. 7
24	15. 179	23. 212	28. 625	35. 236	53. 109	79. 497	174. 63	374. 14	783. 02	1 603. 0
25	17. 000	26. 462	32. 919	40. 874	62. 669	95. 396	216. 54	478. 90	1 033. 6	2 180. 1
26	19. 040	30. 167	37. 857	47. 414	73. 949	114. 48	268. 51	613. 00	1 364. 3	2 964. 9
27	21. 325	34. 390	43. 535	55. 000	87. 260	137. 37	332. 95	784. 64	1 800. 9	4 032. 3
28	23. 884	39. 204	50. 066	63. 800	102. 97	164. 84	412. 86	1 004. 3	2 377. 2	5 483. 9
29	26. 750	44. 693	57. 575	74. 009	121. 50	197. 81	511. 95	1 285. 6	3 137. 9	7 458. 1
30	29. 960	50. 950	66. 212	85. 850	143. 37	237. 38	634. 82	1 645. 5	4 142. 1	10 143. 0
40	93. 051	188. 83	267. 86	378. 72	750. 38	1 469. 8	5 455. 9	19 427. 0	66 521. 0	*
50	289. 00	700. 23	1 083. 7	1 670. 7	3 927. 4	9 100. 4	46 890. 0	*	*	*
60	897. 60	2 595. 9	4 384. 0	7 370. 2	20 555. 0	56 348. 0	*	*	*	*

* >99 999

表 A-2 1 元复利现值表

期数	1%	2%	3%	4%	5%	6%	7%	8%	9%	10%
1	0. 990 1	0. 980 4	0. 970 9	0. 961 5	0. 952 4	0. 943 4	0. 934 6	0. 925 9	0. 917 4	0. 909 1
2	0. 980 3	0. 971 2	0. 942 6	0. 924 6	0. 907 0	0. 890 0	0. 873 4	0. 857 3	0. 841 7	0. 826 4
3	0. 970 6	0. 942 3	0. 915 1	0. 889 0	0. 863 8	0. 839 6	0. 816 3	0. 793 8	0. 772 2	0. 751 3
4	0. 961 0	0. 923 8	0. 888 5	0. 854 8	0. 822 7	0. 792 1	0. 762 9	0. 735 0	0. 708 4	0. 683 0
5	0. 951 5	0. 905 7	0. 862 6	0. 821 9	0. 783 5	0. 747 3	0. 713 0	0. 680 6	0. 649 9	0. 620 9
6	0. 942 0	0. 888 0	0. 837 5	0. 790 3	0. 746 2	0. 705 0	0. 666 3	0. 630 2	0. 596 3	0. 564 5
7	0. 932 7	0. 860 6	0. 813 1	0. 759 9	0. 710 7	0. 665 1	0. 622 7	0. 583 5	0. 547 0	0. 513 2
8	0. 923 5	0. 853 5	0. 787 4	0. 730 7	0. 676 8	0. 627 4	0. 582 0	0. 540 3	0. 501 9	0. 466 5
9	0. 914 3	0. 836 8	0. 766 4	0. 702 6	0. 644 6	0. 591 9	0. 543 9	0. 500 2	0. 460 4	0. 424 1
10	0. 905 3	0. 820 3	0. 744 1	0. 675 6	0. 613 9	0. 558 4	0. 508 3	0. 463 2	0. 422 4	0. 385 5
11	0. 896 3	0. 804 3	0. 722 4	0. 649 6	0. 584 7	0. 526 8	0. 475 1	0. 428 9	0. 387 5	0. 350 5
12	0. 887 4	0. 788 5	0. 701 4	0. 624 6	0. 556 8	0. 497 0	0. 444 0	0. 397 1	0. 355 5	0. 318 6
13	0. 878 7	0. 773 0	0. 681 0	0. 600 6	0. 530 3	0. 468 8	0. 415 0	0. 367 7	0. 326 2	0. 289 7
14	0. 870 0	0. 757 9	0. 661 1	0. 577 5	0. 505 1	0. 442 3	0. 387 8	0. 340 5	0. 299 2	0. 263 3
15	0. 861 3	0. 743 0	0. 641 9	0. 555 3	0. 481 0	0. 417 3	0. 362 4	0. 315 2	0. 274 5	0. 239 4
16	0. 852 8	0. 728 4	0. 623 2	0. 533 9	0. 458 1	0. 393 6	0. 338 7	0. 291 9	0. 251 9	0. 217 6
17	0. 844 4	0. 714 2	0. 605 0	0. 513 4	0. 436 3	0. 371 4	0. 316 6	0. 270 3	0. 231 1	0. 197 8
18	0. 836 0	0. 700 2	0. 587 4	0. 493 6	0. 415 5	0. 350 3	0. 295 9	0. 250 2	0. 212 0	0. 179 9
19	0. 827 7	0. 686 4	0. 570 3	0. 474 6	0. 395 7	0. 330 5	0. 276 5	0. 231 7	0. 194 5	0. 163 5

续表

期数	1%	2%	3%	4%	5%	6%	7%	8%	9%	10%
20	0.819 5	0.673 0	0.553 7	0.456 4	0.376 9	0.311 8	0.258 4	0.214 5	0.178 4	0.148 6
21	0.811 4	0.659 8	0.537 5	0.438 8	0.358 9	0.294 2	0.241 5	0.198 7	0.163 7	0.135 1
22	0.803 4	0.646 8	0.521 9	0.422 0	0.341 8	0.277 5	0.225 7	0.183 9	0.150 2	0.122 8
23	0.795 4	0.634 2	0.506 7	0.405 7	0.325 6	0.261 8	0.210 9	0.170 3	0.137 8	0.111 7
24	0.787 6	0.621 7	0.491 9	0.390 1	0.310 1	0.247 0	0.197 1	0.157 7	0.126 4	0.101 5
25	0.779 8	0.609 5	0.477 6	0.375 1	0.295 3	0.233 0	0.184 2	0.146 0	0.116 0	0.092 3
26	0.772 0	0.597 6	0.463 7	0.360 4	0.281 2	0.219 8	0.172 2	0.135 2	0.106 4	0.083 9
27	0.764 4	0.585 9	0.450 2	0.346 8	0.267 8	0.207 4	0.160 9	0.125 2	0.097 6	0.076 3
28	0.756 8	0.574 4	0.437 1	0.333 5	0.255 1	0.195 6	0.150 4	0.115 9	0.089 5	0.069 3
29	0.749 3	0.563 1	0.424 3	0.320 7	0.242 9	0.184 6	0.140 6	0.107 3	0.082 2	0.063 0
30	0.741 9	0.552 1	0.412 0	0.308 3	0.231 4	0.174 1	0.131 4	0.099 4	0.075 4	0.057 3
35	0.705 9	0.500 0	0.355 4	0.253 4	0.181 3	0.130 1	0.093 7	0.067 6	0.049 0	0.035 6
40	0.671 7	0.452 9	0.306 6	0.208 3	0.142 0	0.097 2	0.066 8	0.046 0	0.031 8	0.022 1
45	0.639 1	0.410 2	0.264 4	0.171 2	0.111 3	0.072 7	0.047 6	0.031 3	0.020 7	0.013 7
50	0.608 0	0.371 5	0.228 1	0.140 7	0.087 2	0.054 3	0.033 9	0.021 3	0.013 4	0.008 5
55	0.578 5	0.336 5	0.196 8	0.115 7	0.068 3	0.040 6	0.024 2	0.014 5	0.008 7	0.005 3

期数	12%	14%	15%	16%	18%	20%	24%	28%	32%	36%
1	0.892 9	0.877 2	0.869 6	0.862 1	0.847 5	0.833 3	0.806 5	0.781 3	0.757 6	0.735 3
2	0.797 2	0.769 5	0.756 1	0.743 2	0.718 2	0.694 4	0.650 4	0.610 4	0.573 9	0.540 7
3	0.711 8	0.675 0	0.657 5	0.640 7	0.608 6	0.578 7	0.524 5	0.476 8	0.434 8	0.397 5
4	0.635 5	0.592 1	0.571 8	0.552 3	0.515 8	0.482 3	0.423 0	0.372 5	0.329 4	0.292 3
5	0.567 4	0.519 4	0.497 2	0.476 2	0.437 1	0.401 9	0.341 1	0.291 0	0.249 5	0.214 9
6	0.506 6	0.455 6	0.432 3	0.410 4	0.370 4	0.334 9	0.275 1	0.227 4	0.189 0	0.158 0
7	0.452 3	0.399 6	0.375 9	0.353 8	0.313 9	0.279 1	0.221 8	0.177 6	0.143 2	0.116 2
8	0.403 9	0.350 6	0.326 9	0.305 0	0.266 0	0.232 6	0.178 9	0.138 8	0.108 5	0.085 4
9	0.360 6	0.307 5	0.284 3	0.263 0	0.225 5	0.193 8	0.144 3	0.108 4	0.082 2	0.062 8
10	0.322 0	0.269 7	0.247 2	0.226 7	0.191 1	0.161 5	0.116 4	0.084 7	0.062 3	0.046 2
11	0.287 5	0.236 6	0.214 9	0.195 4	0.161 9	0.134 6	0.093 8	0.066 2	0.047 2	0.034 0
12	0.256 7	0.207 6	0.186 9	0.168 5	0.137 3	0.112 2	0.075 7	0.051 7	0.035 7	0.025 0
13	0.229 2	0.182 1	0.162 5	0.145 2	0.116 3	0.093 5	0.061 0	0.040 4	0.027 1	0.018 4
14	0.204 6	0.159 7	0.141 3	0.125 2	0.098 5	0.077 9	0.049 2	0.031 6	0.020 5	0.013 5

期数	12%	14%	15%	16%	18%	20%	24%	28%	32%	36%
15	0.182 7	0.140 1	0.122 9	0.107 9	0.083 5	0.064 9	0.039 7	0.024 7	0.015 5	0.009 9
16	0.163 1	0.122 9	0.106 9	0.098 0	0.070 9	0.054 1	0.032 0	0.019 3	0.011 8	0.007 3
17	0.145 6	0.107 8	0.092 9	0.080 2	0.060 0	0.045 1	0.025 9	0.015 0	0.008 9	0.005 4
18	0.130 0	0.094 6	0.080 8	0.069 1	0.050 8	0.037 6	0.020 8	0.011 8	0.006 8	0.003 9
19	0.116 1	0.082 9	0.070 3	0.059 6	0.043 1	0.031 3	0.016 8	0.009 2	0.005 1	0.002 9
20	0.103 7	0.072 8	0.061 1	0.051 4	0.036 5	0.026 1	0.013 5	0.007 2	0.003 9	0.002 1
21	0.092 6	0.063 8	0.053 1	0.044 3	0.030 9	0.021 7	0.010 9	0.005 6	0.002 9	0.001 6
22	0.082 6	0.056 0	0.046 2	0.038 2	0.026 2	0.018 1	0.008 8	0.004 4	0.002 2	0.001 2
23	0.073 8	0.049 1	0.040 2	0.032 9	0.022 2	0.015 1	0.007 1	0.003 4	0.001 7	0.000 8
24	0.065 9	0.043 1	0.034 9	0.028 4	0.018 8	0.012 6	0.005 7	0.002 7	0.001 3	0.000 6
25	0.058 8	0.037 8	0.030 4	0.024 5	0.016 0	0.010 5	0.004 6	0.002 1	0.001 0	0.000 5
26	0.052 5	0.033 1	0.026 4	0.021 1	0.013 5	0.008 7	0.033 7	0.001 6	0.000 7	0.000 3
27	0.046 9	0.029 1	0.023 0	0.018 2	0.011 5	0.007 3	0.003 0	0.001 3	0.000 6	0.000 2
28	0.041 9	0.025 5	0.020 0	0.015 7	0.009 7	0.006 1	0.002 4	0.001 0	0.000 4	0.000 2
29	0.037 4	0.022 4	0.017 4	0.013 5	0.008 2	0.005 1	0.002 0	0.000 8	0.000 3	0.000 1
30	0.033 4	0.019 6	0.015 1	0.011 6	0.007 0	0.004 2	0.001 6	0.000 6	0.000 2	0.000 1
35	0.018 9	0.010 2	0.007 5	0.005 5	0.003 0	0.001 7	0.000 5	0.000 2	0.000 1	*
40	0.010 7	0.005 3	0.003 7	0.002 6	0.001 3	0.000 7	0.000 2	0.000 1	*	*
45	0.006 1	0.002 7	0.001 9	0.001 3	0.000 6	0.000 3	0.000 1	*	*	*
50	0.003 5	0.001 4	0.000 9	0.000 6	0.000 3	0.000 1	*	*	*	*
55	0.002 0	0.000 7	0.000 5	0.000 3	0.000 1	*	*	*	*	*

*<0.000 1

表 A-3　1 元年金终值表

期数	1%	2%	3%	4%	5%	6%	7%	8%	9%	10%
1	1.000 0	1.000 0	1.000 0	1.000 0	1.000 0	1.000 0	1.000 0	1.000 0	1.000 0	1.000 0
2	2.010 0	2.020 0	2.030 0	2.040 0	2.050 0	2.060 0	2.070 0	2.080 0	2.090 0	2.100 0
3	3.030 1	3.060 4	3.090 9	3.121 6	3.152 5	3.183 6	2.214 9	3.246 4	3.278 1	3.310 0
4	4.060 4	4.121 6	4.183 6	4.246 5	4.310 1	4.374 6	4.439 9	4.506 1	4.573 1	4.641 0
5	5.101 0	5.204 0	5.309 1	5.416 3	5.525 6	5.637 1	5.750 7	5.866 6	5.984 7	6.105 1
6	6.152 0	6.308 1	6.468 4	6.633 0	6.801 9	6.975 3	7.153 3	7.335 9	7.523 3	7.715 6
7	7.213 5	7.434 3	7.662 5	7.898 3	8.142 0	8.393 8	8.654 0	8.922 8	9.200 4	9.487 2

期数	1%	2%	3%	4%	5%	6%	7%	8%	9%	10%
8	8.285 7	8.583 0	8.892 3	9.214 2	9.549 1	9.897 5	10.260	10.637	11.028	11.436
9	9.368 5	9.754 6	10.159	10.583	11.027	11.491	11.978	12.488	13.021	13.579
10	10.462	10.950	11.464	12.006	12.578	13.181	13.816	14.487	15.193	15.937
11	11.567	12.169	12.808	13.486	14.207	14.972	15.784	16.645	17.560	18.531
12	12.683	13.412	14.192	15.026	15.917	16.870	17.888	18.977	20.141	21.384
13	13.809	14.680	15.618	16.627	17.713	18.882	20.141	21.495	22.953	24.523
14	14.947	15.974	17.086	18.292	19.599	21.015	22.550	24.214	26.019	27.975
15	16.097	17.293	18.599	20.024	21.579	23.276	25.129	27.152	29.361	31.772
16	17.258	18.639	20.157	21.825	23.657	25.673	27.888	30.324	33.003	35.950
17	18.430	20.012	21.762	23.698	25.840	28.213	30.840	33.750	36.974	40.545
18	19.615	21.412	23.414	25.645	28.132	30.906	33.999	37.450	41.301	45.599
19	20.811	22.841	25.117	27.671	30.539	33.760	37.379	41.446	46.018	51.159
20	22.019	24.297	26.870	29.778	33.066	36.786	40.995	45.752	51.160	57.275
21	23.239	25.783	28.676	31.969	35.719	39.993	44.865	50.423	56.765	64.002
22	24.472	27.299	30.537	34.248	38.505	43.392	49.006	55.457	62.873	71.403
23	25.716	28.845	32.453	36.618	41.430	46.996	53.436	60.883	69.532	79.543
24	26.973	30.422	34.426	39.083	44.502	50.816	58.177	66.765	76.790	88.497
25	28.243	32.030	36.459	41.646	47.727	54.863	63.249	73.106	84.701	98.347
26	29.526	33.671	38.553	44.312	51.113	59.156	68.676	79.954	93.324	109.18
27	30.821	35.344	40.710	47.084	54.669	63.706	74.484	87.351	102.72	121.10
28	32.129	37.051	42.931	49.968	58.403	68.528	80.698	95.339	112.97	134.21
29	33.450	38.792	45.219	52.966	62.323	73.640	87.347	103.97	124.14	148.63
30	34.785	40.568	47.575	56.085	66.439	79.058	94.461	113.28	136.31	164.49
40	48.886	60.402	75.401	95.026	120.80	154.76	199.64	259.06	337.88	442.59
50	64.403	84.579	112.80	152.67	209.35	290.34	406.53	573.77	815.08	1 163.9
60	81.670	114.05	163.05	237.99	353.58	533.13	813.52	1 253.2	1 944.8	3 034.8

期数	12%	14%	15%	16%	18%	20%	24%	28%	32%	36%
1	1.000 0	1.000 0	1.000 0	1.000 0	1.000 0	1.000 0	1.000 0	1.000 0	1.000 0	1.000 0
2	2.120 0	2.140 0	2.150 0	2.160 0	2.180 0	2.200 0	2.240 0	2.280 0	2.320 0	2.360 0
3	3.374 4	3.439 6	3.472 5	3.505 6	3.572 4	3.640 0	3.777 6	3.918 4	3.062 4	3.209 6
4	4.779 3	4.921 1	4.993 4	5.066 5	5.215 4	5.368 0	5.684 2	6.015 6	6.362 4	6.725 1

期数	12%	14%	15%	16%	18%	20%	24%	28%	32%	36%
5	6.352 8	6.610 1	6.742 4	6.877 1	7.154 2	7.441 6	8.048 4	8.699 9	9.398 3	10.146
6	8.115 2	8.535 5	8.753 7	8.977 5	9.442 0	9.929 9	10.980	12.136	13.406	14.799
7	10.089	10.730	11.067	11.414	12.142	12.916	14.615	16.534	18.696	21.126
8	12.300	13.233	13.727	14.240	15.327	16.499	19.123	22.163	25.678	29.732
9	14.776	16.085	16.786	17.519	19.086	20.799	24.712	29.369	34.895	41.435
10	17.549	19.337	20.304	21.321	23.521	25.959	31.643	38.593	47.062	57.352
11	20.655	23.045	24.349	25.733	28.755	32.150	40.238	50.398	63.122	78.998
12	24.133	27.271	29.002	30.850	34.931	39.581	50.895	65.510	84.320	108.44
13	28.029	32.089	34.352	36.786	42.219	48.497	64.110	84.853	112.30	148.47
14	32.393	37.581	40.505	43.672	50.818	59.196	80.496	109.61	149.24	202.93
15	37.280	43.842	47.580	51.660	60.965	72.035	100.82	141.30	198.00	276.98
16	42.753	50.980	55.717	60.925	72.939	87.442	126.01	181.87	262.36	377.69
17	48.884	59.118	65.075	71.673	87.068	105.93	157.25	233.79	347.36	514.66
18	55.750	68.394	75.836	84.141	103.74	128.12	195.99	300.25	459.45	770.94
19	63.440	78.969	88.212	98.603	123.41	154.74	244.03	385.32	607.47	954.28
20	72.052	91.025	102.44	115.38	146.63	186.69	303.60	494.21	802.86	1 298.8
21	81.699	104.77	118.81	134.84	174.02	225.03	377.46	633.59	1 060.8	1 767.4
22	92.503	120.44	137.63	157.41	206.34	271.03	469.06	812.00	1 401.2	2 404.7
23	104.60	138.30	159.28	183.60	244.49	326.24	582.63	1 040.4	1 850.6	3 271.3
24	118.16	158.66	184.17	213.98	289.49	392.48	723.46	1 332.7	2 443.8	4 450.0
25	133.33	181.87	212.79	249.21	342.60	471.98	898.09	1 706.8	3 226.8	6 053.0
26	150.33	208.33	245.71	290.09	405.27	567.38	1 114.6	2 185.7	4 260.4	8 233.1
27	169.37	238.50	283.57	337.50	479.22	681.85	1 383.1	2 798.7	5 624.8	11 198.0
28	190.70	272.89	327.10	392.50	566.48	819.22	1 716.1	3 583.3	7 425.7	15 230.3
29	214.58	312.09	377.17	456.30	669.45	984.07	2 129.0	4 587.7	9 802.9	20 714.2
30	241.33	356.79	434.75	530.31	790.95	1 181.9	2 640.9	5 873.2	12 941.0	28 172.3
40	767.09	1 342.0	1 779.1	2 360.8	4 163.2	7 343.2	2 729.0	69 377.0	*	*
50	2 400.0	4 994.5	7 217.7	10 436.0	21 813.0	45 497.0	*	*	*	*
60	7 471.6	18 535.0	29 220.0	46 058.0	*	*	*	*	*	*

* >999 99

表 A-4　1 元年金现值表

期数	1%	2%	3%	4%	5%	6%	7%	8%	9%
1	0.990 1	0.980 4	0.970 9	0.961 5	0.952 4	0.943 4	0.934 6	0.925 9	0.917 4
2	1.970 4	1.941 6	1.913 5	1.886 1	1.859 4	1.833 4	1.808 0	1.783 3	1.759 1
3	2.941 0	2.883 9	2.828 6	2.775 1	2.723 2	2.673 0	2.624 3	2.577 1	2.531 3
4	3.902 0	3.807 7	3.717 1	3.629 9	3.546 0	3.465 1	3.387 2	3.312 1	3.239 7
5	4.853 4	4.713 5	4.579 7	4.451 8	4.329 5	4.212 4	4.100 2	3.992 7	3.889 7
6	5.795 5	5.601 4	5.417 2	5.242 1	5.075 7	4.917 3	4.766 5	4.622 9	4.485 9
7	6.728 2	6.472 0	6.230 3	6.002 1	5.786 4	5.582 4	5.389 3	5.206 4	5.033 0
8	7.651 7	7.325 5	7.019 7	6.732 7	6.463 2	6.209 8	5.971 3	5.746 6	5.534 8
9	8.566 0	8.162 2	7.786 1	7.435 3	7.107 8	6.801 7	6.515 2	6.246 9	5.995 2
10	9.471 3	8.982 6	8.530 2	8.110 9	7.721 7	7.360 1	7.023 6	6.710 1	6.417 7
11	10.367 6	9.786 8	9.252 6	8.760 5	8.306 4	7.886 9	7.498 7	7.139 0	6.805 2
12	11.255 1	10.575 3	9.954 0	9.385 1	8.863 3	8.383 8	7.942 7	7.536 1	7.160 7
13	12.133 7	11.348 4	10.635 0	9.985 6	9.393 6	8.852 7	8.357 7	7.903 8	7.486 9
14	13.003 7	12.106 2	11.296 1	10.563 1	9.898 6	9.295 0	8.745 5	8.244 2	7.786 2
15	13.865 1	12.849 3	11.937 9	11.118 4	10.379 7	9.712 2	9.107 9	8.559 5	8.060 7
16	14.717 9	13.577 7	12.561 1	11.652 3	10.837 8	10.105 9	9.446 6	8.851 4	8.312 6
17	15.562 3	14.291 9	13.166 1	12.165 7	11.274 1	10.477 3	9.763 2	9.121 6	8.543 6
18	16.398 3	14.992 0	13.753 5	12.689 6	11.689 6	10.827 6	10.059 1	9.371 9	8.755 6
19	17.226 0	15.678 5	14.323 8	13.133 9	12.085 3	11.158 1	10.335 6	9.603 6	8.960 1
20	18.045 6	16.351 4	14.877 5	13.590 3	12.462 2	11.469 9	10.594 0	9.818 1	9.128 5
21	18.857 0	17.011 2	15.415 0	14.029 2	12.821 2	11.764 1	10.835 5	10.016 8	9.292 2
22	19.660 4	17.658 0	15.936 9	14.451 1	13.488 6	12.303 4	11.061 2	10.200 7	9.442 4
23	20.455 8	18.292 2	16.443 6	14.856 8	13.488 6	12.303 4	11.272 2	10.371 1	9.580 2
24	21.243 4	18.913 9	16.935 5	15.247 0	13.798 6	12.550 4	11.469 3	10.528 8	9.706 6
25	22.023 2	19.523 5	17.413 1	15.622 1	14.093 9	12.783 4	11.653 6	10.674 8	9.822 6
26	22.795 2	20.121 0	17.876 8	15.982 8	14.375 2	13.003 2	11.825 8	10.810 0	9.929 0
27	23.559 6	20.705 9	18.327 0	16.329 6	14.643 0	13.210 5	11.986 7	10.935 2	10.026 6
28	24.316 4	21.281 3	18.364 1	16.663 1	14.898 1	13.406 2	12.137 1	11.051 1	10.116 1
29	25.065 8	21.844 4	19.188 5	16.983 7	15.141 1	13.590 7	12.277 7	11.158 4	10.198 3
30	25.807 7	22.396 5	19.600 4	17.292 0	15.372 5	13.764 8	12.409 0	11.257 8	10.273 7
35	29.408 6	24.998 6	21.487 2	18.664 6	16.374 2	14.498 2	12.947 7	11.654 6	10.566 8
40	32.834 7	27.355 5	23.114 8	19.792 8	17.159 1	15.046 3	13.331 7	11.924 6	10.757 4
45	36.094 5	29.490 2	24.518 7	20.720 0	17.774 1	15.455 8	13.605 5	12.108 4	10.881 2
50	39.196 1	31.423 6	25.729 8	21.482 2	18.255 9	15.761 9	13.800 7	12.233 5	10.961 7
55	42.147 2	33.174 8	26.774 4	22.108 6	18.633 5	15.990 5	13.939 9	12.318 6	11.014 0

期数	10%	12%	14%	15%	16%	18%	20%	24%	28%	32%
1	0.909 1	0.892 9	0.877 2	0.869 6	0.862 1	0.847 5	0.833 3	0.806 5	0.781 3	0.757 6
2	1.735 5	1.690 1	1.646 7	1.625 7	1.605 2	1.565 6	1.527 8	1.456 8	1.391 6	1.331 5
3	2.486 9	2.401 8	2.321 6	2.283 2	2.245 9	2.174 3	2.106 5	1.981 3	1.868 4	1.766 3
4	3.169 9	3.037 3	2.917 3	2.855 0	2.798 2	2.690 1	2.588 7	2.404 3	2.241 0	2.095 7
5	3.790 8	3.604 8	3.433 1	3.352 2	3.274 3	3.127 2	2.990 6	2.745 4	2.532 0	2.345 2
6	4.355 3	4.111 4	3.888 7	3.784 5	3.684 7	3.497 6	3.325 5	3.020 5	2.759 4	2.534 2
7	4.868 4	4.563 8	4.288 2	4.160 4	4.038 6	3.811 5	3.604 6	3.242 3	2.937 0	2.677 5
8	5.334 9	4.967 6	4.638 9	4.487 3	4.343 6	4.077 6	3.837 2	3.421 2	3.075 8	2.786 0
9	5.759 0	5.328 2	4.916 4	4.771 6	4.606 5	4.303 0	4.031 0	3.565 5	3.184 2	2.868 1
10	6.144 6	5.650 2	5.216 1	5.018 8	4.833 2	4.494 1	4.192 5	3.681 9	3.268 9	2.930 4
11	6.495 1	5.937 7	5.452 7	5.233 7	5.028 6	4.656 0	4.327 1	3.775 7	3.335 1	2.977 6
12	6.813 7	6.194 4	5.660 3	5.420 6	5.197 1	4.793 2	4.439 2	3.851 4	3.386 8	3.013 3
13	7.103 4	6.423 5	5.842 4	5.583 1	5.342 3	4.909 5	4.532 7	3.912 4	3.427 2	3.040 4
14	7.366 7	6.628 2	6.002 1	5.724 5	5.467 5	5.008 1	4.610 6	3.961 6	3.458 7	3.060 9
15	7.606 1	6.810 9	6.142 2	5.847 4	5.575 5	5.091 6	4.675 5	4.001 3	3.483 4	3.076 4
16	7.823 7	6.974 0	6.265 1	5.954 2	5.668 5	5.162 4	4.729 6	4.033 3	3.502 6	3.088 2
17	8.021 6	7.119 6	6.372 9	6.047 2	5.748 7	5.222 3	4.774 6	4.059 1	3.517 7	3.097 1
18	8.201 4	7.249 7	6.467 4	6.128 0	5.817 8	5.273 2	4.812 2	4.079 9	3.529 4	3.103 9
19	8.364 9	7.365 8	6.550 4	6.198 2	5.877 5	5.316 2	4.843 5	4.096 7	3.538 6	3.109 0
20	8.513 6	7.469 4	6.623 1	6.259 3	5.928 8	5.352 7	4.869 6	4.110 3	3.545 8	3.112 9
21	8.648 7	7.562 0	6.687 0	6.312 5	5.973 1	5.383 7	4.891 3	4.121 2	3.551 4	3.115 8
22	8.771 5	7.644 6	6.742 9	6.358 7	6.011 3	5.409 9	4.909 4	4.130 0	3.555 8	3.118 0
23	8.883 2	7.718 4	6.792 1	6.398 8	6.044 2	5.432 1	4.924 5	4.137 1	3.559 2	3.119 7
24	8.984 7	7.784 3	6.835 1	6.433 8	6.072 6	5.450 9	4.937 1	4.142 8	3.561 9	3.121 0
25	9.077 0	7.843 1	6.872 9	6.464 1	6.097 1	5.466 9	4.947 6	4.147 4	3.564 0	3.122 0
26	9.160 9	7.895 7	6.906 1	6.490 6	6.118 2	5.480 4	4.956 3	4.151 1	3.565 6	3.122 7
27	9.237 2	7.942 6	6.935 2	6.513 5	6.136 4	5.491 9	4.963 6	4.154 2	3.566 9	3.123 3
28	9.306 6	7.984 4	6.960 7	6.533 5	6.152 0	5.501 6	4.969 7	4.156 6	3.567 9	3.123 7
29	9.369 6	8.021 8	6.983 0	6.550 9	6.165 6	5.509 8	4.974 7	4.158 5	3.568 7	3.124 0
30	9.426 9	8.055 2	7.002 7	6.566 0	6.177 2	5.516 8	4.978 9	4.160 1	3.569 3	3.124 2
35	9.644 2	8.175 5	7.070 0	6.616 6	6.215 3	5.538 6	4.991 5	4.164 4	3.570 8	3.124 8
40	9.779 1	8.243 8	7.105 0	6.641 8	6.233 5	5.548 2	4.996 6	4.165 9	3.571 2	3.125 0
45	9.862 8	8.282 5	7.123 2	6.654 3	6.242 1	5.552 3	4.998 6	4.166 4	3.571 4	3.125 0
50	9.914 8	8.304 5	7.132 7	6.660 5	6.246 3	5.554 1	4.999 5	4.166 6	3.571 4	3.125 0
55	9.947 1	8.317 0	7.137 6	6.663 6	6.248 2	5.554 9	4.999 8	4.166 6	3.571 4	3.125 0

参考文献

[1] 荆新，王化成，刘俊彦. 财务管理学. 北京：中国人民大学出版社，2012.

[2] 彭海颖. 财务管理学：教程与案例. 杭州：浙江大学出版社，2012.

[3] 郭复初，王庆成. 财务管理学. 3版. 北京：高等教育出版社，2009.

[4] 刘淑莲. 财务管理. 3版. 大连：东北财经大学出版社，2013.

[5] 左和平，龚志文，孙万欣. 财务管理学. 北京：高等教育出版社，2012.

[6] 李航星. 财务管理学. 成都：四川大学出版社，2013.

[7] 傅元略. 财务管理理论. 厦门：厦门大学出版社，2007.

[8] 宋献中. 中级财务管理. 大连：东北财经大学出版社，2009.

[9] 陆正飞，芮萌，童盼. 公司理财. 北京：清华大学出版社，2003.

[10] 王化成. 财务管理研究. 北京：中国金融出版社，2005.

[11] 中国注册会计师协会. 财务成本管理. 北京：经济科学出版社，2012.

[12] 沃森，黑德. 公司理财：理论与实务. 何瑛，译. 北京：经济管理出版社，2007.

[13] 布瑞翰，休期顿. 财务管理基础. 胡玉明，译. 大连：东北财经大学出版社，2004.

[14] 伯克. 公司理财基础. 姜英兵，译. 大连：东北财经大学出版社，2004.

[15] 布雷利，迈尔斯，马库斯. 财务管理基础. 胡玉明，译. 北京：中国人民大学出版社，2011.

[16] 塞茨，埃利森. 资本预算与长期融资决策. 刘力，译. 北京：北京大学出版社，2005.

[17] VAN HORNE J C. Financial management and policy. Prentice Hall Inc，1995.

[18] EUGENE F B. Fundamentals of financial management. 5th ed. Chicago：Dryden Press，1989.

[19] BREALEY R，MYERS S，SICK G，et al. Principles of corporate finance. 2nd ed. New York：MeGraw-Hill Ryerson，1992.

[20] PINCHES G E. Essentials of financial management. 3rd ed. New York：Harper & Row Publishers，1990.